马克思恩格斯与
俄国问题研究

Marx and Engels' Research on the
Russian Problem

张　静　著

人民出版社

国家社科基金后期资助项目
出版说明

后期资助项目是国家社科基金项目主要类别之一,旨在鼓励广大人文社会科学工作者潜心治学,扎实研究,多出优秀成果,进一步发挥国家社科基金在繁荣发展哲学社会科学中的示范引导作用。后期资助项目主要资助已基本完成且尚未出版的人文社会科学基础研究的优秀学术成果,以资助学术专著为主,也资助少量学术价值较高的资料汇编和学术含量较高的工具书。为扩大后期资助项目的学术影响,促进成果转化,全国哲学社会科学规划办公室按照"统一设计、统一标识、统一版式、形成系列"的总体要求,组织出版国家社科基金后期资助项目成果。

全国哲学社会科学规划办公室

2014 年 7 月

目　录

序　言

19 世纪四五十年代至 19 世纪八九十年代,是马克思恩格斯思想形成、发展和成熟的时期,也是伟大导师领导国际工人运动的时期。在这一时期,马克思恩格斯对俄国问题从早期的初步研究到后期的深入思考,成为他们思想的重要组成部分。与此同时,马克思恩格斯不仅与俄国思想家、政治活动家和革命家有密切的联系和交往,而且他们的不少文章和著作就是对俄国政治活动家的书信、对话和论战的回应。因此,本书以马克思恩格斯与俄国政治活动家对话的视角系统研究马克思恩格斯对俄国问题的思考,进而探究马克思主义俄国化的思想进程。

1847 年,马克思出版批判蒲鲁东的著作《哲学的贫困》,正是源于他与俄国政治活动家安年科夫的通信。马克思在 1846 年 12 月 28 日致安年科夫的信里不仅批判了蒲鲁东的唯心史观和经济理论,而且第一次阐述新的世界观——历史唯物主义。这封信在马克思主义发展史上极其重要,被称为历史唯物主义的八封信之一。安年科夫非常珍视与马克思的通信,1880 年他在彼得堡出版的《欧洲通报》第 15 卷第 4 期上发表了回忆录《辉煌的十年:1838—1848》。

1864 年,马克思被选为国际工人协会总委员会委员,开始领导国际工人协会(史称第一国际),这是马克思最重要的革命实践活动。俄国革命者米·巴枯宁、彼·拉甫罗夫先后加入第一国际。以安·特鲁索夫、尼·吴亭为代表的俄国革命者成立第一国际俄国支部。毫无疑问,第一国际最重要的事件是马克思与巴枯宁的斗争。这场斗争不仅有政治的斗争,而且有思想的较量,对国际工人运动和俄国革命运动都产生了深远的影响。

1867 年,马克思出版《资本论》第 1 卷第 1 版,这是他最重要的理论著作。在西欧知识分子对《资本论》第 1 卷的出版保持沉默时,俄国经济学家尼·伊·季别尔、伊·伊·考夫曼等人对《资本论》的经济理论和方法论进行了研究,马克思在《资本论》第 1 卷第 2 版的跋中予以回应。俄国政治活动家尼·弗·丹尼尔逊、格·亚·洛帕廷等人在 1872 年翻译出版的《资本论》第 1 卷第 1 版俄译本是《资本论》在世界上的第一个外文译本。1877—1880 年,俄国经济学家尤·茹科夫斯基、尼·康·米海洛夫斯基、鲍·契切林、尼·季别尔围绕《资本论》进行了激烈的辩论,并引起马克思的回信。

马克思在《给〈祖国纪事〉编辑部的信》中第一次回答了《资本论》的适用范围和俄国道路的问题。

1873 年,俄国政治活动家彼·拉·拉甫罗夫在《前进!》杂志发表文章呼吁国际工人运动内部的团结,反对马克思领导的总委员会对巴枯宁等人的斗争。恩格斯在《人民国家报》上发表《流亡者文献(三)》,批评拉甫罗夫的折中主义立场,批评特卡乔夫的"立即革命观"。特卡乔夫立即在苏黎世发表《致恩格斯先生的公开信》①,回应恩格斯的批评,主张俄国应当立即革命和具有特殊革命道路的观点。1875 年,恩格斯在《人民国家报》上发表回应特卡乔夫的文章《论俄国的社会问题》,成为恩格斯论俄国问题的经典文献。

1879 年,俄国国内最大的革命组织"土地与自由社"分裂为黑土平分社和民意党,前者以普列汉诺夫、查苏利奇等为代表,后者以莫罗佐夫等人为代表。1880—1881 年,他们都先后请马克思谈论在俄国颇受争议的俄国农村公社问题。1881 年 3 月 18 日,马克思在四易其稿的情况下给查苏利奇寄去了复信,虽然复信非常简短,但是这四封信是马克思对历史唯物主义的重要发展。1881 年,在拉甫罗夫的推动下,普列汉诺夫开始翻译《共产党宣言》。1882 年马克思为《共产党宣言》俄文版所写的序言成为马克思对俄国问题的最后思考。

19 世纪 70 年代末至 90 年代,丹尼尔逊在翻译《资本论》3 卷本的同时与马克思恩格斯就俄国资本主义的发展状况和发展趋势进行了深入的讨论,对 19 世纪 90 年代俄国各个派别关于俄国资本主义命运问题的论争产生了重要的影响。1894 年,恩格斯在逝世前夕完成了最后一篇研究俄国问题的文献,即《〈论俄国的社会问题〉跋》。1894 年,以查苏利奇、普列汉诺夫为代表的劳动解放社收集整理了恩格斯在 1875 年和 1894 年论俄国问题的两篇文献,第一次出版了单行本《恩格斯论俄国》(《Ф. Энгельс о России》)。

本书以大量俄文文献为依据,特别是与马克思恩格斯经典著作相关的俄文文献,主要是与《哲学的贫困》相关的文献安年科夫的巴黎书信②、马克思与安年科夫的通信以及安年科夫的回忆录③;与《给〈祖国纪事〉编辑部

---

　　① 2014 年,笔者将这封信翻译成中文,发表在《当代世界社会主义问题》2014 年第 3 期上,这是国内学界对这封信的首次翻译。

　　② П. В. Анненков. Парижские письма. Серия "Литературные памятники". Издание подготовила И.Н.Конобеевская.М., "Наука", 1983.

　　③ Анненков П.В.Литературные воспоминания / Редактор Н.К.Гей.— М.:Художественная литература,1983.C.694.

的信》相关的文献是米海洛夫斯基和季别尔在《祖国纪事》1877 年第 10 期和第 11 期上的文章,即《马克思在尤·茹科夫斯基的法庭上》①和《对于尤·茹科夫斯基先生〈卡尔·马克思和他的资本论〉一书的若干意见》②;与《流亡者文献》(三)、(四)及《论俄国的社会问题》相关的文献是拉甫罗夫在《前进!》杂志第 2 期上发表的评论、特卡乔夫的《俄国革命宣传的任务》、拉甫罗夫的《致俄国社会革命青年》③、特卡乔夫的《致恩格斯先生的公开信》④等;与马克思和查苏利奇的通信相关的背景是俄国当时国内关于《资本论》的论争以及俄国不同派别请求马克思分析俄国农村公社的前途;与俄国资本主义命运问题相关的文献是马克思恩格斯与丹尼尔逊的通信以及双方对俄国资本主义发展的研究;与俄国马克思主义的诞生相关的背景是恩格斯对劳动解放社的支持、普列汉诺夫的思想转向以及普列汉诺夫、列宁的马克思主义观的形成。本书在以上文献的基础上通过马克思恩格斯与同时代俄国思想家的交流、辩论和论争,展现双方思想的动态变化,尤其是双方在思想对立场域中的交锋、融合和吸收,动态地展现经典作家的思想变化轨迹以及他们对俄国向何处去这一问题的思考与回答。

　　本书以马克思恩格斯与俄国问题为视角探究马克思主义俄国化的思想进程,解答马克思主义发展史上长期以来被忽视的问题,如恩格斯与特卡乔夫的论战、马克思与米海洛夫斯基的分歧、马克思恩格斯与《资本论》的俄国评论、马克思恩格斯与俄国农村公社问题以及马克思恩格斯与俄国资本主义问题等。本书在马克思主义发展史、国际工人运动史、俄国革命史的历史背景下解读马克思恩格斯的文本,在马克思恩格斯与俄国的思想关系中追溯马克思恩格斯论俄国问题的"前世今生",构建马克思恩格斯与俄国政治活动家纵横交错的"空间场域",揭示马克思主义俄国化的思想历程,探究俄国在 19 世纪下半期至 20 世纪初的历史命运。

---

①　Н. К. Михайловский. Карл Маркс перед судом г. Ю. Жуковского. Отечественные записки. Том 234. С. 321—356.

②　Н. Зибер. Несколько замеяаний по поводу статьи Г. Ю. Жуковского《Карь Маркс и его книга о капитале》, Отечественные записи. Т 235. Современное обозрение. 1877. No. 11. С. 1—32.

③　Русской социально-революционной молодёжи,《П. Л. Лавров. Избранные сочинения насоциально-политические темы》в третием томе, Москва, 1934. С. 335—372.

④　《特卡乔夫致恩格斯先生的公开信》,张静译,《当代世界社会主义问题》2014 年第 3 期,第 44 — 53 页。Революционный радикализм в России: век девятнадцатый. Документальная публикация./ Под ред. Е. Л. Рудницкой. М.: Археографический центр, 1997. С. 335—444.

第一章 马克思恩格斯早期 对俄国问题的研究

19 世纪四五十年代的俄国处于沙皇尼古拉一世统治时期。尼古拉一世在 1825 年镇压十二月党人的起义后登上俄国权力的巅峰,又在 1855 年克里米亚战争的惨败中暴亡。1853 年 11 月 1 日,沙皇俄国向土耳其宣战,这场俄土交战很快发展成了一场俄国和英法为争夺巴尔干和黑海的国际战争。1855 年 3 月,尼古拉一世暴亡,亚历山大二世继位。9 月,法军占领塞瓦斯托波尔,这一事件决定了克里米亚战争的结局。俄军在克里米亚战争中的失败暴露出俄国远远落后于欧洲大陆其他国家,俄国国内的改革逐步提上日程。这一时期,马克思恩格斯虽然主要是研究西欧的革命问题,但是在反对西欧的专制统治的同时激烈批判沙皇俄国的专制统治,呼吁俄国人民进行革命活动。

第一节 马克思恩格斯早期关于俄国的评论

作为尼古拉一世的同时代人,马克思恩格斯从 19 世纪 40 年代就开始抨击沙皇专制制度,并提出欧洲各国的革命运动都必须与沙皇俄国进行斗争。1842 年 10 月,恩格斯在《普鲁士国王弗里德里希-威廉四世》一文中分析威廉四世的专制统治时第一次批评俄国沙皇尼古拉"肆无忌惮地力图施行专制政治"①。19 世纪四五十年代,马克思恩格斯对俄国问题的研究主要集中批判沙皇俄国的专制统治,主要分为两个时期:一个是《新莱茵报》时期,一是《纽约每日论坛》时期。

一、《新莱茵报》时期

在创办《新莱茵报》之前,马克思恩格斯在《德国的状况》《德国的制宪问题》等论述德国的文章时提到俄国的状况和俄国的变化。1847 年 10 月底至 11 月,马克思恩格斯在《共产主义原理》中第一次提到俄国的农奴制,"在中世纪,劳动者是土地占有者贵族的农奴,直到今天这种农奴在匈牙

---

① 《马克思恩格斯全集》第 1 卷,人民出版社 1956 年版,第 635 页。

利、波兰和俄国都还残存着"①。1848 年 1 月,恩格斯在《1847 年的运动》一文中指出俄国农奴制正在发生的变化:"在俄国,工业一日千里地发展,甚至贵族也逐渐变成资产者。在俄国和波兰,农奴制已受到限制,这意味着贵族的削弱和自由农民阶级的出现,前者有利于资产者,后者则为资产阶级所需要。"②1848 年 2 月,马克思恩格斯在布鲁塞尔举行的纪念克拉科夫起义③两周年大会上发表演说,赞扬波兰的民主浪潮,痛斥沙皇俄国政府的侵略。"我们德国首先应该为波兰涌起的民主浪潮而高兴。我们自己在最近期内也将完成一次民主革命;我们将要同奥地利及俄罗斯的野蛮匪帮进行斗争"④。1848 年法国二月革命爆发,尼古拉一世立即调集 40 万大军驻扎在西部边界,随时准备进入西欧,声称维护欧洲是自己的"神圣义务"。1849 年 5 月,尼古拉一世不仅与奥地利皇帝弗兰茨·约瑟夫一起镇压了匈牙利革命,而且镇压了统一德国的革命运动,极力反对普鲁士和奥地利王室统一德国的意图,成为镇压欧洲革命的"宪兵"。

　　1848 年 4 月中旬,马克思恩格斯从法国来到科隆,在那里的共产主义者同盟地方支部和民主派的支持下着手创办一份可以影响全德国的政治性日报。为了强调这份报纸与 1842—1843 年的《莱茵报》的联系,他们决定把报纸的名称命名为《新莱茵报》。马克思担任总的领导和组织工作,大部分社论由马克思恩格斯执笔,他们还负责柏林普鲁士国民议会和法兰克福德意志联邦议会的报道和评论工作,以及几乎所有民族解放战争的报道和评论工作。《新莱茵报》1848 年 6 月 1 日发表第 1 期,1849 年 5 月 19 日出版最后一期,共计 301 期。马克思担任报社的主编,编辑是恩格斯、威·沃尔弗⑤、格·维尔特⑥、恩德朗克、斐·弗莱里格拉特⑦等。编辑部作为无产阶级的领导核心,实际履行了共产主义者同盟中央委员会的职责。1848 年9 月 26 日科隆实行戒严,报纸暂时停刊,在经济和组织方面遇到很大困难,

---

① 《马克思恩格斯全集》第 4 卷,人民出版社 1958 年版,第 359 页。
② 《马克思恩格斯全集》第 4 卷,人民出版社 1958 年版,第 514 页。
③ 1846 年 2 月,奥地利军队开入克拉科夫,以邓波夫斯基为代表的革命民主派毅然举行起义,发表了《告波兰人民书》,宣布废除劳役制和封建等级特权。在奥地利和沙俄军队的镇压下,起义失败。克拉科夫起义是波兰第一次民族民主革命,是欧洲 1848 年革命的前奏。
④ 《马克思恩格斯全集》第 4 卷,人民出版社 1958 年版,第 540 页。
⑤ 威廉·沃尔弗(1809—1864):德国无产阶级革命家和政论家,共产主义者同盟创始人之一,1848—1849 年担任《新莱茵报》编辑。
⑥ 格奥尔格·维尔特(1822—1856):德国诗人和政论家,共产主义者同盟盟员,1848—1849年担任《新莱茵报》编辑。
⑦ 斐迪南·弗莱里格拉特(1810—1876):德国诗人,1848—1849 年担任《新莱茵报》编辑。

马克思把自己的全部现金贡献出来,使报纸获得了新生。1849 年 5 月,马克思和其他编辑或被驱逐或遭到迫害,报纸被迫停刊。后来这份报纸被称为《新莱茵报。民主派机关报》,以与 1850 年 1 月至 10 月出版的共产主义者同盟的理论刊物《新莱茵报。政治经济学评论》相区别。

马克思恩格斯在不到 1 年的时间发表了 400 多篇文章。虽然专门研究俄国的文章不多,但是在研究德国统一的问题时马克思恩格斯指出,沙皇俄国是当时欧洲反动势力的主要支柱,欧洲的革命力量不仅要与英国的反革命统治阶级进行斗争,还要与沙皇俄国进行斗争。只有欧洲的革命力量联合起来向英国的反革命统治阶级以及沙皇俄国这个当时欧洲反动势力的主要支柱进行斗争,德国才能达到统一。尤其是,对沙皇俄国进行革命战争不仅是保卫革命的手段,而且也是使革命进一步发展的条件。恩格斯在《布拉格起义》一文中分析捷克人的革命时指出俄国实行的是反革命的专制制度,"在最近就要爆发的西欧和东欧之间的伟大斗争中,不幸的命运将把捷克人推到俄国人方面去,推到反对革命的专制制度方面去"①。马克思恩格斯在《德国的对外政策和布拉格最近发生的事件》中分析了德国人的革命,认为德国人在政府的统率下去反对波兰、波西米亚和意大利的自由,是多么愚蠢和荒诞。德国政府的这种政策实际上是力图麻痹民主力量,转移革命的方向,从而继续对国内进行压迫。因此,只有欧洲的革命力量联合起来向英国的反革命统治阶级以及沙皇俄国这个当时欧洲反动势力的主要支柱进行斗争,德国才能达到统一。"只有反对俄国的战争才是革命的德国的战争,只有在这个战争中它才能消除以往的罪过,才能巩固起来并战胜自己的专制君主,只有在这个战争中它才能象那些要摆脱长期的奴隶枷锁的人民所应该做的那样,用自己子弟的鲜血来换取宣传文明的权利,并且在解放国外各民族的同时使自己在国内获得解放。"②总之,对沙皇俄国进行革命战争不仅是保卫革命的手段,而且也是使革命进一步发展的条件

1848 年 8 月,马克思恩格斯在《新莱茵报》上发表《俄国的照会》一文,这是他们第一篇专门研究俄国的文章,重点分析了沙皇俄国政府虚假的外交政策。沙皇尼古拉一世在照会中说,"当他国要改变自己的国家制度时,绝不干涉其内政,并给各国人民以充分自由,不阻止他们进行任何政治的和社会的试验"③。实际上,法国七月革命后,俄国沙皇就把军队调往西部边

① 《马克思恩格斯全集》第 5 卷,人民出版社 1957 年版,第 96 页。
② 《马克思恩格斯全集》第 5 卷,人民出版社 1957 年版,第 235—236 页。
③ 《马克思恩格斯全集》第 5 卷,人民出版社 1957 年版,第 346 页。

境,1830年的波兰革命使他干涉德国的意图受阻,才使他改变了计划,但是他很快就对西班牙和葡萄牙进行公开的和秘密的援助。除了干涉波兰以外,俄国沙皇还阻止普鲁士国王颁布等级宪法,命令俄国军队入侵罗马尼亚,阻止他们推翻旧制度,不允许他们按照文明国家的榜样建立新制度。至于德国的统一,俄国沙皇在照会中说:"如果德国真正能解决它的政体问题而不损害它的国内的安宁,使赋予德意志民族的新形势不致扰乱他国的安宁,那我们是衷心高兴的……"①。但是俄国政府仅仅支持德国在精神上的统一,不允许德国在物质上的统一。沙皇在照会中说:"不是热衷于平等和扩展的民主派现在所幻想的那种物质上的统一,而是精神上的统一,是德意志联邦必须和其他强国进行协商的一切政治问题的看法和想法的真正一致。"②实际上,沙皇俄国不允许德国建立以人民主权为基础的政权,只允许德国保留旧的专制制度。因此,俄国沙皇的照会与他的实际行为完全不符,他之所以不派遣军队入侵德国,只不过是消极观望罢了。之后,恩格斯在《新莱茵报》上发表多篇文章批判沙皇俄国对欧洲封建旧制度的维护。

1848年9月,恩格斯在《新莱茵报》上发表《法兰克福关于波兰问题的辩论》时指出,波兰争取独立的斗争既是反对封建宗法专制制度的斗争,也是争取民主制的斗争。建立民主的波兰是建立民主德国的首要条件,而真正解放和统一德国就必须对俄国作战,因为只有同封建制度进行彻底的决裂才能建立资产阶级民主制度。同年9月,恩格斯在《丹麦和普鲁士的休战》中指出,欧洲三个最反动的强国是俄国、英国和普鲁士,这三个强国最害怕德国的革命和德国的统一。普鲁士怕德国统一以后自己就不能再存在,英国怕不能再剥削德国的市场,俄国害怕民主制扩大到第聂伯河。因此,普鲁士、英国和俄国共同密谋反对德国,反对革命。

1849年4月,恩格斯在《新莱茵报》上发表《俄国人》一文,指出集结在边境的俄国军队已经开始转入进攻,揭示了俄国军队对法国、波兰、立陶宛、普鲁士等革命的干涉以及迫使欧洲很多国家屈从于专制制度。1849年5月,恩格斯《新莱茵报》上发表《沙皇和他的藩臣们》,指责俄国沙皇及其藩臣奥里缪茨和波茨坦废除共和制、阻止德国统一的阴谋。之后,恩格斯还在《匈牙利》《普法尔茨和巴登的革命起义》等文章中多次抨击俄国对欧洲其他国家的横加干涉。

1850年1月至11月,马克思在《1848年至1850年的法兰西阶级斗争》

---

① 《马克思恩格斯全集》第5卷,人民出版社1957年版,第347页。
② 《马克思恩格斯全集》第5卷,人民出版社1957年版,第347页。

中提到了欧洲的反革命列强同盟对革命的镇压,俄国对匈牙利的入侵,普鲁士对法国军队的进攻,乌迪诺对罗马的炮轰,这一系列危机已在接近决定性的转折点上。1850年1月至2月,马克思恩格斯在《国际评述(一)》中预见俄国和土耳其将发生新的战争,并且这次战争必将演变为整个欧洲的战争。"1848年和1849年的运动,使俄国深深卷入了欧洲的政局……西欧反革命的胜利,西欧革命政党的力量的日益增长,俄国本国的形势和它的财政状况的恶化,迫使它尽快地采取行动。……对土耳其的战争必然会演成一场欧洲战争。"[①]1851年4月,恩格斯在《1852年神圣同盟对法战争的可能性与展望》一文中分析了俄国军队的军事体系、作战方式及其与联军的关系等。俄国军队非常接近于现代的军事体系,主要包括步兵、轻骑兵,在战斗中是以大兵团作战。俄国军队虽然人数多、不灵活,但是它最适合成为联军的核心、支柱和骨干。恩格斯通过比较俄国军队与其他国家的军队来考察双方究竟能将多少兵力调动到战场上去以及如何运用它们。总的来说,马克思恩格斯在《新莱茵报》时期专门论述俄国的文章只有为数不多的几篇,基本上是在论述法国、德国和欧洲革命问题时涉及沙皇俄国的专制制度、军队制度等问题。

《新莱茵报》对工人运动的支持,对专制制度的激烈批判,引起了普鲁士当局的多次迫害,对《新莱茵报》的诉讼案件就有23起。但是马克思恩格斯毫不畏惧,当1848年6月法国工人的六月起义遭到残酷镇压后,《新莱茵报》是几乎唯一坚决支持工人的欧洲报纸。1849年春天德国各地爆发护宪起义时,《新莱茵报》不仅激烈地抨击专制制度,而且恩格斯作为《新莱茵报》的代表在5月参加了爱北斐特地区的起义。1849年5月19日,《新莱茵报》出版最后一期,即第301号,马克思恩格斯在这一期的文章《致科伦工人》中写道:《新莱茵报》的编辑们在向你们告别的时候,对你们给予他们的同情表示感谢。无论何时何地,他们的最后一句话始终将是:工人阶级的解放!"[②]《新莱茵报》在不到一年的时间里刊登了大量抨击专制制度的文章,正如恩格斯后来回忆说:"这是革命的时期,在这种时候从事办日报的工作是一种乐趣。你会亲眼看到每一个字的作用,看到文章怎样真正像榴弹一样地打击敌人,看到打出去的炮弹怎样爆炸。"[③]

---

① 《马克思恩格斯全集》第7卷,人民出版社1958年版,第257页。
② 《马克思恩格斯全集》第6卷,人民出版社1958年版,第619页。
③ 《马克思恩格斯全集》第22卷,人民出版社1965年版,第89页。

二、《纽约每日论坛报》时期

1848—1849 年革命失败以后，欧洲的革命民主主义报刊全部被禁止，马克思恩格斯只能在当时的进步报纸《纽约每日论坛报》①上发表文章。马克思恩格斯从 1851 年 8 月到 1862 年 3 月一直为该报撰稿，持续了十年之久。这些政论文章成为马克思恩格斯革命活动的一个重要方面，也对当时的舆论产生了重要影响。与《新莱茵报》时期相比，马克思恩格斯在这一时期专门研究俄国的文章明显增多，尤其是 1853 年之后。

1851—1852 年，马克思恩格斯为《纽约每日论坛报》所写的文章主要是论述英国的经济和政治状况。因为英国的经济给马克思研究资本主义的生产方式提供了丰富材料。这一时期最重要的文章是恩格斯的《德国的革命和反革命》。恩格斯在这篇文章中虽然没有直接研究俄国问题，但是运用唯物主义历史观分析 1848—1849 年德国革命的前提、性质和动力，并对俄国产生重要的影响。恩格斯研究了错综复杂的历史事件，指出德国自由资产阶级在资产阶级革命中不仅不能起领导作用，而且出卖了农民的利益；分析了革命斗争的策略，要求革命的阶级和革命的政党要坚决、勇敢、有自我牺牲的精神和善于进行果断的进攻；总结了革命的教训，指出无产阶级政党关于通过革命的道路来统一德国并对德国的社会制度和政治制度进行彻底的民主改革的正确性。这本著作在 1896 年出版英文单行本，之后被译成德文、法文和俄文。1905 年俄国革命时期，这本著作在俄国曾多次出版。列宁在分析 1905—1907 年俄国革命的性质和动力以及坚持他所提出的无产阶级在资产阶级民主革命中的领导权这一思想时，就不止一次地提到马克思恩格斯关于德国革命的观点。此时的马克思恩格斯虽然没有发表专门研究俄国问题的文章，但是恩格斯已经在学习俄语了。恩格斯在 1852 年 3 月 18 日致马克思的信中写道："最近两个星期我在努力啃俄语，现在差不多学完了语法，再用两三个月丰富必要的词汇，我就可以开始学别的东西了。我必须今年学完斯拉夫语，其实这些语言并不太难。除了这种学习引起我对语言学的兴趣之外，还有一个想法，那就是在下一场大型政治历史剧②上演时，我们当中至少有一个人对那些恰好立即就会与之发生冲突的民族的语

---

① 《纽约每日论坛报》是一家美国报纸，1841—1924 年出版。该报由著名的美国新闻工作者和政治活动家霍拉斯·格里利创办。在 19 世纪四五十年代，该报站在进步的立场上反对奴隶制。

② 大型政治历史剧原本是指 17 世纪和 18 世纪上半叶德国巡回剧团演出的戏剧。其引申意义是指重大的政治历史事件。在这封信里恩格斯是指革命。

言、历史、文学以及社会制度的特点有所了解。"①

1853 年,马克思恩格斯在《纽约每日论坛报》上发表了 70 篇文章,尤其是在 1853 年 10 月克里米亚战争爆发后,马克思恩格斯开始高度关注军事问题。他们的军事思想在深入钻研军事理论、具体了解各种战争的基础上全面形成和多方面展开。这期间,马克思恩格斯撰写了大量军事文章和战争评论,其中专门论述俄国问题的文章有 8 篇,主要有《俄国的欺骗》《土耳其和俄国》《俄国对土耳其的政策》《俄土纠纷》《俄国问题》《俄军在土耳其》《俄军的失败》《俄国的胜利》等。他们在反对欧洲各国的反动势力的同时也进行反对沙皇专制制度的斗争,揭露沙皇政府的侵略政策和外交阴谋,批评西欧的政治活动家对俄国沙皇专制制度的姑息纵容态度。他们清楚地洞察到沙皇俄国是欧洲反动势力的堡垒,也是俄国各民族的压迫者,沙皇政府势力的加强对欧洲的民主力量是一个很大的危险。"欧洲大陆实际上只存在着两种势力:一种是俄国和专制,一种是革命和民主"②,"俄国的专制和欧洲的民主之间久已成熟的冲突恐怕非爆发不可"③。

1854—1856 年,马克思恩格斯在《纽约每日论坛报》上研究俄国军事、外交的评论文章逐渐增多,主要有《沙皇的观点》《俄国的外交》《德国和德意志强国》《俄军在土耳其》《土耳其战争的进程》《俄军的失败》《俄土战场的形势》《俄军的撤退》《对俄国要塞的攻击》《俄国的兵力》《克里米亚战局》《克里米亚的斗争》《克里米亚事件》《论克里米亚局势》《评克里米亚事件》等一系列通讯报道,这是恩格斯在俄国和土耳其军事行动开始之后所写的军事评论。恩格斯分析了高加索战场和巴尔干战场上军事行动的条件、交战双方的兵力对比、双方军队的最初几次战役,论述了克里米亚战争的战略和战术问题,根据历史唯物主义总结战争的经验,创立了马克思主义军事理论。恩格斯在一系列文章中揭露了沙皇专制制度是欧洲封建反动势力的主要支柱,反对在俄国占统治地位的农奴制度,揭穿了沙皇俄国的掠夺计划和侵略外交活动,揭示了沙皇俄国和欧洲其他反革命势力在镇压革命运动中所扮演的警察角色。因此,马克思恩格斯认为,推翻沙皇俄国的专制制度、消除它对欧洲的反动影响,是欧洲革命取得胜利的重要前提。恩格斯在《俄国军队》《欧洲军队》等专论中研究军事,指出了俄国军队的落后技术、陈旧的编制方法和训练方法,认为这些都是沙皇俄国经济落后、封建农

---

① 《马克思恩格斯文集》第 10 卷,人民出版社 2009 年版,第 107—108 页。

② 《马克思恩格斯全集》第 9 卷,人民出版社 1961 年版,第 18 页。

③ 《马克思恩格斯全集》第 9 卷,人民出版社 1961 年版,第 40 页。

奴制关系的统治和反动的政治制度的结果。但是由于受当时资料的限制，恩格斯主要是根据西欧军事史学家对俄国军事情况的描述了解俄国，因此他关于俄国军队的一些看法是不准确的，如俄国士兵似乎总是消极被动的，外国人在俄国军队中的特殊作用，俄军非常缺乏有才能的人以及俄军总是被西欧军队打败等，但是他在以后的文章，如《俄国军队的改革》《波河和莱茵河》等中作了一些修改，逐渐形成关于俄国军队的正确认识。

1857—1858 年，恩格斯在《纽约每日论坛报》中发表了《俄国军队的改革》《俄国在中亚细亚的进展》《俄国在远东的成功》等专论，仍是关于俄国的军事评论。恩格斯更正了以前关于俄国军队的看法，"在俄国，整个庞大的军事机器的各个部件在战争爆发前很久就已达到完善的地步"①，俄国军队在编制上的改革消除了普遍侵吞公款的根源——下级司令部和指挥部。恩格斯分析了俄国在中亚细亚和远东的进展，认为俄国在中亚细亚的推进使俄国逐步吞并周边地区，并使印度面临威胁，俄国在远东的成功使俄国逐步达到竭力追求的目的：加紧分裂土耳其和确立俄国对土耳其基督教臣民的保护权，俄国的统治权扩大到一块与整个欧洲面积相等的领土上。这一时期，恩格斯比较重要的文章是《一八五八年的欧洲》，他注意到了俄国在克里米亚战争之后的变化，认为俄国是在欧洲各国中第一个从政治昏睡状态中苏醒过来的国家。1853 年 11 月 1 日，沙皇俄国向土耳其宣战，这场俄土交战很快发展成了一场俄国和英法为争夺巴尔干和黑海的国际战争。正如恩格斯所说："浅薄的尼古拉的狭隘心胸消受不了这不应得的福分；他过分性急地向君士坦丁堡进军，克里米亚战争爆发了；英法都去援助土耳其，奥地利则热衷于以其极端忘恩负义的行动震惊世界。"② 1855 年 3 月，尼古拉一世暴亡，亚历山大二世继位。9 月，法军占领塞瓦斯托波尔，这一事件决定了结局。恩格斯在《一八五八年的欧洲》一文中做出了评价："尼古拉25 年来夜以继日地苦心经营的事业被埋葬在塞瓦斯托波尔的废墟中。"③亚历山大二世与贵族和官僚制度进行斗争，"不得不重新求助于解放农奴的主张"，从俄国农奴、商人这些没有政治权利的群众中寻找支持，与此同时，俄国知识阶层和青年群体逐渐觉醒，参加到政治生活当中。除了俄国，普鲁士、德国其他地方、意大利和法国的政治活动都活跃起来，因为在 1848年革命之后已经形成一个为争取自身政治解放和社会解放的武装起来的工

①　《马克思恩格斯全集》第 12 卷，人民出版社 1965 年版，第 209 页。
②　《马克思恩格斯文集》第 4 卷，人民出版社 2009 年版，第 379 页。
③　《马克思恩格斯全集》第 12 卷，人民出版社 1965 年版，第 696 页。

人阶级。

1858—1859 年,马克思在《纽约每日论坛报》上首次发表专门研究俄国农奴制度的文章《关于俄国废除农奴制的问题》《关于俄国农民的解放》。马克思首先分析俄国解放农奴所面临的重重阻力,俄国贵族仅有很少的人主张废除农奴制,大部分贵族只是口头上反对奴役,而且是在有名无实的条件下给予解放。对于农奴主而言,解放农奴几乎意味着要他们放弃权势地位,意味着严重侵害他们的政治权利,意味着他们没有力量去抵制皇帝的专横。"要解放被压迫阶级而不损害靠压迫它过活的阶级,而不同时摧毁建立在这种阴暗社会基础上的国家全部上层建筑,是不可能的。"①之后,马克思揭示了封建专制政府废除农奴制的原因:封建政府只是在革命的压力下或者由于战争的关系才会废止农奴制,如普鲁士政府是普法战争下才敢于考虑解放农民,奥地利是在 1848 年革命和匈牙利起义下才废除农奴制。因此,俄国沙皇"并不是由于什么人道观念,而纯粹是为了国家的利益,才企图用和平方法改变人民群众的状况……"②。1858 年 11 月,俄国农民事务总委员会在给沙皇的奏折中陈述了解放农奴的基本办法:(1)农民立即停止为农奴,而进入对地主负有"暂时义务"状态。这种状况应延续十二年,在此期间,他们享有俄国所有其他纳税臣民所享有的一切人身权和财产权。(2)农民在负有"暂时义务"的十二年当中,仍然继续固定在领地上,但是如果地主不能给他至少 5 俄亩土地自己耕种,他可以自由离开领地。(3)每个村社保有社员的住房及其庭院、畜舍、菜园等,但社员每年须向地主缴纳3%的租金。(4)地主应该给予农民份地。(5)农民应该给地主服徭役。(6)家务农奴③必须为他们的主人服务十年,但是领取薪资,并可以随时赎买自己的自由。(7)地主仍然是村社的首脑,有权否决村社的决议,但是准许向贵族和农民组成的混合委员会提出申诉。④ 马克思揭示了这个文件的实质,"沙皇的这个宣言就像罗马教皇的自由主义一样得到全世界同样广泛的反应,并且归根结底将比教皇的自由主义产生更为远大的影响"⑤。但是俄国贵族反对沙皇解放农奴的计划,他们一再拖延,消极地不附和沙皇的意见,甚至以贵族委员会的名义向沙皇递交权利请愿书,要求与政府共同解

---

① 《马克思恩格斯全集》第 12 卷,人民出版社 1965 年版,第 628 页。
② 《马克思恩格斯全集》第 12 卷,人民出版社 1965 年版,第 629 页。
③ 家务农奴:即那些不是固定于一定领地,而是固定于地主宅邸或服侍地主本人的农奴。
④ 这份文件总共包括十篇,马克思省略了专门谈村社组织的第八篇以及说明有关这种改革的官方文件应该采取的法定形式的第十篇。
⑤ 《马克思恩格斯全集》第 12 卷,人民出版社 1965 年版,第 719 页。

决一切政治问题。与此同时,农奴反对地主的起义愈演愈烈,自 1842 年以来每年大约有 60 名贵族死于农民之手,越来越多的起义是针对政府的。如果沙皇在对贵族的畏惧和对愤怒的农民的畏惧之间踌躇不前,那么愤激到极点的农奴就必然要开始起义。"如果发生这种情况,俄国的 1793 年就会到来,这些半亚洲式农奴的恐怖统治将是历史上空前的现象,然而它将是俄国历史上的第二个转折点,最终将以真正的普遍的文明来代替彼得大帝所推行的虚假的文明。"①马克思还在给恩格斯的信中多次谈到俄国社会运动,认为俄国社会运动发展的速度比欧洲其他各地都快,尤其是农民反对贵族的运动和贵族反对沙皇的立宪运动都得到快速的发展。马克思在 1860 年 1 月给恩格斯的信中写道:"据我看来,现在世界上所发生的最大事件,一方面是由于布朗的死而展开的美国的奴隶运动,另一方面是俄国的奴隶运动。"②

1859—1860 年,恩格斯出版了两本小册子《波河和莱茵河》《萨瓦、尼斯与莱茵》。他在《波河和莱茵河》一文中纠正了以前关于俄国军队落后的错误看法,承认了俄国军队的强大,"俄国的刺刀穿透了阿尔卑斯山"③。他在《萨瓦、尼斯与莱茵》一文中预见到了俄国革命的局势。恩格斯在这本小册子中估计到了 1861 年改革前夕在俄国将要形成的革命局势,他把这种局势看作是加速欧洲革命高潮到来的极其重要的因素,把奋起反抗沙皇制度的俄国农奴当作欧洲无产阶级的同盟军,"我们已经有俄国农奴这样一个同盟者","现在俄国统治阶级和被奴役的农民阶级之间的斗争正如火如茶,它正在动摇俄国对外政策的整个体系"④。恩格斯指出,俄国现存的社会关系已经不能再继续下去,"这种社会关系的废除一方面是必要的,而另一方面,不经过暴力变革又是不可能的"⑤。

19 世纪 60 年代以后,马克思恩格斯主要关注民族解放斗争问题以及工人运动和民主运动的任务。他们认为法国的波拿巴制度和俄国的沙皇制度是欧洲各民族在民族解放斗争道路上的主要障碍,因此特别重视这两个国家中的革命运动。1863 年,马克思恩格斯对波兰起义给予实际援助,同时开展广泛的运动抗议欧洲列强支持俄国沙皇政府镇压波兰起义。他们深入研究俄国的国内状况,认为俄国农民争取废除农奴制的运动具有巨大的

---

① 《马克思恩格斯全集》第 12 卷,人民出版社 1965 年版,第 725 页。
② 《马克思恩格斯全集》第 30 卷,人民出版社 1974 年版,第 6—7 页。
③ 《马克思恩格斯全集》第 13 卷,人民出版社 1965 年版,第 257 页。
④ 《马克思恩格斯全集》第 13 卷,人民出版社 1965 年版,第 679—680 页。
⑤ 《马克思恩格斯全集》第 13 卷,人民出版社 1965 年版,第 680 页。

意义。恩格斯在这一时期继续研究欧洲军事史,运用历史唯物主义考察各种武器改进的过程,各个不同国家的战术发展过程。1863 年,恩格斯在未完成手稿《金累克论阿尔马河会战》①中利用了许多俄国材料,对俄军在克里米亚战争期间的英勇抵抗做出了客观的评价。1864 年,第一国际成立后,马克思恩格斯一方面领导国际工人运动,一方面与第一国际内部的蒲鲁东主义和巴枯宁主义进行斗争。

马克思恩格斯在《纽约每日论坛报》上还发表了关于中国、印度、爱尔兰等殖民地国家的文章,这对马克思主义者研究殖民地的革命问题具有重要意义。马克思在《中国革命和欧洲革命》等文章中详细地考察了英国的殖民掠夺政策对亚洲这个最大国家的国内状况所产生的影响。"中国的连绵不断的起义已延续了 10 年之久,现在已经汇合成一个强大的革命,不管引起这些起义的社会原因是什么,也不管这些原因是通过宗教的、王朝的还是民族的形式表现出来,推动了这次大爆炸的毫无疑问是英国的大炮,英国用大炮强迫中国输入名叫鸦片的麻醉剂。"②列宁正是根据马克思关于欧洲和东方的革命运动互相联系互相影响的观点,提出了关于殖民地人民群众的解放斗争是无产阶级革命的最重要的后备军的学说。马克思在论中国、印度和爱尔兰的文章中第一次为无产阶级在民族殖民地问题上的政策奠定了理论基础,这些文章以及马克思恩格斯关于这个问题的书信,是列宁创造性地探讨帝国主义时代民族殖民地问题的出发点。

马克思恩格斯在《纽约每日论坛报》上运用唯物史观研究俄国、意大利、法国等国家的军队、战争和军事问题,唯物史观"不仅对于经济学,而且对于一切历史科学(凡不是自然科学的科学都是历史科学)都是一个具有革命意义的发现"③。马克思恩格斯深入揭示战争与政治、军事与外交、战略与战术等关系,提出了许多极为深刻的战略思想,科学阐释了战争的规律,他们的军事理论使人们对复杂的军事现象的认识有了科学理论的指导。马克思恩格斯在社会物质生产中考察战争和军队问题,认为战争是人类活动的"一种经常交往形式",是依附于一定的社会经济基础和社会发展阶段的,因此应当在经济关系和阶级斗争去寻找战争的本质,一切战争都可以由"这一时期的经济的生活条件以及由这些关系决定的社会关系和政治关系

---

① 金累克(Kinglake,1809—1891):英国历史学家和旅行家。1854 年曾去克里米亚旅行,著有《克里米亚战争史》(8 卷)。
② 《马克思恩格斯全集》第 9 卷,人民出版社 1961 年版,第 109—110 页。
③ 《马克思恩格斯选集》第 2 卷,人民出版社 2012 年版,第 8 页。

来说明"①。马克思恩格斯运用唯物辩证法分析军事上的各种矛盾。在战略战术上,他们强调集中和分散、进攻和退却、时间和空间等各种关系。在军队内部的关系上,他们重视分析官兵关系、各兵种之间的关系、前线部队和后备部队的关系等。在战争上,他们重视分析前方和后方之间的辩证关系、作战和训练的关系、军队和文化的关系以及人和武器之间的关系等。马克思恩格斯不仅看到了经济的决定作用,还看到了战争对物质生产、社会生活等各个方面的影响,并且在比较分析交战双方经济、政治、社会、军事等各种因素的基础上对战争发展趋势和社会制度做出预判。正如马克思所说:"战争使民族经受考验——这是战争的补偿的一面。正象木乃伊在接触到空气时立即解体一样,战争正在给已经失去了自己的生命力的社会制度作出最后的判决。"②马克思恩格斯关于军事和军队的研究开启了运用科学的世界观和方法论分析战争、军队和各种军事问题的历程,创立了马克思主义军事理论。

马克思恩格斯在《纽约每日论坛报》上专门论述俄国问题的文章

写作时间	文章题目
1853	《俄国的欺骗》《土耳其和俄国》《俄国对土耳其的政策》《俄土纠纷》《俄国问题》《俄军在土耳其》《俄军的失败》《俄国的胜利》
1854—1856	《沙皇的观点》《俄国的外交》《俄军在土耳其》《土耳其战争的进程》《俄军的失败》《俄土战场的形势》《俄军的撤退》《对俄国要塞的攻击》《俄国的兵力》《克里米亚局势》《克里米亚的斗争》《克里米亚事件》《论克里米亚局势》《克里米亚战局》《评克里米亚事件》《俄国军队》等
1857—1858	《俄国军队的改革》《俄国在中亚细亚的进展》《俄国在远东的成功》《一八五八年的欧洲》
1858—1859	《关于俄国废除农奴制的问题》《关于俄国农民的解放》
1859—1860	《波河和莱茵河》《萨瓦、尼斯与莱茵》

第二节　马克思早期对农村公社的研究

马克思早期对公社所有制的研究大致可以分为两个路径:一是研究唯物史观的过程中对公社所有制的研究,如《德意志意识形态》等,二是《资本

---

① 《马克思恩格斯选集》第3卷,人民出版社2012年版,第723页。
② 《马克思恩格斯全集》第11卷,人民出版社1962年版,第585页。

论》创作的过程中对公社所有制的研究,《克罗茨纳赫笔记》《伦敦笔记》和《政治经济学手稿》等,当然这两个路径不是截然对立的,而是相互渗透和相互影响的。19 世纪 50 年代,马克思并没有对俄国农村公社有深入的研究,而是主要研究了印度农村公社。

一、马克思早期对公社所有制的初步研究

1843 年七八月,马克思在故乡特利尔的小镇克罗茨纳赫阅读了 24 本①历史和政治类著作,对这些著作做了大量的摘录,形成了 5 册本的笔记,即《克罗茨纳赫笔记》。这部笔记内容十分广泛,摘录的材料虽然比较分散,但是主要涉及两个主题:一是对欧洲各个主要国家从公元前 600 年到 19 世纪 30 年代末的历史的研究,二是对马基雅弗利、孟德斯鸠和卢梭等人关于国家学说的研究。其中,第二笔记和第四笔记不仅反映主题索引和内容索引,而且也是高度的思想整合。马克思在《克罗茨纳赫笔记》中对于所有制概念倾注了很多心血,在第二笔记和第四笔记中多次强调这个概念。"所有制及其结果"这个标题在第二笔记的索引中占有中心地位,所有制概念是第二笔记中最突出的概念。在第四笔记的索引中似乎看不到所有制,但是从第四笔记的摘录中可以看到,马克思已经掌握所有制概念,正如马克思在第四笔记中写道,"公共所有制,或者说由于畜牧业受到农业的限制而缩小的马尔克,因为遭到暴力的掠夺,也已经逐渐变成了私有的地产。对土地的个人所有制的关系和性质,起初是由占有者的身份关系决定的,而到后来这一点就取决于土地关系"②。正是对所有制概念的研究,促使马克思在历史研究的过程中开始通过所有制解释历史,并且引导着马克思对唯物主义历史观的研究。1929 年,苏联学者梁赞诺夫在编辑出版《马克思恩格斯全集》历史考证版(MEGA1)第一卷导言时指出了《克罗茨纳赫笔记》在马克思思想发展中的意义:"它体现了马克思创立唯物史观过程中的一个阶段。"③1976 年,苏联学者尼·拉宾在《马克思的青年时代》一书中指出:

---

① 国内学界对这一问题存在着争议,在《马列著作编译资料》(1980)、《马克思主义发展史》(2018,第一卷)、《批判与建构:〈德意志意识形态〉文本学研究》(2012)中认为《克罗茨纳赫笔记》是马克思对 24 本历史理论书籍所做的笔记。但是在《马克思〈克罗茨纳赫笔记〉研究读本》(2016)中认为《克罗茨纳赫笔记》是马克思对 23 本历史和政治类著作所做的摘录笔记。

② 王旭东、姜海波:《马克思〈克罗茨纳赫笔记〉研究读本》,中央编译出版社 2016 年版,第156 页。

③ 王旭东、姜海波:《马克思〈克罗茨纳赫笔记〉研究读本》,中央编译出版社 2016 年版,第33 页。

"马克思不是单纯地积累经验的材料,而是将各国的历史加以互相对照,进行研究,这就使他能在某些国家发展的特殊性后面发现历史过程的一般趋势。其特点在于,历史发展规律的发现同马克思自觉地转向唯物主义立场是同时发生的。由此可见,马克思已开始自觉地运用唯物主义,把它作为研究历史进程的方法。"①1981年,苏联学者鲁缅彩娃为《马克思恩格斯全集》历史考证版第二版(MEGA2)第4部分第2卷的《克罗茨纳赫笔记》撰写了长篇导言,明确指出"克罗茨纳赫笔记的意义首先在于,它照亮了马克思走向唯物主义历史观的一段行程"②。

　　1845年3月,马克思在回应鲍威尔对《神圣家族》的责难时写了一篇文章《对布鲁诺·鲍威尔的反批评的回答》,后来发表在《社会明镜》1846年第2卷第7期上,正是在写作这篇文章时,马克思形成了创作《德意志意识形态》的计划。马克思恩格斯在《德意志意识形态》中研究了所有制的形式,即"走向包括资产阶级社会在内的四种所有制形式的历史性批判"③:第一种是部落所有制,这种部落所有制其实就是父权制,部落内部采取共同占有形式,而对其他部落则采取私有的形式;第二种是古代的公社所有制和国家所有制,"这种所有制首先是由于几个部落通过契约或征服联合为一个城市而产生的。在这种所有制下仍然保存着奴隶制"④;第三种是封建的所有制,"这种所有制像部落所有制和公社所有制一样,也是以一种共同体为基础的,但是作为直接进行生产的阶级而与这种共同体对立的,已经不是与古典古代的共同体相对立的奴隶,而是小农奴"⑤;第四种是资本的所有制,"在大工业和竞争中,各个人的一切生存条件、一切制约性、一切片面性都融合为两种最简单的形式——私有制和劳动"⑥。马克思恩格斯对所有制形式的划分,实际上也是对人类社会发展形态的划分,这也是马克思恩格斯第一次为人类社会历史划分形态。马克思在这里第一次提到了公社所有制,并且将公社财产与私有财产的起源联系起来,"对法的历史的最新研究表明,在罗马、在日耳曼、赛尔特和斯拉夫各族人民中,财产发展的起点都是公社财产或部族财产,而真正的私有财产到处都是因篡夺而产生

①　苏·尼·拉宾:《马克思的青年时代》,生活·读书·新知三联书店1982年版,第170页。
②　王旭东、姜海波:《马克思〈克罗茨纳赫笔记〉研究读本》,中央编译出版社2016年版,第36页。
③　《马克思恩格斯文集》第1卷,人民出版社2009年版,第544页。
④　《马克思恩格斯全集》第1卷,人民出版社2009年版,第521页。
⑤　《马克思恩格斯全集》第1卷,人民出版社2009年版,第522页。
⑥　《马克思恩格斯全集》第1卷,人民出版社2009年版,第579页。

的……"①。

1850 年 6 月,马克思在大英博物馆的图书馆阅览室开始了他研究政治经济学的新阶段。从 1850 年 9 月至 1853 年 6 月,马克思做了大量的摘录和评注,一共留下了 24 个笔记本,我们称之为《1850—1853 年伦敦笔记》。在第 14 本至第 24 本笔记中主要是对资本主义生产关系的拓展研究,其中,关于亚细亚生产方式的摘录主要集中在第 14、第 21 和第 23 本笔记。第 14 本笔记中研究了资本主义以前的各种生产方式,包括古罗马社会、中世纪封建社会、殖民地和拉丁美洲各国,还有亚细亚生产方式、印度的情况、非洲的奴隶贸易等,这就使马克思的研究扩展到全世界。在第 21 本至第 23 本笔记中专门研究了印度问题,包括古印度史、现代印度史、印度土地问题、生产力和生产关系的改善等,特别通过研究古印度农村公社来考察亚细亚生产方式的特征及其解体的原因。马克思摘录了莱弗尔斯在《爪哇史》中对公社的运行状态的描述,在坎贝尔的《现代印度》中找到了印度存在农村公社的证明以及对农村公社两种主要形式的分类:一种是由一个居民首领管理的简单农村公社,另一种是由首领选出的委员会领导的民主农村公社。马克思还在坎贝尔的书中发现了印度公社的经济基础发生变动的表现和推动因素。

1857—1858 年,马克思在以前研究的基础上完成了《1857—1858 年经济学手稿》,在《资本主义生产以前的各种形式》这一章研究了两大类型的公社,即西方公社和东方公社,以及四种形式的公社,即亚细亚形式、斯拉夫形式、古代所有制形式和日耳曼形式。马克思在比较分析各种形式的公社的基础上指出,"这种所有制所表现出来的一切形式,都是以这样一种共同体为前提的,这种共同体的成员彼此间虽然可能有形式上的差异,但作为共同体成员,他们都是所有者"②。马克思把劳动者结成的共同体作为各种形式的公社的共性,而劳动者结成共同体的前提条件是共同占有劳动条件,这种劳动者和劳动条件统一的所有制形式就是公社直接公有制,即亚细亚生产方式,并把资本主义生产方式的起源追溯到公社直接公有制不断解体的历史过程,认为部落共同体解体后,大体说来经历了"亚细亚的、古代的、封建的和现代资产阶级的生产方式"几个时代。总之,公社所有制概念的界定,使马克思对私有制的起源及其和人类社会历史发展道路的关系有了全新的认识。此外,马克思还通过研究公社所有制有一个新的收获,即把前资

---

① 《马克思恩格斯全集》第 3 卷,人民出版社 1960 年版,第 422 页。
② 《马克思恩格斯全集》第 46 卷(上册),人民出版社 1980 年版,第 498 页。

本主义形态作为独立的科学研究对象。

二、马克思对俄国农村公社的初步研究

1853 年 6 月,马克思在致恩格斯的信中谈到了弗朗西斯瓦·贝尔尼埃在《大莫卧儿等国游记》中对东方城市的出色描写,首次提到了东方社会与西方社会相比在土地制度上的特殊性:"贝尔尼埃正确地看到,东方(他指的是土耳其、波斯、印度斯坦)的一切现象的基本形式就在于不存在土地私有制。这甚至是了解东方天国的一把真正的钥匙"①。恩格斯在回信中支持马克思的发现:"不存在土地私有制,的确是了解整个东方的一把钥匙。这是东方全部政治史和宗教史的基础,但是东方各民族为什么没有达到土地私有制,甚至没有达到封建的土地所有制呢"②。恩格斯当时把原因归结为气候和土壤的性质,认为这是印度农业衰落的原因。

1855 年,马克思对印度的农村公社做了深入的研究,这为他以后研究俄国农村公社奠定了基础。马克思在《不列颠在印度的统治》《不列颠在印度统治的未来结果》这两篇文章研究了印度的村社制度,"……从远古的时候起,在印度便产生了一种特殊的社会制度,即所谓村社制度,这种制度使每一个这样的小结合体都成为独立的组织,过着自己独特的生活"③。马克思认为,这些农村公社无论看起来多么无害,却始终是东方专制制度的牢固基础。因为它们使人成为迷信的驯服工具,使人成为传统规则的奴隶,使人缺少创造精神。正是这种制度为印度连番遭受被征服的命运埋下了伏笔。不列颠在给印度带来西方先进文明、科技与教育的同时也破坏了印度的自给自足的经济,瓦解了原始的农村公社,不列颠在垮掉的旧废墟的基础上给印度带来了一场前所未闻的社会革命。

至于俄国农村公社,马克思恩格斯最早是从奥古斯特·哈克斯特豪森④的著作里了解到的,这可以从他们以后的文章中找到证据。恩格斯在《共产党宣言》1888 年英文版上增加了一个注:"这里指有文字记载的全部历史。在 1847 年,社会的史前史、成文史以前的社会组织,几乎还没有人知道。后来,哈克斯特豪森发现了俄国的土地公有制,毛勒证明了这种公有制是一切条顿族的历史起源的社会基础,而且人们逐渐发现,农村公社是或者

---

① 《马克思恩格斯全集》第 28 卷,人民出版社 1973 年版,第 256 页。
② 《马克思恩格斯全集》第 28 卷,人民出版社 1973 年版,第 260 页。
③ 《马克思恩格斯选集》第 1 卷,人民出版社 2012 年版,第 852 页。
④ 奥古斯特·哈克斯特豪森:德国贵族,1843 年,在俄国沙皇的支持下前往俄国进行调查研究,并出版了三卷本的《俄国的国内状况、国民生活特别是农村设施概论》。

曾经是从印度到爱尔兰的各地社会的原始形态。"①哈克斯特豪森是一名普鲁士贵族,他先是在1830年至1838年调查研究了普鲁士所有省份及土地的相关法律和政策。1843年春,哈克斯特豪森在俄国沙皇尼古拉一世的邀请下前往俄国进行调查,他走遍了俄国大部分地区,从北方的伏尔加到东部的喀山地区,从奔萨、萨拉托夫等到喀什大草原,从克里米亚地区到敖得萨等,全程长约7000公里。1843年11月他返回莫斯科,经常参加俄国贵族女诗人卡罗林娜举办的文学沙龙,在与阿克萨科夫②等斯拉夫派学者的谈话中他发现他们在农村公社等问题上有一致的见解,但是他反对斯拉夫派对彼得一世的批判态度,反对他们狭隘的斯拉夫民族主义。1844年春天,哈克斯特豪森返回普鲁士。1847年在汉诺威出版了专著《俄国的国内状况、国民生活特别是农村设施概论》第1—2册,1852年在柏林出版第3册。当沙皇尼古拉一世阅读完最后一卷时,宣布要检查整部著作并禁止在俄国出版,庆幸的是,这并未能阻止该书在俄国和西欧所产生的巨大影响。

　　1853年1月,马克思第一次在文章里提到俄国农村公社,这篇文章发表在《纽约每日论坛报》1853年2月9日第3687号,题为《选举。——财政困难。——萨特伦德公爵夫人和奴隶制》。马克思在阐述苏格兰盖尔居民的破产和被剥夺的历史时,提到了古代的克兰制度,认为必须弄清楚什么是克兰才能正确地理解随后发生的篡夺。"克兰"在苏格兰盖尔语中的意思是"子女"。苏格兰盖尔人的一切风俗和传统都基于克兰的所有成员都属于同一亲系的前提。马克思曾指出:"克兰是社会生活的这样一种形式,它在历史发展的整个过程中比封建制度低一整个阶段。换言之,它是属于家长制社会制度。"③他在描述克兰的特征时进一步指出:"某一克兰,即氏族,所居住的地区就属于该氏族,正如俄国的农民公社所占用的土地不属于个别农民而属于整个公社一样。"④这是马克思第一次提到俄国农村公社,也是他对俄国农村公社的最早认识。

　　俄国农村公社制度在17世纪基本确立,到19世纪中叶发展到鼎盛时期,并逐渐成为俄国封建制度的基础。但是这种制度在西欧大多数国家早已消失,或者仅仅在部分地区还有一些残余。俄国农村公社,也就是俄国农民共同使用土地的形式,其特点是在实行强制性的统一轮作的前提下,将耕

---

① 《马克思恩格斯文集》第3卷,人民出版社2009年版,第31页。
② 康斯坦丁·谢尔盖维奇·阿克萨科夫(1817—1860):俄国宗教哲学家、历史学家、政论家、文艺批评家,斯拉夫派创始人之一。
③ 《马克思恩格斯全集》第8卷,人民出版社1958年版,第571页。
④ 《马克思恩格斯全集》第8卷,人民出版社1958年版,第571页。

地分给农户使用,农民无权放弃土地和买卖土地,森林、牧场则共同使用,不得分割。公社管理机构由选举产生,公社内实行连环保制度。1859 年,马克思在《政治经济学批判》第 1 册第一篇"资本一般"中批驳了当时流行的关于公社所有制是斯拉夫民族特有的形式,甚至是俄罗斯特有的形式的观点。实际上,这种原始的所有制形式在罗马人、日耳曼人、赛尔特人那里都可以见到,在印度还可以看到完整的形式。1867 年,马克思在《资本论》第 1 卷第一章"商品"中再次强调了这个观点。1870 年 2 月 17 日,马克思在致路·库格曼①的信中第一次比较详细地研究俄国公社所有制。首先是批驳了当时把公社所有制作为俄国农民贫困的原因的错误观点,马克思明确指出,代役税是造成俄国农民贫困的原因,也是路易十四统治下法国农民贫困的原因,"公社所有制并没有造成贫困,恰恰相反,只有它才减轻了贫困"②。其次是批驳了当时关于俄国公社所有制起源于蒙古的错误说法,马克思在著作中多次指出俄国公社所有制起源于印度,俄国公社所有制是特殊的斯拉夫形态,它最像是经过相应的改变的印度公社所有制的古代德意志的变种。1870 年 3 月 5 日,马克思在致劳拉·拉法格和保尔·拉法格的信中谈到了俄国学者弗列罗夫斯基的《俄国工人阶级状况》一书③,同时第一次表明了自己对俄国公社所有制和俄国革命前景的看法。虽然弗列罗夫斯基"对俄罗斯民族的无限的完善能力和俄国式的公社所有制的天意性质还抱有一些幻想",但是他第一次描述了俄国的整个经济状况,因此马克思称赞这本书是一部卓越的著作,并且通过研究这本著作更加坚信,"波澜壮阔的社会革命在俄国是不可避免的,并在日益临近,当然是具有同俄国当前发展水平相应的初级形式"④。

　　1872 年春,《资本论》第 1 卷第 1 版俄文译本出版后,丹尼尔逊开始给马克思寄去俄国学界对《资本论》的评论以及关于俄国社会问题的资料,马克思在与丹尼尔逊的通信中开始比较详细地阐述他关于俄国农村公社、俄国农奴制、俄国农民等问题的看法。1873 年,马克思研究了俄国土地公社所有制的历史,并从阿·戈洛瓦切夫、亚·斯克列比茨基、瓦·谢尔盖耶维奇、弗·斯卡尔金等人的著作中做了大量摘录。1875 年恩格斯回应特卡乔

---

①　路德维希·库格曼(1828—1902):德国医生,1848—1849 年革命的参加者,国际工人协会的会员,1862—1874 年经常和马克思通信,是马克思和恩格斯的朋友。

②　《马克思恩格斯全集》第 32 卷,人民出版社 1974 年版,第 637 页。

③　这是尼·弗·丹尼尔逊在 1869 年 10 月寄给马克思的。——参阅《丹尼尔逊 1869 年 9 月 30 日(10 月 12 日)致马克思的信》。

④　《马克思恩格斯文集》第 10 卷,人民出版社 2009 年版,第 325 页。

夫的文章《论俄国的社会问题》，1877 年马克思回应米海洛夫斯基的《给
〈祖国纪事〉编辑部的信》、马克思回复查苏利奇的初信和复信，1882 年的
《共产党宣言》俄译本序言等都有他们对俄国农村公社的研究。此外，马克
思对俄国农村公社问题的研究还散见于他在 1879—1882 年的读书笔记中，
主要有《马·柯瓦列夫斯基〈公社土地占有制及其解体的原因、进程和结
果〉一书摘要》《摩尔根〈古代社会〉一书摘要》等。

第三节　马克思早期与俄国政治活动家的交往

马克思在 19 世纪四五十年代先后与俄国地主格·米·托尔斯泰、俄国
政治活动家巴·瓦·安年科夫、俄国作家尼·伊·萨宗诺夫等通信，其中最
为著名的是马克思与安年科夫的通信。1846 年 5 月至 1847 年 12 月，马克
思与安年科夫之间有 8 封通信。

一、安年科夫与马克思的书信

帕·瓦·安年科夫（П.В.Анненков）是俄国著名的文学评论家、文献历
史学家、传记作家。1812 年在莫斯科出生，1887 年在德累斯顿逝世。主要
著作有《亚历山大·谢尔盖耶维奇·普希金传》（1855）、《亚历山大·谢尔
盖耶维奇·普希金在亚历山大时代》（1874）以及七卷本的普希金诗集。

1840 年，安年科夫第一次到欧洲旅行，历时三年。安年科夫在西欧的
这三年了解了欧洲许多国家的经济状况和政治制度、主要社会思潮，特别是
乌托邦社会主义和小资产阶级激进主义，极大地扩展了安年科夫的视野。
他在 1840—1843 年写了《旅行札记》《关于英国》《来自国外的信》等文章。
安年科夫在《旅行札记》中对欧洲城市的描述与恩格斯的《来自塔尔的信》
非常相似，在《关于英国》中对爱尔兰穷人的状况以及爱尔兰抗议运动的描
写与恩格斯的《来自伦敦的信》也有共同之处。与恩格斯一样，安年科夫在
《来自国外的信》《旅行札记》中也谈到了解放运动的发展，包括在 18 世纪
初期的法国、德国和英国，把这个运动称为社会在平等和正义原则上的变
革。而且他对这场运动在法国、德国和英国的民族性的描述与恩格斯的观
点基本一致。1843 年，安年科夫回到俄国后发现斯拉夫派与西方派进行激
烈的辩论，他经常与亚·伊·赫尔岑①、别林斯基等西方派的代表交流，参

---

①　亚·伊·赫尔岑（А.И.Герцен，1812—1870）：俄国思想家，政论家、作家和革命民主主义
　　者，1847 年流亡西欧，之后在英国创立"自由俄国印刷所"，创办《北极星》和《钟声》杂志。

与讨论法国各种乌托邦社会主义流派的问题。最初双方是在沙龙中的个人辩论,之后发展为报刊上的公开论战。双方争论的焦点是俄国向何处去,是走西方的道路,还是走东方式的道路。斯拉夫派称赞彼得一世改革前的罗斯时代,认为那时的俄国社会和睦共处,各个阶层各司其职。这是因为俄国自古就拥有优秀的文化和传统,也就是俄国的村社。西方派主张俄国必将与西欧国家走一样的发展道路。

　　1846 年,安年科夫再次来到欧洲,他在巴黎观察革命活动,与革命者见面。在俄国地主格·米·托尔斯泰的介绍下,安年科夫与马克思相识。1846 年 3 月,格·米·托尔斯泰向马克思简单介绍安年科夫,"我将安年科夫先生介绍给您。这是一个在各方面都会使您喜欢的人。只要一见到他,就会喜爱他"①。1880 年,安年科夫在《欧洲通报》第 1 期至第 5 期上发表系列回忆文章《辉煌的十年:1838—1848》②,之后多次出版单行本。安年科夫首先回忆了俄国地主格·米·托尔斯泰的这次介绍:"1846 年,我在旅游途中收到了草原地主给我的一封会见马克思的介绍信。看来,他和国际的未来首领十分亲密……然而,我还是利用了这位热心的地主替我写的热情洋溢的介绍信,而且在布鲁塞尔受到了马克思非常友善的招待……"③之后,安年科夫回忆了他与马克思在布鲁塞尔的初次见面以及马克思给他留下的印象,"马克思是一个有毅力、有坚定意志的人,在外表上很引人注目。一头黑发浓密而蓬松,双手多毛,大衣上的纽扣歪扣着。然而,不论他在你面前是个什么样子和做什么事情,他好像总是一个很有威严的人。他的动作并不灵巧,却豪迈自恃,他待人接物完全不顾人之间的烦琐礼节,而且甚至有点轻视别人,他的声音非常洪亮,对人和对事物的判断斩钉截铁,异常坚决。当时他的语气非常严峻,比他的话更引人注意。说明他有坚强的信念,不愧是人们的首领,是制定准则、左右全局的人。"④第一次会面结束后,马克思邀请安年科夫参加 3 月 30 日共产主义通讯委员会在布鲁塞尔举行的一次会议。马克思恩格斯的观点给安年科夫留下了深刻的印象,尤其是被马克思的人格震撼。安年科夫回忆了魏特林与马克思恩格斯之间的分歧:魏特林的目的不是创立新的经济理论,而是采用一种更有效的方法使工人们看清自己的危险处境,识别执政者的虚假建立民主的和共产主义的社

---

①　《马克思恩格斯与俄国政治活动家通信集》,人民出版社 1987 年版,第 1 页。

②　П.В.Анненков.Замечательное десятилетие.1838-1848.Литературные воспоминания.М.:ГИХЛ,1960.

③　《人间的普罗米修斯:回忆马克思恩格斯》,人民出版社 1983 年版,第 42—43 页。

④　《人间的普罗米修斯:回忆马克思恩格斯》,人民出版社 1983 年版,第 42—43 页。

团;马克思的主张是建立严格的科学思想和正确的学说来号召工人,因为只有正确的理论才能对革命事业有利,"无知从来不能帮助任何人"①。安年科夫赞同马克思恩格斯的观点,认为魏特林只是想激发民众,但是又不给民众提供任何可靠的行动方案,这实际上是在欺骗民众。

1846年5月至1847年12月,安年科夫与马克思之间有7封通信,尤其是1846年12月马克思致安年科夫的信,被认为是首次对历史唯物主义的阐述。1848年二月革命后安年科夫在巴黎时再次见到了马克思恩格斯。"我和马克思的联系,在我离开布鲁塞尔以后也没有间断。1848年,我又在巴黎见到了他和恩格斯,他们是在二月革命后就立刻到巴黎的……"②与此同时,安年科夫在巴黎时还定期撰写《巴黎书信》,向俄国介绍欧洲的政治和生活。《巴黎书信》一共包括九封信,其中第二封信和第六封信分为上下两篇,时间从1846年11月8日至1847年12月23日。1847年至1848年首次发表在《现代人》③杂志上。《巴黎书信》描述了巴黎在革命前时期各个方面的状况,安年科夫从一个观察者的角度,观察巴黎人民各个阶层的生活状况。19世纪50年代至70年代,安年科夫先后出版《亚历山大·谢尔盖耶维奇·普希金传》(1855)、编辑出版七卷本的普希金诗集(1855—1857)、《亚历山大·谢尔盖非维奇·普希金在亚历山大时代》(1874)。

安年科夫在其回忆录《辉煌的十年》中讲述了他与马克思的友谊,"马克思是最早说到国家形式以及人们的全部社会生活与他们的道德、哲学、艺术和科学是人们之间经济关系的直接结果。"④这个思想在部分上是马克思在1846年12月28日致安年科夫的信中提出的。可能,正是在马克思的影响下,安年科夫关于法国状况的评价不断变化。在《辉煌的十年》中安年科夫对马克思在1846年12月18日写给他的信做出了全面的充分肯定的评价:"由于蒲鲁东的著作《贫困的哲学》,马克思用法语给我写信,阐述了他

---

① 《人间的普罗米修斯:回忆马克思恩格斯》,人民出版社1983年版,第45页。
② 《人间的普罗米修斯:回忆马克思恩格斯》,人民出版社1983年版,第46页。
③ 《现代人》杂志创办于1836年,涅克拉索夫、米海洛夫斯基先后任《现代人》杂志的主编。《现代人》不仅是一份文学杂志,而且显示了强大的政论特征,正是这一点使它有力地介入了俄国的社会进程。1847年别林斯基加入杂志,立即成为精神领袖,确立了杂志的新方向——聚焦社会问题,以研究现实为第一要务,文学的"现实主义"和历史研究都为现实服务。别林斯基去世后,1854—1862年杜勃罗留夫斯基主笔《现代人》,这是俄国社会改革最激进的时期。杂志开辟"废除农奴制"专题,以坚定的反农奴制立场引领社会公开讨论。在此期间,以"农民问题"和"革命问题"为核心,与自由派人士和杂志产生了激烈的论争,最终因官方的审查以及车尔尼雪夫斯基的离开和杜勃罗留夫斯基的离世而停刊。
④ П. В. Анненков. Парижские письма. Издание подготовила И. Н. Конобеевская, М., "Наука", 1983.С. 472.

对蒲鲁东理论的观点。这封信极其重要:它在当时明确了两个观点——对蒲鲁东理论的批判,以及人的经济过程的意义的新观点。马克思最早说,国家形式,人的全部社会生活以及他们的道德、哲学、艺术和科学是人与人之间的经济关系的直接结果,并且随着这些关系的变化发生变化。全部实质在于发现和明确那些引起人的经济关系变化的规律。在与蒲鲁东的对立中,在一些经济现象与另一些现象的对立中。"①

苏联杰出的马克思主义文献学家达·梁赞诺夫②最早研究了安年科夫与马克思的思想关系。1912 年,他在《卡尔·马克思和四十年代的俄国人》一文中首次整理了安年科夫在 1846—1847 年寄给马克思的信,阐述了他们相识的过程以及他与马克思的相互关系。30 年后,达·伊·扎斯拉夫斯基(Д.О.Заславский)③在《论别林斯基的政治遗嘱问题》一文中赞同梁赞诺夫的结论:"安年科夫阅读了马克思的书,给马克思写了信,在马克思身边过,但是完全不了解马克思,与马克思完全不同。"④梁赞诺夫和扎斯拉夫斯基的批评在一定程度上可以由安年科夫自己来解释,他在回忆马克思写给他关于蒲鲁东的信时写道:"我承认,那时候许多人和我一样,不相信马克思的信,与大多数政论家一样,迷恋蒲鲁东著作中的激情和辩证特征。"⑤巴·尼·萨库林(П.Н.Сакулин)⑥认为,从梁赞诺夫和扎斯拉夫斯基的观点来看,在苏联文献中关于马克思的观点对安年科夫的影响还有另一种意见。他在分析《来自国外的信》(1843)、《巴黎书信》(1848)和深刻了解作者的个性的基础上得出结论,"安年科夫与马克思的相识不是在好奇心或者自负的影响下,而是由于研究社会运动的愿望,因为社会运动具有越来越重大

---

① П. В. Анненков. Парижские письма. Издание подготовила И. Н. Конобеевская, М., "Наука", 1983.C. 477.

② 达·梁赞诺夫(Д.Б.Рязанов, 1870—1938):原名达维德·波里索维奇·戈尔登达赫。苏联杰出的马克思主义者,苏联马克思主义哲学史研究的奠基人,《马克思恩格斯全集》历史考证版(MEGA1)的主要策划人、执行人和精神领袖。

③ 扎斯拉夫斯基(Д.О.Заславский, 1880—1965):俄国和苏联政论家、文学家、文学批评家、新闻记者等。

④ П. В. Анненков. Парижские письма. Издание подготовила И. Н. Конобеевская, М., "Наука", 1983.C.465.

⑤ П. В. Анненков. Парижские письма. Издание подготовила И. Н. Конобеевская, М., "Наука", 1983.C. 466.

⑥ 巴·尼·萨库林(П.Н.Сакулин, 1868—1930):俄国和苏联文艺学家,1923 年当选为苏联科学院通讯院士,1927 年当选为国立艺术科学院名誉委员,1929 年当选为苏联科学院院士。

的意义,马克思在社会运动中的作用越来越显著"①。他进一步指出,马克思与安年科夫相互关系的全部事实是,我们的旅行家安年科夫给马克思留下了非常良好的印象,他觉得,"在他面前的不是热情的俄罗斯天性,而是俄国知识分子,是深入思考西欧的社会现象的人,这才是真正的人"②。萨库林没有把揭示马克思对安年科夫的观点的影响作为自己的任务,而是认为安年科夫在对 1848 年革命和 19 世纪 40 年代欧洲生活的理解与马克思相近。萨库林的结论是:"安年科夫既不是蒲鲁东主义者,也不是马克思主义者,在 40 年代对《贫困的哲学》的作者和《哲学的贫困》的作者都感兴趣。马克思的科学现实主义和严格的历史主义收买了他。"③

1983 年,苏联学者伊・尼・卡诺别耶夫斯卡娅(И.Н.Конобеевская)编辑出版《安年科夫:巴黎书信》一书,收录了安年科夫的书信和札记,主要是《来自国外的信》(1843)、《巴黎书信》(1848)、《1848 年 2 月和 3 月在巴黎》(1848)、《旅行札记》(1843)、《1848 年法国革命札记》(1848)等。这本书还收录了卡诺别耶夫斯卡娅研究安年科夫的两篇文章,一篇是她独立发表的文章《巴黎三部曲及其作者》,一篇是她与斯米尔诺娃合写的《马克思恩格斯与安年科夫》。卡诺别耶夫斯卡娅和斯米尔诺娃在《马克思恩格斯与安年柯夫》一文中写道:"在 19 世纪 40 年代的所有俄国活动家中,最了解马克思,最客观和正确评价他的个性和活动正是安年科夫。安年科夫永远认为马克思是西欧最伟大的社会想家的代表之一。对于他,马克思是权威的、积极的和立法的,他是'拉萨尔的老师',国际工人协会的领袖"④。

二、历史唯物主义的八封信之一

1846 年 5 月 8 日,安年科夫给马克思写了第一封信,谈论了他们的共同朋友以及法国的政治事件。马克思恩格斯使安年科夫了解到巴黎社会工人阶级的真正状况,介绍他与进步的无产阶级代表相识。安年科夫到达巴黎后,在马克思的推荐下,加入了一些工人小组。1846 年 10 月 5 日,蒲鲁东的著作《贫困的哲学:或经济矛盾的体系》正式出版,蒲鲁东的思想赢得

①　П. В. Анненков. Парижские письма. Издание подготовила И. Н. Конобеевская, М., "Наука", 1983. С. 466.

②　П. В. Анненков. Парижские письма. Издание подготовила И. Н. Конобеевская, М., "Наука", 1983. С. 466.

③　П. В. Анненков. Парижские письма. Издание подготовила И. Н. Конобеевская, М., "Наука", 1983. С. 466.

④　П. В. Анненков. Парижские письма. Издание подготовила И. Н. Конобеевская, М., "Наука", 1983. С. 464.

了为数不少的支持者,甚至连受马克思恩格斯影响较深的安年科夫亦不例外。1846 年 11 月 1 日,安年科夫在写给马克思的第四封信谈到了蒲鲁东的著作,这是安年科夫写给马克思的最重要的信。他在信中对蒲鲁东的这本书做出了一些评价:"蒲鲁东有关上帝、天命、实际上并不存在的精神和物质的对抗等思想是极其混乱的,但是经济部分是非常有份量的。还从未有过一本著作如此清晰地给我指明:文明不能拒绝它通过分工、机器、竞争等等所获得的一切,而这一切已永远为人类所赢得了。"①安年科夫不相信蒲鲁东给出的解决办法,因为他认为蒲鲁东一方面反对共产主义,一方面又利用共产主义的教条来解决困难。"这本著作的结构本身不过是一个只看到了德国哲学一个角落的人幻想的结果,而并不是对一个题目及其逻辑发展进行研究的必然成果。"②在他看来,蒲鲁东的体系隐藏着缺点,但是他不确定缺陷是什么,因此他询问马克思对这本书的意见。

1846 年 12 月 28 日,马克思给安年科夫回信,即著名的历史唯物主义八封信之一③。马克思之所以在 12 月 28 日才回复安年科夫在 11 月 1 日的信,是由于他在 12 月中下旬才收到书商寄来的蒲鲁东的著作《贫困的哲学》。马克思对蒲鲁东这本书的基本评价是:"我必须坦白地对您说,我认为它整个说来是一本坏书,是一本很坏的书。您自己在来信里对蒲鲁东先生在这一杂乱无章而妄自尊大的著作中所炫耀的'德国哲学的一个角落'④曾经取笑了一番,但是您认为哲学之毒并没有感染他的经济学论述。我也丝毫不把蒲鲁东先生在经济学论述中的错误归咎于他的哲学。蒲鲁东先生之所以给我们提供了对政治经济学的谬误批判,并不是因为他有一种可笑的哲学;而他之所以给我们提供了一种可笑的哲学,却是因为他不了解处于现代社会制度联结[engrènement]——如果用蒲鲁东先生像借用其他许多东西那样从傅立叶那里借用的这个名词来表示的话——关系中的现代社会

---

① 《马克思恩格斯与俄国政治活动家通信集》,人民出版社 1987 年版,第 5 页。
② 《马克思恩格斯与俄国政治活动家通信集》,人民出版社 1987 年版,第 5 页。
③ 历史唯物主义的八封信是指马克思致安年科夫(1846 年 12 月 28 日),马克思致魏德迈(1852 年 3 月 5 日),马克思致库格曼(1868 年 7 月 11 日),恩格斯致施米特(1890 年 8 月 5 日),恩格斯致布洛赫(1890 年 9 月 21—22 日),恩格斯致施米特(1890 年 10 月 27 日),恩格斯致梅林(1898 年 7 月 14 日),恩格斯致博尔吉乌斯(1894 年 1 月 25 日)。
④ 1846 年 11 月 1 日安年科夫在致马克思的信谈到蒲鲁东的书:"老实说,我认为著作的结构本身只不过是观察了德国哲学的一个角落的人的幻想的结果,而并不是研究某一题目及其逻辑发展的必然的结论。"——《马克思恩格斯与俄国政治活动家通信集》,人民出版社 1987 年版,第 5 页。

制度。"①在马克思看来,蒲鲁东从上帝、普遍理性等范畴来认识历史的进步和理解人类的历史发展,但他却无法解释社会发展的事实。马克思在批判蒲鲁东时第一次阐述了唯物主义历史观:"社会——不管其形式如何——究竟是什么呢? 是人们交互作用的产物。人们能否自由选择某一社会形式呢? 决不能。在人们的生产力发展的一定状况下,就会有一定的交换和消费形式。在生产、交换和消费发展的一定阶段上,就会有一定的社会制度、一定的家庭、等级或阶级组织,一句话,就会有一定的市民社会。有一定的市民社会,就会有不过是市民社会的正式表现的一定的政治国家。"②因此,马克思的结论是,人的社会历史始终是个体发展的历史,人们的物质关系是他们一切关系的基础。

马克思批判了蒲鲁东的唯心主义世界观,指出蒲鲁东混淆了思想和事物,他所研究的历史不是人类的历史,而是观念的历史,人不过是观念或永恒理性为了自身的发展而使用的工具。蒲鲁东把分工作为经济进化的第一个序列,作为永恒的规律,他既不了解分工的历史,也不了解分工的发展,甚至把机器说成一种与分工、竞争、信贷等并列的经济范畴,但是机器根本不是经济范畴。蒲鲁东把所有制作为经济体系中的最后一个范畴,但实际上分工、竞争、垄断、税收、贸易、信贷等蒲鲁东的其他范畴一起构成所有制的社会关系。蒲鲁东把所有制规定为独立的关系,把这些范畴作为平等观念的产物,作为上帝的产物,这不仅是方法上的错误,而且没有认识到各种生产形式的历史性和暂时性。他没有看到人们在发展生产力的同时也发展着一定的相互关系,也没有认识到这些关系的性质必然随着生产力的发展而发展,而仅仅是把经济关系看作现实关系的抽象。例如,竞争和垄断这对范畴在蒲鲁东看来都是经济范畴,都是上帝的产物,都是永恒的好东西,垄断的现实和竞争的现实则是不好的东西,垄断和竞争的相互吞并则是更不好的东西。因此他的办法是在竞争和垄断的综合中垄断的害处被竞争所抵消,而竞争的害处被垄断所抵消。在马克思看来,竞争和垄断都存在于现代经济生活中,它们的综合不是公式,而是运动。垄断产生竞争,竞争产生垄断,只有消灭现代经济关系赖以存在的基础,也就是消灭现代的生产方式,才会消灭竞争、垄断及其对抗和综合,才能达到真正平衡的运动。

蒲鲁东认为,抽象和范畴是纯粹理性的产物,是原始的原因,是创造历史的动力。这些范畴和观念把它们同人及其物质活动分离开来,因此,以观

---

① 《马克思恩格斯文集》第10卷,人民出版社2009年版,第41—42页。
② 《马克思恩格斯与俄国政治活动家通信集》,人民出版社1987年版,第7页。

念形式表现资产阶级关系的范畴是自行产生的,是有生命的,是永恒的真理。而历史是由学者,也就是从上帝那里获得隐秘思想的人创造的。马克思批判了蒲鲁东的唯心主义辩证法,认为人们是在适应生产力的过程中生产出他们的社会关系,也生产出各种范畴和观念。这些范畴与它们所表现的社会关系一样不是永恒的,而是历史的和暂时的产物。蒲鲁东把永恒观念、纯粹理性范畴与人的实践生活相对立,实际上是观念与生活、灵魂与肉体的二元论。"蒲鲁东先生用自己头脑中奇妙的运动,代替了由于人们既得的生产力和他们的不再与此种生产力相适应的社会关系相互冲突而产生的伟大历史运动,代替了一个民族内各个阶级间以及各个民族彼此间准备着的可怕的战争,代替了唯一能解决这种冲突的群众的实践和暴力的行动,代替了这一广阔的、持久的和复杂的运动。"①

马克思在这封信里还论述了生产力的客观性,"人们不能自由选择自己的生产力——这是他们的全部历史的基础,因为任何生产力都是一种既得的力量,是以往的活动的产物"。生产力就是人们的应用能力,这种能力取决于人所处的条件,以及在他们以前就已经存在的,由上一代人创立的社会形式。"后来的每一代人都得到前一代人已经取得的生产力并当作原料来为自己新的生产服务,由于这一简单的事实,就形成人们的历史中的联系,就形成人类的历史,这个历史随着人们的生产力以及人们的社会关系的愈益发展而愈益成为人类的历史。"②

1847年1月6日,安年科夫在给马克思的回信中写道:"您对蒲鲁东著作的意见,以其正确无误、清晰明白,而主要的是现实范围内的意图,对我起了真正振奋精神的作用。"③他反对抽象的虚假的思想,肯定马克思的唯物主义,强调研究经济和历史事实的重要性。安年科夫进一步地向马克思提出了两个问题:第一,蒲鲁东的经济进化分类法是任意的、武断的,那他著作中的批判部分是否值得关注? 例如,他对路易·勃朗④学说的抨击在法国得到很多人的支持。第二,蒲鲁东敢于在法国说,任何一个在国内孤立的政府都是不道德的。因此所有政党都不提他的著作,对他的著作充满愤怒。

---

① 《马克思恩格斯与俄国政治活动家通信集》,人民出版社1987年版,第15—16页。

② 《马克思恩格斯文集》第10卷,人民出版社2009年版,第23页。

③ 《马克思恩格斯与俄国政治活动家通信集》,人民出版社1987年版,第18页。

④ 路易·勃朗(1811—1882):法国空想社会主义者,历史学家。先后就读于罗得斯学院和巴黎大学,毕业后从事新闻工作,创办了《进步评论》报。1839年,发表了主要著作《劳动组织》。他在书中阐述了自己一系列的经济观点和改造社会的基本设想。他同西斯蒙第一样,主张国家干预社会经济生活,批判自由竞争,鼓吹阶级合作。

因此,安年科夫的结论是"蒲鲁东的著作即使对经济思想的普遍发展没有很大意义,然而,在涉及法国资产阶级的政治、教育和倾向方面却没有丧失其重要性"①。他在信的最后还向马克思提出了一些关于共产主义的问题:共产主义是否要求拒绝某些文明财富,放弃某些得来不易的个人特权? 共产主义是否要求具有很难达到的高水平的公共道德? 之后由于安年科夫遗失地址,他与马克思的通信暂时中断。

1847年12月8日,安年科夫找到地址后立即给马克思写信,并在信中提到希望阅读马克思论述蒲鲁东及其学说的小册子,即《哲学的贫困》。"我手头还没有您论述蒲鲁东及其学说的小册子,因为我在巴黎所知道的唯一的一本,是海尔维格②的,它正在传阅。什么时候轮到我,我一定认真阅读。"③马克思收到信后立即给安年科夫回信,马克思在信中简要说明了自己在伦敦的政治活动,他建立了布鲁塞尔民主协会同英国宪章派之间的联系,并在公开集会上发表讲话,同时也告诉朋友自己目前所处的经济困境,虽然《哲学的贫困》十分畅销,但是他还没拿到稿费。但是不知什么原因安年科夫没有继续回信,他们的通信就此中断。

1880年,安年科夫在回忆录《辉煌的十年:1838—1848》中回忆了与马克思的通信,"在此以前,我就和马克思有书信来往,这对我是十分有意义的",特别强调了马克思这封关于蒲鲁东的信所具有的重要意义:"1846年,马克思用法文给我写过一封长信,谈到蒲鲁东的名著《贫困的哲学》,阐明了他对蒲鲁东理论的看法。这封信写得非常精彩,有两个特点超越了当时那个时代:一个是对蒲鲁理论的批判,而且还考虑到对批判可能提出的一切反对意见,另一个是对国民经济史的意义提出了新的看法。"④关于马克思与蒲鲁东的思想分歧以及马克思对蒲鲁东的批判,安年科夫做出了中肯的评价:"马克思早就谈到,国家形式、人们的全部社会生活以及他们的道德、哲学、艺术和科学,只不过是人们经济关系的直接产物,随着这些关系的改变而改变,甚至消灭。问题在于认识和确定那些使人们经济关系改变、造成巨大后果的规律。蒲鲁东自相矛盾,他把一些信手拈来的经济现象和另一些经济现象对比,而历史证明,后者绝不是从前者产生的,马克思从中看出

① 《马克思恩格斯与俄国政治活动家通信集》,人民出版社1987年版,第20页。
② 格·海尔维格(1817—1875):著名德国诗人,小资产阶级民主主义者,19世纪60年代附和拉萨尔。
③ 《马克思恩格斯与俄国政治活动家通信集》,人民出版社1987年版,第21页。
④ П.В.Анненков. Замечательное десятилетие. 1838–1848. Литературные воспоминания. М.: ГИХЛ, 1960.

作者打算使资产阶级安心,因为作者把现代经济制度的那些使资产阶级不愉快的事实归结为黑格尔式的不痛不痒的抽象,说成是万物本性所固有的规律。所以马克思才骂蒲鲁东是一个社会主义的神学家和彻头彻尾的小资产者。"①

三、马克思的《哲学的贫困》

马克思在 1846 年 12 月致安年科夫的信中对蒲鲁东《贫困的哲学》中的唯心主义和形而上学的详细评论成为马克思撰写《哲学的贫困》的基础。1847 年 1 月,马克思着手撰写反对蒲鲁东的专著,4 月初完稿,6 月为该书写了一篇简短的序言,7 月初在布鲁塞尔和巴黎出版《哲学的贫困》法文本。1859 年,马克思在回忆这本著作时说:"我们见解中有决定论意义的论点,在我的 1847 年出版的为反对蒲鲁东而写的著作《哲学的贫困》中第一次作了科学的、虽然只是论战性的概述。"② 1880 年 4 月,马克思为《哲学的贫困》再版写了一篇引言,发表在法国《平等报》上:"我们决定重新发表《哲学的贫困》(初版已售完),是因为该书包含了经过 20 年的研究之后,在《资本论》中阐发的理论的萌芽。"马克思还进一步阐明了写作《哲学的贫困》的目的和意义:"为了给力求阐明社会生产的真实历史发展的、批判的、唯物主义的社会主义扫清道路,必须断然同意识形态的经济学决裂,这种经济学的最新的体现者,就是自己并没有意识到这一点的蒲鲁东。"③马克思在《哲学的贫困》中主要从三个方面批判蒲鲁东的哲学思想和经济体系。

首先是马克思对蒲鲁东关于使用价值和交换价值的关系、构成价值的含义、价值比例规定的应用等经济观点的批判。蒲鲁东在《贫困的哲学》第 1 卷第二章中说明了使用价值变成交换价值的过程:个人需要很多东西,但是不能单独生产这些东西,因此个人就会把他的产品与别人所生产的一部分产品进行交换。马克思考察了交换的历史和发展阶段:在最初的阶段只是交换剩余品;在第二个阶段一切产品都用于交换,"整个工业活动都处在商业范围之内,当时一切生产完全取决于交换"④,马克思称之为"二次方的交换价值";在最后一个阶段德行、爱情、信仰、知识和良心都成了交换和买

① П.В.Анненков. Замечательное десятилетие. 1838–1848. Литературные воспоминания. М.: ГИХЛ,1960.С. 480,参阅《人间的普罗米修斯:回忆马克思恩格斯》,人民出版社 1983 年版,第 46—47 页。

② 《马克思恩格斯文集》第 2 卷,人民出版社 2009 年版,第 593 页。

③ 《马克思恩格斯全集》第 25 卷,人民出版社 1972 年版,第 425—426 页。

④ 《马克思恩格斯全集》第 4 卷,人民出版社 1958 年版,第 79 页。

卖的对象,也就是一切精神的和物质的东西都变成了交换价值,马克思称之为"三次方的交换价值",因此交换价值的产生绝不仅仅是因为个人需要。蒲鲁东认为以前的经济学家没有明确阐明使用价值和交换价值的反比关系,实际上,西斯蒙第的学说正是建立在使用价值和交换价值的对立上,罗德戴尔的体系也是建立在这两种价值的反比例上。蒲鲁东认为,"人的自由意志引起了使用价值和交换价值之间的对立",决定的自由可以调和这两种对立的力量,他把使用价值和供给看作效用,把交换价值和需求看作意见,"价格是需求和供给之间、效用和意见之间进行斗争的产物,它不会代表永恒的公平"①。马克思批评蒲鲁东对供给和效用、需求和意见的混淆,认为他只是建立在空洞的抽象概念之上,而且交换价值和使用价值并不是由人的自由意志决定,生产者受到现代生产条件的制约,消费者的需求也由他所处的社会地位决定。蒲鲁东没有研究劳动的质的差别,他把劳动看作商品,认为劳动是由生产这种商品所必需的劳动时间来衡量,也就是工资的最低额。马克思对李嘉图在政治经济学领域中所作的贡献给予高度的评价②,并用李嘉图的劳动价值理论来反对蒲鲁东的价值理论,认为"蒲鲁东先生从李嘉图学说中引申出的一切'平等'的结论,是建立在一个根本谬误的基础上。他把用商品中所包含的劳动量来衡量的商品价值和用'劳动价值'来衡量的商品价值混为一谈。"③

其次是马克思对蒲鲁东形而上学方法论的批判,并在此基础上提出政治经济学的研究方法。蒲鲁东无视经济范畴之间的内在联系,采取形而上学的方法,把分工、信用、货币等看作固定的、不变的、永恒的范畴,并且臆造出这些范畴和关系在经济学理论中的逻辑顺序和理性系列。他把现实的关系看成原理、范畴和抽象的思想,然后编排这些抽象思想的次序。马克思指出,人们在获得新生产力的过程中改变自己的生产方式,以及自己的一切社会关系,又按照自己的社会关系创造了相应的原理、观念和范畴。"手工磨产生的是封建主为首的社会,蒸汽磨产生的是工业资本家为首的社会。"④马克思发现了蒲鲁东方法的漏洞,指出辩证运动的实质是矛盾的共存、斗争

①　《马克思恩格斯全集》第4卷,人民出版社1958年版,第84页。

②　马克思在《资本论》第1卷中指出,"李嘉图的价值论是对现代经济生活的科学解释","李嘉图从一切经济关系中得出他的公式,并用来解释一切现象,甚至如地租、资本积累以及工资和利润的关系等那些骤然看来好像是和这个公式抵触的现象,从而证明他的公式的真实性;这就使他的理论成为科学的体系"。——参阅《马克思恩格斯全集》第4卷,人民出版社1961年版,第92—93页。

③　《马克思恩格斯全集》第4卷,人民出版社1958年版,第97页。

④　《马克思恩格斯全集》第4卷,人民出版社1958年版,第144页。

以及融合成新的范畴,而蒲鲁东的用一个范畴消除另一个范畴的缺陷的方法只能使辩证法运动立即终结。蒲鲁东把现实的历史看作是观念、范畴和原理,也就是说,不是历史创造原理,而是原理创造历史。马克思发现了蒲鲁东的唯心史观,认为应当从每个世纪中人们的需求、生产力,从生产方式、生产资料,从人与人之间的关系来研究现实的历史,因为是人创造历史,是历史创造原理。蒲鲁东把人的社会理性称为人类的主体理性,这个理性的任务就是发现真理,它的目标就是消除每个经济法范畴的坏的方面,保留好的方面。蒲鲁东的理想是平等,因此这个好的东西就是平等。"平等是原始的意向、神秘的趋势、天命的目的","肯定平等的就是每个经济关系的好的方面,否定平等和肯定不平等的就是坏的方面","每一个新的范畴都是社会天才为了消除前一个假设所产生的不平等而作的假设"①。马克思认可平等的趋势,但是反对蒲鲁东用天命来说明历史进程,因为这不仅否认世世代代不断改变前代所获得的成果的历史运动,而且是对封建主义和资本主义私有制的美化。蒲鲁东从经济学家那里借用了永恒经济关系的必然性,从社会主义者那里借用了贫困,无休止地追逐公式,在资本和劳动、政治经济学和共产主义之间摇来摆去。因此,马克思反对蒲鲁东的形而上学方法,认为每一种经济关系都只是其他经济关系的整个锁链中的一个环节,在这个基础上提出了政治经济学研究的方法论原则,即必须从整体上研究生产关系,必须从生产关系的内部联系上研究经济范畴。

再次是马克思对蒲鲁东的经济范畴的逐一批判。蒲鲁东认为经济范畴是历来存在的永恒的观念,马克思则在批判蒲鲁东的基础上阐明经济范畴的客观性和历史性。"经济范畴只不过是生产的社会关系的理论表现,即其抽象"②,经济范畴是从经济关系的运动中得出的,因此,经济关系是第一位的,经济范畴是第二位的。蒲鲁东把分工作为一系列经济进化的起点,分工的有益方面是实现条件上和智能上的平等,分工的有害方面是贫困的源泉,应当寻求一种新的结合,以便消除分工的有害方面而保存其有益的作用。他把机器看作"分工的逻辑反题",从机器变成工厂,从分工产生贫困,工厂就是对分工的辩证否定。马克思反对蒲鲁东把机器看作经济范畴,机器只是一种生产力,以应用机器为基础的现代工厂才是经济范畴。第二个是竞争范畴。蒲鲁东认为竞争的好的方面是要达到平等必须有竞争,竞争的坏的方面是自我否定,也就是把受它吸引的人消灭,竞争是价值的构成,

---

① 《马克思恩格斯全集》第4卷,人民出版社1958年版,第152页。
② 《马克思恩格斯文集》第1卷,人民出版社2009年版,第602页。

是永恒必然的经济范畴,是一种社会关系,竞争是垄断的对立物,不可能同联合对立。但是蒲鲁东所讲的只是由竞争产生的现代垄断,实际上竞争是由封建垄断产生的。马克思把现代垄断看作是否定的否定,是对立的统一,是纯粹的、正当的、合理的垄断。而蒲鲁东把现代垄断看作粗野的、简陋的、矛盾的垄断。蒲鲁东不仅把所有权作为一种特殊的范畴、一种抽象的和永恒的观念,而且把所有权的起源神秘化。马克思认为蒲鲁东的所有权不过是土地所有权,也就是地租而已,他反对蒲鲁东把生产本身和生产工具的分配关系神秘化。蒲鲁东反对工人罢工,提出罢工会导致贫困加剧的观点,"任何旨在提高工资的运动除了使粮食、酒等等涨价即引起贫困的加剧以外,不可能产生别的结果"①,甚至认为工人罢工是违法的。马克思指出,随着现代工业和竞争的发展,工人同盟必然合法。马克思分析了资本主义的历史阶段,认为工人阶级在发展进程中将创造一个消除阶级和阶级对立的联合体来代替旧的资本主义社会,工人阶级获得解放的条件就是消灭一切阶级。

马克思运用唯物史观和政治经济学的方法论原则全面批判蒲鲁东的价值理论,从而发展了劳动价值论。在对蒲鲁东的理论进行批判的过程中,马克思对亚当·斯密和李嘉图作了比较性研究,清楚地说明他们的理论所面临的问题:"亚当·斯密有时把生产商品所必要的劳动时间当做是价值尺度,有时却又把劳动价值当做价值尺度。李嘉图揭露了这个错误,清楚地表明了这两种衡量方法的差别。蒲鲁东先生加深了亚当·斯密的错误。亚当·斯密只是把这两个东西并列,而蒲鲁东先生却把两者混而为一"②。因此,马克思在《哲学的贫困》中第一次公开表达自己对劳动价值论的基本立场,也是第一次把唯物史观用于政治经济学的研究,因此具有重要的理论贡献。

---

① 《马克思恩格斯全集》第4卷,人民出版社1958年版,第191页。
② 《马克思恩格斯全集》第4卷,人民出版社1958年版,第99页。

第二章　马克思恩格斯与第一国际俄国政治活动家

　　1864 年,第一国际成立后,俄国国内的革命者和俄国在西欧的革命流亡者先后加入第一国际,并与马克思恩格斯建立起密切的联系。马克思恩格斯与第一国际俄国政治活动家的关系可以分为三个方面:一是以米·亚·巴枯宁①为代表的无政府主义者与马克思的友谊、分歧和斗争;二是以尼·伊·吴亭②为代表的第一国际俄国支部对马克思的支持与拥护;三是俄国革命流亡者对第一国际内部斗争的看法。

第一节　巴枯宁及其政治活动

　　1815 年 5 月,米·亚·巴枯宁(М.А.Бакунин)出生于特维尔省的贵族家庭,童年时期接受过良好的欧洲教育。15 岁时因为家庭出身显赫,他顺利地成为彼得堡炮兵学校的士官生。1832 年毕业后被派往军队服役,但是仅仅一年巴枯宁就退伍了。1836 年,巴枯宁考入莫斯科大学,他热衷于德国哲学,阅读康德、费希特和黑格尔的著作,于是产生了去德国学习黑格尔理论的想法。英国学者伯林对此时的巴枯宁如此评价:"他天赋异能,善于吸收别人义理,热心阐述,仿如己出,而在吸收阐述过程中稍加变化,便更简单、清晰、粗糙、偶尔更令人信服。……他玩弄观念,熟巧灵便而充满孩子气的乐趣。其观念源出多方:圣西门、霍尔巴赫、黑格尔、蒲鲁东、费尔巴哈、青年黑格尔派、魏特林。这些义理,他一边短促但密集的扮演应用,一边吸收,随即着手阐释,阐释之间所发挥的热情与个人磁力,即使在那个伟大的民间

---

①　米·亚·巴枯宁(1814—1876):俄国无产阶级革命家,著名的无政府主义者。1849 年参加德意志革命,后被引渡回俄国,1861 年逃往英国,1864 年加入第一国际,1872 年被开除,1876 年在瑞士病逝。主要著作是《德意志专制帝国》(1871)、《国家与无政府状态》(1873)。

②　尼·伊·吴亭(Н.И.Утин,1845—1883):俄国革命家,19 世纪 60 年代革命运动的参加者,"土地和自由社"中央委员会委员,第一国际俄国支部的组织者之一,《人民事业》编辑部委员会委员(1868—1870),《平等报》编辑(1870—1871)。——参阅《马克思恩格斯文集》第 10 卷,人民出版社 2009 年版,第 907 页。

论坛风起云涌的世纪里,也许蛮可谓独步。"①巴枯宁参加了斯坦凯维奇小组②的活动和列瓦莎娃主持的文学沙龙,在这里认识了普希金和恰达耶夫。后来,巴枯宁与赫尔岑、格拉诺夫斯基、别林斯基、卡特科夫和奥加廖夫等人相识。在别林斯基看来,巴枯宁有强烈的领袖欲,不易和别人相处,自尊心非常强,对待友人浅薄,幼稚轻率,诚恳温柔不足,自命不凡,骄傲自大,想博取别人欢心,好发号施令。1840 年,巴枯宁离开俄国,在西欧开始了波澜壮阔的革命生涯。

一、19 世纪四五十年代的革命活动

1840 年秋,巴枯宁在赫尔岑的资助下来到西欧。最初他在柏林大学学习,之后与德国革命民主主义者阿·卢格③、海尔维格·格④相识。1842 年10 月,他在卢格主编的《德法年鉴》上发表了《德国的反动》一文,认为消灭现有的社会制度才能实现法国大革命的口号"自由、平等、博爱"。1842—1848 年欧洲革命爆发前,巴枯宁辗转于西欧各地,结识了一些著名的人物,如德国空想共产主义者魏特林、小资产阶级社会主义者路易·勃朗、无政府主义思想家蒲鲁东等。

1847 年 11 月 29 日,马克思、恩格斯、巴枯宁在伦敦举行的纪念波兰起义十七周年大会上发表演说,抨击资产阶级对无产阶级的压迫。马克思在演说中指出:"无产阶级对资产阶级的胜利同时就是一切被压迫民族获得解放的信号。"⑤恩格斯在演说中说明了波兰解放和德国解放的关系:"不把波兰从德国人的压迫下解放出来,德国就不可能获得解放。"⑥巴枯宁在演

---

① 伯林:《俄国思想家》,彭淮栋译,译林出版社 2001 年版,第 175—176 页。
② 斯坦凯维奇小组创立于 1831 年冬。由集聚在斯坦凯维奇周围的具有进步倾向的莫斯科青年组成。成员有斯坦凯维奇、别林斯基、阿克萨柯夫、巴枯宁、波特金等。该小组最活跃的时期是在 1833—1837 年。自 1837 年斯坦凯维奇去国外后,该团体逐渐解体,至 1839 年停止活动。小组的主要兴趣是探讨哲学、伦理学和美学问题。
③ 阿尔诺德·卢格(1802—1880):德国政论家,青年黑格尔派分子。1843 年与马克思在巴黎共同出版《德法年鉴》。主要著作有《阿尔诺德·卢格文集》《我们的制度》《过去的时代》等。
④ 海尔维格·格(1817—1875):德国诗人,小资产阶级民主主义者;1842 年起成为马克思的朋友,《莱茵报》等多家报刊的撰稿人。1848 年二月革命后是巴黎德意志民主协会领导人,巴黎德国流亡志愿军团组织者之一,1848—1849 年革命的参加者,后长期流亡瑞士,1869 年起成为德国社会民主工党(爱森纳赫派)党员。——参阅《马克思恩格斯文集》第 10 卷,人民出版社 2009 年版,第 862—863 页。
⑤ 《马克思恩格斯全集》第 4 卷,人民出版社 1958 年版,第 409 页。
⑥ 《马克思恩格斯全集》第 4 卷,人民出版社 1958 年版,第 410 页。

说中表示同情波兰人民,抨击沙皇俄国政府"对 1830—1831 年波兰起义的镇压是骇人听闻的,是丧失理智的,是犯罪行为"。法国的波兰侨民,以及小资产阶级民主共和派的机关报《改革报》对巴枯宁这个演说表示赞许,但是沙皇政府要求法国基佐政府立即将巴枯宁驱逐出境。1847 年 12 月,巴枯宁被迫离开法国,再次来到布鲁塞尔。

1848 年 6 月,巴枯宁作为波兰代表参加了在布拉格举行的斯拉夫人代表大会,在《新斯拉夫政策的基础》的报告中宣扬泛斯拉夫主义,主张推翻哈布斯堡王朝的统治,建立斯拉夫联邦。1848 年 8 月底,马克思经过柏林时会见了巴枯宁,恢复了他们二月革命以前建立起来的亲密友谊。10 月,马克思在《新莱茵报》上谴责普鲁士内阁驱逐巴枯宁出境。1849 年 2 月 15日,恩格斯在《新莱茵报》上发表《民主的泛斯拉夫主义》一文时批评巴枯宁的幻想和狂热:"巴枯宁是我们的朋友,但这并不妨碍我们批评他的小册子。……这里一个字也没有提到实际存在的妨碍这种普遍解放的障碍,一个字也没有提到其差别如此之大的各个文明发展阶段,以及由这一点所决定的各族人民的不同政治要求。"①

1849 年 5 月,巴枯宁参加了德累斯顿人民起义,担负着指挥工作。恩格斯给予了很高的评价,称赞德国工人拥有"一个能干的、头脑冷静的指挥者——俄国流亡者米哈伊尔·巴枯宁"②。起义失败后,巴枯宁被逮捕,7月被押送到奥地利监狱。1851 年,巴枯宁被沙皇政府引渡回俄国,被关押在彼得保罗要塞监狱。巴枯宁向俄国沙皇尼古拉一世写了一份长达 8 万字的《忏悔书》,对自己在 1842—1849 年的思想和活动做了痛心疾首的忏悔,称自己过去的革命活动是"堂吉诃德式的疯狂",向沙皇陛下"伏地求恩"。沙皇免除巴枯宁的死刑,改善他在监狱中的生活待遇,并允许他在监狱中会见亲属。

1853 年,英国报刊《晨报》上发生了一场关于巴枯宁的争论,随后马克思在《晨报》上发表文章说明情况,证明巴枯宁的清白。英国保守派政论家戴·乌尔卡尔特③的支持者弗·马尔克斯④在 8 月 23 日的《晨报》上发表

① 《马克思恩格斯全集》第 6 卷,人民出版社 1961 年版,第 323 页。
② 《马克思恩格斯选集》第 1 卷,人民出版社 1995 年版,第 571 页。
③ 戴·乌尔卡尔特:英国外交家、政论家和政治活动家,托利党人,亲土耳其分子,19 世纪 30年代在土耳其执行外交任务,1847—1852 年为议会会员。《自由新闻》(1855—1865)和《外交评论》(1866—1877)的创办人和编辑。——参阅《马克思恩格斯文集》第 10 卷,人民出版社 2009 年版,第 907 页。
④ 弗·马尔克斯(1816—1876):英国保守派政论家。

了短评《"俄国间谍"巴枯宁》，给巴枯宁加上了与沙皇政府有勾结的罪名。
8月24日，伊·加·戈洛文①、赫尔岑等人在《晨报》上发表反驳弗·马尔克斯的信，但是他们在这封信中暗指对巴枯宁的指控发端于《新莱茵报》。《新莱茵报》是马克思恩格斯创办的，因此为了说明事情的实际情况，马克思给《晨报》寄去了一封信《米哈伊尔·巴枯宁》，阐明了《新莱茵报》与巴枯宁事件的关系。《新莱茵报》在1848年7月5日曾收到两封来自巴黎的信，这两封信都肯定地说乔治·桑②掌握一些足以使巴枯宁声名扫地的信件，这些信件可以揭发巴枯宁在最近和沙皇俄国政府的联系。巴枯宁在《新奥得报》③发表了声明，声称这些谣传是来自俄国大使馆。7月16日，《新莱茵报》转载了巴枯宁的声明以及巴枯宁给乔治·桑的信。之后，乔治·桑给《新莱茵报》编辑部写了一封信，《新莱茵报》收到后立即发表，并在信上加了按语："在这同时，我们也给了巴枯宁先生机会，让他来消除某些巴黎人士对他提出的怀疑。我们甚至没有等到巴枯宁先生提出要求，就从《新奥得报》转载了他的声明和他给乔治·桑的信。现在我们发表乔治·桑给《新莱茵报》编辑的信的直接译文，这封信彻底澄清了这一偶发事件。"④显然，马克思在《新莱茵报》上发表的声明和信件不是指控巴枯宁，而是帮助巴枯宁澄清对他的污蔑。五年后，马克思再次在《晨报》上为巴枯宁澄清，批评弗·马尔克斯对巴枯宁的指责，并且回忆了与巴枯宁的友谊，"巴枯宁是我们的朋友"⑤，特别强调自1848年革命以来在《新莱茵报》《纽约每日论坛报》上对巴枯宁的公开支持。

　　1857年2月14日，巴枯宁向即位不久的沙皇亚历山大二世呈递了一封《请求减刑书》，继续表示忏悔，恳求宽大处理。亚历山大二世同意对巴枯宁减刑，将他流放西伯利亚。巴枯宁在西伯利亚受到其舅父东西伯利亚总督尼古拉·尼古拉耶维奇·穆拉维约夫⑥的照顾，领到了一张可以在西伯利亚全境通行的护照。1861年6月，巴枯宁趁在黑龙江沿岸调查情报之机逃出西伯利亚。1861年底，巴枯宁重返欧洲，来到英国，同旅居伦敦的赫尔岑、奥加廖夫会晤。赫尔岑在《往事与随想》中详细描述了巴枯宁的革命

---

①　伊·加·戈洛文(1816—1886)：俄国自由派地主，侨居英国，政论家，19世纪40—50年代同赫尔岑和巴枯宁很接近。

②　乔治·桑(1804—1876)：法国著名小说家，是巴尔扎克时代最具风情、最另类的小说家。

③　《新奥得报》是在布勒斯劳(弗罗茨拉夫)出版的一家德文日报。从1849年3月起该报成为德国资产阶级民主派的机关报，一直出版到1855年底。

④　《马克思恩格斯全集》第9卷，人民出版社1961年版，第322页。

⑤　《马克思恩格斯全集》第9卷，人民出版社1961年版，第322页。

⑥　这个人就是从中国夺占外乌苏里100万平方公里土地的俄国"英雄"。

活动,把他的这次逃跑称为"最长的逃跑路线",因为涉及的区域十分辽阔,他从阿穆尔河搭船到达日本海岸,然后再搭船前往美国旧金山,最后到达伦敦。由于他的《忏悔书》①在生前未曾公布,因此巴枯宁从流放地逃脱后,得以"英雄"的姿态重返欧洲。

二、19世纪六七十年代的政治活动

巴枯宁回到欧洲后,一方面继续影响俄国国内的革命活动,另一方面很快与马克思见面,加入第一国际。在俄国国内方面,巴枯宁发起了"到民间去"的运动,把俄国民粹主义推向高潮。

1862年2月,巴枯宁在赫尔岑主编的《钟声报》副刊上发表了《告俄国、波兰和全体斯拉夫族友人书》一文,他在文章中向斯拉夫人发出呼吁:"我保持着战无不胜的思想的勇敢精神,我的身心、意志、激情都仍然忠实于朋友们,忠实于伟大的共同事业和我自己……现在我来到你们这里,请求你们:再次接受我加入你们的队伍,允许我在你们中间,和你们一道,把我的全部余年贡献给争取俄国的自由、争取波兰的自由、争取全体斯拉夫人的自由和独立的斗争"②。巴枯宁在这篇文章中还宣称当前的任务不仅是宣传,主要应该是进行实际的革命活动,如成立小组,组织党派,准备起义。而赫尔岑坚持以宣传为主的方针,主张使刊物成为运动的领导中心等。虽然他们对杂志的方针产生了分歧,但是并没有影响他们的友谊。赫尔岑在回忆录中这样描述巴枯宁的个性,"在他身上有一种孩子似的单纯气质,他对人从无恶意,这赋予了他一种不同寻常的魅力,吸引了强者和弱者,只有冥顽不灵的小市民才会对他无动于衷"③,称赞巴枯宁"神奇而又顽强地出现在各地……这使得他成为一个当之无愧的英雄人物"。

1869年,巴枯宁在《告俄国青年兄弟的几句话》中发出了"到民间去"的号召,发起了俄国历史上著名的"到民间去"运动(Хождение в народ),把俄国民粹主义推向高潮。在当时的俄国青年中颇有影响。1873年,巴枯宁的《国家制度和无政府状态》一书成为俄国青年民粹派分子的行动纲领,这对于俄国民粹主义运动产生了很大的影响。到19世纪70年代中期,俄国民粹主义的三大派别最终形成:巴枯宁主义、拉甫罗夫主义、特卡乔夫主义。巴枯宁在意大利宣传第一国际的原则和纲领的同时,逐渐脱离了马克

---

① 1921年,巴枯宁的《忏悔书》全文才在苏俄公布。
② 《马克思恩格斯全集》第18卷,人民出版社1964年版,第490页。
③ 赫尔岑:《往事与随想》下册,上海译文出版社1979年版,第396—397页。

思的思想,形成了与马克思主义对立的无政府主义思想。由此开始了马克思恩格斯从 1869 年到 1872 年对巴枯宁的斗争。1873 年 9 月,巴枯宁在日内瓦发表声明,由于年老多病退出斗争。之后他在意大利博洛尼亚地区参加了最后一次暴动活动,失败后隐居在瑞士南部边境洛迦诺。1876 年 7 月 1 日,巴枯宁因患肾脏病和水肿病在瑞士伯尔尼病逝。

第二节　马克思恩格斯与巴枯宁的斗争

如前所述,马克思与巴枯宁在 19 世纪四五十年代是志同道合的朋友,他们发表文章和演说,相互欣赏,相互支持。但是在第一国际成立之后,马克思与巴枯宁的分歧逐渐凸显,两人针锋相对,完全敌对。马克思与巴枯宁在第一国际的激烈斗争,成为 19 世纪国际工人运动的重要事件。

一、巴枯宁的国际民主同盟

1864 年 9 月 28 日,在英法工人代表的推动下,国际工人协会宣告成立(史称第一国际)。马克思恩格斯先后当选为总委员会委员,并为协会起草了《国际工人协会成立宣言》《协会临时章程》。之后,马克思还担任了德国通讯书记、荷兰临时通讯书记和俄国通讯书记,恩格斯还担任了西班牙代理通讯书记、比利时通讯书记、意大利通讯书记。马克思恩格斯领导着协会总委员会的全部工作,是第一国际的真正领袖。

1864 年 10 月 27 日,巴枯宁在伦敦给马克思的信中与马克思相约见面的时间,并把马克思称为“老熟人”①。1864 年 11 月,他与马克思在伦敦再次相见。马克思在给恩格斯的信中谈到了这次会面对巴枯宁的印象:“我于十六年之后,昨天第一次见到他。应当说,我很喜欢他,而且比过去更喜欢……总之,他是十六年来我所见到的少数几个没有退步、反而有所进步的人当中的一个。”②马克思邀请巴枯宁参加第一国际,并委托他在意大利宣传第一国际的文件。当时,国际工人协会处于初创时期,首先要向各国无产阶级群众宣传和说明国际的原则和任务。巴枯宁到达意大利后,没有及时回复马克思的信,直到 1865 年 2 月 7 日在佛罗伦萨给马克思写了回信,并首先做出了解释:“我不写信的原因,是遵照您的愿望,把国际委员会的一份祝词寄给了加里波第,直到现在还在等候他的复信。此外,我还在等待意

---

① 《马克思恩格斯与俄国政治活动家通信集》,人民出版社 1987 年版,第 35 页。
② 《马克思恩格斯全集》第 31 卷,人民出版社 1972 年版,第 17—18 页。

大利译本的出版,以便把它也寄给你。"①巴枯宁还谈到了意大利的情况:意大利人拖拉和优柔寡断,意大利政党缺少经费,民主派别的失败,这使大多数意大利人陷入了极端的怀疑主义和漠不关心的境地。此时的巴枯宁认为只有社会主义的宣传才能给意大利增加活力和生机,提出应该在意大利建立新的劳动民主派:"在意大利,应该创立一个以劳动的绝对权利和唯一崇拜劳动为基础的新的民主派。这样做的因素已经具备,并且在迅速增长。"②

　　1865 年,巴枯宁与几个意大利人组建了无政府主义团体,后来又称为国际兄弟会。据巴枯宁说,这是意大利的第一个社会主义团体,它主张社会主义,反对马志尼的宗教和政治教条。1866 年,巴枯宁为这个团体起草了《国际革命协会的原则和组织》,提出了个人绝对自由、反对权威、消灭国家、废除继承权、自下而上地组织社会、实行联邦制等无政府主义主张。这是巴枯宁第一次系统地提出无政府主义纲领。1867 年秋,巴枯宁离开意大利前往瑞士,在瑞士结识了一些俄国流亡者,并参加了和平和自由同盟③的工作,担任中央委员会委员。在巴枯宁的影响下,和平和自由同盟企图利用工人运动和国际工人协会达到反对战争、争取和平的目的。该同盟曾宣称通过建立"欧洲联邦"可以消除战争,妄图在群众中散布荒谬的幻想使无产阶级放弃阶级斗争。其纲领含有废除常备军、保卫和平、成立欧洲自由联邦等要求。1868 年 9 月 21—25 日,和平和自由同盟在伯尔尼举行第二次代表大会,巴枯宁在会上提出一项决议案,即必须在经济和社会上实行"各阶级的平等",此决议案遭到多数票的否决。之后,巴枯宁在赫尔岑的杂志《钟声》1868 年 12 月 1 日第 14 号和第 15 号上发表了这项决议案。由于没有得到大会的支持,巴枯宁及其拥护者退出了和平和自由同盟,与沙·佩龙④、约·菲·贝克尔⑤等人在瑞士成立"国际社会主义民主同盟"(简称"同

---

① 《马克思恩格斯与俄国政治活动家通信集》,人民出版社 1987 年版,第 36 页。
② 《马克思恩格斯与俄国政治活动家通信集》,人民出版社 1987 年版,第 37 页。
③ 和平和自由同盟是 1867 年在瑞士建立的资产阶级和平主义组织,法国著名作家维·雨果、意大利民族英雄朱·加里波第等参与了同盟的创立并在其中积极工作。
④ 沙·佩龙(1837—1919):瑞士工人运动活动家,巴枯宁主义者,国际洛桑代表大会(1867)和布鲁塞尔大会(1868)代表,社会主义民主同盟中央局委员,《平等报》编辑(1869),《团结报》编辑和汝拉联合会领导人之一,后来脱离工人运动。
⑤ 约·菲·贝克尔(1809—1886):国际工人运动和德国工人运动的著名活动家。第一国际成立后,贝克尔是国际日内瓦第一支部的创建人(1864),国际日内瓦支部委员会、德国和瑞士德语区中央委员会主席(1865),国际德语区支部主席(1866 年起),在瑞士的国际的俄国人支部组织者,国际伦敦代表会议(1865)和国际各次代表大会代表,《先驱》杂志出版者和编辑(1866—1871)和《先驱者》杂志编辑(1877—1882)。——参阅《马克思恩格斯文集》第 10 卷,人民出版社 2009 年版,第 842—843 页。

盟"），并制定了纲领，即《国际社会主义民主同盟纲领和草案》。

1868 年底，巴枯宁向国际工人协会总委员会提出"同盟"作为支部加入协会的申请，但同时要求"同盟"保持相对独立性和保留在日内瓦的"中央局"。马克思认为巴枯宁有分裂国际工人协会的意图，因此在与恩格斯交换意见后起草了拒绝承认"同盟"的通告信，即《社会主义民主同盟和国际工人协会》。但这封通告信没有公开，只是在内部传阅，直到 1872 年才公开。1868 年 12 月，国际工人协会总委员会向巴枯宁寄去了拒绝接受"同盟"作为一个独立的国际组织加入国际的信件。12 月 22 日，巴枯宁在致马克思的信中首先说明他和马克思的私人感情，并且谦虚地表示自己是马克思的学生。"亲爱的马克思，因为我现在比任何时候更清楚地了解到，你是何等的正确，你自己，并要我们都走经济革命的康庄大道，同时尖锐地批评我们中间那些走上采取民族行动或者纯粹政治行动艰难道路的人。"①然后他向马克思详细说明了他在意大利的政治活动，并将国际社会主义民主同盟的纲领寄给马克思，"我把同盟的纲领也一起寄给你，这个同盟是我和贝克尔及许多意大利、波兰和法国朋友一起创立的。关于这个问题我们还将谈很多"②。

1869 年 2 月 27 日，巴枯宁再次写信给总委员会，声明只要总委员会同意它的纲领并接受"同盟"的各个地方支部加入国际，他就放弃独立组织的要求，解散同盟国际。马克思起草了回信，征求了恩格斯的意见，这封信在1869 年 3 月 9 日的总委员会会议上被一致通过，即《国际工人协会总委员会致社会主义民主同盟中央局》。虽然在这封信中表达了对"同盟"的接受，但是仍然批评了"同盟"的纲领中鼓吹的"各阶级平等"。"各阶级的平等，照字面上理解，就是资产阶级社会主义者所拼命鼓吹的'资本和劳动的协调'。不是各阶级的平等——这是谬论，实际上是做不到的——相反地是消灭阶级，这才是无产阶级运动的真正秘密，也是国际工人协会的伟大目标。"③虽然这次斗争以和解收场，但是巴枯宁与马克思的关系日趋紧张。

二、马克思与巴枯宁的公开斗争

1869 年 9 月，国际工人协会在瑞士巴塞尔召开第四次代表大会，巴枯宁在大会上正式提出了"废除继承权"的提议，马克思虽然没有参加这次大

---

① 《马克思恩格斯与俄国政治活动家的通信集》，人民出版社 1987 年版，第 45 页。
② 《马克思恩格斯与俄国政治活动家的通信集》，人民出版社 1987 年版，第 46 页。
③ 《马克思恩格斯全集》第 16 卷，人民出版社 1964 年版，第 394 页。

会,但是他反对把废除继承权作为社会革命的起点,并且起草了《总委员会关于继承权的报告》。两人的分歧也成为巴塞尔代表大会的争论焦点。巴枯宁把废除继承权作为消灭私有制的手段和社会革命的起点,马克思认为继承权的消亡是废除生产资料私有制的社会改造的自然结果,因为继承法不是现存社会经济组织的原因,而是这种经济组织的结果。巴塞尔大会虽然同意把"继承权问题"列入大会议程,但是并没有采纳巴枯宁的提议。但是为了保证自己在大会上取得多数,巴枯宁甚至伪造了一些代表资格证,例如吉约姆等人的代表资格证。但是大会仍然没有采纳巴枯宁的提议。这些情况马克思在 1870 年 3 月写在《机密通知》一文里,但是这篇文章直到1902 年才在《新时代》杂志第 2 期第 15 卷上发表。这次较量标志着马克思与巴枯宁的分歧公开化,也标志着国际工人协会反对巴枯宁主义者的斗争正式开始。

1869 年 10 月,马克思的好友莫泽斯·赫斯在《觉醒报》上发表《论巴塞尔代表大会上的共产主义与集产主义》一文攻击巴枯宁。巴枯宁怀疑马克思在幕后支持,立即写了一篇长文《一个社会民主党人的自白:关于德国犹太人问题的研究的引言》,抨击德国人、犹太人和犹太主义。之后,在赫尔岑的介入下,《觉醒报》没有发表巴枯宁这篇攻击犹太人的文章,而是发表了赫尔岑为巴枯宁辩护的信,这表明了赫尔岑在马克思与巴枯宁的斗争中的立场。1869 年 11 月,巴枯宁的追随者在《平等报》第 42 号上发表三篇批评总委员会的社论,一方面指责总委员会违反关于出版各国工人状况的报告的条例,抨击总委员会在爱尔兰问题上的立场,另一方面建议在英国成立一个专门的联合委员会。马克思认为这是巴枯宁所为,他在 1869 年 12 月17 日致恩格斯的信中写道,巴枯宁"现在把持着国际的四种机关报:《平等报》、洛克的《进步报》、巴塞罗那的《联盟》和那不勒斯的《平等》。他认为同我们公开论战的时机已经到来。他把自己装扮成真正无产阶级精神的保护者"①。这时马克思已经决定要给日内瓦罗曼语区联合会委员会发出一封信,让他们知道必要的时候可以根据代表大会的决议罢免他们。1870 年1 月 1 日,马克思起草了《总委员会致瑞士罗曼语区联合委员会的报告》,逐条驳斥了《平等报》。在马克思向日内瓦的罗曼语区委员会以及其他所有与他们有联系的法语区委员会分别散发了这份报告后,巴枯宁及其支持者退出了《平等报》。1870 年 2 月 10 日,马克思在致恩格斯的信中再次提到了这件事,"《平等报》在巴枯宁的唆使下,攻击总委员会,公开提出种种质

---

① 《马克思恩格斯全集》第 32 卷,人民出版社 1974 年版,第 405 页。

问,并以进一步采取行动相威胁"①。事实上,巴枯宁没有参与,他在1869年10月底就离开了日内瓦,隐居在瑞士的洛迦诺小镇,开始了《资本论》的俄文翻译工作②。

　　1871年9月,国际工人协会在伦敦召开代表大会,通过了各个国家建立无产阶级独立政党的决议,以及参加国际工人协会的团体放弃宗派组织的决议。随后,巴枯宁在瑞士松维利耶召开分裂主义代表大会,否定伦敦代表会议的决议,号召取消总委员会和实行完全的自治。马克思恩格斯立即起草了《所谓国际内部的分裂》,批判巴枯宁的无政府主义观点。1872年9月,国际工人协会在海牙召开代表大会,马克思参加了大会,但是巴枯宁、吉约姆等人因被法国和普鲁士政府通缉而无法到达海牙,被迫缺席了大会。马克思恩格斯在会上谴责了巴枯宁在国际工人协会内部进行的分裂活动,通过了开除巴枯宁及其支持者的决议。随后,巴枯宁及其支持者在瑞士圣伊米耶召开"反权威主义"代表大会,反对海牙代表大会的决议。1873年8月,马克思恩格斯批判巴枯宁及其支持者的小册子《国际社会主义民主同盟和国际工人协会》分别在伦敦和汉堡出版。

　　虽然马克思与巴枯宁的关系从友谊到斗争,但是巴枯宁非常钦佩马克思观点的系统性、他的铁一般的逻辑以及坚强的信念和渊博的学识。巴枯宁在谈到马克思时写道:"很难找到一个人象马克思先生那样,知识如此丰富,读书如此之多,而且如此善于读书。就在这时经济科学已是他唯一的研究对象。他特别详尽地研究了英国的经济学家;英国经济学家具有有益的知识,英国经济事实培养出来的讲求实际的思想气质,严格的批判精神和做结论时的诚实的勇气,因此他们比所有别的经济学家都高明。但是,除了所有这一切之外,马克思先生增加了两个新的成分——得之于黑格尔学派的最抽象的、机智得出奇的辩证法……和共产主义的出发点。"③

　　关于马克思恩格斯与巴枯宁的关系,历来也是国内外学界研究的重要问题。苏联学者娜·米·皮鲁莫娃(Н.М.Пирумова)④研究了马克思恩格斯同无政府主义斗争的历史,特别强调了他们在早期的友谊,"从他们相识

① 《马克思恩格斯全集》第32卷,人民出版社1974年版,第421—422页。
② 丹尼尔逊在1871年8月30日(俄历9月11日)致马克思的信中提到了巴枯宁在1869年对《资本论》的翻译。——参阅《马克思恩格斯与俄国政治活动家通信集》,人民出版社1987年版,第101页。
③ 《马列著作编译资料》第6辑,人民出版社1979年版,第201页。
④ 娜·米·皮鲁莫娃(1923—1997):苏联和俄罗斯历史学家,主要研究19世纪俄国社会运动史,主要著作有《赫尔岑的历史观点》《巴枯宁的社会学说》《彼·阿·克鲁泡特金》等。

时（40 年代中期）起到 60 年代末，恩格斯对这位俄国流亡者一直是友好的”①。苏联学者 J.卓耳对马克思与巴枯宁的冲突这样评价：“他们两个人（指马克思和巴枯宁）的气质相差太远，不可能成功地合作。气质的冲突发展成了学说的冲突，而革命策略领域里的分歧引发了国际工人运动的分裂，使这一运动始终都没能完全恢复元气。”②S.贝龙则把马克思与巴枯宁的分歧仅仅归结为政治因素和策略因素，他写道，“虽然巴枯宁公开支持马克思的唯物主义，但是他却猛烈攻击马克思主义的党和他们的策略”。③

三、马克思恩格斯与第一国际俄国支部

1864 年 9 月第一国际成立后，开始在欧洲各个国家成立支部。国际协会的会员亚歇尔诺-索洛维也维奇对国际协会俄国支部的筹建工作发挥过重大的作用，遗憾的是，他在 1869 年逝世。1870 年春，在《人民事业报》④编辑部的努力下，第一国际俄国支部在日内瓦成立，以安·特鲁索夫、尼·伊·吴亭、B.涅托夫为代表的支部委员会在纲领中规定了俄国支部的任务：（1）利用一切可能的合理手段在俄国宣传国际协会的思想和原则；（2）协助俄国工人群众建立国际支部；（3）帮助俄国劳动阶级和西欧劳动阶级建立团结一致的联系，通过互助促使他们实现共同的解放。

第一国际俄国支部在马克思恩格斯反对巴枯宁的斗争给予了很大的帮助，向马克思提供了巴枯宁在俄国国内的详细情况。根据现有的资料，1870 年 3 月至 1872 年 12 月，以吴亭为代表俄国支部委员会给马克思写了 19 封信。1870 年 3 月 12 日，《人民事业》编辑部安·特鲁索夫、尼·吴亭、B.涅托夫以国际俄国支部委员会的名义给马克思写信，并请求马克思作为他们在伦敦国际协会总委员会中的代表。他们在这封信中表明他们和巴枯宁及其拥护者绝无共同之处。他们还准备公开批评巴枯宁及其支持者，揭露他们的伪善面目尤其是反对他们用“这一类卑鄙地否定所有国际原则的作品去充塞俄国青年的头脑”⑤。1870 年 3 月 24 日，马克思在给支部委员会的回信中告知了总委员会的决定，并同意担任俄国支部在总委员会中的代表：“总委员会在 3 月 22 日的会议上一致宣布，你们的纲领和章程符合国际工人协会的共同章程。它立即接受了你们支部加入国际。我十分高兴地接受

① 《马克思主义研究资料》第 13 卷，中央编译出版社 2015 年版，第 299 页。
② 《马列著作编译资料》第 6 辑，人民出版社 1979 年版，第 208 页。
③ 《马列著作编译资料》第 6 辑，人民出版社 1979 年版，第 200 页。
④ 《人民事业报》是一批俄国革命流亡者在 1868—1870 年在日内瓦出版的报纸。
⑤ 《马克思恩格斯与俄国政治活动家通信集》，人民出版社 1987 年版，第 50 页。

你们要我担任你们在总委员会中的代表这个光荣的任务。"①马克思建议他们在纲领中补充一段:"俄国以暴力侵占波兰,是对军事统治在德国的存在、因而也是在整个大陆的存在的极有害的支持,并且是这种统治存在的真正原因。因此,俄国社会主义者在致力于粉碎束缚着波兰的锁链的同时,也就担负起消除军事统治的崇高任务,而消除军事统治乃是欧洲无产阶级共同解放的一个十分必要的先决条件。"②1870 年 4 月,俄国支部在日内瓦创办《人民事业报》(Народное дело),成为国际工人协会俄国支部的机关报,执行马克思和总委员会的路线,刊登国际协会的文件。在 4 月 15 日的创刊号上,刊登了俄国支部的纲领,以及马克思的《国际工人协会总委员会致日内瓦的俄国支部委员会委员》。1870 年 7 月 24 日,俄国支部委员会在致马克思的信中讲述了他们与巴枯宁的斗争。以巴枯宁、吉约姆等为代表的《团结报》派不惜一切代价来分裂建筑工人支部和"工厂"支部,甚至向他们派来奸细,这些行为严重损害了俄国革命事业的声誉。他们谴责巴枯宁、涅恰耶夫等人在第一国际和俄国搞阴谋、施诡计,充当独裁者,国际俄国支部的多数成员认为巴枯宁等人造成了日内瓦国际协会的分裂,提议将他开除出去。

　　1871 年 7 月 27 日,马克思在致尼·吴亭的信中谈到了总委员会对巴枯宁的"同盟"的代表吉约姆的问题的回答。首先,总委员会在 1869 年 7 月 28 日确实已经承认"同盟"为国际协会的支部。但是总委员会明确规定了接受"同盟"的前提条件,即"同盟"放弃自身的独立性。因此,1871 年 9 月 17 日在伦敦召开的代表会议就要审查"同盟"是否履行了这些条件。"同盟"在 1868—1869 年期间向国际协会交纳了会费,但在巴塞尔代表大会之后就停止交纳了。其次,总委员会目前还没有通过把"同盟"开除出国际的决议,但是决不能证明,"同盟"没有以自己的行动开除了自己。1872 年 6 月 1 日,尼·伊·吴亭在致马克思的信中寄去了巴枯宁的几本小册子。1872 年 8 月 14—19 日,吴亭给马克思的女儿爱琳娜·马克思寄去了一封长信,在信中详细描述了自己被巴枯宁分子偷袭并受伤的事情,他要向总委员会提交一份书面报告,揭露分裂国际的首要分子和策划人——巴枯宁,并在报告后面附上有关巴枯宁在涅恰耶夫案件中所起的策划者的作用,也就是巴枯宁给"同盟"起草的纲领和章程。

　　1872 年 6 月 10 日巴兰诺夫在致马克思的信中也提到了巴枯宁在拖延

① 《马克思恩格斯全集》第 16 卷,人民出版社 1964 年版,第 463 页。
② 《马克思恩格斯全集》第 16 卷,人民出版社 1964 年版,第 463 页。

翻译《资本论》第一卷时"耍的把戏"。总的来说，国际俄国支部的成员们全部支持第一国际对巴枯宁的斗争。1872 年 8 月 8 日，尼·尼·柳巴文在致马克思的信中也表明了自己的立场，"我认为这个公民（即巴枯宁）的行为是极其有害的，并希望翻译之事会促使他的威信扫地"。他在信中再次提到了巴枯宁收取报酬但拖延翻译之事。1872 年 11 月 1 日，吴亭再次给马克思写了一封长信，并且随信寄去了三份资料：巴枯宁在西伯利亚生活和逃跑的情况、巴枯宁的泛斯拉夫主义宣言以及巴枯宁为沙皇亚历山大二世所做的辩护。吴亭在这封信里详细介绍了巴枯宁在俄国的活动，包括巴枯宁—涅恰耶夫委员会在俄国的活动，以及他们出版的小册子《未来社会制度的基本原理》（1869）、《告俄国陆军军官们》、《科学和革命事业》。吴亭在信里还说到了赫尔岑、奥加廖夫与巴枯宁的关系，以及赫尔岑将一直保存的 2 万法郎交给巴枯宁、涅恰耶夫之后，巴枯宁和涅恰耶夫因为这些钱发生了争执，等等。吴亭向马克思介绍了巴枯宁同盟的几个成员，如奥杰罗夫、腊利、斯米尔诺夫、霍尔斯坦等人的情况。1872 年以后，俄国支部的活动逐渐停止。马克思与俄国支部的成员在 1873 年之后基本停止通信。

　　以丹尼尔逊、柳巴文为代表的《资本论》俄文译者们向马克思提供了巴枯宁在俄国的情况，主要是巴枯宁写给柳巴文的信。马克思在 1872 年 5 月 28 日致丹尼尔逊的信中请丹尼尔逊收集关于巴枯宁的确切消息，"我想知道的是，（1）关于他在俄国的影响；（2）这个家伙在臭名远扬的案件①中所扮演的角色"②。马克思在这封信中还表露出退出第一国际的想法，因为第一国际的事务非常干扰他的理论工作，他不能再同时做两种性质截然不同的事情了。丹尼尔逊在 1872 年 6 月给马克思的回信中谈到了巴枯宁的情况。第一，巴枯宁在俄国从未产生过特别的影响，但是丹尼尔逊在 8 月的信中又纠正了自己的这个说法："我曾在 5 月轻率地写信给您，说根本谈不上巴枯宁有什么影响。然而，事实上常常有人去拜访他，表示自己对他的崇拜"③。第二，他在涅恰耶夫案件中扮演了愚蠢而又不光彩的角色。虽然他是整个案件的主角，但是在法院审讯时没有被揭露出来。所有有名的传单都是由巴枯宁起草的，但是巴枯宁为了维护自己在西方的声誉，竭力掩盖自己就是作者。1872 年 8 月 15 日，马克思在致丹尼尔逊的信中提到了两件

---

①　涅恰耶夫案件：1871 年 7 月至 8 月在彼得堡对一群被控进行秘密革命活动的青年学生进行审判的案件。关于案件的详情，参阅《马克思恩格斯全集》第 18 卷，人民出版社 1964 年版，第 439—471 页。

②　《马克思恩格斯与俄国政论家通信集》，人民出版社 1987 年版，第 139 页。

③　《马克思恩格斯与俄国政论家通信集》，人民出版社 1987 年版，第 163 页。

事,一是巴枯宁密谋搞垮国际,不得已与他们公开分裂;二是尼·尼·柳巴文给巴枯宁预付了翻译《资本论》的稿费,巴枯宁不但不拿出译文,还给柳巴文写了一封令人极其愤慨的信,因此,马克思希望丹尼尔逊帮忙找到巴枯宁写给柳巴文的信并寄给他。8 月 20 日,柳巴文给马克思寄去了一封信,详细说明了巴枯宁放弃翻译《资本论》第 1 卷的经过:1869 年夏柳巴文决定委托巴枯宁翻译《资本论》,答应支付稿费 1200 卢布,9 月预付 300 卢布,12月巴枯宁曾寄来了几个印张,1870 年 3 月涅恰耶夫的委员会给柳巴文寄来一封信,拒绝翻译《资本论》,同时也并没有归还预支的稿费。8 月底,马克思在海牙代表大会上宣读了这封信,并揭发了巴枯宁拖延翻译《资本论》,强调第一国际面临的分裂,"由于巴枯宁和吉约姆等人被开除,控制着意大利和西班牙的协会支部的同盟到处掀起了反对我们的诽谤运动,而且和一切可疑分子勾结起来,企图把我们分裂为两个阵营"①。1872 年 12 月,马克思在致丹尼尔逊的信中详细讲述了第一国际海牙代表大会反对巴枯宁的斗争。

　　以赫尔岑、拉甫罗夫、特卡乔夫为代表的俄国革命流亡者,与俄国国内革命者的态度完全相反,他们或直接或婉转地表达了对这场斗争的反对意见。不仅巴枯宁的挚友赫尔岑,就连马克思恩格斯的亲密朋友拉甫罗夫,甚至俄国青年革命流亡者特卡乔夫都持反对态度。如前所述,1869 年 10 月,马克思的好友莫泽斯·赫斯在《觉醒报》②上发表《论巴塞尔代表大会上的共产主义与集产主义》一文攻击巴枯宁。巴枯宁怀疑马克思在幕后支持,立即写了一篇长文抨击德国人、犹太人和犹太主义,即《一个社会民主党人的自白:关于德国犹太人问题的研究的引言》。在赫尔岑的介入下,《觉醒报》没有发表巴枯宁的这篇文章。但是,赫尔岑在《觉醒报》上发表了为巴枯宁辩护的信,这表明了其在马克思与巴枯宁的斗争中的立场。遗憾的是,1870 年赫尔岑因病逝世,无法看到这场斗争的结局。1874 年,拉甫罗夫在《前进!》第二期"工人运动年鉴"专栏中在介绍国际工人协会的文章中为巴枯宁辩护,呼吁革命政党内部的团结,恩格斯对拉甫罗夫的文章做出回应,即《流亡者文献(三)》,这一部分内容将在本书第三章阐述。1874 年,特卡乔夫在《致恩格斯先生的公开信》中明确反对马克思在第一国际对巴枯宁的批判,特别表达了自己的立场,"您和您的朋友在论战中力图玷污我们所

---

① 《马克思恩格斯与俄国政治活动家通信集》,人民出版社 1987 年版,第 183—184 页。

② 《觉醒报》:法国的一家周报,从 1869 年 5 月起改为日报,左派共和党人的机关报,从 1868年 7 月至 1871 年 1 月在巴黎出版,由沙·德勒克吕兹主编。该报曾刊载国际的文件和有关工人运动的材料。

处的这个革命时代的最伟大和最富有自我牺牲精神的代表之一"①。正如南斯拉夫马克思主义理论家普雷德拉格·弗兰尼茨基②所说,赫尔岑、车尔尼雪夫斯基、巴枯宁是朝气蓬勃、英勇无畏、很有理论修养的资产阶级知识分子,他们的成果和马克思的某些观点已经非常接近,"后来的俄国马克思主义思想,都以他们为作为自己的先驱者"③。

第三节 马克思恩格斯与巴枯宁的思想分歧

19世纪俄国无政府主义有两位代表人物,一是彼·阿·克鲁泡特金④,二是俄国无政府主义的鼻祖巴枯宁。巴枯宁是无政府主义思想的集大成者,他的思想也被称为巴枯宁主义。他的反权威学说、绝对个人正义自由观及其无政府主义思想,不仅对国际工人运动有着很大的影响,而且对俄国工人运动也有很大的影响。

一、巴枯宁主义的主要内容

1842年10月,巴枯宁在《德国的反动》一文中已表明了自己的民主主义自由观和国家观,表现了其无政府主义思想的萌芽。"难道你们没有在革命建立起来的自由庙宇的山墙上看到自由、平等、博爱这些神秘和可怕的字眼吗?难道你们不知道和没有感觉到,这些字眼意味着现行政治和社会制度的彻底消灭吗?"⑤别尔嘉耶夫说:"巴枯宁从黑格尔唯心主义转向行动的哲学,转向最极端形式的革命的无政府主义。他是典型的俄罗斯人,是宣布造反的俄罗斯贵族。他获得了世界性的知名度(主要是在西方)……巴枯宁的无政府主义也是斯拉夫—俄罗斯的弥赛亚说。在他身上有很强的斯拉夫主义成分。"⑥巴枯宁的无政府主义理论最终形成于19世纪60年代中

① Революционный радикализм в России: век девятнадцатый. Документальная публикация. / Под ред.Е.Л.Рудницкой.М.: Археографический центр,1997.C.344.

② 雷德拉格·弗兰尼茨基(1922—2002):南斯拉夫实践派的主要代表。主要著作有《马克思主义史》(3卷,1961)、《马克思主义和社会主义》(1979)、《作为不断革命的自治》(1985)等。

③ 雷德拉格·弗兰尼茨基:《马克思主义史》第1卷,胡文建等译,黑龙江大学出版社2015年版,第415页。

④ 彼·阿·克鲁泡特金(1842—1921):俄国无政府主义运动的最高精神领袖和理论家。主要著作《一个革命者的回忆》《互助论》等。

⑤ Бакунин М.А.Собрание сочинений и писем. 1828-1876.- М.,1934-1935.T. 3.C. 145.

⑥ 别尔嘉耶夫:《俄罗斯思想》,雷永生译,生活·读书·新知三联书店1995年版,第147页。

期,也就是他政治活动的后期。

1868 年 9 月,巴枯宁在《人民事业》杂志第 1 期上发表《我们的纲领》,主张人民的彻底的精神解放、社会经济解放和政治解放,初步提出了他反对一切国家的无政府主义思想。巴枯宁反对形形色色的唯心主义,是无神论和唯物主义的拥护者,提出了人民的社会经济解放的策略:(1)废除财产继承权;(2)废除宗教的和世俗的家庭法和婚姻制,妇女在政治和社会经济方面与男子享有平等权利;(3)人人平等享受教育。巴枯宁还提出了经济解放的根本原则:一是土地归农村村社的成员所有;二是资本和劳动工具归工人联合会所有。①

1869 年,巴枯宁在传单《告俄国青年兄弟的几句话》里表达了对国家这一制度形式的不信任,"任何国家,不管其形式是多么自由或多么民主,必定会像一块沉重的石头一样压在人民身上……今后只能推翻国家,而不会建立国家"②。他认为知识青年同人民的结合是人民胜利的保证,一方面向青年发出号召:"你们这些年轻人,赶快抛弃这个注定要灭亡的世界吧……到民间去吧!你们的战场,你们的生活和你们的科学就在那里。"③另一方面强调知识青年不是人民的教师,不是人民的领导者,而是人民自我解放的助产婆,青年在人民那里学习如何为人民服务,学习如何出色地完成人民的事业,因此,必须把青年和人民团结起来。巴枯宁没有亲自领导俄国革命运动,但是他为革命运动提出了具体的纲领与口号,为俄国革命者提供了理论指导,在精神上激励着俄国革命青年。

1873 年,巴枯宁的《国家制度和无政府状态》一书不仅是他的无政府主义思想的集中表现,也成为俄国青年民粹派分子的行动纲领。巴枯宁在导论部分洋洋洒洒地谈论 19 世纪重要的政治、经济、军事、文化事件,杂乱无章地反复论证了无政府主义的主要论点:任何国家都必然产生专制和奴役,因此必须立即废除一切国家。该书的第二部分是巴枯宁主义的行动纲领,第三部分是苏黎世斯拉夫支部的无政府主义革命纲领,其基本观点是消灭一切国家,消灭一切通过立法和政府自上而下建立的机构,消灭个人继承权,在集体劳动和集体所有制基础上自下而上地把个人完全自由地联合成为协作社或独立的公社,把各个公社联合为民族,把各个民族联合为全人类。第四部分是巴枯宁继续呼吁俄国青年"到民间去"。

---

① 《俄国民粹派文选》,人民出版社 1983 年版,第 46—47 页。
② 《俄国民粹派文选》,人民出版社 1983 年版,第 50 页。
③ 《俄国民粹派文选》,人民出版社 1983 年版,第 52 页。

巴枯宁深刻分析俄国社会革命的条件,认为俄国人民的极度贫困和典型奴役是俄国社会革命的必要条件。俄国人民具有三个理想特征:(1)人民的信念,全部土地属于人民;(2)土地使用权不属于个人,而是属于村社,由村社把土地分配给个人;(3)绝对的自治,村社的自治。与此同时,俄国人民也具有四个不幸的特征:(1)宗法制;(2)个人完全听从村社的安排,(3)对沙皇的信仰;(4)基督教、东正教等其他宗教信仰。① 巴枯宁认为,个人完全听从米尔和沙皇的神化都是来源于宗法制,因此宗法制是历史的祸害,是人民的祸害,必须坚决反对。在俄国更不幸的是,每个村社都是闭关自守的整体,村社与村社之间通过沙皇进行联系。村社的这种分散状态削弱了人民的力量,并且使局部的、彼此没有联系的暴动注定失败。因此,革命青年的主要任务就是尽可能地在分散的村社之间建立积极的联系。现在在国家的压迫下,村社本身的选举已经成为一种骗局,村社社长、村长、甲长、乡长等成为政权的工具和富农的奴仆。在这种情况下,巴枯宁向俄国社会革命青年发出呼吁,"他们应当毫不迟疑地到民间去,因为现在无论在哪里,尤其是在俄罗斯,在人民之外,在千千万万的工人群众之外,既没有活力,也没有事业,也没有未来"②。

在巴枯宁看来,"人民之友"所能够做的就是唤醒人民参加独立的运动和行动,首先是给人民指出争取自身解放的道路和方法。他提出了两种道路,一种是革命的、直接组织的全民暴动,另一种是比较和平的、缓慢的通过改变人民的经济生活来解放人民。后一种道路在理论上是不可能的,因为沙皇政府不会允许正直的人们在农村开办社会学讲座,而且农民也听不懂,甚至会嘲笑教授,另外社会学本身还有很多尚未解决的问题。后一种道路在实践上也是不可能的,因为在目前社会占据统治地位的经济条件下不可能建立工人劳动组合和各种生产的、信贷的和消费的合作社。各种类型的合作制是未来生产的合理的和公平的形式,它把各种形式的土地和资本变成集体财产,否则它就会被大资本、大土地的有力竞争挤垮。因此,巴枯宁认为,在现存的社会经济条件下,合作制是不能解放工人群众的,但是它促使劳动者联合起来,组织起来,并且独立地管理自己的事情。与西方相比,合作社在俄国更不可能。因为在巴枯宁看来,合作制的主要条件是个人的创造精神和个性的解放。从西欧的政治和社会条件,受教育程度和个性解

---

① 参阅巴枯宁:《国家制度和无政府状态》,马骧聪、任允正、韩延龙译,商务印书馆 1982 年版,第 223 页。

② 巴枯宁:《国家制度和无政府状态》,马骧聪、任允正、韩延龙译,商务印书馆 1982 年版,第 230 页。

放来看,西欧对于建立合作社比俄国具有更有利的条件,但是现在合作社运动在西欧已经衰弱,因此在俄国更是不可能的。

拉甫罗夫和巴枯宁都呼吁俄国青年"到民间去",但是前者主张教导人民,教会人民识字,教会人民各种科学,后者则反对这种观点,主张直接发动人民暴动。在巴枯宁看来,拉甫罗夫派的这种说教也不能使俄国青年越过社会和人民之间的鸿沟。拉甫罗夫派教人民识字的想法是无法实现的,因为教会七千万人识字是无法完成的,也不可能秘密地进行,而沙皇俄国决不允许开办学校对全体人民进行教育。拉甫罗夫说:"人民识字了,哪怕认得一些字,思想开通起来,自己就会慢慢地认识自己的权利和力量了。"①巴枯宁反对这种观点,认为识字虽然对于任何人都是重要的和完全必要的事,但是识字并不能给人民能力、愿望和力量去进行得到解救的革命。而且科学和革命是两个世界,前者是理论世界,后者是实践世界,前者需要批判和疑问,后者需要强烈的意志和信念,因此必须由不同的人完成。拉甫罗夫强调到工厂与工人一起做工,到农村去宣传集体耕种土地和平等分配产品的原则。巴枯宁认为他们的做法行不通,他们用学理主义的空谈来投身于所谓的合作运动,但是这个运动在俄国对于占压倒优势的资本和政府来说只能起到微乎其微的作用。他们避而不谈俄国现实中的一切丑恶东西,他们无法解放和拯救俄国贫穷的受苦人。在巴枯宁看来,俄国青年到民间去,不仅仅是同人民分担痛苦的遭遇,而是发动人民走上唯一能够得救的道路,也就是只有走上战斗的暴动的道路俄国才能得救。

巴枯宁批评了拉甫罗夫的温和的准备的革命观,认为俄国革命青年的责任在于反对宗法制,反对已经变成国家政权和官吏专横的工具的村社和米尔,反对村社的和米尔的专制制度,反对沙皇的神化。俄国农民还不懂得沙皇是最凶狠的敌人,因此革命宣传的主要任务是向农民讲明白,一切官吏、地主、神父、富农的掠夺都是源于沙皇的政权。但是俄国人民的起义发动不起来的原因在于村社的闭关自守和分散,因此应当打破这种闭塞和分散的状态,在村社之间建立革命思想的交流,在农民与革命者之间建立联系,在工人和农民之间建立联系。因此,只有当人民的力量集中起来,只有统一的计划和共同的解放宗旨,才能把村社组织起来,才能使人民强大起来;只有创办一种人民的报纸,才能在人民当中培育一种真正团结一致的情操和意识。"这种报纸要把在这个地方或那个地方爆发的一切局部性人民

---

①　巴枯宁:《国家制度和无政府状态》,马骧聪、任允正、韩延龙译,商务印书馆1982年版,第244页。

暴动、农民暴动和工人暴动，以及西欧无产阶级进行的重大革命运动，立即告知全国各地，告知俄国的各个角落、各省、各乡和各村"①，这就是俄国革命宣传的任务。因此，俄国青年的任务不仅是进行革命宣传，而且要成为每一次人民骚动和暴动的参加者，承担起组织人民革命的使命。

二、马克思恩格斯对巴枯宁主义的批判

为批判巴枯宁主义，马克思恩格斯写作了大量的理论著作和文章，主要有《关于工人阶级的政治行动》（1871）、《政治冷淡主义》（1873）、《论权威》（1873）、《行动中的巴枯宁主义者》（1873）、《〈国家制度与无政府状态〉一书摘要》（1874）等经典著作，恩格斯还在《致保尔·拉法格》《致卡洛特尔·察吉》《致泰奥多尔·库诺》等信中批判了巴枯宁的无政府主义思想。在马克思恩格斯看来，"巴枯宁的纲领是东一点西一点地草率地拼凑起来的大杂烩"②。

首先是继承权问题，双方分歧的焦点在于继承权是否是社会不平等的根源。巴枯宁认为，私有财产继承权是造成经济、政治和社会不平等的根源，因此，要实现各阶级和个人在政治、经济和社会方面的平等，就要从废除继承权开始。通过废除继承权，把财产交给全社会，使私有制度变为"集产制"，即将财产交给由人们自愿组合起来的协作社，而协作社不受任何权力的限制与监督，从而实现各阶级的平等。马克思指出，继承权是社会的上层建筑，是由这个社会的经济基础决定的，因此继承权不是造成资本主义剥削的原因，是从现存社会经济组织中得出的结果，而这种经济组织是以生产资料私有制为基础的。因此，"继承权不是现存社会经济组织的原因，而是这种经济组织的结果，是这种经济组织的法律结果，这种经济组织是以生产资料即土地、原料、机器等的私有制为基础的。……我们应当同原因而不是同结果作斗争，同经济基础而不是同它的法律的上层建筑作斗争"③。也就是说，问题的根本不在于废除继承权本身，而在于消灭资本主义私有制。因此，国际工人运动的目标是"消灭那些使某些人生前具有攫取许多人的劳动果实的经济权力的制度"④。只有消灭生产资料私有制，才能废除继承权。"假定生产资料从私有财产转变为公有财产，那时继承权（既然它具有

---

① 巴枯宁：《国家制度和无政府状态》，马骧聪、任允正、韩延龙译，商务印书馆1982年版，第234页。

② 《马克思主义发展史》第2卷，人民出版社2018年版，第342页。

③ 《马克思恩格斯文集》第3卷，人民出版社2009年版，第88页。

④ 《马克思恩格斯全集》第16卷，人民出版社1964年版，第414页。

某种社会意义)就会自行消亡。"①

　　巴枯宁把继承权作为社会革命的第一个行动,马克思揭示了这种观点对工人阶级的欺骗性。"承认废除继承权是社会革命的起点,只能意味着引诱工人阶级脱离真正应该由此出发对现代社会实行进攻的阵地。……废除继承权不会使社会革命开始,而只会使社会革命完蛋"②。马克思认为废除继承权对工人阶级不会产生重大影响,原因在于:(1)工人阶级本身一无所有。(2)如果要在全社会消灭继承权,那说明工人阶级已经具有剥夺继承权的能力,这不符合工人阶级的现状。(3)继承权不能把一个人的劳动果实转移到另一个人的手里。因为继承权只是私有制的结果,而不是原因,只要消灭私有制,继承权就会自然消失。但是废除私有制在从私有制向公有制转变的过渡阶段是必要的,在继承方面主要可以采取两个过渡措施:"(a)更广泛地征收在许多国家中业已存在的遗产税,把这样得来的资金用于社会解放的目的;(b)限制遗嘱继承权,这种继承权不同于没有遗嘱的继承权或家属继承权,它甚至是私有制原则本身的恣意和迷信的夸张。"③因此,巴枯宁关于废除继承权来实现社会平等的设想在理论上是错误的,在实践上则会导致"工人阶级偏离对现今社会的真正攻击点"④。

　　其次是国家的消亡问题。巴枯宁无政府主义的核心是反对和消灭一切国家,在政治解放上首先是废除一切国家制度,包括它的一切宗教的、政治的、军事官僚的和非军事官僚的、法律的、学术的、财政经济的设施。因此,破坏一切国家,按照自下而上的原则建立独立的和完全自由的人民联合,因为工人群众自下而上的自由组织是社会发展的最终目的。他们的目标是"摧毁一切国家,消灭资产阶级文明,通过自由联盟自下而上地建立自由的组织——无所约束的普通工人和解放了的全人类的组织,建立一个新的全人类的世界"⑤。马克思认为只有消灭阶级以后,国家才会消亡,"在无产阶级运动的目的——消灭阶级——达到以后,为了保持为数极少的剥削者对由生产者组成的社会绝大多数的压迫而存在的国家政权就会消失,而政府职能就会变成简单的管理职能"⑥。而巴枯宁则要求在消灭阶级以前就力

---

①　《马克思恩格斯全集》第16卷,人民出版社1964年版,第414页。

②　《马克思恩格斯全集》第16卷,人民出版社1964年版,第652页。

③　《马克思恩格斯选集》第2卷,人民出版社1972年版,第286页。

④　《马克思恩格斯文集》第3卷,人民出版社2009年版,第89页。

⑤　巴枯宁:《国家制度和无政府状态》,马骧聪、任允正、韩延龙译,商务印书馆1982年版,第214页。

⑥　《马克思恩格斯全集》第18卷,人民出版社1964年版,第53页。

求实现各个阶级在政治、经济和社会上的平等,而且要求无产阶级在革命成功之前就取消权威和实行自治的无政府状态。他的这种"消灭阶级之前的各阶级平等"是无法实现的,他的这种"无政府状态的无产阶级组织"不仅不具有战斗性,而且无法摧毁剥削阶级的政治统治,因此也无法实现工人阶级的历史使命。

巴枯宁认为,国家创造了资本,资本家由于国家的恩赐才拥有了自己的资本,他把国家看作主要祸害,主张必须首先废除国家,国家废除后资本就会自行完蛋。马克思的观点与此相反,认为应当首先废除资本,即废除少数人对全部生产资料的占有,资本废除之后国家就会自行垮台。不废除资本,不实现社会变革就要废除国家的想法是荒谬的。无产阶级在革命中剥夺资产阶级的生产资料,使生产资料归劳动者所有,对资本主义生产方式进行全面的改造,国家随着阶级的产生而产生,必然会随着阶级的消亡而消亡。因此,马克思与巴枯宁的分歧不在于是否承认国家消亡,而在于是否承认无产阶级专政的必要性。巴枯宁认为任何国家都必然产生专制和奴役,无产阶级成为统治阶级的国家就将对农民进行奴役。马克思认为,只要存在阶级斗争和阶级差别,就必须运用国家政权来消灭阶级存在的经济基础,无产阶级专政也就是必要的。1852 年,马克思在致魏德迈的信中论证了无产阶级专政的必要性:(1)阶级的存在仅仅同生产发展的一定历史阶段相联系;(2)阶级斗争必然导致无产阶级专政;(3)这个专政不过是达到消灭一切阶级和进入无阶级社会的过渡。无产阶级革命的最终目的是建立一个没有资本主义、没有人剥削人的共产主义社会,但是要建立这个社会必须首先摧毁资产阶级国家机器,建立无产阶级专政,运用这个武器镇压资本家的反抗和建立无阶级的社会,到那时国家才会消亡。因此,在消灭阶级统治和阶级压迫的伟大斗争中,在实现解放劳动的伟大变革中必须实行无产阶级专政。

再次是权威的问题。与反对一切国家理论相适应,巴枯宁否认建立国家政权的必要性,反对一切权威,"要求在产生权威的政治国家的各种社会条件消除以前,一举把权威的政治国家废除"①。为批判巴枯宁对权威的错误理解,恩格斯专门写了《论权威》一文,阐明权威在社会生活中的地位和作用,反对巴枯宁对权威的滥用。恩格斯首先论证权威与经济的关系,一定的权威总是同一定的社会经济基础相联系的,在相应的经济基础没有变化之前是不可能消灭权威的。在人类社会生活中,特别是在现代社会是绝对不可能缺少权威的。因为权威是从现代大工业的需要中产生出来的,权威

---

① 《马克思恩格斯文集》第 3 卷,人民出版社 2009 年版,第 338 页。

的实质是以服从为前提的思想意志的集中统一。随着大工业和大农业的发展,权威不仅不会消灭,它的范围还会进一步扩大。其次是政治权威的存在与消失。政治国家与政治权威虽然会由于未来的社会革命而逐渐走向消失,但是在旧的社会关系废除以前,不可能彻底消除政治权威。因此,在无产阶级取得革命胜利之后不能立即废除国家去搞无政府状态,而是必须建立强大的无产阶级专政,否则"就是破坏胜利了的无产阶级能用来行使自己刚刚夺取的政权、镇压自己的资本家敌人和实行社会经济革命的唯一机构"①。因此,巴枯宁要求在社会关系变革以前就废除权威的观点在理论上是荒谬的,在实践上也是行不通的。

　　1872 年 1 月 24 日,恩格斯在致泰奥多尔·库诺②的信中对巴枯宁的理论有一段批判性的总结:"巴枯宁有一种独特的理论——蒲鲁东主义和共产主义的混合物,其中最主要的东西就是:他认为应当消除的主要祸害不是资本,就是说,不是由于社会发展而产生的资本家和雇佣工人的阶级对立,而是国家。……巴枯宁却硬说国家创造了资本,资本家只是由于国家的恩赐才拥有自己的资本。因此,既然国家是主要的祸害,那就必须首先废除国家,那时资本就会自行完蛋。而我们的说法恰恰相反:废除了资本,即废除了少数人对全部生产资料的占有,国家就会自行垮台。差别是本质性的:要废除国家而不预先实现社会变革,这是荒谬的;废除资本正是社会变革,其中包括对全部生产方式的改造。"③

　　马克思恩格斯与巴枯宁主义的斗争,从政治上清除了巴枯宁主义对第一国际的不利影响,从理论上划清了马克思主义与无政府主义的界限,捍卫和发展了马克思主义的国家学说,对于整个无产阶级革命运动有着重要的影响。

马克思恩格斯与巴枯宁在第一国际斗争的文献

写作时间	作者	文章题目	写作缘由
1867 年 8 月	马克思	《关于国际工人协会如何对待和平和自由同盟代表大会的决议草案》	第一国际总委员会的代表不加入和平和自由同盟
1868 年 9 月	巴枯宁	《我们的纲领》	发表在《人民事业》杂志第 1 期上

---

① 《马克思恩格斯选集》第 4 卷,人民出版社 2012 年版,第 559 页。
② 泰奥多尔·库诺:国际工人协会的会员,国际米兰支部领导人之一,德国社会主义者。
③ 《马克思恩格斯全集》第 33 卷,人民出版社 1973 年版,第 390—391 页。

续表

写作时间	作者	文章题目	写作缘由
1868 年 12 月	马克思	《国际工人协会和社会主义民主同盟》	讨论接纳巴枯宁的"同盟"加入国际的问题
1869 年 3 月	马克思	《国际工人协会总委员会致社会主义民主同盟中央局》	总委员会同意"同盟"以支部的形式加入国际以及对"同盟"纲领的修改
1869 年 7 月	巴枯宁	《关于废除继承权的提案》	巴枯宁向总委员会提交
1869 年 8 月	马克思	《总委员会关于继承权的报告》	批评巴枯宁废除继承权的提案
1869 年 10 月	莫泽斯·赫斯	《论巴塞尔代表大会上的共产主义与集产主义》	在《平等报》上发表的支持马克思的文章
1869 年 10 月或 11 月	巴枯宁	《一个社会民主党人的自白：关于德国犹太人问题的研究的引言》	回应莫泽斯·赫斯，但没有发表
1870 年 1 月	马克思	《总委员会致瑞士罗曼语区联合会委员会》	回应《平等报》《进步报》对总委员会的攻击
1870 年 3 月	马克思	《机密通知》	揭露巴枯宁及其同盟反对国际协会的阴谋活动
1870 年 3 月至 1872 年 6 月	第一国际俄国支部	吴亭、巴兰诺夫等致马克思的信	向马克思提供巴枯宁在俄国的情况
1871 年 9 月	恩格斯	《关于工人阶级的政治行动》	在伦敦代表会议上的发言
1872 年 1—3 月	马克思恩格斯	《所谓国际内部的分裂》	揭露巴枯宁及其同盟在国际协会的分裂活动
1872 年 8 月	恩格斯	《关于社会主义民主同盟的报告》	调查"同盟"的秘密活动
1872 年 5 月至 1872 年 8 月	丹尼尔逊、柳巴文	致马克思的信	说明巴枯宁放弃翻译《资本论》第 1 卷的过程
1873 年 4—7 月	马克思恩格斯	《社会主义民主同盟和国际工人协会》（海牙代表大会的报告和文件）	总结国际工人协会反对巴枯宁的斗争

续表

写作时间	作者	文章题目	写作缘由
1873 年 1 月	马克思	《政治冷淡主义》	应恩·比尼亚米的请求为《共和国年鉴》而写
1872 年 10 月至1873 年 3 月	恩格斯	《论权威》	批判巴枯宁反对一切权威的观点
1873 年 10 月	马克思恩格斯	《行动中的巴枯宁主义者》	对西班牙起义的评述
1874	巴枯宁	《无政府状态和国家制度》	巴枯宁集中阐述他的无政府主义思想
1874—1875 年初	马克思	《〈无政府状态和国家制度〉一书摘要》	马克思对巴枯宁著作的摘要

第三章　马克思恩格斯与俄国社会问题

马克思恩格斯对俄国社会问题的关注首先与彼·拉甫罗夫①、彼·特卡乔夫②等俄国革命流亡者相关。恩格斯研究俄国社会问题的第一篇文献《流亡者文献（三）》是回应拉甫罗夫在《前进！》杂志的文章，《流亡者文献（四）》《论俄国的社会问题》是回应特卡乔夫致恩格斯的公开信。马克思恩格斯正是从批评拉甫罗夫的折中主义立场、特卡乔夫的革命观入手，进而深入研究俄国的社会问题。1875年，恩格斯在马克思的同意下发表研究俄国问题的重要文献《论俄国的社会问题》，之后出版单行本，并为单行本写了一篇导言，这成为恩格斯在19世纪70年代论俄国问题的主要文献。

第一节　马克思恩格斯与拉甫罗夫的关系

彼·拉甫罗夫是长期与马克思恩格斯保持通信的俄国政治活动家，俄国革命家。在马克思恩格斯的俄国朋友中，拉甫罗夫占据着重要位置。他参加了巴黎公社的革命活动，在俄国革命流亡者中最早加入第一国际，给予马克思恩格斯重要的支持。但是1874年，拉甫罗夫在《前进！》杂志上发表介绍国际工人运动的文章，公开反对马克思恩格斯与巴枯宁在国际工人运动中的斗争，呼吁国际工人运动内部的团结，因此，恩格斯在《人民国家报》③上发表回应文章，掀开了马克思恩格斯在19世纪70年代研究俄国社会问题的序幕。

---

① 彼·拉·拉甫罗夫（П. Л. Лавров，1823—1900）：俄国社会学家和政论家，民粹派思想家。1870年起侨居国外，第一国际会员，巴黎公社参加者，《前进！》杂志编辑（1873—1876）和《前进！》报编辑（1875—1876），1889年国际社会主义工人代表大会副主席。曾用过米尔托夫、阿诺尔迪等笔名。——参阅《马克思恩格斯文集》第10卷，人民出版社2009年版，第875页。

② 彼·特卡乔夫（1844—1886）：俄国政论家，民粹主义理论家。创办《警钟》杂志。

③ 《人民国家报》：德国的一家报纸，1869年10月—1876年9月在莱比锡出版，起初每周出两次，1873年7月起每周出三次，是19世纪70年代最优秀的工人报纸之一。——参阅《马克思恩格斯文集》第10卷，人民出版社2009年版，第960页。

一、拉甫罗夫及其革命活动

拉甫罗夫（П.Л.Лавров）是俄国社会学家、哲学家、政论家、历史学家和革命家，创立俄国革命民粹主义的第二大派别：拉甫罗夫主义。笔名是米尔托夫、阿诺尔迪等。1823 年 6 月，拉甫罗夫生于普斯科夫省，他的父亲拉夫尔·斯捷潘诺维奇是 1812 年卫国战争的参加者，以炮兵上校的军职退休。他的母亲伊丽莎白·卡尔洛夫娜是来自瑞典的家族。拉甫罗夫获得了很好的家庭教育，从童年起就掌握了法语、德语和英语。1837 年，他考入彼得堡炮兵学校，是数学家 M.奥斯特罗格拉茨基院士（《意志理论》的作者，后来转而研究物理学和弹道学）的优秀学生。1842 年毕业后他留校任教，1844年在获得高级军官级别后，成为数学系的老师，开始了他在彼得堡米哈伊尔炮兵学院的教师生涯。1858 年成为上校和数学教授，后来在康斯坦丁军事学院担任导师。1859 年，拉甫罗夫在《祖国纪事》上发表《实践哲学概论》，1860 年出版单行本，给拉甫罗夫带来了较高的声誉，并引起了激烈的辩论。车尔尼雪夫斯基在其著名的文章《哲学的人类学原则》中阐述了他与拉甫罗夫的分歧，深刻地批判了拉甫罗夫的实践哲学观。

19 世纪 60 年代，拉甫罗夫在参与解救土地自由社的成员时走上革命道路。1866 年，在卡拉科佐夫刺杀沙皇亚历山大二世之后，拉甫罗夫因"传播有害思想""同情和接近与政府敌对的人"等罪名被捕，1867 年 1 月被流放到沃罗格达省，在流放期间拉甫罗夫完成了他最重要的著作《历史信札》。《历史信札》一直被认为是拉甫罗夫最重要的著作，被革命青年作为知识分子在解放人民的斗争中的理论和道德的信仰，在俄国思想史上享有盛誉。《历史信札》在特卡乔夫与恩格斯的论战中也占据着重要位置，它是特卡乔夫与拉甫罗夫的第一次辩论。拉甫罗夫的《历史信札》最初发表在《星期周报》1868 年第 1—47 期和 1869 年第 6、11、14 期上。1869 年第一次出版单行本，包括第一封信至第十五封信。1891 年经过修改和补充后重新出版，增加了第十六封信和第十七封信。这十七封信分别研究了人类进步的过程、历史和进步的关系、个人与进步的关系、政党与社会进步的关系、国家与法律的关系、批判与信仰的关系等问题，历史—进步—个人—政党—国家—批判—实践构成了他的思想逻辑进程。拉甫罗夫的进步思想在当时的俄国平民知识分子中引起强烈共鸣。正是在拉甫罗夫的《历史信札》的影响下，19 世纪 70 年代初，大批平民知识分子和青年学生穿上农民服装，到农村去发动农民进行革命，反对沙皇专制制度，形成了著名的"到民间去"运动。

　　1870年2月,拉甫罗夫在格·亚·洛帕廷①的帮助下逃往巴黎,加入法国的巴黎人类学协会,成为《人类学评论》杂志的编辑。1870年秋,拉甫罗夫加入第一国际,并在1871年参加了巴黎公社的起义。巴黎起义被镇压后,拉甫罗夫在伦敦与马克思和恩格斯相识,并一直保持着良好的私人关系。1873年,拉甫罗夫创办《前进!》杂志,标志着俄国革命民粹主义第二个派别的正式形成。在出版《前进!》的过程中,拉甫罗夫与马克思恩格斯产生分歧,与特卡乔夫进行公开辩论。

　　1880年春天,拉甫罗夫与普列汉诺夫、莫罗佐夫等人出版《社会革命丛书》,包括翻译马克思恩格斯的《共产党宣言》,马克思的《雇佣劳动和资本》,拉萨尔的《劳动者纲领》,拉甫罗夫的《巴黎公社》,舍弗的《社会主义的精髓》及拉甫罗夫的注释。1880年,拉甫罗夫出版了《诗集》,在《诗集》中收录了他以前的诗歌,包括《前进!》、《新歌》(一定彻底打到旧世界)、《致奥加廖夫》、《永恒》等。1881年在俄国建立的《民意党红十字协会》选举拉甫罗夫和查苏利奇全权代表国外分部。1882年春天,他受邀成为《民意周报》的编辑之一。1883—1886年与Л.吉哈米洛夫一起编辑《民意党公报》。拉甫罗夫认为,民意党是社会主义的党,因为它承认社会主义宣传的重要性,攻击俄国政府,反对阻碍在俄国宣传社会主义思想。1883年9月。普列汉诺夫在日内瓦建立了马克思主义组织劳动解放社,为在俄国建立社会民主工党而斗争。但是,拉甫罗夫不赞成劳动解放社对民意党的批评,支持西欧的工人政党,甚至许多民意党人在最大的俄国工人中心转向无产阶级运动时,他仍然继续对俄国农民革命抱有希望。

　　1889年7月14日,恩格斯领导的"社会主义国际"(即第二国际)在巴黎召开成立大会,拉甫罗夫在发言中强调把那些赞同民意党以前的组织原则的小组和团体放在首位,虽然它们缺少集中的组织和统一。他怀疑在俄国建立政党的可能性,认为在沙皇俄国还不具备这样的历史条件。他在1895年12月9日第4期《民意党小组》中的文章《论纲领问题》阐述了这个问题:"俄国社会民主党人认为,这样的工人政党组织在现在的俄国是可能的,不得不这样回答:尝试一下,如果您成功,您将完成伟大的事业。但是对于我这个事业是不可能的,它要求幼稚的盲目,几乎完全没有认识到俄国法制条件。组织俄国工人政党不得不是在专制主义存在的条件下。如果社会

---

　　① 格·亚·洛帕廷(Г.А.Лопатин,1845—1918):俄国革命家,车尔尼雪夫斯基的学生,民粹派分子,1870年担任第一国际总委员会委员,《资本论》第1卷第1版俄译本的译者之一,马克思和恩格斯的朋友。——参阅《马克思恩格斯文集》第10卷,第883页。

民主主义者成功做到,就不用组织反对专制主义的政治密谋,当然,他们的政治纲领应该成为俄国社会主义者的纲领,因为可以用工人的力量解放工人。但是,它是非常令人怀疑的,即使是可能的。"①

在生命的最后几年,拉甫罗夫整理了俄国革命运动的历史资料,也不再怀疑社会民主主义者在俄国成功的可能性。1897 年,列宁的好友邦契-布鲁耶维奇②拜访了拉甫罗夫。拉甫罗夫对他说:"马克思主义运动在俄国越来越强大。我一点也不怀疑,俄国的工人运动不断发展,将不断壮大。我们国家的经济状况说明,只有这个运动有广阔的未来。"③1901 年,拉甫罗夫在巴黎逝世,葬在蒙特帕里斯墓地。

二、拉甫罗夫与《前进!》

1873 年,拉甫罗夫与洛帕廷等流亡者创办《前进! 不定期评论》(《Вперёд! Непериодическое обозрение》)。8 月,在苏黎世编辑出版《前进!》第 1 期,标志着俄国民粹派拉甫罗夫主义机关报的诞生。《前进!》杂志从 1873 年 8 月在苏黎世出版第 1 期,1874 年 3 月在苏黎世出版第 2 期,1874 年到 1877 年在伦敦出版第 3 期至第 5 期。之后改为报纸,两周出版一期,1875—1876 年在伦敦一共出版 48 期,成为俄国革命流亡者宣传革命思想的重要阵地。

拉甫罗夫为杂志制定了两个纲领,第一个纲领是流传的石印稿,第二个纲领发表在《前进!》第 1 期上,即《前进——我们的纲领》,在这个纲领里明确论述了《前进!》的主要目标、主要原则和实现纲领的主要方法等。在拉甫罗夫看来,首要的原则是俄国社会的变革不只是为了人民,而是要通过人民来完成。革命活动的目标是"在人民革命已成为必然、历史事件的潮流和政府的行动已引起人民革命的时候,为人民革命的胜利作好准备"。实现这一目标的主要方法是"只有严格地加强个人的准备,才能造成在人民中进行有益活动的可能性。只有使人民相信自己,才能创造从事这种活动的必要条件。只有向人民讲清楚他们的需要,使人民准备好去进行独立的自觉的活动以达到他们所明确理解的目的,才能认为自己是当前争取俄国美好前途这一事业的真正有益的参加者。只有当历史事件的潮流指出了变革的时刻,指出了俄国人民已对此作好准备的时候,才能认为自己有权号召

---

① П.Л.Лавров.Философия и социология.Т1.Москва. 1965.С. 17.

② 邦契-布鲁耶维奇(В.Д.Вонч-бруевич,1873-1955):俄国革命者,布尔什克,苏联政治活动家。

③ П.Л.Лавров.Философия и социология.Т1.Москва. 1965.С. 18.

人民去实现这一变革……"①。拉甫罗夫还在《前进!》第 1 期上发表了《知识与革命》一文,这篇文章奠定了杂志的基调,但是它引起了俄国激进青年的强烈反对。他们坚决不同意拉甫罗夫关于"准备革命需要知识和研究"的观点,给拉甫罗夫写了一封信并由特卡乔夫转交,即《激进派的共同意见》(1874 年 1 月 4 日致洛帕廷的信)。特卡乔夫赞同激进青年的观点,即"革命不需要知识和研究",认为拉甫罗夫"不与青年接触",不了解青年,"既从来不在理论中,也从来不在实践中从事革命活动"。

在筹备出版《前进!》杂志第 2 期时,特卡乔夫反对刊登《来自特权阶层的革命者》一文,这篇文章是由杂志主编之一的斯米尔诺夫(B. H. Смирнов)②负责,在该文中批评了俄国革命青年中的雅各宾主义,特卡乔夫认为这是对俄国青年的谗言中伤。他向拉甫罗夫建议将文章改为《俄国青年和社会革命》,但是他的意见没有被主编拉甫罗夫采纳。为了缓和分歧,拉甫罗夫曾在《前进!》杂志第 2 期上刊登了一则欢迎特卡乔夫加入编辑部的声明:"我们用另一则这类消息来使我们的读者共享快乐。著名作家彼得·尼基提奇·特卡乔夫现在也同我们站在一起,加入我们的队伍了;经过四年监禁之后,他成功地逃出了使他无所作为的监禁地,从而加强了我们的队伍。"③拉甫罗夫在 1874 年 3 月 13 日写给洛帕廷的信中说明了特卡乔夫与《前进!》编辑部的分歧并试图调和冲突,"听说,他对《来自特权阶层的革命者》一文非常不满,如果您看见他,那么一定要请他过来。请他相信在这篇文章中不是对青年的中伤,更不是要牵扯他。"④此时《前进!》编辑部和印刷厂已经从苏黎世搬到伦敦,特卡乔夫暂时留在了巴黎。为了缓和冲突,拉甫罗夫让洛帕廷邀请特卡乔夫到伦敦。实际上,特卡乔夫与拉甫罗夫的分歧不仅仅在革命观上,可以说他们的思想在逻辑起点上就是无法调和的。当特卡乔夫在监狱里读到拉甫罗夫的《历史信札》时,他就写了一篇文章《什么是历史的进步(致米尔托夫的〈历史信札〉)》,明确反对拉甫罗夫的主观主义进步观。这篇文章当时没有发表,一直存放在第三厅,直到20 世纪 30 年代科兹明编辑《特卡乔夫社会政治文集》时才首次公开。因此,拉甫罗夫在当时一直不知道两人思想分歧的起点在于进步观,即主观主

---

① 《马列著作编译资料》第 10 辑,人民出版社 1979 年版,第 200—202 页。
② 斯米尔诺夫(B. H. Смирнов,1849 — 1900):医生,俄国流亡者,政论家,编辑,翻译家。1873—1878 年,斯米尔诺夫是拉甫罗夫创办的《前进!》杂志的主编之一,在编辑杂志栏目《工人运动年鉴》时,他提供了西欧,特别是德国的非常有价值的资料。
③ 转引《马克思恩格斯文集》第 3 卷,人民出版社 2008 年版,第 371 页。
④ Рудницкая.Е.Л.Русский бланкизм.Петр.Ткачёв.Москва,1992.С. 95.

义进步观与客观主义进步观。他们关于革命的前提、纲领和原则的分歧逐渐凸显,他们对待俄国激进青年的态度已经无法调和,这些矛盾在杂志日后的工作中一触即发。

在筹备第 3 期时,特卡乔夫提出共同决定编辑部事务的要求,被拉甫罗夫拒绝。于是,特卡乔夫决定诚恳地向拉甫罗夫阐明他的观点,这就是他在1874 年 4 月出版的小册子《俄国革命宣传的任务(致〈前进!〉编辑部的一封信)》①。特卡乔夫在小册子中明确指出了二人的分歧:"在关于青年的革命活动的一些非常重要的问题上,我与编辑部的意见不一致,我们对青年本身的看法和对俄国的革命杂志应担负什么任务的见解也有分歧。"②在他看来,拉甫罗夫不适合担任革命机关报的主编,"一个无论在理论方面,还是在实践方面都从未搞过革命工作的人,不可能成为革命政党的忠实代表"③。他不能容忍杂志的一长制的组织原则,提出杂志的方针由所有经常参加杂志工作的人平等地共同负责的要求,并作为他继续参加杂志工作的前提条件,因为他在许多方面不同意杂志的方针,又不能进行任何修改,因此他不能为这样的方针承担责任。拉甫罗夫拒绝了特卡乔夫的这一要求,在《前进!》第 3 期上发表《致俄国社会革命青年》一文,与特卡乔夫就革命的内涵、革命的时机、革命的条件、革命宣传的任务和革命斗争的方式等问题展开辩论。特卡乔夫希望在《前进!》第 4 期上发表回应辩论的文章,但是拉甫罗夫反对,他们的公开辩论暂时停止。

特卡乔夫与拉甫罗夫分别在《俄国革命宣传的任务》《致俄国社会革命青年》中阐述了两种革命观。这两种革命观在革命的内涵、革命的时机、革命的条件、革命宣传的任务、革命的方式上存在着根本区别。

(1)什么是革命

拉甫罗夫认为,革命是以废除现存制度和消灭历史上形成的、压迫和奴役人民的经济生活条件为宗旨的人民运动。这是一种自觉的、理智的运动,它的产生是由于清楚地认识了非人的社会生活条件带来的危害,只有当全体人民,或者至少是大多数人都具有上述这样的认识和理解的时候,真正的人民革命才能实现。

在特卡乔夫看来,拉甫罗夫的革命观无非是一条空想的和平进步的道

---

① 这封信最初于 1874 年在伦敦以小册子形式出版。后被收录在科兹明编辑的《特卡乔夫社会政治文集》第 3 卷第 55—87 页,沙赫玛托夫等编辑出版的《特卡乔夫著作集》下卷第7—42 页。

② 《俄国民粹派文选》,人民出版社 1983 年版,第 340 页。

③ 《俄国民粹派文选》,人民出版社 1983 年版,第 339 页。

路。暴力革命与和平进步的区别在于,暴力革命是少数人进行的,往往是急风暴雨式的,带着自发运动的性质,和平进步则是多数人进行的,温和的、缓慢的。只有当少数人促使一直埋藏在人民心中的不满爆发出来时,暴力革命才能发生。因此,革命不可能以"大多数人明确认识和理解自己的需要"为条件,而是少数人不愿再等待多数人并且把这种认识强加于多数人时,才会发生流血的抗议的革命。

(2)革命的时机

拉甫罗夫把革命分为"人为的革命"和"自然的革命",前者主要是宣传鼓动、游行示威、密谋活动等,后者是教育人民,向人民讲清楚他们的需要,使人民准备好去进行独立的自觉的活动。一旦革命的时刻到来时,就同人民一起夺取他们的永恒的权利。在拉甫罗夫看来,只有当历史事件的进程本身指出变革的时刻,也就是人民对革命已做好准备时,人民已理解和认识到自己的权利和需要时,这种革命才可能发生。因此,拉甫罗夫要求青年在成为革命者之前要学习:培养批判思维能力,学会某一门科学,用知识丰富自己的头脑,在体力上和精神上进行自我锻炼和自我教育。

特卡乔夫坚决反对这种"等待观",他认为不是要等待历史进程指出变革的时刻,而是自己选择时刻,因为人民随时都准备起来革命。"一个革命者永远认为而且应该认为自己有权在任何时候号召人民举行起义"①,因为拖延革命的时间只会付出成千上万人牺牲的代价,只会加重人民的苦难。在他看来,拉甫罗夫所谓的"自然的革命"根本不会发生,只有"人为的革命"才使俄国当局害怕。俄国目前迫切需要革命,因为村社已经开始解体,农民中间正在形成富农阶级,农场主阶级和资本家阶级已经具备了形成的一切条件,随着这些阶级的形成和巩固,暴力革命成功的希望也将更加渺茫。因此,现在的形势对革命有利,如果现在不革命那就要等很久。

(3)革命的条件

在拉甫罗夫看来,知识是革命的条件,在革命开始以前,应该做好知识方面的准备。俄国人民完全没有知识,还没有做好革命的准备。俄国青年的知识不够丰富,对从事革命活动还准备不足,因此必须先学习,然后再去教育人民。特卡乔夫反对把知识作为革命的条件,认为知识是和平进步的必要条件,但不是革命的必要条件,知识可以促进进步,但并不能促成革命。革命是由革命者进行的,而革命者是由当时的社会条件造就出来的。俄国青年是革命者,不是因为他们有知识,而是由他们的社会地位所决定,他们

---

① 《俄国民粹派文选》,人民出版社 1983 年版,第 350 页。

大都来自无产者、贫民和靠国家施舍而生活的家庭,他们世世代代被迫供养一小撮寄生虫,因此他们随时能够革命,也始终愿意革命。因此,青年们具有坚定的革命信念,专制国家对他们的镇压和迫害都是徒劳的,只有改变学生青年出身的那个阶层的社会条件,也就是重建俄国的社会生活原则,才能使革命停止。

特卡乔夫指出,拉甫罗夫不能理解俄国青年,正是因为他没有革命的信念,他不相信革命,不相信人民可以不经预先的教育就能进行革命。革命者——我们的青年始终愿意革命,随时准备投入革命,任何东西和任何人都不能磨灭他们的革命意志。革命青年的这种不朽性正是构成他们力量的一个主要因素。他们对自己的革命使命的信念就是建立在对这种力量的认识的基础上。革命信念才是他们成功的可靠保证和必要条件。

(4)革命宣传的任务

特卡乔夫批评了拉甫罗夫《前进!》杂志的宣传对青年造成的有害影响:首先,用和平进步的思想偷换革命的思想,把青年们搞糊涂了。其次,拉甫罗夫给青年指出的那条革命道路不仅不是唯一的,而且将使青年们越来越远离暴力革命的目标。再次,这种宣传不仅不能鼓励和激发青年直接参加实际的革命活动,而且引诱他们脱离革命活动。最后,它还动摇了青年们对自身力量的信心,对自己直接从事革命活动的能力的信心。

特卡乔夫认为,革命党的机关刊物肩负着两个方面的任务:一是鼓励革命党积极开展活动,向党阐明开展活动的方式,捍卫党的纲领,加强党的团结和组织;二是成为党与现存制度斗争的武器和开展革命鼓动的阵地。这两项任务的要求与《前进!》杂志都不符合,因为它只承认学术的、哲学的斗争,反对鼓动的、实际的斗争。对他们来说,社会问题,即作为历史性的社会的基本原则的一般经济原则,是首要的问题。对革命者来说,政治问题,即专制制度的疯狂肆虐,可耻的奴隶制度是首要的问题。真正的革命党认为自己主要的、头等重要的任务不是一般地为遥远的将来的革命进行准备,而是要在当前尽可能快的时间内实现革命。因此,革命党的机关刊物就应该宣传这种思想,应该成为直接促进暴力革命的尽快到来的一种实际手段。也就是说,它不是作理论上的阐释和哲学上的解释,而是要激发人们的仇恨和强烈的变革愿望。

特卡乔夫总结了党的革命宣传的任务:对大多数受过教育的人,对特权阶层以及人民,革命宣传的目的主要是起鼓动作用;对革命青年,对自己的党,革命宣传的主要目的是起组织的作用。政变密谋、民众宣传、直接的民众鼓动这三种方式对于尽快地实现人民革命来说,都同样是合适的,都同样是必需的。

（5）革命的方式

特卡乔夫反对拉甫罗夫只重视民众宣传，也就是提高人民对他们的权利和需要的认识，反对拉甫罗夫否定另外两种革命方式。在他看来，政变密谋、民众宣传和直接的民众鼓动对于实现人民革命来说都是同样合适的，也是同样必需的。而且，只有同时采用这三种方式才能达到革命的目的。原因在于，如果革命活动只限于提高人民的认识，那革命永远也不会发生；如果革命活动只限于直接鼓动进行暴动，那即使暴动起来也可能被镇压，也很难发展成真正的革命；如果革命活动仅限于政变密谋，那这种变革不能深入到人民生活深处，不能唤起下层人民，只能引起社会表面的骚动，根本不是人民革命。因此，关键问题不是争论哪种方式更有效，而是立即革命。

1875 年，《前进！》由杂志改为报纸，1875 年至 1876 年一共出版 48 期。1875 年 7 月 1 日，拉甫罗夫在《前进！》报纸上刊登诗歌《旧世界一定要彻底打垮》，这首诗歌成为革命的颂歌，激发几代俄国革命者参加斗争，后来由德国作曲家克·鲁热·德·李勒作曲，改编为《工人马赛曲》。1875 年 9 月 15 日，拉甫罗夫在《前进！》报纸第 17 号上发表《社会主义与为生存而斗争》一文，并将这一期报纸寄给恩格斯，请恩格斯提出修改意见。虽然他们的意见仍然无法一致，但是没有产生公开分歧。其他文章主要是：《1875 年新年》（第 1 期），《俄国自由主义者和保守主义者》（第 2 期），《俄国各地的工人问题》（第 3 期），《缺乏政治人》（第 4 期），《巴黎公社》（第 5 期），《俄国社会革命的土壤》（第 27 期），《人民的作用和知识分子的作用》（第 34），《社会革命宣传的形式》（第 39 期），《工人党的革命问题》（第 46 期）等。

三、马克思恩格斯与拉甫罗夫的友谊

马克思恩格斯与拉甫罗夫的关系可以分为两个阶段：第一个阶段是从 1871 年他们的第一次通信到 1874 年 9 月恩格斯发表《流亡者文献（三）》之前；第二个阶段是从 1875 年他们恢复通信到 1895 年恩格斯逝世。从友情上看，他们从互相帮助、出现裂痕再到恢复友谊；从思想上看，他们从出现分歧、互相批评再到互相理解，虽然他们始终没有完全赞同对方的学说和观点，但是却保持着终生的友谊。

1871 年马克思恩格斯与拉甫罗夫开始通信，双方交往密切，互寄书籍和报纸，互相帮忙寻找研究资料，包括书籍、报纸、地图等。恩格斯请拉甫罗夫代订一份登载公社社员审判案报告全文的"审判通报"，同时请他寄一张巴黎市区和郊区地图，以便研究普鲁士人和凡尔赛人围困巴黎时期的军事行动。拉甫罗夫请恩格斯帮忙购买拉伯克的《文明的起源》等 6 本英文书籍,他们还探讨了维也纳《新自由报》上关于伦敦代表会议的报道等问题。1871 年 11 月 29 日,恩格斯在致拉甫罗夫的信中首次提到第一国际内部关于巴枯宁主义者的斗争。"如果说我没有早些给您回信,那应归罪于好样的巴枯宁,他采取的阴谋手段给我们带来了无数麻烦。形势正在激化,不就报刊上将爆发一场公开的论战。"①恩格斯还告诉拉甫罗夫他们获得了巴枯宁在俄国搞阴谋的宝贵情报,而且是第一手情报。拉甫罗夫在 12 月 21 日的回信中对马克思恩格斯反对巴枯宁的斗争没有发表任何意见,似乎无视恩格斯在信中所说到的"麻烦",因为此时的拉甫罗夫并不认同马克思恩格斯对巴枯宁的批评。1874 年,拉甫罗夫在《前进!》杂志上批评第一国际的内部斗争。恩格斯在《人民国家报》上批评拉甫罗夫的折中主义,二人的通信暂时中断。

　　1874 年 10 月 15 日,恩格斯与拉甫罗夫的共同朋友洛帕廷在致恩格斯的信中提到了《流亡者文献(三)》,并且对恩格斯与拉甫罗夫的分歧表明了态度。"我曾以极大兴趣读完了您的文章,我应当承认您的论证是正确的。但是文章的表达形式相当尖锐。的确,您很厉害。虽然您这样严肃地对待的那些人是我的朋友,我还是忍不住要发笑。"②10 月 20 日,恩格斯在与洛帕廷的通信中写道:"这根本不是我的意图。相反,我是在尽可能地使之缓和,因为我在仔细阅读了《致俄国社会革命青年》的小册子以后,确实不再由于我们的朋友对我们使用异常尖锐和毫无道理的言词而对他怀有任何怨恨。……无论什么时候,只要他能象我一样心平气和地对待所有这一切,那我随时都愿意和他握手。"③

　　1875 年 2 月,马克思恩格斯与拉甫罗夫恢复通信。马克思给拉甫罗夫寄去《资本论》第一卷德文版第二版和法文版的前六册,拉甫罗夫向马克思寄去了《俄国农业和农业生产率委员会》《关于赋税问题》等俄国资料。1875 年 9 月 20 日,拉甫罗夫在致恩格斯的信中提到了巴枯宁及其同盟,并表明自己的态度。"您大概看到过涅恰耶夫的几个匿名信徒在布鲁塞尔出版的一本小册子吧,据说,它是对有关同盟小册子的答复。不过,无论是这一伙人本身,还是他们的作品,都不起什么作用。"④这说明拉甫罗夫在马克思与巴枯宁的斗争中发生了态度转向,由支持巴枯宁到支持马克思恩格斯。

---

① 《马克思恩格斯与俄国政治活动家通信集》,人民出版社 1987 年版,第 123 页。
② 《马克思恩格斯与俄国政治活动家通信集》,人民出版社 1987 年版,第 228 页。
③ 《马克思恩格斯与俄国政治活动家通信集》,人民出版社 1987 年版,第 229—230 页。
④ 《马克思恩格斯与俄国政治活动家通信集》,人民出版社 1987 年版,第 235 页。

1876 年 6 月至 10 月,马克思恩格斯与拉甫罗夫在信中谈到了李卜克内西、李希特尔、古列维奇、莫罗佐夫、车尔尼雪夫等德国和俄国社会主义者的活动,可以看出马克思恩格斯与拉甫罗夫相互信任。

1875 年 9 月 15 日,拉甫罗夫在《前进!》报纸第 17 号上发表《社会主义与为生存而斗争》一文,并将这一期报纸寄给恩格斯,请恩格斯提出修改意见。1875 年 11 月 12—17 日恩格斯在致拉甫罗夫的信中详尽地阐述了自己的观点:

第一,恩格斯同意达尔文的进化论,这一点与拉甫罗夫一致,但是恩格斯认为达尔文的生存斗争、自然选择等方法只是对一种新发现的事实所作的初步的不完善的说明。这种方法不仅在自然领域还有待商榷,而且也不能把历史发展的全部内容包括在"生存斗争"的公式中,因为历史发展是多种多样的,是丰富多彩的。

第二,恩格斯不赞同拉甫罗夫的"依靠情感联系和道义感"的宣传方法,认为这种方法是虚伪的温情主义,是不合适的,应当抛弃德国唯心主义的最后残余,恢复物质事实的历史权利。

第三,恩格斯反对把动物社会的规律直接搬到人类社会,因为人类社会和动物社会存在着根本区别,人不仅能够生产生活必需品,而且生产供少数人享受的奢侈品,也就是说人不仅为生存资料斗争,而且为发展资料斗争,因此动物界的范畴和规律在这个阶段就不再适用。在这一点上他赞同拉甫罗夫的观点,"人不仅为生存而斗争,而且为享受,为增加自己的享受而斗争"①。但是恩格斯进一步地看到了资本主义生产所隐藏的问题。资本主义生产不仅把生产者与生存资料和发展资料相分离,而且周期性地销毁大批产品,因此生存斗争的含义就是生产者阶级把生产和分配的领导权从资产阶级手中夺取过来,这就是社会主义革命。但是恩格斯一方面反对那种把迄今为止历史上的一系列阶级斗争都看作生存斗争的肤浅理解,另一方面也反对拉甫罗夫把"一切人反对一切人的斗争"看作人类发展的第一阶段,因为从猿进化到人的最重要因素之一是人的社会本能,因此群居是人类的第一阶段。

拉甫罗夫在 1876 年 1 月 22 日的回信中不赞同恩格斯对整个达尔文主义的看法,也不接受恩格斯对他的社会主义宣传方法的否定,但是赞同恩格斯关于人类劳动和生存斗争的观点,并表示将根据恩格斯的意见修改第二版。

①《马克思恩格斯与俄国政治活动家通信集》,人民出版社 1987 年版,第 240 页。

1880 年春天,拉甫罗夫与普列汉诺夫、莫罗佐夫等人开始出版《社会革命丛书》①,翻译马克思恩格斯的著作,包括《共产党宣言》《雇佣劳动和资本》。1882 年 1 月,拉甫罗夫在给马克思的信中介绍了这套丛书,并把前两册寄给了马克思,同时请马克思恩格斯为《共产党宣言》1882 年的俄译本写一篇序言,这篇序言成为马克思恩格斯论述俄国问题的重要文献。此外,拉甫罗夫在信中向马克思引荐了普列汉诺夫,并称普列汉诺夫是马克思"最勤勉的学生之一"。1883 年 3 月 14 日马克思逝世,拉甫罗夫在 3 月 15 日代表俄国社会主义者写了一篇纪念马克思的挽词,在 3 月 17 日致马克思的女儿爱琳娜的信中一方面表达了万分悲痛的心情,另一方面耐心地劝说爱琳娜节哀。1883 年 3 月 17 日,沙·龙格在海格特公墓举行的马克思的葬礼上宣读了拉甫罗夫写的挽词《俄国社会主义者给卡尔·马克思的挽词》。

马克思逝世后,恩格斯开始整理马克思的遗稿和书籍,其中有 100 多本关于俄国当代社会状况的图书,恩格斯在 1884 年 1 月 28 日致拉甫罗夫的信中提出把这些书交给拉甫罗夫,因为拉甫罗夫是"俄国革命流亡者的公认代表",也是马克思的老友,恩格斯建议把这些书留给拉甫罗夫个人使用或者建立俄国革命流亡者的图书馆。从这里也可以看出拉甫罗夫在马克思恩格斯心中的地位,拉甫罗夫实际上成为马克思的俄文图书的保管者。1884 年,拉甫罗夫在《民意导报》第二卷的《在俄国国外》一文中简要评述了各国社会主义运动以及工人组织的活动,报道了恩格斯准备出版《资本论》第二卷、马克思全集以及马克思传记的消息。1886 年,拉甫罗夫在《民意导报》第 5 期上刊登了恩格斯的评论文章《马克思和洛贝尔图斯》。1889 年,拉甫罗夫主持翻译马克思的著作《雾月十八日》,但是没有完成这项工作。1889 年 7 月 14 日,"社会主义国际"(即第二国际)在巴黎召开第一次大会,拉甫罗夫作为俄国代表在会上发言,他怀疑在俄国建立政党的可能性,认为在沙皇俄国还不具备这样的历史条件。

1897 年,拉甫罗夫在接受俄国马克思主义者邦契-布鲁耶维奇采访时说:"无论我们多么想和多么希望农民群众与我们一起,但是这些农民现在没有和我们一起,不久的将来也不会和我们一起,而工人阶级,他们成为社会民主主义者,这是他们的自然力量。我认为我有职责说出来,并且有职责对您说"您属于社会民主主义者,您是在一条正确的道路上。"1890 年 11 月

---

① 该丛书的第一册是拉甫罗夫为献给巴黎公社而写的小册子《1871 年 3 月 18 日》。第二册是塔尔古诺夫翻译谢莱夫的《社会主义精粹》,并由拉甫罗夫加上注释,以《社会主义的实质》为书名 1881 年在日内瓦出版。第三册是《共产党宣言》的俄译本。

27 日，拉甫罗夫在致恩格斯的信中祝贺恩格斯七十寿辰，并以俄国社会主
义者的名义向恩格斯致以热烈的祝贺。他们一致认为，"恩格斯的名字与
马克思的名字一起永远载入社会主义史册"①。1895 年 8 月 5 日，恩格斯逝
世后，拉甫罗夫在 8 月 7 日给马克思的女儿爱琳娜的信中表达了无比悲伤
的心情，并称马克思和恩格斯是最光辉的社会主义泰斗。

第二节　恩格斯与特卡乔夫的论战

1874 年，恩格斯在《流亡者文献（三）》中对特卡乔夫的批评，引起彼·
尼·特卡乔夫（П.Н.Ткачев）②的公开回应，在苏黎世发表《特卡乔夫致恩
格斯先生的公开信》。恩格斯立即对特卡乔夫的《公开信》做出回应，即《流
亡者文献（四）》。之后，恩格斯公开发表《论俄国的社会问题》，并出版单行
本。这篇文献不仅成为马克思恩格斯研究俄国问题的重要文献，而且促使
马克思恩格斯在晚年深入研究俄国农村公社的命运、俄国资本主义发展趋
势以及俄国革命道路的问题。

一、特卡乔夫及其革命活动

特卡乔夫的革命活动可以分为两个阶段：第一阶段是 1861—1873 年在
俄国时期他先后参加了三个革命小组的活动，先后四次被捕入狱；第二阶
段是 1874 年至 1886 年流亡西欧时期他先后与拉甫罗夫、恩格斯进行公开
辩论，之后他与波兰流亡者创立《警钟》杂志。

特卡乔夫在俄国时期的革命活动主要围绕三个革命小组展开，即奥利
舍夫斯基小组、卡拉科佐夫小组、涅恰耶夫小组。奥利舍夫斯基小组在
1862 年四五月左右制作了一份传单，即《致俄国人民》。苏联历史学家科兹
明（Б.П.Козьмин）在 1961 年的《俄国革命思想史》中认为特卡乔夫参与制
作了这份传单。苏联学者普斯达纳科夫（В.Ф.Пустарнаков）和沙赫马托夫
（Б.М.Шахматов）等在《特卡乔夫著作集》第 1 卷的序言中指出，传单《致俄
国人民》与特卡乔夫的诗歌《基督复活》在思想上非常相似，甚至可以说传
单是这首诗歌的散文翻版。因此，苏联学界普遍认为特卡乔夫应该是传单
的作者，或者至少是共同作者。特卡乔夫还与卡拉科佐夫小组③来往密切，

---

① 《马克思恩格斯与俄国政治活动家通信集》，人民出版社 1987 年版，第 569 页。
② 彼·尼·特卡乔夫（1844—1886）：俄国政论家、文学批评家，俄国革命民粹主义者。
③ 德·卡拉科佐夫（Д.В.Каракозов）：1866 年 4 月 4 日，卡拉科佐夫在没有得到伊舒京小组
　　批准的情况下，擅自先行实施了刺杀沙皇的行动。

他甚至认为卡拉科佐夫是俄国革命史上的主要英雄之一。根据苏联历史学家维连斯基(Э.С.Виленский)的研究,特卡乔夫直接参加了卡拉科佐夫小组的秘密活动,他认识卡拉科佐夫小组的主要成员,并与他们交往密切。在卡拉科佐夫小组被破坏后,特卡乔夫后来参加到他们后继者的小组中,也就是洛帕廷等人建立的卢布小组(Рублевое общество)。

1868年冬,特卡乔夫与涅恰耶夫组织了一个彼得堡大学生地下社团,共同为社团制定了一个《革命行动纲领》。根据苏联历史学家科兹明的研究,特卡乔夫是这一纲领的作者,或者合作者。特卡乔夫在《纲领》中扼要阐述了俄国雅各宾主义的主要思想。"纲领提出革命的任务是完全推翻以强者统治弱者、富人统治穷人、资本家统治工人为基础的现有的社会政治制度。在现有的政治制度下不可能根本变革社会和经济关系。因此革命者的首要任务是消灭现有政权的压迫,也就是政治革命。"①特卡乔夫后来在《警钟》上详细阐述和发展了《纲领》的基本观点,即"政治革命作为准备和实现社会变革的方式是必要的"。1869年3月,特卡乔夫再次被捕。经过两年多的审讯,最终,特卡乔夫被判处1年零四个月的监禁以及流放到西伯利亚。之后,被流放到大卢基。

1870年,特卡乔夫在监狱里读到了彼·拉甫罗夫在《星期周报》上发表的《历史信札》。与当时大多数俄国青年对《历史信札》的推崇不同,特卡乔夫不赞同拉甫罗夫的主观主义进步观。1870年9月,他在监狱里完成了《什么是进步的党(关于彼·米尔托夫的〈历史信札〉)》一文,批评了拉甫罗夫的主观社会学,表达了自己的客观主义进步观,反映出二人思想的根本差别,为他们在1874年的公开辩论埋下了伏笔。这篇文章在他生前没有发表,一直存放在第三厅档案馆。20世纪30年代,科兹明编辑出版《特卡乔夫社会政治文集》时,将该文收录在第2卷。20世纪70年代,沙赫玛托夫等编辑出版《特卡乔夫著作集》时,将该文收录在第1卷。特卡乔夫的这篇文章从进步概念、进步标准、历史的进步、实现进步的条件以及进步的党等五个方面逐一批驳了拉甫罗夫的进步观。根据拉甫罗夫的观点,进步概念在不同的知识领域是不同的,具有纯粹主观的特征,人们根据自己的主观概念,自己创造的理想评价这个形式的范畴,因此进步的标准是主观的。个人关于现象的所有认识以及在这些认识的基础上得出的所有结论是主观的,每个道德观的真理性是相对的,不可能有任何绝对的真理标准。因此进步

---

① Из истории революционной мысли в России, Б.П.Козьмин, М, Издательство академии наук СССР, 1961.С. 357.

标准是不确定的,历史也不可能有客观的标准。特卡乔夫反对拉甫罗夫的主观主义进步观,认为这种进步概念就如同没有任何意义的标签,不具有任何确定性,因此也不具有任何实践意义。在他看来,如果绝对客观的真理标准是存在的,那么绝对客观的进步标准也是存在的。如果没有客观的进步标准,那我们只能承认每种认识都是正确的。如果没有客观的进步标准,那么"进步"术语本身将失去任何意义。因此,特卡乔夫的进步观是:"进步标准不仅可以,而且永远是客观的,在每种现象秩序中进步是可能发生的,可以只有一种进步和一种评价它的标准,这个标准不是人臆想的,这个进步不是由人的想象力创造的,而是在现象的客观运动中发现和研究出来的"①。双方在进步观上的截然对立,成为他们思想分歧的逻辑起点,也是他们之后在革命观、国家观、政党观上的对立的表现。拉甫罗夫把具有批判思维能力的个人作为实现进步的条件,因此他在《前进!》杂志上阐述自己的革命观时提出"准备革命需要知识和研究"的观点,认为革命需要以大多数人明确认识和理解自己的需要为条件。特卡乔夫把运动、目标和方向作为进步的主要标准,认为应该从运动本身的目标来评价进步思想,而不是从观察者的道德或者主观理想来评价进步,他赞同激进派的观点,认为革命通常是急风暴雨式的,具有一定的自发性。因此,拉甫罗夫从主观主义进步观的出发形成了"等待主义"的革命观,而特卡乔夫从客观主义进步观出发形成了"立即革命"的激进主义革命观。

　　1873 年 12 月,特卡乔夫流亡到西欧开始革命生涯的第二个阶段。1874 年,对特卡乔夫来说是极其重要的一年,4 月他发表小册子《论俄国革命宣传的任务》,与拉甫罗夫公开辩论。10 月,他在苏黎世《哨兵报》②上发表《公开信》,公开反对国际工人运动领袖恩格斯的批评。特卡乔夫在与拉甫罗夫和恩格斯的论战后,在国际工人运动中陷入孤立境地。1875 年 9 月,他与以图勒斯基(К. Турский)和雅尼茨(К. Яницкий)为首的俄国—波兰流亡者在苏黎世创办了《警钟》杂志。特卡乔夫在《警钟》杂志创刊号上阐述了杂志的纲领,表达了他的革命观。③ 这可以说是他对拉甫罗夫和恩格斯的回应。他在第一篇文章《敲响警钟》中呼吁:"革命家不是准备革命,而是干革命。……任何犹豫不决、任何拖延耽搁都是犯罪! 敲起警钟!"他

---

① ТкачевПетр Никитич сочинения в 2-х томах,ред Б.М.Шахматов,Том1.С. 477.

② 《哨兵报》:瑞士一家社会民主派的报纸,1869 — 1880 年用德文在苏黎世出版。1869 — 1873 年是国际瑞士各德国人支部的机关报,后来是瑞士工人联合会和瑞士社会民主党的机关报。

③ ТкачевПетрНикитич.Сочиненияв 2-хтомах,ред.Б.М.Шахматов,Том2.С. 90-91.

在第二篇文章中阐述了杂志的任务,"敲响警钟,号召革命——就要说明革命在现在的必要性和可能性,清楚实现革命的实践方式,确定革命的最近目标。这就是我们杂志的主要任务"①。

特卡乔夫在《警钟》《事业》等杂志上继续与拉甫罗夫辩论。1875 年,特卡乔夫在《事业》杂志第 9 期和第 12 期上发表《思想在历史中的作用》,批评拉甫罗夫的著作《思想史的经验》第 1 卷。1876 年,特卡乔夫在《警钟》杂志第 2、3、4 期上发表《无政府主义思想》②,这篇文章的第三部分是对拉甫罗夫的小册子《致俄国社会革命青年》的回应。1876—1877 年,特卡乔夫在《警钟》杂志 1876 年第 11—12 期、1877 年第 1—2 期上发表文章《革命的前夕和第二日》,批评拉甫罗夫的著作《未来社会的国家要素》。特卡乔夫从 1875 年 9 月到 1879 年负责《警钟》杂志,从第 1 期到第 9 期的所有社论都由他写。1878 年,特卡乔夫、图勒斯基等人成立人民解放协会,虽然与民意党未能合作,但是特卡乔夫的思想逐渐被民意党接受。普列汉诺夫说,"'民意党'的文字工作只是以各种说法重复特卡乔夫的学说"③。别尔嘉耶夫说,"'民意党'是特卡乔夫对拉甫罗夫和巴枯宁的胜利"④。1879 年,特卡乔夫离开日内瓦不再负责编辑部事务,1880 年底《警钟》停刊。1882 年,特卡乔夫因大脑麻痹停止了革命活动,12 月被送进法国的马尼扬医院,1886 年 1 月在医院病逝。拉甫罗夫出席了他的葬礼,并在致辞中指出,"在葬礼上所有个人的争执都消失了,所有党派的区别都微不足道,只有反对共同敌人的共同斗争浮现在脑海中。因此,我认为必须带着责任和敬意向这位赞同社会主义思想、反对压制我们祖国的专制制度并且始终站在队伍最前列的俄国战斗者鞠躬!特卡乔夫的所有文学创作全部属于我们祖国的革命运动。他的杰出的写作才能,他的渊博知识使他成为非常重要的报刊编辑。他们继续了车尔尼雪夫斯基、杜波罗留波夫的事业,打破政治、经济和文学在各个领域的因循守旧,在 1878 年开始更加广泛的社会革命运动以及更加血腥的斗争。俄国青年们在学校如饥似渴地阅读特卡乔夫的文章,许多青年由于对君主和人民的剥削者的憎恨而热血沸腾。他们英勇地牺牲了,但是他们不属于任何一个小组。新一代的革命者将吸取他们的教训,那

---

①　ТкачевПетрНикитич.Сочиненияв 2-хтомах,ред.Б.М.Шахматов,Т. 2.С. 92.

②　即特卡乔夫在《警钟》杂志 1875 年第 1 期和 1876 年第 2、3、4 期上发表的《无政府主义思想》一文,特卡乔夫在这篇文章的第三部分回应了拉甫罗夫在《致俄国社会革命青年》中提出的问题。

③　《普列汉诺夫哲学著作选集》第 1 卷,生活·读书·新知三联书店 1962 年版,第 188 页。

④　Н.А.Бердяев.Философия свободы.Истоки и смысл руского коммунизма.М. 1997.С.305.

就是在反对共同敌人的斗争中形成的顽强精神"①。

二、恩格斯对特卡乔夫的批评

如前所述,拉甫罗夫在《前进!》第 2 期的"工人运动年鉴"专栏上公开发表了对第一国际内部斗争的看法,呼吁工人政党内部的团结,反对第一国际内部的斗争。1874 年 5 月,拉甫罗夫给马克思恩格斯寄去了《前进!》杂志第 2 期、第 3 期以及特卡乔夫的小册子《俄国革命宣传的任务》,这使得马克思恩格斯不仅开始关注拉甫罗夫与特卡乔夫的论战,而且也了解到俄国革命者对第一国际内部斗争的态度。因此,10 月,恩格斯在《人民国家报》第 117 和 118 号发表了批评拉甫罗夫和特卡乔夫的文章,即《流亡者文献(三)》。

恩格斯在《流亡者文献(三)》的第一部分是批评拉甫罗夫的折中主义立场,但是对拉甫罗夫的批评是十分温和的,一方面是因为他们与拉甫罗夫的私人关系一向良好,另一方面也是为了团结更多的俄国革命流亡者。因此,恩格斯不仅说拉甫罗夫是"极可敬的俄国学者",而且亲昵地称呼他为"朋友彼得":"在伦敦有一家不定期的俄文评论性杂志,名叫《前进!》('Vperëd')。它是由一位极可敬的俄国学者主编的。……所以,我们在这篇文章中为了行为方便起见用俄国人喜爱的名字彼得来称呼《前进!》的这位编辑,希望他不要见怪。"②在恩格斯看来,拉甫罗夫是一个折中主义者,力图从各种千差万别的体系和理论中选择最好的东西。他委婉地批评了拉甫罗夫的折中主义立场,同时赞扬了俄国工人运动取得的进展:"一个持有这种观点的人总企图使所有这些互相斗争的人们调和起来,认真地劝他们不要再在反动派面前演出这种闹剧,而应该只是攻击共同的敌人。如果他是刚刚从俄国来的,那么这就更加自然了,因为大家都知道,在俄国,工人运动得到了巨大发展。"③

恩格斯向拉甫罗夫及其主编的杂志《前进!》阐述第一国际开展反对巴枯宁主义者的斗争的必要性和不可避免性。拉甫罗夫呼吁所有社会主义者保持和睦,避免公开的纠纷,但是这种团结是无法达到的,除非国际工人协会听命于巴枯宁主义者的秘密阴谋。恩格斯显然反对拉甫罗夫这种折中主义立场,"任何斗争都包含有不能不使敌人在某种程度上称快的因素,不然

---

① Рудницкая.Е.Л.Русский бланкизм:Петр Ткачев.М.Наука,1992.C. 201.

② 《马克思恩格斯文集》第 3 卷,人民出版社 2009 年版,第 366 页。

③ 《马克思恩格斯文集》第 3 卷,人民出版社 2009 年版,第 366 页。

换个方式就会使自身遭到实际损害"①,而且只有这样的斗争才能取得真正的成功。但是,拉甫罗夫认为第一国际总委员会的报告《社会主义民主同盟和国际工人协会》不具有可靠性,只是道听途说的私事,并且认为私信不应在政治争论中公开。"这个出版物……带有充满火气的论战性质,矛头指向站在联邦主义者前列的人物……它的内容充满了私事,这些私事都只是道听途说来的,因而它们的可靠性对于它们的起草人来说不是没有疑问的"②。恩格斯对他的观点进行了反驳,因为国际协会在整个世界都有自己的常设机构,不可能只凭道听途说收集事实,因此拉甫罗夫的论断是极端轻率的。"报告所谈到的事实都有真实的文件作证据,连所涉及的人物也不敢对它们提出异议。"但是在拉甫罗夫看来,第一国际内部的斗争只能使敌人称快,对整个国际工人运动是不利的。

恩格斯认为必须及时制止巴枯宁主义者,不能纵容他们组织秘密团体,不能让他们领导欧洲工人运动,这不仅对国际工人运动有利,对俄国人也有利。"那些了解工人运动并亲自参加工人运动的俄国人会认为,使他们摆脱对巴枯宁主义者欺诈行径负有的共同责任,是对他们的一种帮助。"③为了让拉甫罗夫理解马克思与巴枯宁的斗争,恩格斯在文章的第二部分特别强调了拉甫罗夫与特卡乔夫的论争,希望通过这个论争说服拉甫罗夫明白第一国际内部斗争的必要性。恩格斯的做法是成功的,他扭转了拉甫罗夫对第一国际内部斗争的认识。

恩格斯在《流亡者文献(三)》中第二部分批评特卡乔夫对《前进!》编辑部的无理要求以及特卡乔夫立即革命的幼稚想法。首先是批评特卡乔夫在小册子中提出的要与主编有同样权力的幼稚想法。"一位在本国负有盛名的俄国学者,流亡到国外,筹集资金在国外创办一个政治性刊物。他的事业刚刚有所进展,未经任何邀请,就有一个陌生的、多少有些过度兴奋的年轻后生跑来,自荐为他撰稿,并且极其幼稚地提出条件,要在有关编写和金钱的一切问题上都同刊物创办人享有同样的表决权。"④在恩格斯看来,这样的要求是幼稚的、无礼的。恩格斯批评了特卡乔夫的革命观以及特卡乔夫对拉甫罗夫的指责。恩格斯说,特卡乔夫只是用一大堆巴枯宁主义者的词句来指责朋友彼得,说他的罪行就是要人民为革命预先做准备,说他不是革命者,而是和平进步的信徒等。

① 《马克思恩格斯文集》第3卷,人民出版社2009年版,第368页。
② 《马克思恩格斯文集》第3卷,人民出版社2009年版,第367—368页。
③ 《马克思恩格斯文集》第3卷,人民出版社2009年版,第371页。
④ 《马克思恩格斯文集》第3卷,人民出版社2009年版,第372页。

　　恩格斯也提到了拉甫罗夫回应特卡乔夫的小册子《致俄国社会革命青年》,他说,这本小册子长达 60 页,研究了人民是否已经准备好进行革命,革命家们是否有权并且是在什么条件下有权号召人民起来革命等,但是这些东西就像是经院哲学派的研究,脱离了革命的实际,仅仅是泛泛空话而已。恩格斯揭示了拉甫罗夫的自相矛盾:一方面鼓吹团结,反对革命党内部的任何论战,但是另一方面,如果他不参加论战,他就不能回答对手的指责,也就不能揭发对手的错误思想。因此,他在小册子一开头就写道:"两害相权取其轻。我很清楚地知道,俄国流亡者的全部文献都是一些互相指责的小册子……——这全部纯系俄国流亡者私人之争的文献,使读者感到厌烦,对革命斗争事业也没有任何价值,而且可能使我们的敌人称快……我知道这个,但我仍然认为,我必须写这些篇章,必须用自己的手为这可悲的文献增加一点数量,使读者厌烦,使敌人称快……必须这样做,因为两害相权取其轻"①。恩格斯想让拉甫罗夫明白他和马克思也是不得已与巴枯宁进行斗争,也是"两害相权取其轻",因为如果不进行尖锐的斗争来反对那些使欧洲工人运动走上歧途的错误观点,那就可能造成革命运动的失败。

　　在《流亡者文献(三)》的最后,恩格斯对俄国的革命运动发表了看法,他认为俄国人的革命活动应当融入国际协会,他们的活动应当在欧洲其他国家面前并在他们的监督下进行。因为俄国人与外界隔绝已经付出了沉重的代价。如果俄国人不是处于这种隔绝状态,也就不会被巴枯宁及其同伙可耻地愚弄。因此,"从西方的批评中,从西欧的各种运动同俄国运动的相互国际影响中,从终于正在实现的俄国运动同全欧运动的融合中获益最大的正是俄国人自己。"②

三、特卡乔夫致恩格斯的公开信

　　1874 年 9 月,特卡乔夫在苏黎世《哨兵报》上公开发表《致 1847 年〈人民国家报〉第 117 和 118 号所载〈流亡者文献〉作者弗里德里希·恩格斯先生的公开信》。特卡乔夫在公开信中不仅大胆反驳国际工人运动领袖恩格斯对他的批评,而且阐述了他的俄国革命观,提出了俄国特殊的国情和特殊的革命道路。这封公开信由于是在苏黎世发表,对俄国国内影响不大,但是对马克思恩格斯研究俄国问题是非常重要的。2014 年,笔者在国内学界首

---

① Русской социально-революционной молодёжи,《П. Л. Лавров. Избранные сочинения на социально- политические темы》в третием томе, Москва, 1934. С.335.

② 《马克思恩格斯文集》第 3 卷,人民出版社 2009 年版,第 376 页。

次将《公开信》全文译出：

特卡乔夫致弗里德里希·恩格斯先生

（即《人民国家报》1874 年第 117 和 118 号文章的作者）的公开信①

阁下：

您在《人民国家报》第 117 和第 118 号发表了关于俄国流亡者文献的、确切地说是关于流亡者杂志《前进！》和我出版的小册子《俄国革命宣传的任务》的社论②。当然，俄国流亡者文献并不只这些。在您写的这些文章中主要是称赞德国革命工人党清楚俄国革命者的意图，以及给他们一些建议和最符合他们利益的实践指示。这是多么美好的目标！但是对于达到这些目标而言，不幸的是，一个良好的意愿是不够的——还需要具备一些知识。而您缺少这些知识，因此您的有益教训将在我们俄国人中产生这样的感觉，也许您已经感受到了，就像一个偶尔学习德语但从未去过德国也从不关注德国文学的中国人或者日本人，如果突然在他头脑中出现一个奇特的想法，带着中国人或者日本人的傲慢教导德国革命者应该怎么做，那么他会被拒绝。中国人的想法只是非常可笑但完全无害；而我们面临的完全是另一种情况。他们不仅是最可笑的，而且还产生很大的害处，因为您以最不利于我们的色调对德国工人描述俄国革命政党的国外代表、我们的意向和我们的著作，由于德国工人不够了解我们，他们必然相信以过于自信的权威口气说话的人，尤其是，他们认为这个人非常伟大。您用这样的方式描述我们，违反了国际工人协会纲领的基本原则。但是这种情况并不能阻止您。为了避免可能带来的害处，请允许我们与您沟通。

您应该非常清楚，我们俄国人最先向西欧工人的伟大协会伸出友爱之手，我们积极地加入它，甚至比争取我们的利益更加积极。不幸的是，您没有明白，我们完全拥护欧洲工人政党的社会主义基本原则，但不赞同它的策略，也从不赞同而且也不应该赞同只通过实践和革命斗争实现这些原则的方式（至少是以马克思和恩格斯先生为首的派别所采取的方式）。我们国家的情况非常特殊，它与西欧任何一个国家没

---

① *Революционный радикализм в России: век девятнадцатый. Документальная публикация. / Под ред.Е.Л.Рудницкой.М.: Археографический центр, 1997.С.335–344.* 该译文发表在《当代世界社会主义问题》2014 年第 3 期第 44—50 页。

② 即《流亡者文献（三）》，参见《马克思恩格斯文集》第 3 卷，第 366—376 页。——译者注

有任何共同之处。西欧国家采取的斗争手段对于我们至少是不适用的。我们需要特殊的革命纲领,它在一定程度上与德国不同,因为德国的社会政治条件与俄国不同。从德国人的角度看(也就是从德国的社会条件看),我们的纲领是如此荒谬,正如从俄国人的角度看德国纲领。而您不懂得这一点,也没能理解俄国的观点,然而却胆敢对我们做出评判并向我们提出这样那样的建议!

假如这种勇敢和无知不是以损害俄国革命流亡者的声誉为目的,或者德国读者能够审视您的资料,那么我就不用我的信吸引您的注意了。遗憾的是,没有这些假如,因此我认为,帮助您消除自己的无知,以便您稍微收敛一下自己的无礼,是我的责任。

也许您知道,像你们在西方,尤其在德国所具备的那些为革命服务的斗争手段,我们在俄国一样都不具备。我们没有城市无产者,没有出版自由,没有代表会议,总之——没有给予我们任何权利把胆小无知的劳动人民大众(在现代经济状况下)联合成一个组织良好和纪律严明的工人联盟,而且这些工人已经完全认识到自身的状况以及改善自身状况的方式。在我们这里,为工人出版书报是不可思议的,即使能出版,也不会有任何意义,因为我们的人民多数是文盲。个人对人民的影响未必有任何重要的长远意义,即使它能带来真正的益处——它对于我们也是完全不可能的。根据不久前颁布的政府指令,受过教育的阶级与"愚昧"农民的任何接近都被视为犯罪。"到民间去"只有在穿上别人的大衣和使用虚假的身份才是可能的。阁下,您一定同意,在这样的条件下把国际工人协会移植到俄国土地上来,这是幼稚的梦想。但是这种状况不应该使您觉得,社会革命在俄国的胜利比在西方的胜利更加值得怀疑和更没有希望。绝对不然!固然我们没有你们那里的这些有利情况,可是我们也可以指出你们所没有的一些情况。

我们这里没有城市无产者,这的确是事实;但是我们这里也没有资产者。在我们这里,在受苦受难的人民和压迫他们的专制国家之间没有任何中间阶级;我们的工人只需要同政治权力作斗争,因为资本的权力在我们这里还处于萌芽状态。

阁下,您应该知道,同前者作斗争要比同后者作斗争要容易得多。

我国人民是无知的——这是事实。但是他们绝大多数(特别在俄国的北部、中部、东北和东南部)都充满着公有制原则的精神;他们——如果可以这样说的话——是本能的、传统的共产主义者。集体所有制的思想同俄国人民的整个世界观(我们马上就会看到,俄国农民的世界观能达到多远的境地)深深地生长在一起,以致现在当政府开始领悟到这个思想同一个"有良好秩序的"社会的各种原则不能相容,并且为了这些原则想把个人所有制思想灌入人民意识和人民生活中去,就只好依靠刺刀和皮鞭。

由此看来,我国人民尽管愚昧无知,但是他们比西欧各国人民更接近社会主义,虽然后者更有教养。

我们的人民习惯奴役和顺从——这也毋庸争辩。但是您不应当由此得出他们对自己的处境满意的结论。他们在抗议,而且是不断地在抗议这种处境。不管这些抗议是以何种形式出现,无论是以宗派分裂的形式,还是以抗税的形式,是以抢劫和纵火的形式,还是以起义和公开抵抗政府的形式,无论怎样,他是在抗议,而且有时还很激烈。当然,您不能什么都知道;这些从来没有在欧洲宣扬,而俄国甚至禁止公布。

固然这些抗议是微不足道的和分散的。但它们还是充分说明,人民对他们的处境已经无法忍受,他们利用每一个机会发泄积压许久的愤懑和对压迫者的仇恨。因此俄国人民可以说是本能的革命者,尽管他们看起来愚笨,尽管他们对自己的权利没有明确认识。

我们知识分子的革命党,人数不多——这也的确是事实。但是他们除了社会主义理想以外,不追求任何其他理想,而他们的敌人几乎比他们还更无力,敌人的无力对他们是有利的。我们的上层等级(贵族和商人)没有任何力量——经济(他们太贫穷)和政治的(他们太愚蠢和过于习惯在一切事情上信赖警察的聪明)力量。我们的牧师完全没有意义——不论在人民之中和在人民之外。我们的国家只有从远处看才是力量。实际上它的力量只是表面的,想象的。它在人民的经济生活中没有任何根基,它自身并不体现任何阶层的利益。它压制所有的社会阶级,所有人都憎恨它。他们容忍国家,他们完全冷漠地忍受它的野蛮专制。但是这种容忍,这种冷漠不应该使您产生错觉。它们只是欺骗的产物:社会创造了俄国的虚假实力,并且受到这种虚假的迷惑。

从一方面看,政府当然努力维持它。但是越来越困难。十五年前,在克里米亚战争之后,俄国政府坚信,任何时候国家也不会破裂。

两三次的战争失败,几个省的农民同时起义,和平时期在首都的公开起义——这一错觉的影响就会立即消散,政府就会发觉自己孤立和被所有人抛弃。

这样,您将看到,我们在这方面比你们有更多的机会获得革命的胜利。在你们那里,国家不是虚构的力量。它站在资本上;它本身体现着一定的经济利益。巩固它的不像我们这里只是军队和警察,资产阶级关系的整个制度都在巩固它。在您没有消灭这个制度之前,战胜国家是难以想象的。在我们这里,则恰恰相反——我们的社会形式的存在有赖于国家,这个国家可以说是悬在空中的,它和现存的社会制度毫不相干,它的根基是过去,而不是现在。

通过以上阐述,您将承认,我们相信社会革命在俄国最近实现的可能性,我们不是空洞的幻想家,不是"幼稚的中学生"(这是您赐予我们的称呼),我们站在坚定的土壤中,我们的信仰不是没有牢固的根基,它们多半是个人从我们熟知的俄国人民的生活条件中得出的结论。

可能,您现在明白,为什么我们的革命道路与你们的道路不一致了吧。首先,在俄国,任何反对现存秩序的公开斗争都是不可思议的。我们的法律,我们的政治设施没有给我们提供在合法的土壤中进行宣传的任何可能性。现在我们有了一种可能性:这是幸运的,但只可能又是不幸的。但是您剥夺了这种可能性。您那时做了什么? 您成立秘密协会,您组织地下活动。可是您为什么指责我们的秘密活动? 如果放弃秘密的、隐蔽的地下活动,我们也就势必要放弃一切革命活动。可是,您责骂我们还因为在我们这里——根据您的意见,即在西欧可以没有秘密活动——我们也不愿意放弃我们进行秘密活动的习惯,而这就妨碍了(您的表述)伟大的国际工人运动,甚至阻碍了它。您忘记了,在西方大多数"良好秩序的"国家,没有我们的参与也出现了有力地促进秘密活动发展的情况。在西班牙、意大利、法国没有进行社会革命宣传的丝毫可能性,意大利革命者在布鲁塞尔大会①上正式宣布,他们必须使自己的活动具有秘密的地下形式。可能,德国很快就会感受到这种状况。难道您没有发现,警察现在已经把合法性这个盾牌击成碎片,您用它尽力保护德国工人是徒劳的吗? 不用成为先知,也可以预言,很快这些碎片将从您的手中被夺走。那时您将怎么做呢? 两种方式:或者什么也不做,或者采取秘密活动。您将找不到其他出路,准确地说,正如我们也不能找到其他出路。

但是在我们这里不仅任何公开宣传是不可思议的(哪怕是它在德国进行的形式),而且在一个或几个社会革命社团的秘密工人组织也

---

① 1874 年 9 月召开了国际工人协会(第一国际)布鲁塞尔大会。加入协会的意大利社会革命委员会派代表参加大会,宣布声明:"在意大利第一国际不再公开存在,从公开的群众组织转为广泛的密谋"。——译者注

是不可思议的(像西班牙或意大利)。这是因为:(1)大多数工人是土地占有者,他们不是无产者(像英国那样),而是所有者;他们被分成小的完全相互孤立的公社;相互之间没有任何共同利益,他们习惯从狭窄的地区角度解决他们感兴趣的问题。(2)因为在我们劳动者阶级的历史中从来没有建立类似协会的先例。当然,您知道,工人协会在西方不是逻辑必然性的产物,而是历史必然性的产物。不是您和您的朋友建立了国际协会,而是历史建立了它;它的最初萌芽根源于中世纪;它是所有职业、合作社、罢工和信贷等协会和联合会的必然结果,欧洲无产者在其中早就联合起来(当然,主要是在城市)。您想在俄国找到他们的足迹是徒劳的。我们针对这种情况建立的互助组与以上协会没有任何共同之处;至于不久前在俄国人为地培植起来的德国式的合作社和信用社,我国大多数工人都是以完全漠然的态度对待它们,并且它们几乎到处都遭到了彻底破产。最后,(3)向这两个未必可以克服的障碍再增加一点,即在我们的政治生活和我们民族的精神不成熟中寻找对它们的解释。阁下,您将相信,通过类似西欧的工人协会(秘密的或公开的)进行任何革命斗争,在俄国都是不可能的。在我们俄国什么是可能? 我们社会革命党从两个部分回答这个问题。

第一部分是《前进!》杂志提出的思想——最温和的和最少实践的部分——在俄国现在没有充分有力的革命因素;这些因素应该被创造——通过提高人民认识自身权利和要求的方式,通过向人民阐明他的理想以及实现它们的方式;然后,这一派认为,当人民认识到时,当人民明白时,他们会斗争,他们自身将在革命协会中联合起来(类似西欧工人协会),这些协会建立全能的革命力量,击碎社会欺骗和不公正的腐朽的旧世界。

我们革命者的另一个派别包括所有在我们革命知识分子当中年轻的、勇敢的、聪明的和刚毅的人,他们赞成另一个纲领。这个派别坚信,温和的革命者提出的目标,根据以上阐述的原因,是无法实践的和不能完成的,当我们追求无法实现的目标时,我们的敌人集中力量,我们正在成长的资产阶级逐渐充分巩固,将成为政府坚定不移的支撑。

这一派别坚信,目前是实现社会革命最有利的历史时期,而且不存在任何障碍;需要的只是在俄国几个地方同时唤起人民胸中积蓄已久、已经沸腾的痛苦和不满。每天的经验都向我们证明,这种痛苦和不满在适宜的条件下是如何容易地宣泄出来。而一旦这种情绪在几个地方同时爆发,那么革命力量的联盟就会建立起来,政府和起义的人民之间的斗争就应该以有利于人民事业的结局而告终。实践的需要、自我保护的本能将会实现我们那些走虚幻路线的温和革命者从来没能实现也永远不会实现的目标。然而，各抗议团体之间牢不可破的联盟在我国不可能由人民的觉悟来建立，而只能由同时爆发的革命抗议活动来建立。从这一点出发，革命性政党（完全可以称其为行动党）认为，一方面有责任号召人民发动反对现政权的起义，另一方面认为应在几个省同时组织起义时保证一系列组织性和纪律性，这是起义取得成功的保障。

总的来说，这确实是我们最活跃和最有知识的革命者的纲领。我的小册子《俄国革命宣传的任务》中清楚说明了后者的主要思想，它遭到您如此尖锐地批评。您首先断言，我不成熟，尽管如此，我仍然要表达这样的信念：引起社会革命是很容易的……您会指出，既然可以这样容易地引起革命，为什么不这样干，而只是喋喋不休地谈论它呢？——在您看起来是可笑的、幼稚的行为。根据您的建议，应该相信，您的所有同胞赞成这个意见。但是您却对他们造谣中伤！德国人过分喜欢文献，不了解使用文献的真正目的和任务，把后者与直接的实践活动相混淆。您知道，文献只是从理论上解决某些问题，只是说明某些活动的实践可能性和条件。但文献的应用并不是事业本身。如果解决问题是简单的，如果在运用它的道路上没有任何困难，那么就没有什么文字讨论这些问题。您错了。我和我的志同道合者们坚信，在俄国实现社会革命没有任何困难，任何时候都可以唤起俄国人民进行革命反抗。诚然，这个信念使我们有责任进行一定的实践活动，但是这个信念同进行文字宣传的益处和必要性丝毫也不矛盾。只是我们深信这一点，那是不够的；我们希望，别人也赞同我们的这种信念。我们的志同道合者越多，我们就越会感到自己有力量，我们就越容易实际完成这个任务。我们这些"野蛮人"应该向您这个西方文明人解释清楚基本的真理，这是不是激怒了您！我宁愿相信，您的真正意图是无论如何要在德国读者面前把我们描述得滑稽可笑。您不羞于假装，您不明白文字宣传的必要性和各种形式的问题的意义，这些问题一直吸引着所有对现存社会秩序不满的人和试图实现社会变革的人。您向我们俄国人表示了您的最深的蔑视，因为在您看来，我们是如此"愚蠢"和"不成熟"，我们对以下问题感兴趣：何时以及在什么条件下在俄国实现社会革命，我们民族是否准备充分，我们是否可以等待和拖延革命，直到我们的民族成熟并且正确理解自己的权利等问题，正如我们完全坚信，这些问题是行动的政党和温和革命者的政党都同意的要点。而为了羞辱我们,您竟那样傲慢地责备自己的同胞,正如您坚信,他们早就解决了这些问题,永远不会再说这样的空话。您为了自己的论战目的诋毁德国人,他们似乎对社会变革的条件和方式的问题不感兴趣。由此产生这个永恒的争论:政治家是否应该弃权,是否利用国家或者完全拒绝它的支持,革命力量是否需要集中在唯一的集体领导下,唤起地方革命起义是否有利,在什么样的组织下革命预计可以最快胜利,什么状况对它有利和不利等。难道没有这些吸引我们的问题吗?我们按另一种方式提出和表述这些问题,因此我们的革命党的活动条件是完全不同的。在任何情况下,如果您讨论我们革命者都赞同的这两个革命纲领的普遍意义,那么您将明白,我们的问题与我们的纲领密切相关,正如您的问题与您的纲领一样。

如果您确实读了《前进!》杂志和我的小册子,那么您应该清楚,我思考的正是您所知道的。正如我已经指出,您认为在我们的读者面前损害我们的声誉是必要的。您忘记了,我们进行反对俄国政府的斗争,不仅是为了我们祖国的利益,而且是为了整个欧洲的利益,为了全部工人的利益,因此,这个共同的事业使我们成为您的同盟者。您忘记了,您嘲笑我们,就是为我们共同的敌人即俄罗斯国家很好地效劳。您忘记了这一切,只看到我们俄国人在这场使国际工人协会分裂的伟大争论中竟然如此大胆地不和您站在同一个旗帜下。您尖锐地指责《前进!》,由于它在向俄国读者介绍这场争论的文章中把您反对“同盟”①的不妥当的小册子②称为抨击性的文章。它不想沉浸在论战的泥潭中,您和您的朋友在论战中力图玷辱我们所处的这个革命时代的最伟大和最富有自我牺牲精神的代表之一。

您用尽一切骂人的话来攻击我,因为您在我的小册子里找到了到目前为止我所不知的“巴枯宁式的句子”,您从中发现,我们的同情,正如大部分我们齐心协力的革命党人的同情,不是站在您这边,而是站在敢于举起起义的旗帜反对您和您的朋友的人那边,站在那个从现在起成为您的不共戴天的敌人和您的启示录的梦魇那边。

因此俄国流亡者文献使您坚信,我们的革命者,包括“温和的”和

---

① 即巴枯宁在 1868 年 9 月成立的“国际社会主义民主同盟”。——译者注

② 这里是指 1873 年恩格斯和拉法格在马克思参与下写的小册子《社会主义民主同盟和国际工人协会》,旨在反对巴枯宁及其追随者。

"激进的"在许多方面与您有区别,在许多问题中敢于说出自己的意见。如果我们有错,我们一定注意我们的错误和论证它们根据不足,然而,您不是赞同我们的独立性,而是生气和咒骂我们,并且没有给出任何合理的理由。

当高高在上的官员遇到抵抗时,他们经常有这样的行为。官员的本性是遇到不同意他们的、与上层有不同观点的人就愤怒。您在反对我们时所表现出来的激愤,说明您自身属于那些高高在上的官员。您指责我们俄国人,似乎我们有独裁倾向?难道巴枯宁先生无权回答您所有的恶语中伤:"医生,治好自己吧!"

彼得·特卡乔夫
1874 年

特卡乔夫在这封《公开信》里最重要的是提出了俄国革命的特殊性和俄国革命的特殊道路的问题。他从俄国国情、俄国人民、俄国革命党和俄国国家力量等四个方面阐述了俄国革命的特殊性:

第一,俄国与西欧,尤其是与德国相比,不具备那些为革命服务的斗争手段。俄国没有城市无产者,没有出版自由,没有代表会议,没有把劳动人民联合成工人联盟的权利,甚至没到农民中间去与农民接近的机会,因此国际工人协会的原则不适用于俄国。

第二,俄国人民虽然无知,但比西欧人民更接近社会主义。因为俄国大多数地区都还保留着农村公社公有制,集体所有制在人民的生活中还占据主导地位,俄国人民是本能的传统的共产主义者,政府只能依靠皮鞭和刺刀强制推行个人所有制。俄国人民虽然习惯奴役和顺从,但是他们一直采取各种形式抗议自己的处境。这说明人民对他们的处境已经无法忍受,他们利用每一个机会发泄愤懑和仇恨,因此,俄国人民是本能的革命者。

第三,俄国知识分子的革命党虽然人数不多,但是他们除了社会主义理想以外,不追求任何其他理想。他们的敌人,也就是贵族和商人等上层等级,没有任何经济力量和政治力量。

第四,俄国的国家力量只是表面的和想象的,是"悬在空中的"。而西欧国家不是虚构的力量,是以资本为基础的,它自身体现着一定的经济利益,资产阶级关系的整个制度都在巩固它。俄国这个既没有资产者又没有无产者的国家更容易战胜,因为在俄国资本的权力尚处于萌芽之中,工人只需要同政治权力作斗争,这比同资本权力作斗争要容易得多。

因此,特卡乔夫认为,俄国的革命道路不仅与西欧不同,而且社会革命有可能最先在俄国实现,并提出了俄国革命特殊的斗争方式,即在俄国只能通过秘密的隐蔽的地下活动进行革命斗争。因为在俄国法律和政治设施没有提供在合法的土壤中进行公开宣传的可能性,在俄国不可能进行任何公开斗争。在俄国大多数工人被分成小的完全孤立的公社,相互之间没有共同利益,无法组织成一个或几个社会革命的秘密工人组织。再加上俄国的政治生活和民族精神的不成熟,因此,在俄国通过类似西欧的国际工人协会进行革命斗争是不可能的,秘密的地下活动是革命的唯一出路。

第三节　恩格斯论俄国社会问题

特卡乔夫的《公开信》发表后,马克思恩格斯先是发表《流亡者文献(四)》回应特卡乔夫对他的个人批评部分,之后深入研究特卡乔夫提出的俄国革命特殊道路的问题。1875 年在《人民国家报》上发表的《论俄国的社会问题》成为马克思恩格斯论述俄国社会发展和俄国革命前景问题的重要文献。

一、恩格斯对《公开信》的回应

特卡乔夫的《公开信》引起了马克思和恩格斯的高度关注。马克思看到这封公开信之后写了一段话转给恩格斯:"你写点东西出来,不过要用讥讽的笔调。这愚蠢透了,甚至连巴枯宁也能插一手。彼得·特卡乔夫首先想向读者表明,你对待他就像对待自己的敌人一样,因此他臆造出各式各样不存在的争论点来。"①1875 年 3 月至 4 月,恩格斯在马克思和威廉·李卜克内西的建议下,在《人民国家报》第 36、37 号上发表了回应特卡乔夫的文章,即《流亡者文献(四)》。

恩格斯一开头就指出,他只是顺便提到了特卡乔夫,不是有意想同他辩论,他之所以回应特卡乔夫的《公开信》,是因为他向德国工人错误地描述俄国状况,并且企图为巴枯宁主义者在俄国的活动作辩护。特卡乔夫在《公开信》中以俄国革命青年的代表自居,但是在恩格斯看来,他不仅不是俄国革命者的代表,而且也无权代表巴枯宁主义者。紧接着,恩格斯逐一澄清特卡乔夫对他个人的指责,如他没有给俄国革命者"出过主意",没有说服特卡乔夫等一类人与他结盟,没有断言特卡乔夫"愚蠢",没有嘲笑和辱骂特卡乔夫等。恩格斯说,他只是如实地介绍特卡乔夫及其著作,这反而被特卡乔夫指责成为俄国沙皇效劳和破坏国际工人协会的原则,这种指责显

---

① 《马克思恩格斯全集》第 18 卷,人民出版社 1965 年版,第 825 页。

然是荒谬的。恩格斯对称他为"幼稚的、极不成熟的中学生"做出了解释，他一方面是指特卡乔夫在性格上不成熟，主要是指特卡乔夫要求与主编享有同等权力的幼稚要求；另一方面是指特卡乔夫在智力上不成熟，主要是指特卡乔夫关于知识是和平进步的必要条件，但对革命来说是根本不必要的观点。拉甫罗夫要求俄国革命青年用丰富的知识来提高自己，养成批判思考的能力，致力于自我提高和自我教育，但是特卡乔夫宣称一切知识对于革命者来说都是多余的，对单纯号召学习表示愤慨。总的来说，恩格斯认为特卡乔夫的议论是幼稚的、枯燥的、矛盾的和重复的。

　　恩格斯援引了特卡乔夫在《公开信》中关于社会革命的一段话。"在俄国实现社会革命没有任何困难，任何时候都可以唤起俄国人民进行革命反抗。诚然，这个信念使我们有责任进行一定的实践活动，但是这个信念同进行文字宣传的益处和必要性丝毫也不矛盾。"①恩格斯看到了特卡乔夫的自相矛盾之处，他一方面承认文字宣传的益处，另一方面否认革命需要知识，不信任报刊宣传，反对在报刊宣传上占用过多的革命力量。特卡乔夫在《俄国革命宣传的任务》中批评拉甫罗夫在《前进！》杂志上的宣传，"你们的杂志是鼓动斗争的坚决反对者，它只承认一种斗争——即哲学的斗争，从一般原则的观点出发的斗争。……但从我们革命党的真正需要和根本利益的角度来看，它们的好处是微乎其微的，甚至还可能有害处。"②在特卡乔夫看来，俄国人民是受尽专横暴虐和剥削的折磨，因此人民随时都希望进行革命，随时准备进行革命，而革命者始终有权号召人民起义，因此革命者不能等待，俄国革命也绝对必要，不允许有任何延宕。恩格斯用了一连串的反问批评立即革命的幼稚观点。特卡乔夫在公开信中指责恩格斯反对密谋的革命手段。恩格斯对此做了解释，他从来没有说过密谋在任何条件下都是一概不能的，他赞同俄国的巴枯宁主义者进行反对沙皇政府的密谋活动，但是他反对破坏国际工人运动的密谋，即巴枯宁的同盟，反对"以瞒哄和欺骗同谋者为根基的欺诈性密谋"，即涅恰耶夫式的密谋，因为这不是真正的秘密活动，而只是充满野心的帮派活动。

　　这是恩格斯对特卡乔夫的《公开信》涉及的个人部分的回答，但是恩格斯并没有止步于此，而是深入研究俄国1861年以后农村社会发展的新文献，1875年4月在《人民国家报》第43—45号上发表《论俄国的

---

① *Революционный радикализм в России：век девятнадцатый.Документальная публикация.* / Под ред.Е.Л.Рудницкой.М.：Археографический центр，1997.С. 340.
② 《俄国民粹派文选》，人民出版社1983年版，第365—366页。

社会问题》。

二、恩格斯论俄国的社会问题

恩格斯的《论俄国的社会问题》一方面是对特卡乔夫《公开信》的继续回应，另一方面也是马克思主义唯物史观的重要文献。马克思说，这篇文章是恩格斯19世纪70年代在《人民国家报》上发表的"最重要的论文"①之一，列宁也称它是"篇幅虽小，但价值极大的论述俄国经济发展的文章"②。

恩格斯在文章中首先批评特卡乔夫关于俄国没有城市无产阶级，没有资本的权力，比西欧更容易实现社会革命的观点。恩格斯阐述了社会主义革命的实质以及实现革命的两个必要条件。"现代社会主义力图实现的变革，简言之就是无产阶级战胜资产阶级，以及通过消灭一切阶级差别来建立新的社会组织。"③这场变革需要两个必要条件：一是需要有实现这个变革的无产阶级，二是需要有使生产力发展到能够彻底消灭阶级差别的资产阶级。资产阶级和无产阶级都是社会主义革命的必要的先决条件。因此，特卡乔夫关于没有无产阶级也没有资产阶级的国家更容易进行社会主义革命的观点是错误的。

为了反驳特卡乔夫关于俄国是不代表任何阶级利益的"悬在空中"的国家的观点，恩格斯分析了俄国的土地情况。在俄国几乎一半的土地，而且是最好的土地属于贵族所有，而且农民要交纳的土地税是贵族的15倍左右。可见，贵族的后盾就是俄罗斯国家，俄国贵族同俄罗斯国家的存在有着紧密的利益关系，因此俄国不是"悬在空中"的国家，而是代表贵族阶级利益的国家。恩格斯分析了俄国农民在1861年农奴制改革之后的沉重负担，需要交纳土地税、赎金的利息和分期偿还赎金，还有省和县的捐税。因此，特卡乔夫关于俄国农民不是无产者而是有产者的观点也是错误的。大多数农民在赎买以后陷入了极其贫困的境地，他们不仅被失去大部分土地，甚至份地④也小得无法糊口，而且还要交纳土地税。俄国的惯例是，上等阶层几乎不纳税，农民几乎交纳全部捐税。农民还要受到高利贷者的盘剥，为了借

---

① 《马克思恩格斯全集》第25卷，人民出版社1974年版，第441页。
② 《列宁全集》第2卷，人民出版社1984年版，第10页。
③ 《马克思恩格斯文集》第3卷，人民出版社2009年版，第389页。
④ 俄罗斯历史上的"份地"一词是指1861年俄国废除农奴制后留给农民的土地。这种土地由村社占有，分配给农民使用，并定期重分。农民虽然获得了人身自由和国家分配的"份地"，但依然没有支配权，只有使用权，切须用高额赎金向地主赎买，继续受地主的奴役和支配。

钱被迫接受高利贷者的条件,农民陷入更深的困境中。"没有任何一个国家像俄国这样,当资产阶级社会还处在原始蒙昧状态的时候,资本主义寄生性便已经发展到了这样的程度,以致整个国家、全体人民群众都被这种寄生性的罗网覆盖和缠绕"①。俄罗斯国家不仅与这些剥削、压迫农民的贵族有着利害关系,而且与人数众多的官僚群体也有着密切的利害关系,甚至依赖国家恩赐的保护关税才能存在的整个俄国大工业也与俄罗斯国家有着密切关系,因此,恩格斯认为,俄罗斯国家不是"悬在空中"的,不是没有根基的,而是体现俄国上层阶级的利益的。

虽然恩格斯反对特卡乔夫立即革命的观点,但是他也看到了俄国革命正在日益迫近,因为农奴制改革不仅没有改善俄国农民的处境,而且使他们的处境更加糟糕。但是他们对革命的性质理解不同,特卡乔夫认为这个革命是社会主义革命,它可能在无产阶级和资产阶级只是零星出现并处在低价发展阶段上的俄国实现,因为俄国有劳动组合和土地公社所有制。劳动组合不是起源于斯拉夫族,而是起源于鞑靼族,劳动组合在俄国是一种自发产生的但还很不发达的合作社形式。"劳动组合是一种自发产生的,因而还很不发达的合作社形式,并且也不是纯俄罗斯或纯斯拉夫的合作形式。"②恩格斯明确指出俄国人民想通过劳动组合直接跳入社会主义需要两个前提条件:一是劳动组合应当向前发展,抛弃它为资本家服务的自发形式;二是劳动组合应当至少提高到西欧合作社的水平。目前来看,俄国的劳动组合还达不到这些条件。土地公社所有制也不是俄国独有的,这种制度在从印度到爱尔兰的各民族的低级发展阶段上都能见到。因此,恩格斯认为,俄国保留着土地公社所有制,并不能说明俄国农民是天生的共产主义者,而只能说明俄国的农业生产和农村社会还处于很不发达的阶段。这种公社制度即使没有俄国政府的"刺刀和皮鞭",也会逐渐被消灭掉,因为俄国正在向资本主义的方向发展。俄国的公社所有制正在趋于解体,它也有可能转变为高级形式,但是这有前提条件:一是公社所有制能够保留到这些条件成熟的时候,二是它能够在农民不再是单独而是集体耕作的方式下向前发展,也就是需要西欧在这种公社所有制解体之前完成无产阶级革命,并给俄国农民提供变革所需要的必要条件,特别是物质条件。因此,只有西欧的无产阶级革命才能挽救俄国的公社所有制。

最后,恩格斯指出,俄国的农民起义只是反对贵族和官吏,从来没有反

---

① 《马克思恩格斯文集》第3卷,人民出版社2009年版,第392页。
② 《马克思恩格斯文集》第3卷,人民出版社2009年版,第395页。

对过沙皇,他们把沙皇看成人间的上帝,因此俄国人民不是"本能的革命者"。即使在几个地方同时起义,各个相互隔绝的和孤立的公社和城市都只是自己保卫自己,根本没有互相援助,也不能建立起紧密的不可分割的联盟。因此,特卡乔夫关于几个地方同时起义就能建立革命联盟的观点是错误的。但是恩格斯赞同特卡乔夫关于俄国即将发生革命的观点,承认俄国处在革命的前夜。因为财政极其混乱,官吏腐败透顶,农民不堪重负,俄国沙皇专制制度只是在表面上勉强维持。这种专制制度与首都资产阶级和各个开明阶级的矛盾越来越剧烈,这些比较开明的阶级越来越认识到变革迫在眉睫,他们想把变革控制在立宪的轨道内,但是农民将向前推进它,很快就会使它超出立宪的范围。恩格斯预见到革命正在临近,一旦它发生,将一举消灭欧洲整个反动势力的最后力量。

　　由于受当时资料的限制,恩格斯在这篇文章中提出俄国公社所有制是哈克斯特豪森发现以及赫尔岑的俄国社会主义思想起源于哈克斯特豪森的观点。恩格斯指出:"俄国农民的公社所有制是普鲁士的政府顾问哈克斯特豪森于 1845 年发现的,他把这种所有制当做一种十分奇妙的东西向全世界大肆吹嘘……身为俄国地主的赫尔岑,从哈克斯特豪森那里第一次得悉,他的农民们是共同占有土地的,于是他便利用这一点来把俄国农民描绘成为真正的社会主义体现者,天生的共产主义者,把他们同衰老腐朽的西欧的那些不得不绞尽脑汁想出社会主义的工人对立起来。这种认识由赫尔岑传给了巴枯宁,又由巴枯宁传给了特卡乔夫先生。"①之后,马克思恩格斯多次在其他文章中强调这一观点。马克思在 1877 年《给〈祖国纪事〉编辑部的信》中指出,"他(即赫尔岑)不是在俄国而是在普鲁士的政府顾问哈克斯特豪森的书里发现了'俄国共产主义',并且俄国公社在他手中只是用以证明腐朽的旧欧洲必须通过泛斯拉夫主义的胜利才能获得新生的一种论据"②。恩格斯在 1895 年的《〈论俄国的社会问题〉跋》中也再次指出:"赫尔岑,这位被吹捧为革命家的泛斯拉夫主义文学家,从哈克斯特豪森的《对俄国的概论》中得知,他的庄园里的农奴不知道土地私有,而且时常在相互之间重新分配耕地和草地。"③

　　关于赫尔岑的社会主义思想起源于哈克斯特豪森的这一说法一直在国内外学界充满争议。1911—1912 年,普列汉诺夫在《赫尔岑和农奴制》《赫

---

①　《马克思恩格斯文集》第 3 卷,人民出版社 2009 年版,第 396 页。

②　《马克思恩格斯文集》第 3 卷,人民出版社 2009 年版,第 463 页。

③　《马克思恩格斯文集》第 4 卷,人民出版社 2009 年版,第 451 页。

尔岑的哲学观点》等文章中就主张纠正关于村社是 1848 年以后进入赫尔岑
视野的观点。苏联著名历史学家谢·谢·德米特里耶夫（C. C.
Дмитрийев）①在《关于赫尔岑"俄国社会主义"的起源问题》②一文中分析
了赫尔岑的村社思想的来源问题，他的结论是哈克斯特豪森和赫尔岑的村
社观念都来源于斯拉夫派，哈克斯特豪森的功绩在于把俄国村社及其自治
传统传播到整个欧洲。俄罗斯学者娜·米·彼卢莫娃（Н. М. Пирумова）③
在《赫尔岑的"俄国社会主义"》一文中分析了赫尔岑的俄国社会主义思想
产生的源头，认为它的源头应该是在 1830 年初，"应该在对赫尔岑的乌托邦
社会主义的批判理解中，在农奴制俄国和革命后资产阶级法国的实际情况
中寻找它们"④。实际上，赫尔岑对俄国农村和农民的了解首先来自于他在
流放期间的亲身接触。1838 年，赫尔岑在维特亚卡省流放期间，曾在《维亚
特卡省公报》第 7 期的《增刊》上发表了一篇匿名短文——《维亚特卡省的
俄国农民》。由于书刊检查制度，他在文章中不能描写罪恶的农奴制度，但
他在叙述维亚特卡河畔的俄国村镇时，描述了各省农民的状况。1841 年，
赫尔岑在诺夫哥罗德担任文官时，直接接触到了农奴制的所有畸形现象，深
切表达了对农民的同情和对地主老爷们的憎恨。他在流放期间竭尽全力地
保护农民，"我做了我能做的一切，并在这苦涩的舞台上取得了某些胜利，
拯救了一位受迫害的年轻姑娘，并将其置于一名海军军官的庇护之下
……"⑤他在流放期间收集了各省详细的统计资料，逐渐形成了关于农民、
少数民族状况、农村经济及其经营方式以及农民斗争情况的明晰认识。正
如苏联作家瓦·亚·普罗科菲耶夫（В. А. Прокофьев）⑥在《赫尔岑传》中所
说："然而赫尔岑了解的俄国人民并非道听途说，他不是透过老爷田庄的窗
口，而是在与人民中许多人的紧密接触中观察研究人民特性的。"⑦1842

---

① 谢·谢·德米特里耶夫（C. C. Дмитрийев，1906—1991）：苏联历史学家，莫斯科大学历史
系教授，主要研究 19 世纪至 20 世纪的俄国社会思想与文化。

② 德米特里耶夫的这篇文章写于 20 世纪 40 年代，但一直没有发表。1999 年，俄罗斯著名学
者卢德尼茨卡娅将此文收录在《道路的探索——1825 年 12 月 14 日以后的俄国思想》一
书中。

③ 彼卢莫娃（Н. М. Пирумова，1923—1997）：苏联和俄罗斯历史学家，俄罗斯科学院俄国史
研究所研究员。主要研究 19 世纪俄国社会运动史。

④ Н. М. Пирумова.《Русский социализм А. И. Герцена》//《Революционеры и либералы
России》. М. : Наука，1990. С. 114.

⑤ 瓦·普罗科菲耶夫：《赫尔岑传》，张根成、张瑞璇译，商务印书馆 1997 年版，第 193 页。

⑥ 瓦·亚·普罗科菲耶夫（В. А. Прокофьев，1920—1991）：苏联作家，1987 年在青年近卫军
出版社出版《赫尔岑传》。

⑦ 瓦·普罗科菲耶夫：《赫尔岑传》，张根成、张瑞璇译，商务印书馆 1997 年版，第 189 页。

年,赫尔岑从流放地回到莫斯科,最初属于西方派的阵营,他虽然推崇西方的现代科学体系,反对不探索真理而直接使用欧洲发掘的真理,但是又认为俄国人在性格当中"就有某种把法兰西的美质和德意志的美质结合在一起的东西。我们有法兰西不可比拟的才能,即擅长于科学的思维,而且我们也绝对不会去过德意志人的市侩庸俗生活的;我们总是有点绅士风度,这正是德意志人所没有的,而且在我们的前额上有着庄严的思想的痕迹,这正是法兰西人前额上所没有的"①。他一方面承认俄国落后于西方的现实,另一方面又认为俄国具有后发的优势,"在历史出现得晚的人,得到的并不是骨头,而是多汁多液的果实"②。因此,在他的思想中既有与西方派相同的地方,又有与斯拉夫派相同的地方,当然,在这一时期,赫尔岑更多地赞同西方派的思想。因此,赫尔岑并不完全属于西方派,他不是全盘接受和贸然宣扬西欧的生活方式,而是以批判的态度对待西欧的资产阶级、英国的君主立宪制和法国的波旁王朝。他一直对西欧的空想社会主义学说情有独钟,对他来说,"社会主义是思想中的思想,生活中的生活"。他并没有完全接受西方派关于俄国不可避免地要走西欧道路的思想,他是在西欧社会主义学说的影响下思考俄国的未来道路。与西方派的其他人不同,赫尔岑不仅没有与斯拉夫主义者决裂,而且对他们怀有深深的敬意。他与斯拉夫派主要代表基列耶夫斯基③在思想上发生争论时,仍然称他为"钢铁般坚强纯洁的"人,他在 1842 年 11 月的日记中写道:"这样的人不能不尊敬,尽管在观点上跟他们完全对立……"④赫尔岑在 1843—1846 年的日记和书信中也开始关注村社问题。他与斯拉夫派的其他观点进行辩论,但是却在一定程度上吸收了斯拉夫派对村社制的正面评价。1844 年 2 月,赫尔岑在日记中写道:"未来的时代在其旗帜上标识的不是个性,而是公社;不是自由,而是博爱;不是抽象的平等,而是劳动的有机分配。"⑤如前所述,哈克斯特豪森在1843 年至 1844 年对俄国的很多地区进行了调查研究,赫尔岑在 1843 年 5月 13 日的日记中也记录了他与哈克斯特豪森等人在基列耶夫斯基家里的谈话。因此,哈克斯特豪森对俄国村社制度的了解首先是来自于斯拉夫派,

①　赫尔岑:《科学中华而不实的作风》,李原译,商务印书馆 1981 年版,第 83 页。
②　赫尔岑:《科学中华而不实的作风》,李原译,商务印书馆 1981 年版,第 82 页。
③　基列耶夫斯基(И.В.Киреевский,1806—1856):俄国宗教哲学家、文学批评家和政论家,斯拉夫派的主要代表。
④　瓦·普罗科菲耶夫:《赫尔岑传》,张根成、张瑞璇译,商务印书馆 1997 年版,第 224 页。
⑤　马龙闪:《赫尔岑村社思想的来源——对"哈克斯特豪森说"的辩正》,《世界历史》2003 年第 5 期,第 102 页。

这种在普鲁士已经基本消失但在俄国还保存完整的村社制度激发了他的兴趣,并在回国后把它介绍到西方。正如赫尔岑所说:"哈克斯特豪森的确是向西欧世界报告俄国村社及其深刻社会自治基础的首批人之一……"①正如苏联历史学家德米特里耶夫对赫尔岑的村社思想来源的详细考察,他通过赫尔岑的日记和哈克斯特豪森的叙述论证他们二人都受到斯拉夫派的影响,最多只是哈克斯特豪森比赫尔岑领悟得快一些,因为他在来俄国之前就在德国的易北河畔发现了斯拉夫人村社的遗迹,也就是说比赫尔岑更早认识到俄国村社不同于西欧的特殊性。因此,赫尔岑的村社社会主义思想的形成受到多方面因素的影响,一方面是他流放期间对村社的亲身接触,一方面受到斯拉夫派、西方派的影响,另一方面也与哈克斯特豪森对俄国村社的调查研究相关。

三、恩格斯论俄国社会问题的影响

1875年6月底7月初,恩格斯在莱比锡出版了《论俄国的社会问题》单行本,并为它写了一篇导言,即《"论俄国的社会问题"一书的导言》。恩格斯在导言里再次论述了俄国自1861年农奴解放以来俄国的社会状况。"俄国事态的发展,对德国工人阶级有极大的意义。现在的俄罗斯帝国是西欧整个反动势力的最后一根有力支柱。"②恩格斯再次阐述了俄国革命与西欧革命的关系,"西欧的任何革命,只要在近旁还存在着现代俄罗斯国家,就不能获得彻底胜利。而德国却是同俄国最近的邻国,因此俄国反动派军队的第一个冲击便会落到德国身上。因而,俄罗斯沙皇制度的覆灭,俄罗斯帝国的灭亡便成了德国无产阶级取得最终胜利的首要条件之一。"③恩格斯分析了俄国灭亡的内外因素,认为外部战争可以大大加速它的覆灭,但是俄国的覆灭绝不是从外部引起的,关键还在于内部因素。第一个是波兰的革命,波兰的解放就意味着沙皇俄国的覆灭,第二个是俄国农民的愤恨不满和起义。

恩格斯在1875年对俄国社会问题的研究开启了马克思和恩格斯深入研究俄国社会问题的新阶段:一方面是计划在《资本论》第2卷中加强对俄国地租问题和土地问题的研究;另一方面是开启了马克思恩格斯对东方社会理论问题的研究。1875年至1883年是马克思人生的最后8年,在这最

---

① 马龙闪:《赫尔岑村社思想的来源——对"哈克斯特豪森说"的辩正》,《世界历史》2003年第5期,第100页。

② 《马克思恩格斯全集》第18卷,人民出版社1964年版,第642页。

③ 《马克思恩格斯全集》第18卷,人民出版社1964年版,第642页。

后的 8 年,其读书摘要写满了 50 个笔记本,并编辑了大量的俄国统计资料。随着马克思主义在俄国的传播以及俄国革命的不断发展,俄国在研究土地问题和地租问题上的典型地位日益凸显。1875 年之后,马克思越来越重视俄国的经济发展,甚至把俄国在《资本论》第 2 卷的作用比作英国在《资本论》第 1 卷中的作用。"由于俄国的土地所有制和对农业生产者的剥削具有多种多样的形式,因此在地租这一篇中,俄国应该起在第一册研究工业雇佣劳动时英国所起的那种作用。"①由于俄国的土地关系具有典型形态,马克思请俄国朋友丹尼尔逊、拉甫罗夫等人给他寄来了大量的俄国资料,并与他们在信中交流对俄国土地问题和资本主义问题的看法,计划在《资本论》第 2 卷中详尽地探讨俄国土地所有制形式。1875 年之后,在基本掌握社会发展规律的客观性和普遍性的基础上,东方社会问题开始作为一个独立的议题正式进入马克思恩格斯的研究视野。马克思恩格斯开始阅读人类学笔记,加强对人类学中的东方社会理论的研究,如马克思在晚年对俄国学者柯瓦列夫斯基一书的摘记、对摩尔根一书的摘记等,通过摘录他们的著作,马克思探讨了东方国家的土地制度、村社结构和氏族制度等一系列问题,着重考察东方社会的特殊性问题。通过史前社会、东方社会以及俄国问题的研究,区分了史前公社和农村公社的不同类型,把原始社会看作人类社会的原生形态。1875 年之后,马克思恩格斯与俄国政治活动家的交流、通信日益增多,丹尼尔逊、拉甫罗夫等俄国朋友给马克思恩格斯寄来了大量的俄国书籍,使马克思恩格斯可以充分地研究俄国农村公社、俄国 1861 年农奴制改革以及俄国改革之后的经济发展问题。马克思恩格斯在与米海洛夫斯基、查苏利奇、丹尼尔逊、普列汉诺夫的交流中逐渐开辟出了对东方社会理论的专门研究。

　　恩格斯论俄国社会问题对俄国革命者也产生了重要影响。19 世纪八九十年代的俄国革命者多次在文章、信件中提到恩格斯与特卡乔夫的这场论战。1883 年,普列汉诺夫在《社会主义与政治斗争》一文中特别提到了特卡乔夫与恩格斯的这场论战。"假如读者知道弗·恩格斯和彼·特卡乔夫的论争,那末,大概记得,《警钟》的主编在和巴枯宁主义者们关于实际斗争的问题上虽然意见分歧,但对我们祖国的社会—政治状况的基本看法却和他们是完全一致的。他也是通过俄国的特殊性和'俄国人民天生的共产主义倾向'这种偏见来看这一状况的。"②普列汉诺夫分析了特卡乔夫对政治斗争的理解:虽然特卡乔夫不否认政治斗争,但是他把政治只理解为一种以

①　《马克思恩格斯文集》第 7 卷,人民出版社 2009 年版,第 10—11 页。
②　《普列汉诺夫哲学著作选集》第 1 卷,生活·读书·新知三联书店 1959 年版,第 61 页。

夺取国家政权为目的的阴谋活动。1885年,普列汉诺夫在《我们的意见分歧》中批判吉荷米洛夫的布朗基主义理论时认为他的理论正是巴枯宁主义和特卡乔夫主义的混合,只是重复特卡乔夫在《警钟》上观点,而恩格斯早已在《论俄国的社会问题》中对这种布朗基主义的观点进行了批判。普列汉诺夫虽然反对特卡乔夫关于俄国革命特殊性和俄国共产主义农村公社的观点,但是承认研究特卡乔夫的重要性,"在研究'俄国资本主义命运'的问题时,就必须更加注意特卡乔夫主义"①。普列汉诺夫虽然批判了特卡乔夫的理论,但是承认它在俄国的影响,"我们的旧式宣传家现在也早已离开了舞台。但是特卡乔夫的理论则不然。……俄国的布朗基主义现在还是特别有力地提出了自己的主张……"②1895年5月18日,伊·阿·古尔维奇在致恩格斯的信中特别提到了恩格斯的小册子《论俄国的社会问题》,"我知道您同特卡乔夫的辩论,但是一直没有机会读到您的小册子。我想,如果我的要求得到同意的话,那末在对上面提到的摘录进行分类时,您的著作将是很宝贵的指南"③。

恩格斯与俄国革命者在19世纪70年代关于俄国社会问题的文本对话

时间	作者	文章题目	写作缘由
1874年	拉甫罗夫	《前进!》第2期	宣传《前进!》的革命观;批评国际工人运动的内部斗争
1874年4月	特卡乔夫	《俄国革命宣传的任务》	批评《前进!》编辑部以及批评拉甫罗夫的革命观
1874年5月	拉甫罗夫	《致俄国社会革命青年》	回应特卡乔夫的批评
1874年9—10月	恩格斯	《流亡者文献(三)》	批评拉甫罗夫的折中主义,批评特卡乔夫
1874年10月	特卡乔夫	《致恩格斯的公开信》	回应恩格斯的批评,阐述俄国革命道路的特殊性
1875年4月	恩格斯	《流亡者文献(四)》	回应特卡乔夫的个人批评
1875年5月	恩格斯	《论俄国的社会问题》	批评特卡乔夫的革命观
1875年	恩格斯	《论俄国社会问题》一书的导言	出版《论俄国社会问题》的单行本

---

① 《普列汉诺夫哲学著作选集》第1卷,生活·读书·新知三联书店1959年版,第187页。
② 《普列汉诺夫哲学著作选集》第1卷,生活·读书·新知三联书店1959年版,第187页。
③ 《马克思恩格斯与俄国政治活动家通信集》,人民出版社1987年版,第762页。

第四章　马克思与《资本论》的俄国早期研究者

1867 年,《资本论》第 1 卷第 1 版德文版出版,1872 年 3 月《资本论》第 1 卷第 1 版俄文版出版,俄国知识分子立即对马克思的经济学说做出解读和评论,主要有经济学家尤·茹科夫斯基、尼·季别尔、伊·伊·考夫曼以及俄国著名思想家米海洛夫斯基。其中,米海洛夫斯基对《资本论》的解读最为重要,不仅引起马克思的回应,而且对俄国 19 世纪 90 年代俄国各个派别产生重要影响。

第一节　《资本论》第 1 卷第 2 版《跋》与俄国研究者

1867 年,《资本论》第 1 卷第 1 版出版后,马克思曾经这样描述西欧对《资本论》的沉默:"德国资产阶级的博学的和不学无术的代言人,最初企图像他们在对付我以前的著作时曾经得逞那样,用沉默置《资本论》于死地。当这种策略已经不再适合当时形势的时候,他们就借口批评我的书,开了一些药方来'镇静资产阶级的意识'。"① 与西欧报刊的沉默不同,俄国知识分子对《资本论》极其关注。一方面,丹尼尔逊、洛帕廷等组成的《资本论》翻译小组积极筹备俄文版的翻译和出版;另一方面俄国经济学家尼·伊·季别尔②、伊·伊·考夫曼③开始研究《资本论》,并得到马克思的关注与回应。

一、马克思与尼·季别尔的评论

尼·伊·季别尔(Н.И.Зибер)是俄国著名经济学家,《资本论》在俄国最早的专门研究者,马克思经济学说在俄国最早的捍卫者和传播者之一。

---

① 《马克思恩格斯文集》第 5 卷,人民出版社 2009 年版,第 18 页。
② 尼·伊·季别尔(Н.И.Зибер,1844—1888):俄国著名经济学家,俄国第一批马克思经济学著作的通俗化作家之一。——参阅《马克思恩格斯文集》第 10 卷,人民出版社 2009 年版,第 866 页。
③ 伊·伊·考夫曼(И.И.Кауфман,1848—1916):俄国经济学家。彼得堡大学教授。——参阅《马克思恩格斯文集》第 10 卷,人民出版社 2009 年版,第 871 页。

俄罗斯学界、乌克兰学界都把季别尔作为《资本论》在本国的最早研究者。最近几年，在俄罗斯、乌克兰、瑞士发表了纪念季别尔的学术论文，而我国学界对他的研究还非常缺乏，甚至在中文译著中关于他的名字都还没有统一的译法。1962 年出版的《普列汉诺夫哲学著作选集》中将他的名字译为齐别尔。1992 年出版的《俄国经济发展问题的述评》将他的名字译为齐贝尔①。《马克思恩格斯全集》《列宁全集》《马克思恩格斯文集》等均译为季别尔，因此本书沿袭这一译法。

尼·伊·季别尔 1844 年出生在俄罗斯帝国塔夫利省苏达克城（现属于乌克兰），他的父亲是瑞士人，1830 年移民到俄国，他的母亲国籍不详。季别尔在俄国接受教育，1864 年从辛菲罗波尔中学毕业后，考入基辅大学法律系，1871 年获得基辅大学硕士学位，1873 年，成为基辅大学政治经济学副教授。1875 年，他从基辅大学离职，移民到瑞士，但是他的大部分工作仍然是为俄国杂志撰写文章，主要有《欧洲通报》《祖国纪事》《俄罗斯思想》《法律通报》以及《俄罗斯信息报》等。1884 年他从瑞士搬到雅尔塔，1888 年逝世。

1871 年，尼·伊·季别尔以论文《李嘉图的价值和资本理论及其最新补充和解释》②获得基辅大学政治经济学硕士学位，这篇论文连载刊登在《基辅大学学报》1871 年第 1 期、第 2 期、第 4 期和第 11 期上。他在这篇论文中第一次研究了《资本论》，特别是研究了马克思的经济学说与李嘉图的经济学说的继承关系。季别尔在文章中称赞了《资本论》的方法论："就理论本身来说，马克思的方法是整个英国学派的演绎法，其优点和缺点是一切最优秀的理论经济学家所共有的"③。

1872 年 12 月 12 日，马克思在致丹尼尔逊的信中特别提到了季别尔对《资本论》的研究，"我很希望看到基辅教授季别尔评论李嘉图等人的价值和资本学说的著作，那里也谈到了我的书"④，马克思指的正是季别尔的论文《李嘉图的价值和资本理论及其最新的补充和解释》，这篇论文在 1871 年单独出版，是季别尔的第一部专著。12 月 27 日，丹尼尔逊在给马克思的信中写道："我给您寄去了季别尔的著作，同时还寄去了作为俄国土地制所

① 司徒卢威：《俄国经济发展问题的述评》，李尚谦等 译，商务印书馆 1992 年版，第 234 页。

② Н. И. Зибер.《Теория ценности и капитала Д. Рикардо в связи с позднейшими дополнениями и разъяснениями》//《Киевские Университетские Известия》1871, № 1–2,4–11.

③ 《马克思恩格斯文集》第 5 卷，人民出版社 2009 年版，第 19 页。

④ 《马克思恩格斯与俄国政治活动家通信集》，人民出版社 1987 年版，第 185 页。

有问题的材料……"①

1873 年 1 月,《资本论》第 1 卷第 2 版德文版在汉堡出版。马克思在第
2 版的《跋》中特别提到了季别尔的论文,并给予了高度的评价。"1871 年,
基辅大学政治经济学教授尼·季别尔先生在他的《李嘉图的价值和资本理
论》一书中就已经证明,我的价值、货币和资本的理论就其要点来说是斯
密—李嘉图学说的必然的发展。使西欧读者在阅读他的这本出色的著作时
感到惊异的,是纯理论观点的始终一贯。"②针对当时西欧报刊上对《资本
论》的批评,尤其是法国巴黎的《实证论者评论》批评马克思形而上学地研
究经济学,马克思在第 2 版的跋中援引了季别尔在其论文第 4 章《卡尔·马
克思的价值和货币理论》中对《资本论》研究方法的正确评价,"就理论本身
来说,马克思的方法是整个英国学派的演绎法,其优点和缺点是一切最优秀
的理论经济学家所共有的。"③

之后,季别尔对《资本论》做了系统的研究。1874 年 2 月,丹尼尔逊在
致马克思的信中特别提到了季别尔将在《知识》杂志上将要发表一系列研
究马克思经理论的文章。丹尼尔逊说:"写这些文章的目的,在于通俗地阐
述这个理论创始人的经济观点,并批评地加以分析。至于批判部分,我认为
他在许多方面是正确的。"④ 1876—1877 年,季别尔在《知识》杂志 1876 年
第 10 期、第 11 期、1877 年第 2 期连续发表三篇研究马克思经济学说的论文
《卡尔·马克思的经济理论》⑤。1878 年,季别尔在《言论》杂志第 1 期、第 3
期、第 9 期、第 12 期连续发表四篇论文《卡尔·马克思的经济理论》⑥。这
些论文是俄国学界对《资本论》的最早的专门研究。尼·季别尔成为《资本
论》在俄国最早的专门研究者,马克思经济学说在俄国最早的捍卫者和传
播者之一。俄罗斯学界、乌克兰学界都把季别尔作为《资本论》在本国的最
早研究者。他在 1877 年和 1880 年三次对《资本论》辩护:一次是 1877 年批
评俄国经济学家尤·茹科夫斯基对《资本论》的错误理解,一次是 1880 年
批评俄国著名政治家鲍·齐切林对《资本论》的错误认识,最后一次是 1882
年前后批判俄国自由民粹派代表沃龙佐夫对俄国可以避免资本主义道路的
错误判断。这三场辩论极大地推动了俄国知识分子对《资本论》的研究、解

① 《马克思恩格斯与俄国政治活动家通信集》,人民出版社 1987 年版,第 186—187 页。
② 《马克思恩格斯文集》第 5 卷,人民出版社 2009 年版,第 19 页。
③ 《马克思恩格斯文集》第 5 卷,人民出版社 2009 年版,第 19 页。
④ 《马克思恩格斯与俄国政治活动家通信集》,人民出版社 1987 年版,第 227 页。
⑤ 《Экономическая теория Карла Маркса》,《Знание》,1876 No 10,12,1877 No 2.
⑥ 《Экономическая теория Карла Маркса》,《Слово》1878 No 1,3,9,12.

读和接受。1885 年,季别尔出版了最后一本专著《大卫·李嘉图和马克思的社会经济学说》,2012 年俄罗斯 URSS 出版社第六次印刷①。

二、马克思与伊·考夫曼的评论

1872 年 5 月,俄国经济学家伊·伊·考夫曼在《欧洲通报》第 427—436 号上发表一篇专门研究《资本论》方法论的文章《卡尔·马克思的政治经济学批判的观点》,认为马克思的研究方法是严格的实在论,而叙述方法是德国的辩证法。1873 年 1 月,马克思在《资本论》第 1 卷第 2 版的跋中对考夫曼的评论做出了回应。

考夫曼在这篇文章中首先从马克思在 1859 年出版的《政治经济学批判》谈起,认为《资本论》有三个目标:一是研究以前的政治经济学没有提出的问题并给出新的结论;二是批判现代经济体系的基本原则;三是研究资本主义发展的历史文献和历史文化。考夫曼描述了《资本论》方法的总体特征,认为理解《资本论》的关键在于批判的方法:"如果从外表的叙述形式来判断,那么最初看来,马克思是最大的唯心主义哲学家,而且是德国的极坏的唯心主义哲学家。而实际上,在经济学的批判方面,他是他的所有前辈都无法比拟的实在论者……决不能把他称为唯心主义者。"②他在文章中大段地摘引《政治经济学批判》和《政治经济学批判(序言)》,认为马克思政治经济学研究历程以及唯物主义历史观最重要的两个要点是:(1)生产力的发展及其在社会运动中的决定作用;(2)意识的从属作用。

考夫曼着重说明如何理解《资本论》的方法论,因为在马克思的读者,特别是在俄国读者中,仍然存在着一些误解和疑惑。在考夫曼看来,马克思在《资本论》中并未阐述这一方法的基本特点,而且马克思对孔德等实证主义的批判,容易让读者误认为他是唯心主义者。虽然考夫曼对《资本论》的叙述方法提出了批评,但是他认为《资本论》的丰富内容远远超过蒲鲁东、威廉·罗雪儿③等同时代的经济学家。他赞同马克思对《资本论》结构计划的调整④,认为"马克思《资本论》所提供的并非是一种超历史的永恒规律,

---

① Давид Рикардо и Карл Маркс в их общественно-экономических исследованиях / Н. И. Зибер. [М] Изд. 6-е. Москва:URSS:ЛИБРОКОМ,2012.

② 《马克思恩格斯文集》第 5 卷,人民出版社 2009 年版,第 20 页。

③ 威廉·罗雪儿(1817—1894):19 世纪德国历史学派的创始人。其代表作《历史方法的国民经济学讲义大纲》,被称为"历史学派宣言"。

④ 马克思在《政治经济学批判》中曾经提出"资本、土地所有权、雇佣劳动、国家、国际贸易、世界市场"等六册写作计划,之后调整为《资本论》三卷结构,即"资本主义生产体系的基础""流通的资本主义体系""总体资本主义经济的一般基础"。

而是资本主义生产方式产生、发展、消亡的特定历史规律。在资本主义条件下，经济生活与有机世界呈现出相类似的特征"①。

考夫曼明确肯定了马克思《资本论》的价值："《资本论》这种研究的科学价值在于阐明支配着一定社会有机体的产生、生存、发展和死亡以及为另一更高的有机体所代替的特殊规律。马克思的这本书确实具有这种价值。"②考夫曼总结了《资本论》的贡献，一是马克思发现了资本主义生产方式变化发展的规律，并详细地考察资本主义生产方式在社会生活中的表现；二是马克思科学地证明社会关系的客观必然性；三是马克思把社会历史运动看作不以人的意志为转移的自然历史过程。"马克思《资本论》比任何其他社会主义者的著作都难理解，要求它的读者不仅熟悉文化史和经济史，而且要掌握经济科学的新发现。"③

1873 年，马克思在《资本论》第 1 卷第 2 版的《跋》中特别摘录了考夫曼的文章："马克思竭力去做的只是一件事：通过准确的科学研究来证明社会关系的一定秩序的必然性，同时尽可能完善地指出那些作为他的出发点和根据的事实。"针对考夫曼在《卡尔·马克思的政治经济学批判的观点》一文中的评论，马克思发表了看法："这位作者先生把他称为我的实际方法的东西描述得这样恰当，并且在谈到我个人对这种方法的运用时又抱着这样的好感，那他所描述的不正是辩证法吗？"④

正是在考夫曼的回应中，马克思在《资本论》第 1 卷第 2 版《跋》中对《资本论》的方法论作出了详细的说明，一是关于《资本论》叙述方法与研究方法的问题，"在形式上，叙述方法必须与研究方法不同。研究必须充分地占有材料，分析它的各种发展形式，探寻这些形式的内在联系"⑤；二是马克思的辩证法与黑格尔的辩证法的根本区别的问题，"我的辩证方法，从根本上来说，不仅和黑格尔的辩证方法不同，而且和它截然相反。"在黑格尔那里，辩证法是倒立着的，也就是被神秘化了，马克思要做的是发现辩证法神秘外壳中的合理内核，"辩证法在对现存事物的肯定的理解中同时包含对现存事物的否定的理解，即对现存事物的必然灭亡的理解；辩证法对每一种

①　周嘉昕：《政治经济学批判中的唯物辩证法——读伊伊考夫曼〈卡尔·马克思的政治经济学批判的观点〉》，《贵州师范大学学报（社会科学版）》2019 年第 5 期。

②　И. И. Кауфман. Точка зрения политико-экономической критики у К. Маркса. Вестник Европы. 1872. Кн. 5（Май）. С. 427–436.

③　《马克思恩格斯文集》第 5 卷，人民出版社 2009 年版，第 20 页。

④　《马克思恩格斯文集》第 5 卷，人民出版社 2009 年版，第 21 页。

⑤　《马克思恩格斯文集》第 5 卷，人民出版社 2009 年版，第 20 页。

既成的形式都是从不断的运动中,因而也是从它的暂时性方面去理解;辩证法不崇拜任何东西,按其本质来说,它是批判的和革命的"①。

第二节　《资本论》与米海洛夫斯基

尼·康·米海洛夫斯基(Н.К.Михайловский)②可以说是俄国最早研究马克思经济学说的思想家。他是俄国著名的社会学家、政论家、文学评论家、民粹主义理论家。1842 年生于俄国卡卢加省,1904 年在彼得堡逝世。他的主要著作有《什么是进步?》《社会科学中的类比方法》《英雄与群氓》《什么是幸福》《争取个性的斗争》等。如果说俄国在 19 世纪四五十年代的思想旗手是赫尔岑,那么在 19 世纪八九十年代的思想旗手则是米海洛夫斯基,就连列宁也认为他在当时几乎主宰着俄国的进步著作界。

一、米海洛夫斯基及其思想活动

米海洛夫斯基一生的活动大致可以分为两个时期:第一个时期是 1868 年至 1884 年,他负责《祖国纪事》编辑部;第二时期是 1892 年至 1904 年,他负责《俄国财富》杂志。他在《祖国纪事》时期与马克思产生思想对话,在《俄国财富》时期与列宁产生思想论争,因此,他在马克思主义发展史和俄国思想史上具有举足轻重的位置。

《祖国纪事》(Отечественные записи)是在彼得堡出版的俄国刊物。1820 年至 1830 年主要刊登俄国工业、民族志、历史学等方面的文章。1839 年,由于别林斯基等人参加杂志工作,《祖国纪事》成为俄国文学和社会政治刊物,是当时最优秀的进步刊物,直至 1884 年被查封。其发行人先后为 А.А.克拉耶夫斯基、Н.А.涅克拉索夫、М.Е.萨尔蒂科夫-谢德林、Г.З.叶利谢耶夫。大致经历了两个发展时期:

第一个时期是 1839—1868 年。这一时期的发行人是 А.А.克拉耶夫斯基。1839—1846 年别林斯基主持杂志的评论栏。《祖国纪事》在这一时期成为进步思想的论坛,积极宣传唯物主义、空想社会主义和现实主义。撰稿人主要有赫尔岑、涅克拉索夫、陀思妥耶夫斯基、屠格涅夫等。1846 年别林斯基同克拉耶夫斯基决裂,评论栏改由瓦·迈科夫负责。此后将近两年,许

---

① 《马克思恩格斯文集》第 5 卷,人民出版社 2009 年版,第 21—22 页。

② 尼·康·米海洛夫斯基(1842—1904):俄国社会学家、民粹派理论家、文学批评家。1868 年起为《祖国纪事》撰稿,后升任编辑。1892 年起在《俄国财富》杂志工作,1894—1904 年担任主编。

多老作者仍继续供稿。但因受 1848 年以后反动政局影响，它逐渐带上学院派的色彩，19 世纪 60 年代初更从温和的保守派立场攻击车尔尼雪夫斯基的《现代人》。克拉耶夫斯基被迫于 1868 年将发行权转让给涅克拉索夫。

　　第二个时期是 1868—1884 年。1868 年起由涅克拉索夫接办，杂志面貌在这一时期焕然一新，受到知识界进步人士的重视。在涅克拉索夫、谢德林（М.Е.Салтыковым-Щедриным）和格·叶利谢耶夫（Г.З.Елисеевым）主持之下，《祖国纪事》发表了谢德林的大部分讽刺作品和涅克拉索夫的许多诗歌，包括《谁在俄罗斯能过好日子》。其他撰稿人有奥斯特洛夫斯基、格·乌斯宾斯基、迦尔洵、马明-西比利亚克、纳德松等。米海洛夫斯基从 1868 年开始参加《祖国纪事》编辑部的工作，1877 年涅克拉索夫病逝后，米海洛夫斯基与谢德林、叶利谢耶维夫成为杂志的主编。米海洛夫斯基在《祖国纪事》杂志时期发表了一些重要的文学评论，如《列夫·托尔斯泰的左右手》（1875）、《残酷的天才》（1882）、《论屠格涅夫》（1883）、《谢德林》（1889）和《论〈父与子〉及兼论契诃夫先生》（1890）等作品。

　　19 世纪七八十年代，米海洛夫斯基在《祖国纪事》杂志上多次发表研究《资本论》的文章，从 1870 年对《资本论》的最初介绍到 1883 年对《资本论》的解读。这一时期在米海洛夫斯基的政论作品上多次出现了卡尔·马克思的名字，他把马克思作为资本主义体系的批判者、社会主义思想的代表，把《资本论》作为政治经济学独特的百科全书，多次援引马克思的著作加强自己的观点，认为《资本论》科学地论证了资本主义制度及其日益繁重的劳动剥削的弊端。1870 年 2 月，米海洛夫斯基在《祖国纪事》的小册子中发表了《达尔文理论和社会科学》一文，首次把马克思和达尔文相提并论。他赞同马克思对资本主义社会劳动分工的批判，援引马克思在《资本论》的观点，坚信在资本主义社会人的精神和体力的下降，人的堕落都与劳动分工相关。1872 年 3 月，《资本论》第 1 卷第 1 版俄译本在彼得堡出版，米海洛夫斯基在《祖国纪事》1870 年第 4 期上发表《关于卡尔·马克思著作的俄译本》，积极支持俄国学界翻译和出版马克思的著作。

　　1877—1879 年，俄国知识分子围绕《资本论》进行了一场激烈的辩论，把对《资本论》的研究推向高潮。1877 年 9 月，俄国经济学家尤·茹科夫斯基在《欧洲通报》第 9 期上发表《卡尔·马克思及其〈资本论〉一书》，他对《资本论》的批评引起了米海洛夫斯基和季别尔的回应，一场保卫《资本论》的辩论开始了。10 月，米海洛夫斯基在《祖国纪事》第 10 期上发表批评茹科夫斯基的文章《卡尔·马克思在尤·茹科夫斯基先生的法庭上》，为《资本论》辩护，这是他研究《资本论》的最重要的一篇文章。11 月，尼·伊·季别尔在《祖国纪事》第 11 期上发表《对于尤·茹科夫斯基先生〈卡尔·马克思及其〈资本论〉一书〉的若干意见》，批评茹科夫斯基的错误理解。1878年，俄国经济学家波·契切林支持茹科夫斯基，在圣彼得堡出版的《国务知识汇编》第 6 卷上发表《德国的社会主义者 II：卡尔·马克思》，批评马克思的经济理论。季别尔再次为《资本论》辩护，在《言语》杂志 1879 年第 2 期上发表《波·契切林反对卡尔·马克思》一文。在这些文章中，只有米海洛夫斯基的文章引起了马克思的特别关注，马克思对这篇文章做出了回应，即《给〈祖国纪事〉编辑部的信》，但是并没有回应俄国知识分子关于《资本论》经济理论的辩论，仅仅回应了《资本论》的适用范围和俄国道路的问题。

　　1883 年，米海洛夫斯基在《祖国纪事》第 7 期上发表了《给编辑部的信》，这是他在这个杂志上最后一篇研究《资本论》的文章。《祖国纪事》杂志由于同情革命受到审查机关迫害，1884 年被查封。《祖国纪事》停刊后，米海洛夫斯基先后在《北方公报》（Северный вестник）、《俄罗斯思想》（Русская мысль）等杂志以及《俄国公报》（Русские ведомости）等报纸担任编辑。由于他与革命组织有联系，1891 年被驱逐出彼得堡。

　　《俄国财富》杂志（Русское богатство）是俄国 19 世纪下半期至 20 世纪初期的重要刊物。1876 年创办于莫斯科，同年年中迁至彼得堡。1879年起成为俄国自由民粹派的刊物。1892 年以后由米海洛夫斯基和谢·柯罗连科（В.Г.Короленко）领导，1893 年之后的几年与俄国马克思主义者进行理论论战。1914—1917 年 3 月以《俄国记事》为刊名出版。1918年停刊。米海洛夫斯基主编《俄国财富》杂志之后，使这个杂志成为俄国自由民粹主义的思想阵地，也使这个杂志成为当时俄国不同思潮碰撞的交汇地。

　　1893—1894 年，《俄国财富》杂志开启了民粹主义与马克思主义的再次较量，连续发表批评马克思主义的文章：谢·克里文柯的《论文化孤士》（1893 年第 12 期）、《途中来信》（1894 年第 1 期）、米海洛夫斯基的《文学和生活》（1894 年第 1 期和第 2 期）、谢·尤沙柯夫的《俄国经济发展问题》（1894 年第 11 期和第 12 期）。米海洛夫斯基在《文学和生活》一文中对唯物主义历史观提出质疑："马克思在哪一部著作中叙述了自己的唯物主义历史观呢？……同达尔文比较一下——在马克思主义文献中经常作这样的比较——就会更加确信这种看法。达尔文的全部著作是什么呢？就是把堆积如山的实际材料总结为几点概况性的、彼此紧相联系的思想。马克思的相称著作究竟在哪里呢？这样的著作是没有的。不仅马克思没有这样的著作，而且在全部马克思主义文献中也没有这样的著作，虽然这种文献数量很大,传播很广。"①列宁立即对《俄国财富》的这几篇文章做出回应,在《什么是"人民之友"以及他们如何攻击社会民主党人》一文中深入剖析了自由主义民粹派的主观社会学、经济理论、经济政策和政治纲领等。列宁赞同把达尔文与马克思相提并论,但是反对米海洛夫斯基对唯物主义历史观的轻视,而是认为达尔文和马克思具有同样重要的意义:达尔文推翻了那种把动植物物种看作彼此毫无联系的观点,研究了物种的变异性和连续性,第一次把生物学放在科学的基础上;马克思则推翻了那种把社会看作可按个人意志随便改变的、偶然产生的观点,研究了社会经济形态是自然的历史过程,第一次把社会学放在科学的基础上。在米海洛夫斯基看来,事物的历史进程的实质本来就是不可捉摸的,经济唯物主义学说虽然依靠两个基石,即生产形式和交换形式的决定作用,以及辩证过程的无可争辩性,但是也不能揭示事物的历史进程。米海洛夫斯基错误地把马克思的辩证方法看作是按黑格尔三段式的规律来解决一切社会学问题,实际上,马克思恩格斯的辩证方法是把社会看作处在不断发展中的活的机体,是客观地分析社会形态的各种生产关系,进而研究社会形态的活动规律和发展规律。

　　1897 年,米海洛夫斯基在《俄国财富》第 10 期上批评马克思的俄国学生们"根本不愿意与过去有任何继承性的联系,并且坚决拒绝遗产"②,这时正在西伯利亚流放的列宁写了一篇文章回应米海洛夫斯基,即《我们拒绝什么遗产》。列宁区分了两种遗产,一种是 19 世纪 60 年代的启蒙者的遗产,一种是民粹派的遗产,反对将这两种遗产混为一谈,认为俄国马克思主义者是比俄国民粹派更加彻底的、更加忠实的遗产继承者,"他们不仅不拒绝遗产,相反,他们认为自己最重要的任务之一是驳斥那些浪漫主义的和小资产阶级的顾虑,这些顾虑使民粹派分子在很多十分重要的问题上拒绝接受启蒙者的欧洲理想"③。

　　1914 年,在米海洛夫斯基逝世 10 周年之际,俄国自由派资产阶级和民粹派发表了很多纪念的文章。2 月 22 日,列宁也在《真理之路报》第 19 号上发表了一篇文章评价米海洛夫斯基的思想,即《民粹派论米海洛夫斯基》。列宁首先肯定米海洛夫斯基在 19 世纪后 30 年对俄国思想界的贡献:

---

①　《列宁全集》第 1 卷,人民出版社 1984 年版,第 103 页。

②　《列宁全集》第 2 卷,人民出版社 1984 年版,第 384 页。

③　《列宁全集》第 2 卷,人民出版社 1990 年版,第 417 页。

在 19 世纪后 30 多年中,米海洛夫斯基是俄国资产阶级民主派观点最出色的代表人物和代言人之一。……米海洛夫斯基对解放俄国的资产阶级民主运动的伟大历史功绩在于:他热烈同情农民受压迫的处境,坚决反对农奴制压迫的一切表现,一贯在合法的、公开的刊物上对最坚决彻底的平民知识分子民主派进行活动的"地下组织"表示(哪怕 暗示也好)同情和尊敬,甚至还亲自直接帮助这种地下组织。①

与此同时,列宁也认识到了米海洛夫斯基思想的不足之处,这也是一切资产阶级民主运动所具有的弱点,那就是对社会主义的错误理解。米海洛夫斯基认为"把全部土地交给农民,特别是无偿地交给农民,是一种'社会主义的'措施;因此,他就认为自己是'社会主义者'了"②。马克思早已揭示了这个错误的看法。米海洛夫斯基在哲学方面是实证论者,对唯心主义和神秘主义让步,他的社会主义也只是"资产阶级民主派"的空话。米海洛夫斯基在很长的一个时期是《俄国财富》杂志著作家集团的首脑和灵魂,但是这个集团在 1905—1907 年变成了民主派中的第一批取消派。1873 年,米海洛夫斯基在给彼·拉·拉甫罗夫的信中曾说,"我不是革命者,各有所好嘛。同旧的神灵作斗争并不使我感兴趣,因为它们都不过是陈词滥调,它们的垮台只是时间问题。新的神灵则要危险得多,并且从这种意义上说要坏得多"③。虽然列宁反对米海洛夫斯基对革命的态度,但是他肯定了米海洛夫斯基的功绩,正如他在这篇文章中所说:

我们纪念米海洛夫斯基,是因为他同农奴制,同"官僚制度"(请原谅我用词不确切)等等作过真诚而不同凡响的斗争,是因为他尊重和帮助过地下组织,而不是因为他有资产阶级民主主义的观点,不是因为他向自由主义动摇,不是因为他拼凑了一个《俄国财富》杂志的"社会立宪民主党人"集团。④

---

① 《列宁全集》第 24 卷,人民出版社 1990 年版,第 360 页。
② 《列宁全集》第 24 卷,人民出版社 1990 年版,第 361 页。
③ 《列宁全集》第 24 卷,人民出版社 1990 年版,第 463 页。
④ 《列宁全集》第 24 卷,人民出版社 1990 年版,第 363—364 页。

二、米海洛夫斯基在 1877 年对《资本论》的辩护

1877 年,俄国经济学家尤·茹科夫斯基①在《欧洲通报》第 9 期上发表批评《资本论》的文章《卡尔·马克思及其〈资本论〉一书》,尖锐地批评马克思的学说。这篇文章引起了俄国思想界关于《资本论》的激烈讨论。其中,米海洛夫斯基和尼·季别尔赞同《资本论》的观点,并且立即做出回应,即米海洛夫斯基的文章《卡尔·马克思在尤·茹科夫斯基先生的法庭上》(《祖国纪事》1877 年第 10 期)、尼·季别尔的文章《对于尤·茹科夫斯基先生〈卡尔马克思和他的资本论〉一书的若干意见》(《祖国纪事》1877 年第 11 期)。1878 年 8 月,拉甫罗夫在与恩格斯的通信中谈到了俄国思想界围绕《资本论》第 1 卷而进行的激烈论战。正如拉甫罗夫所说,"我看任何地方评论马克思著作的文章都没有这么多"②。

米海洛夫斯基在《卡尔·马克思在尤·茹科夫斯基先生的法庭上》一文中一方面批评茹科夫斯基对《资本论》的错误理解,一方面为《资本论》辩护,阐述自己对《资本论》的理解。他首先指出茹科夫斯基在方法论上的混乱,他用微分学和积分数把李嘉图的理论从文字转化为数学符号,同时又通过物理学和机械理论改造整个社会科学,通过政治经济学改造法学。"他通过政治经济学从必然性思想改造法学。虽然,他一直没有忘记这个思想,但是改造并没有实现,没有实现也不可能实现。没有实现是因为搁置自己的目标,完全把政治经济学作为工具。没有实现也不可能实现,因为需要新的改造——通过数学分析改造政治经济学。这个新的改造被隆重地宣布,但是第一种遭遇是:茹科夫斯基先生拿起武器,也就是微分学和积分学,忘记了目标,认真思考,然后把李嘉图的理论从文字转化为数学符号,这是把数学分析应用到经济现象中,同时宣布另一个改造——通过物理学和机械理论改造整个社会科学。"③他还指出了茹科夫斯基在方法论上的错误,"他非常喜欢说形式和内容之间的差别,现象和本质之间的差别,但是没有清楚地了解这些逻辑范畴的真正区别和界限"④。

---

① 尤·加·茹科夫斯基(ЖуковскийЮлийГалактионович,1833—1907):俄国资产阶级庸俗经济学家和政论家,国家银行行长。1889—1894 年掌管俄国国家银行,俄罗斯帝国的枢密官,贵族。——参阅《马克思恩格斯文集》第 10 卷,人民出版社 2009 年版,第 895 页。

② 《马克思恩格斯与俄国政治活动家通信集》,人民出版社 1987 年版,第 279 页。

③ Н. К. Михайловский. Карл Маркс перед судом г. Ю. Жуковского. Отечественные записки. Том234.С.327-328.

④ Н. К. Михайловский. Карл Маркс перед судом г. Ю. Жуковского. Отечественные записки. Том234.С.330.

　　茹科夫斯基在文章中把社会科学划分为两个领域:研究形式的真理科学和研究物质的经济科学。这种劳动分工最初在科学的历史进程中具有自身的意义。真理科学比经济科学产生得早,因此首先寻找对社会生活形式的解释。真理科学对社会生活形式的这些解释实际上并不令人满意,与此同时,经济学产生。在经济学家中出现"容易激动的、没有耐性的"学派,也就是以亚当·斯密为代表古典经济学派。茹科夫斯基认为,马克思是这个学派的最后代表,但他没有克服这个学派的普遍缺点,马克思虽然承认经济条件对于法律和政治形式的意义,但是以"形式主义的方式"回避对它们的研究。因此,他批评马克思是"形式主义者",没有直接研究法律关系的物质条件。米海洛夫斯基反对向茹科夫斯基的观点,向他重申了马克思的观点:"法律关系和政治关系不是独立现象,而是在经济关系的基础上产生;它们随着生产条件的变化而变化。"①

　　关于经济发展的普遍规律,茹科夫斯基注意到马克思所论述的资本构成和劳动社会化过程的因素,认为马克思的研究以个人所有制为基础。他说:"如果我们把批判个人所有制的基础作为社会主义学派的特征,那么应该承认,马克思的研究遵循另一个基础:他仍然在被极端的社会主义者所否定的个人所有制的基础上;他认为这个基础是他全部研究方向的基础……"②米海洛夫斯基反对茹科夫斯基的这种指责,认为茹科夫斯基对马克思的解释恰恰"回避"马克思所有正确的东西,他对马克思的"指控"不符合事实。马克思并没有把个人所有制作为研究的基础,他没有一本学术著作专门论述所有制形式的问题。在米海洛夫斯基看来,马克思的哲学—历史图景是:资本主义私有制是对以私人劳动为基础的个人私有制的否定;然后是对这个否定的历史否定,重新恢复个人所有制,但是在资本主义时代成果的基础上,也就是说,在自由劳动者协作和对土地及劳动者本身生产的生产资料的共同占有的基础上。问题在于,马克思把黑格尔辩证法两个公认的焦点放在一幅图景中。其一,整个图景是根据黑格尔三段论的规律建立:先得出理论和命题,再否定,反命题,最后否定的否定,得出综合命题。其二,这种综合命题以对立面(个人所有制和公社所有制)的同一为基础。因此,米海洛夫斯基认为,这说明"个人"一词具有特殊的纯粹的象征意义,绝对不能以它为基础。

---

①　Н.К.Михайловский.Карл Маркс перед судом г.Ю.Жуковского.Отечественные записки.Том234.С.333.

②　Н.К.Михайловский.Карл Маркс перед судом г.Ю.Жуковского.Отечественные записки.Том234.С.334.

在米海洛夫斯基看来,马克思不是纯粹的黑格尔主义者,因为他不是在自己的精神深处建立历史规律;马克思也不是形式主义者,因为他不是在纯粹形式的原则中消解以前阶段的矛盾。茹科夫斯基先生关于马克思没有研究"物质条件"的说法是不正确的,因为《资本论》就是在分析生产条件和经济关系,《资本论》的目的就是揭示现代社会的经济运动规律。根据马克思的观点,资本的集中伴随着劳动的社会化,劳动的社会化构成经济和道德的基础,在此基础上产生新的法律和政治秩序。而茹科夫斯基完全避而不谈马克思赋予社会化进程的意义,对《资本论》中马克思为了解决形式及其存在的物质条件的关系问题所深入研究的材料也熟视无睹。

米海洛洛夫斯基认为,茹科夫斯基的批评没有特别的新意,只是重复德国历史学家海因里希·冯·西贝尔①在1872年3月的小册子中的内容。根据西贝尔的观点,资本家不是靠剥削劳动者获得财富,而是靠对市场情况的预测获得财富。剩余价值和资本家的利润不是由劳动者的手工劳动,而是由企业主的脑力劳动创造的。茹科夫斯基实际上保留和扩展了西贝尔的论据,只不过用"精神劳动"代替工厂主的"敏锐眼光",这种精神劳动在自然力量的参与下构成利润的来源。精神劳动是他新发现的生产因素,全部生产的组织者、最高管理者和目标的建立者的精神劳动正是马克思所忽视的新因素。米海洛夫斯基完全反对这种论调,并举出实例加以驳斥。他以出版诗集为例,出版商是组织者,挑选最好的诗歌结集出版,宣称诗集的价值就是自己的精神劳动,按照茹科夫斯基的观点,诗人只是被组织者,因此几乎没有参与创造利润,也就没有付出精神劳动。毫无疑问,这不符合事实,因为这些诗人才是创造诗歌的精神劳动的代表。因此,茹科夫斯基所说的精神劳动不是独立的生产因素,"生产要求三个因素参与:首先,自然力量(自然能力),其次,生产资料,工具(知识),最终,第三——劳动(特别是精神劳动)。这三个早已公认的因素不断发展,声名狼藉的精神劳动绝不是独立的因素。"②米海洛夫斯基还援引了马克思在《资本论》中的观点:"我们考察的是专属于人的那种形式的劳动。……最蹩脚的建筑师从一开始就比最灵巧的蜜蜂高明的地方,是他在用蜂蜡建筑蜂房以前,已经在自己的头脑中把它建成了。"③因此,"茹科夫斯基先生所臆想的作为利润的创造

---

① 海因里希·冯·西贝尔(1817—1895):德国历史学家。著有《法国大革命时期的历史》(五卷)、《威廉一世创建德意志帝国史》(七卷)。

② Н.К.Михайловский. Карл Маркс перед судом г. Ю. Жуковского. Отечественные записки. Том234.С.349.

③ 《马克思恩格斯文集》第5卷,人民出版社2009年版,第208页。

者的精神劳动是微风就能吹散的纸房子。既不是从生产的角度看,也不是从分配的角度看,既不是从理论的角度看,也不是实践的角度看——它不具有独立的意义,分解为不同的部分,向四周散开,淹没在科学的旧真理中。"①

米海洛夫斯基发现,茹科夫斯基完全忽略了马克思与古典经济学家的关系。为什么茹科夫斯基不愿意承认马克思与亚当·斯密和李嘉图之间的继承关系?因为古典主义者研究生产的物质条件,如果马克思是他们的后继者,那么说明马克思没有回避研究物质条件,说明马克思不是形式主义者。众所周知,马克思的经济理论具有深厚的基础,马克思与古典经济学家的继承关系在于劳动是价值的源泉和价值的尺度。米海洛夫斯基在文章的最后对茹科夫斯基的错误做出了总结,"(1)马克思对所有制形式的认识与茹科夫斯基先生的描述直接对立;(2)关于马克思没有研究物质生产条件以及没有考虑劳动者的发展条件的说法是与真理直接对立的;(3)马克思赋予劳动的社会化过程重要的意义,《欧洲公报》向读者隐瞒了这一点;(4)马克思与古典政治经济学家,也就是亚当·斯密和李嘉图的关系也同样被隐瞒;(5)'精神劳动'作为利润的唯一创造者(指的是自然力量)是无序的混合物,在生产和分配中不是完整的和独立的"。②

三、米海洛夫斯基在 1877 年对《资本论》的解读

米海洛夫斯基在 1877 年的这篇文章《卡尔·马克思在茹科夫斯基先生的法庭上》不仅是对庸俗和简单解释马克思理论的《欧洲通报》政论家茹科夫斯基的回应,而且是尝试思考把马克思的研究运用到俄国。他首先高度称赞马克思:"卡尔·马克思是最难懂的,甚至是以压倒性的方式影响读者的现代权威之一。"③接着,他提出了他的著名观点:"在《资本论》第六篇有一章的题目是:'所谓原始积累'。在这里马克思指的是资本主义生产过程最初阶段的历史特征,但是给出了整个哲学—历史理论。"④正是这个观点引起了马克思关于《资本论》的适用范围以及俄国资本主义道路的深入思

---

① Н. К. Михайловский. Карл Маркс перед судом г. Ю. Жуковского. Отечественные записки. Том234. С.349–350.

② Н. К. Михайловский. Карл Маркс перед судом г. Ю. Жуковского. Отечественные записки. Том234. С.356.

③ Н. К. Михайловский. Карл Маркс перед судом г. Ю. Жуковского. Отечественные записки. Том234. С.322.

④ Н. К. Михайловский. Карл Маркс перед судом г. Ю. Жуковского. Отечественные записки. Том234. С.322.

考,并在回信中予以详细阐述。

　　米海洛夫斯基对《资本论》第 1 卷第 24 章"所谓原始积累"非常感兴趣,他在这篇文章里详细分析了《资本论》对资本主义主义生产进程的研究。资本主义生产进程要求实现和发展两种人,第一种是货币、生产资料和生活资料的所有者,他们要购买他人的劳动力来增值自己所占有的价值总额;第二种是自由劳动者,自己劳动力的出卖者。因此,原始积累就是生产者与劳动资料、生产资料和所有权分离的过程。在欧洲很多地方正在进行这一进程。资本主义生产采用暴力的形式或者议会的形式,打着"公有地圈围法"和"清扫领地"的名义,掠夺农民的土地,把农民驱逐出土地,因此出现了大批失去土地的流浪者,他们要么重新成为雇农,要么成为雇佣工人。资本主义生产也占领了国外市场,奴役美洲的土著居民,贩卖非洲的黑人奴隶,商业战争,国债制度,这些都促使劳动从一开始就与所有权异化,劳动者与生产资料异化。这一变革的结果是,封建贵族被消灭,教会及其代表的封建权力被消灭或减少,封建所有制变成绝对的私有制。他在文章中援引《资本论》的观点,"它的消灭,个人的和分散的生产资料转化为社会的积聚的生产资料,从而多数人的小财产转化少数人的大财产,广大人民群众被剥夺土地、生活资料、劳动工具,——人民群众遭受的这种可怕的残酷的剥夺,形成资本的前史。"①但是这一过程不会就此结束。资本主义生产的内在规律将进一步产生劳动的社会化。在这个阶段不是劳动者被剥夺,而是资本家本身被剥夺。少数大资本家剥夺多数小资本家,生产资料越来越集中在少数资本家手中。随着那些掠夺而来的是贫困、压迫和奴役,"由资本主义生产过程本身的机制"②所训练、联合和组织起来的工人阶级不断反抗,最后资本主义的外壳与"剥夺剥削者"这种社会化不相容。"从资本主义生产方式产生的资本主义占有方式,从而资本主义的私有制,是对个人的、以自己劳动为基础的私有制的第一个否定。但资本主义生产由于自然过程的必然性,造成了对自身的否定。这是否定的否定。这种否定不是重新建立私有制,而是在资本主义时代的成就的基础上,也就是说,在协作和对土地及靠劳动本身生产的生产资料的共同占有的基础上,重新建立个人所有制。"③

　　米海洛夫斯基认为,这就是马克思的哲学历史观。因为马克思不是偶

---

①　《马克思恩格斯文集》第 5 卷,人民出版社 2009 年版,第 873 页。

②　《马克思恩格斯文集》第 5 卷,人民出版社 2009 年版,第 874 页。

③　《马克思恩格斯文集》第 5 卷,人民出版社 2009 年版,第 874 页。

然地在《所谓原始积累》这一章中阐述,而是在《资本论》中多处论证。"马克思以自身的普遍的科学特征使人产生无限信任,包括援引他的历史理论,在实际事实方面内容丰富,在逻辑关系方面在任何情况下都是严密的和完整的,而且引人入胜。"①但是,他看到了资本主义变革过程在俄国和西欧出现的不同情况:"这个既有利又有弊的,既可怕又有益的,不可遏止的'劳动社会化'过程,或者更确切地说,马克思所阐述的这种社会化形式,在我们神圣的罗斯发展缓慢"②。他分析了俄国与西欧不同的原因:"我们的农民在一定程度上根本不是'自由地'既没有土地也没有生产工具,而这对资本主义生产的蓬勃发展是必要的。相反,尽管他的不幸状况,作为农民和地主,除了他的本能外,许多情况仍然使他留在土地上。另一方面,与欧洲人相比较,我们的资本非常微小"③。也就是说,俄国农民与欧洲的农民相比,不能成为自由的雇农或者雇佣工人。另一方面,与欧洲相比,俄国的资本非常小,没有大资本也就无法出现小资本被剥夺的过程。因此,他反对马克思把资本主义生产方式的产生过程上升到哲学—历史理论的高度。

米海洛夫斯基援引了《资本论》第 1 卷德文注释增补里的一段话:"……正像半个俄罗斯人但又是完全的莫斯科人赫尔岑(顺便说一下,这位文学家不是在俄国而是在普鲁士政府顾问哈克斯特豪森的书里发现'俄国的'共产主义)非常认真地预言的,欧洲也许最终将不可避免地靠鞭子和强行注入卡尔梅克人的血液来返老还童"④。米海洛夫斯基认为,在马克思对赫尔岑的不友善的讥讽中反映了马克思对俄国人为自己的国家寻找一条不同于西欧的发展道路的反对态度。米海洛夫斯基认为,俄国应该寻找一条不同于西欧已经走过和正在走着的发展道路。这与他的先辈赫尔岑、车尔尼雪夫斯基和他的同时代人特卡乔夫的想法基本一致。

19 世纪 40 年代末,赫尔岑就曾提出俄国由来已久的村社制度可以被看成是"社会主义的萌芽",只要能在俄国消灭专制制度和农奴制,就完全可能通过村社制度在俄国实现社会主义的理想。19 世纪 50 年代中期,车尔尼雪夫斯基明确提出俄国如何选择道路的问题:俄国是首先摧毁农村公

---

① Н.К.Михайловский.Карл Маркс перед судом г.Ю.Жуковского.Отечественные записки.Том234.С.325.

② Н.К.Михайловский.Карл Маркс перед судом г.Ю.Жуковского.Отечественные записки.Том234.С.325.

③ Н.К.Михайловский.Карл Маркс перед судом г.Ю.Жуковского.Отечественные записки.Том234.С.325.

④ 《马克思恩格斯文集》第 4 卷,人民出版社 2009 年版,第 461—462 页。

社以过渡到资本主义制度，还是与此相反，俄国可以发展它所特有的历史条件同时取得资本主义制度的全部成果，而又可以不经受资本主义的苦难。他赞成后一种道路。19世纪70年代中期，特卡乔夫在与恩格斯的争论中再次论证俄国不同于西欧的特殊情况，坚持俄国特殊的革命道路，"我们国家的情况非常特殊，它与西欧任何一个国家没有任何共同之处。西欧国家采取的斗争手段对于我们至少是不适用的"①。

　　1877年俄国知识分子关于《资本论》的这场辩论引起了很大的反响，就连在巴黎流亡的俄国革命者拉甫罗夫也注意到了这场辩论。他在1878年8月致恩格斯的信中写道："您有没有注意到去年俄国报刊上围绕他的名字而进行的激烈的论战？茹科夫斯基和契切林反对马克思，季别尔和米海洛夫斯基支持马克思。而且这些都是长篇大论的文章。我看任何地方评论马克思著作的文章都没有这么多。论战还没有结束，因为几天前我在巴黎见到过季别尔，他对我说，他刚刚读了契切林的文章，准备给他答复。季别尔写的关于马克思学说的著作，大概在年底出版单行本。"②这里提到的契切林的文章就是他在1878年《国务知识汇编》上发表的《德国的社会主义者》，这篇文章分为两篇：第一篇是拉萨尔，第二篇是马克思。季别尔在1879—1880年在《言论》杂志上发表了回应契切林的文章《契切林反对马克思》。但是季别尔研究马克思学说的著作直到1885年才出版，即《大卫·李嘉图和卡尔·马克思的社会经济研究》。

第三节　马克思的回信及其重要影响

　　马克思不仅非常关注俄国报刊界围绕自己著作的辩论，而且关注俄国的变革。1877年9月27日，他在给弗·阿·佐尔格的信中写道："俄国——我曾经根据非官方的和官方的俄文原始材料（官方材料只有少数人能看到，而我是由彼得堡的朋友们给弄到的）研究过它的情况——早已站在变革的门前，为此所必需的一切因素都已成熟了。……要是老天爷不特别苛待我们，我们该能活到这个胜利的日子吧。……俄国社会的一切阶层目前在经济上、道德上和智力上都处于土崩瓦解的状态。这一次，革命将从

---

① 《特卡乔夫致恩格斯先生的公开信》，张静译，《当代世界社会主义问题》2014年第3期。Революционный　радикализм　в　России： век　девятнадцатый. Документальная публикация./ Под ред.Е.Л.Рудницкой.М.：Археографический центр，1997.С.337.

② 《马克思恩格斯与俄国政治活动家通信集》，人民出版社1987年版，第279页。

一向是反革命安然无恙的堡垒和后备军的东方开始。"①1877 年 10 月，丹尼
尔逊将米海洛夫斯基和季别尔在《祖国纪事》上发表的文章寄给马克思，他
在 1877 年 10—11 月左右用法文写了一封著名的回信，即《给〈祖国纪事〉
杂志编辑部的信》，但是在生前没有发表。

一、马克思给《祖国纪事》编辑部的回信

马克思的回信分为两部分，第一部分通过对赫尔岑和车尔尼雪夫斯基
的评价表达他关于俄国道路的基本结论，第二部分是阐述《资本论》的适用
范围。马克思在第一部分强调的观点是，不能通过他对赫尔岑的批评就得
出他反对俄国人寻找自身特殊的发展道路，也不能通过他对车尔尼雪夫斯
基的尊重就得出他赞同俄国特殊的发展道路，在此基础上他简要说明了他
对俄国社会发展道路所作出的基本判断。

马克思首先反对米海洛夫斯基根据《资本论》德文第 1 版的注释增补
得出他反对俄国人探索自己道路的观点，他认为米海洛夫斯基在《资本论》
第 1 卷第 24 章"所谓原始积累"中找不到支持自己观点的论据。马克思在
回信中指出，米海洛夫斯基"显然是一个聪明人，假如他在我的关于'原始
积累'的论述中能找到一个可以用来支持他的结论的地方，他就会加以引
证了。因为找不到这样的地方，所以不得不抓住刊载在《资本论》德文第一
版注释增补材料里面的一段针对一个俄国'文学家'的批评性插话"②。马
克思在注释增补里批评了俄国文学家赫尔岑，认为赫尔岑是在普鲁士的政
府顾问哈克斯特豪森的书里发现了俄国共产主义，并且试图通过俄国公社
证明欧洲必须通过斯拉夫主义的胜利才能获得新生。由于受当时文献的限
制，马克思自己也不确定他对于赫尔岑的评价是否正确，因此，赫尔岑的
"俄国共产主义"发现于何处的这一问题一直充满着争议。恩格斯在 1895
年重复了马克思的这一观点："赫尔岑⋯⋯从哈克斯特豪森的《对俄国的概
论》中得知，他的庄园里的农奴不知道土地私有，而且时常在相互之间重新
分配耕地和草地。"③笔者在《赫尔岑俄国社会主义思想起源辨析》一文中
详细探讨了这一问题，从追溯赫尔岑的思想进程入手，辩证地分析"哈克斯
特豪森之说"，认为赫尔岑的俄国社会主义思想起源于三个方面：一是他在
19 世纪 30 年代对西欧社会主义思想的接受和信仰，二是他在 19 世纪 40

---

① 《马克思恩格斯全集》第 34 卷，人民出版社 1972 年版，第 275 页。
② 《马克思恩格斯文集》第 3 卷，人民出版社 2009 年版，第 463 页。
③ 《马克思恩格斯文集》第 4 卷，人民出版社 2009 年版，第 451 页。

年代后期对斯拉夫派的村社思想的吸收,三是哈克斯特豪森在西欧对俄国村社的介绍和 1848 年欧洲革命的失败使他坚定了俄国要走不同于西方的特殊道路。

虽然从今天的文献资料来看,马克思关于赫尔岑在哈克斯特豪森的著作里发现俄国共产主义的观点是不全面的,但是不可否认的是,哈克斯特豪森对俄国公社的介绍在西欧产生了重要的影响。1847—1852 年,哈克斯特豪森在专著《俄国的国内状况、国民生活特别是农村设施概论》第 1—3 册中详细介绍了这种在普鲁士已经基本消失但在俄国还保存完整的村社制度。虽然他的调查得到了俄国沙皇尼古拉一世的支持,但是当沙皇阅读完最后一卷时,宣布要检查整部著作并禁止在俄国出版。这本书未能在俄国出版,但是在俄国产生了巨大的影响。正如赫尔岑所说:"哈克斯特豪森的确是向西欧世界报告俄国村社及其深刻社会自治基础的首批人之一……"①马克思在这里想要强调的是,不能根据他对赫尔岑的否定性评价来判断他反对俄国人探索自己本国的道路:"我对于这位作家的评价可能是对的,也可能是错的,但是无论如何,决不能根据这点来理解我对'俄国人为他们的祖国寻找一条不同于西欧已经走过而且正在走着的发展道路'的努力的看法等等"②。

米海洛夫斯基在文章里援引了《资本论》第 1 卷第 2 版的跋,马克思在这篇跋中高度赞扬了车尔尼雪夫斯基,"这宣告了'资产阶级'经济学的破产,关于这一点,俄国的伟大学者和批评家尼·车尔尼雪夫斯基在他的《穆勒政治经济学概述》中已作了出色的说明"③。因此,马克思在回信里提到了车尔尼雪夫斯基的观点:"俄国是应当像它的自由派经济学家们所希望的那样,首先摧毁农村公社以过渡到资本主义制度呢,还是与此相反,俄国可以在发展它所特有的历史条件的同时取得资本主义制度的全部成果,而又可以不经受资本主义制度的苦难。他表示赞成后一种解决办法"④。虽然马克思非常尊重车尔尼雪夫斯基,但是他并不完全赞同车尔尼雪夫斯基的观点。马克思在《资本论》出版后就开始学习俄语,为了能够对俄国的经济发展做出准确的判断,他研究了俄国官方发表的资料和出版的书籍,得到了这样一个结论:"如果继续它在 1861 年所开始走的道路,那它将会失去当

① 马龙闪:《赫尔岑村社思想的来源——对"哈克斯特豪森说"的辩正》,《世界历史》2003 年第 5 期。
② 《马克思恩格斯文集》第 3 卷,人民出版社 2009 年版,第 463 页。
③ 《马克思恩格斯文集》第 5 卷,人民出版社 2009 年版,第 17—18 页。
④ 《马克思恩格斯文集》第 3 卷,人民出版社 2009 年版,第 464 页。

时历史所能提供给一个民族的最好的机会,而遭受资本主义制度所带来的一切灾难性的波折。"①

马克思在回信的第二部分回应了米海洛夫斯基在文章中关于《资本论》适用范围的问题,强调《资本论》这一章中对资本主义生产的概括总结,尤其是关于西欧资本主义起源的历史概述:"关于原始积累的那一章只不过想描述西欧的资本主义经济制度从封建主义经济制度内部产生出来的途径。因此,这一章叙述了使生产者同他们的生产资料分离,从而把他们变成雇佣工人(现代意义上的无产者)而把生产资料占有者变成资本家的历史活动。"②

那么,这个历史概述如何应用到俄国呢?马克思认为,如果俄国想按照西欧的道路成为资本主义国家,那么它就会和其他民族一样受到那些铁律的支配。"假如俄国想要遵照西欧各国的先例成为一个资本主义国家——它最近几年已经在这方面费了很大的精力——,它不先把很大一部分农民变成无产者就达不到这个目的;而它一旦倒进资本主义制度的怀抱,它就会和尘世间的其他民族一样地受那些铁面无情的规律的支配"③。虽然马克思没有明确指出俄国应该走什么样的道路,但他明确指出俄国不应该继续走1861年以来的资本主义道路,也就是说,马克思认为俄国应该利用当时的特殊条件,走一条与西欧不同的道路。因此,他反对米海洛夫斯基把他关于西欧资本主义起源的概述看成一般发展道路的历史哲学理论,也反对米海洛夫斯基把西欧道路看成一切民族都要走的道路。"他一定要把我关于西欧资本主义起源的历史概述彻底变成一般发展道路的历史哲学理论,一切民族,不管它们所处的历史环境如何,都注定要走这条道路,——以便最后都达到在保证社会劳动生产力极高度发展的同时又保证每个生产者个人最全面的发展的这样一种经济形态。但是我要请他原谅。(他这样做,会给我过多的荣誉,同时也会给我过多的侮辱。)"④

此外,马克思还强调了《资本论》对古代罗马平民命运的研究。古代罗马平民最初是耕种小块土地的独立的自由农民,但是他们在历史发展的过程中被剥夺土地,被迫与生产资料和生存资料相分离的同时,大地产和大资本形成了。这样,一方面出现了除了劳动力以外一无所有的自由人,另一方面出现了剥削他人劳动的人。但是罗马的这些自由人并没有变成雇佣工

---

① 《马克思恩格斯文集》第3卷,人民出版社2009年版,第464页。
② 《马克思恩格斯文集》第3卷,人民出版社2009年版,第465页。
③ 《马克思恩格斯文集》第3卷,人民出版社2009年版,第466页。
④ 《马克思恩格斯文集》第3卷,人民出版社2009年版,第466页。

人,而是成为无所事事的游民。在这时的罗马也没有产生资本主义的生产方式,而是产生了奴隶制的生产方式。因此,马克思在这封信的最后提出了社会历史研究中的科学方法的问题,也就是对不同历史环境中的历史现象分别进行深入细致的研究,然后进行比较研究,才能找到理解这种现象的钥匙。"极为相似的事发生在不同的历史环境中就引起了完全不同的结果。如果把这些演变中的每一个都分别加以研究,然后再把它们加以比较,我们就会很容易地找到理解这种现象的钥匙;但是,使用一般历史哲学理论这一把万能钥匙,那是永远达不到这种目的,这种历史哲学理论的最大长处就在于它是超历史的。"①

马克思在纠正米海洛夫斯基的错误时,重申了《资本论》对资本主义生产方式的研究,以及对社会历史发展规律的研究,承认俄国存在避免资本主义道路的可能性。马克思在这封信中没有提到哪些情况允许俄国实现这个历史可能性,他关于"俄国可能避免资本主义道路"的命题实际上是悬而未决的。因此,他写完这封信后并没有寄出。1883 年马克思逝世后,恩格斯从他的文件中发现了这封信并抄写了几个副本,这封信在 19 世纪 80 年代的俄国产生了重要的影响。

二、马克思的回信对俄国的影响

1883 年,恩格斯把这封信转交给格·亚·洛帕廷,洛帕廷回到俄国时通过丹尼尔逊将信转交给《祖国纪事》编辑部。米海洛夫斯基在 1883 年秋读到了马克思的信。米海洛夫斯基因马克思的信而扬扬得意,因为他认为在阅读他的文章之前,马克思认为俄国应该经过资本主义,而阅读了他的文章之后,马克思改变了自己的观点。

1884 年 3 月,恩格斯在寄给查苏利奇的信中随信寄上了这封信的手抄副本,他在信中说:"随信寄上马克思的稿子(抄本)一件,您可以酌情处理。我已经记不清,他究竟是在《言语》还是在《祖国纪事》上看到《卡尔·马克思在尤·茹科夫斯基先生的法庭上》这篇文章的,他写了这篇答辩文章,看来是准备在俄国发表的,但是没有把它寄到彼得堡去,因为他担心,光是他的名字就会使刊登他的这篇答辩文章的刊物的存在遭到危险。"②查苏利奇将这封信翻译成俄文,1885 年直接在俄国用石印出版,出版时加了一条注:"鉴于我们革命文学界也出现了一些比'马克思更马克思的人',我们特把

①　《马克思恩格斯文集》第 3 卷,人民出版社 2009 年版,第 466—467 页。
②　《马克思恩格斯文集》第 3 卷,人民出版社 2009 年版,第 470 页。

此信作为一份从未公布过的有意义的文件予以发表。"①

　　由于俄国国内的很多杂志被沙皇政府查封,丹尼尔逊在拿到信后,一直未能在俄国国内公开发表。1885 年,丹尼尔逊在俄国找到了愿意公开发表这封信的杂志《北方通报》,他在 1885 年 8 月致恩格斯的信中说,"约两年前您曾交来卡尔·马克思对米海洛夫斯基写的《卡尔·马克思在尤·茹科夫斯基先生的法庭上》一文的答复,要求在我们的一个杂志上发表。发表这个答复在当时是不可能的,因为几种杂志一个接一个地被查封了。被查封的杂志的几个撰稿人联合筹办了一个新杂志《北方通报》,杂志的编辑将很乐意发表上述答复"②。虽然,杂志答复可以在杂志第二期即 10 月号上发表,但最后未能成功。1886 年,这封信第一次用俄文发表在俄国民意党在日内瓦创办的地下刊物《民意导报》第 5 期上。在丹尼尔逊的不懈努力下,这封信正式公开发表在俄国合法刊物《司法通报》1888 年第 10 期上③。

　　恩格斯说:"这封信曾以法文原本的手抄本在俄国流传很久,后来译成俄文于 1886 年发表在日内瓦的《民意导报》上,随后又在俄国国内的报刊上发表过。这封信同所有出自马克思笔下的东西一样,在俄国各界人士中引起极大注意。"④以丹尼尔逊为代表的俄国民粹派试图通过这封信论证俄国公社在俄国经济发展的必要性,他们在 19 世纪 80 年代研究俄国资本主义发展趋势时援引了马克思在 1877 年《给〈祖国纪事〉杂志编辑部的信》。丹尼尔逊认为俄国公社包含着社会主义生产方式的萌芽,因此俄国公社有助于俄国避免资本主义剥削的可怕灾难。俄国的马克思主义者对这封信的公开发表表达了不满。普列汉诺夫抱怨道:"当这封信为俄国革命者所熟知时,许多人认为,《资本论》的作者对俄国公社的观点与巴枯宁、特卡乔夫及其他社会主义—乌托邦主义者的观点几乎完全一样。"⑤马克思给《祖国纪事》编辑部的信实际上被俄国革命者理解为支持民粹主义的观点。这使俄国马克思主义者与俄国民粹主义者的辩论更加复杂。实际上,在米海洛夫斯基的文章中丝毫没有这样解释马克思,他仅仅怀疑马克思发现的规律的普遍性。米海洛夫斯基的非马克思主义立场不仅与恩格斯格格不入,而

---

①　《马克思恩格斯文集》第 3 卷,人民出版社 2009 年版,第 798 页。

②　《马克思恩格斯文集》第 3 卷,人民出版社 2009 年版,第 500 页。

③　Карл Маркс. Письмо в редакцию 《Отечественных записок》, — Юридический вестник, 1888, октябрь.

④　《马克思恩格斯全集》第 22 卷,人民出版社 1965 年版,第 504 页。

⑤　В. А. Твардовский, Б. С. Итенберг. Н. К. Михайловский и К. Маркс Диалог о " Русском пути". Отечественная история. 1996. 6. С. 57.

且与普列汉诺夫相敌对。为了斗争的需要,恩格斯和普利汉诺夫必须指责那些阻碍马克思主义传播的人,包括米海洛夫斯基。

米海洛夫斯基的这篇文章可以被看作是这场激烈论战的"序幕"。普列汉诺夫在 1883 年的文章《社会主义与政治斗争》中特别提到了米海洛夫斯基的这篇文章。"例如我们常常说,科学社会主义的理论对俄国是不适用的,因为它是在西欧经济关系的基础上生长出来的。从马克思的学说似乎得出这样一种可笑的结论,即是说,俄国必须通过与西方已经走过的完全相同的那些历史—经济发展的阶段。在深信这一结论之不可避免性的影响下,已经不止有一个俄国哲学家,既不了解马克思,又不了解西欧历史,却奋起反对《资本论》的作者,攻击他的思想是狭隘和死板的。"普列汉诺夫把米海洛夫斯基等人称为"堂吉诃德",认为他们不明白马克思仅仅把西欧的历史看作是资本主义生产史的基础。"马克思的一般哲学—历史观对现代西欧的关系,正如对希腊和罗马、印度和埃及的关系一样。它们包括人类的整个文化史,只是在它们一般的不能成立时才不能应用于俄国"①。马克思和恩格斯不仅从来没有排除任何国家的经济特征,而且从它们里面寻求一切对它的社会—政治和精神运动的解释。普列汉诺夫指出,马克思恩格斯非常重视土地公社的重要性,这一点可以从他们在 1882 年给《共产党宣言》俄文版所写的序言看出。他们在序言中就认为不能对农村公社的命运做绝对的预言,俄国公社可以在一定的情况下直接过渡到高级的共产主义的土地所有形式。

针对当时俄国革命者的论争,普列汉诺夫、查苏利奇等人请求恩格斯对当时争论的这些问题在俄国报刊上发表意见。恩格斯在《论俄国的社会问题》这本小册子的序中表明了自己的看法,即 1894 年的《〈论俄国的社会问题〉的跋》。恩格斯在文章中指出:"马克思首先驳斥《祖国纪事》上的文章强加给他的观点,文章硬说他所持的观点同俄国自由派一样,认为对俄国来说没有比消灭农民公有制和急速进入资本主义更为刻不容缓的事了。"②1894 年 5 月 10 日,俄国人波·纳·克里切夫斯基在致恩格斯的信中提到了米海洛夫斯基与马克思的对话以及马克思主义与民粹主义的论战。"在如何估计俄国的形势这个问题上,马克思主义观点在革命者中日益排挤掉了陈旧的'民粹主义'。然而最近'民粹主义'在'合法'的俄国刊物上明显地巩固了自己的地位并在《俄国财富》这个月刊上首先向马克思主义宣布

---

① 《普列汉诺夫哲学著作选集》第 1 卷,生活·读书·新知三联书店 1962 年版,第 72 页。
② 《马克思恩格斯文集》第 4 卷,人民出版社 2009 年版,第 461 页。

了殊死的战斗①。顺便指出,《俄国财富》的编辑就尼·康·米海洛夫斯基站在最好战的'民粹派'的前列。他就是那位在《祖国纪事》上发表了一篇文章,使马克思为此写了一封信的作家,这封信您曾在《〈论俄国的社会问题〉的跋》中分析过。"1894 年 5 月底,普列汉诺夫在致恩格斯的信中再次提到了米海洛夫斯与马克思关于俄国问题的对话,但并不赞同米海洛夫斯基关于《资本论》不适用于俄国的看法。"这位先生②荒唐可笑地以这封信而自豪。他用下述方式描绘了整个事件。他说,马克思在读到他的文章《卡尔·马克思在尤·茹科夫斯基先生的法庭上》以前认为,俄国应该经过资本主义;但读了这篇杰出的文章以后,据说他就改变了自己的看法。这正像我们的莱蒙托夫所说的那样:'这一切本来是可笑的,如果不是如此可悲的话'。"③

　　1894 年,俄国著名经济学家、思想家,"合法马克思主义者"的代表彼·司徒卢威在《俄国经济发展问题的评述》中分析了米海洛夫斯基的文章《马克思在尤·茹科夫斯基先生的法庭上》以及马克思致米海洛夫斯基的回信。"米海洛夫斯基先生对马克思社会学学说实质的理解是错误的。他的这一错误当然没有被马克思本人放过,而是被极其尖锐地指出来了。"④司徒卢威也提到了这封信引发的俄国民粹主义和马克思主义之间的论争。"现在,形形色色的民粹派先生们都在援引马克思的这封信,就好像他在这封信中所驳斥的是一些并不存在的马克思主义人物。其实,马克思所驳斥的正是那些对他毫无了解的民粹派分子。"⑤司徒卢威明确肯定了马克思的理论对认识俄国经济发展的问题有着巨大的意义,但是他一方面反对俄国马克思主义者在认识进化问题上对马克思具体公式的依赖,另一方面也批评俄国民粹派对马克思经济理论的错误理解以及对进化过程所提供的其他论证,"他们凭借马克思声望的掩护,兜售那些非常不可思议的空想,'依靠过去历史遗留下来的物质生产条件'去建立并由当代国家去推行劳动社会化,这就是一种用空想。它与马克思的社会学思想毫无共同之处"⑥。

---

① 即米海洛夫斯基 1894 年在《俄国财富》杂志上发表的文章《文学与生活》,他在文章中批判了马克思恩格斯的历史唯物主义理论,列宁在《什么是"人民之友"以及他们如何攻击社会民主党人》进行了批驳。

② 这位先生是指米海洛夫斯基。——本书作者注

③ 《马克思恩格斯与俄国政治活动家通信集》,人民出版社 1987 年版,第 715 页。

④ 司徒卢威:《俄国经济发展问题评述》,李尚谦等译,商务印书馆 1992 年版,第 145 页。

⑤ 司徒卢威:《俄国经济发展问题评述》,李尚谦等译,商务印书馆 1992 年版,第 146 页。

⑥ 司徒卢威:《俄国经济发展问题评述》,李尚谦等译,商务印书馆 1992 年版,第 163 — 164 页。

1895 年,列宁在回应米海洛夫斯基 1894 年在《俄国财富》杂志上的文章《文学与生活》时,还提到了米海洛夫斯基在 1877 年为《资本论》的辩护:"由此不禁令人想起米海洛夫斯基先生 16 年前同一个庸俗的资产阶级先生尤·茹科夫斯基进行理论时对马克思的评论。"①列宁虽然批评了米海洛夫斯基在 1894 年时对马克思的唯物主义历史观的错误理解,但是极其赞同他对茹科夫斯基的批评:"他(即米海洛夫斯基)在 1877 年写道,茹科夫斯基先生尽可认为马克思关于未来的理论是一种猜测,但是他'没有道义上的权利'回避'马克思认为具有重要意义的'劳动社会化问题"②。他认为马克思的功绩是发展社会思想,重新重复了不能觊觎他的学说普遍性和最终真理的观点,他以平和的语调和理论的方式表达了对它包罗一切和解释一切的能力的怀疑。列宁在《什么是"人民之友"以及他们如何攻击社会民主党人》《民粹主义的经济内容及其在司徒卢威先生的书中所受到的批判》《我们拒绝什么遗产》《从民粹主义到马克思主义》等著作和文章中深入批判了俄国民粹派的"主观社会学"以及俄国没有资本主义的错误观点,充分阐释了辩证唯物主义和历史唯物主义,运用马克思的唯物主义方法和政治经济学方法来研究俄国生产关系及其演进过程,揭示俄国资本主义发展的形式和过程,研究俄国资本主义命运问题。

由于受列宁对米海洛夫斯基的批判的影响,十月革命之后苏联学界对米海洛夫斯基的研究多持否定态度,长期以来在米海洛夫斯基与马克思的论争中没有给前者一个公正的评价。苏联时期关于米海洛夫斯基的最重要的学术著作是苏联历史学家维列斯卡娅(Э.С.Виленская)在 1979 年出版的专著《米海洛夫斯基及其在 19 世纪七八十年代初民粹主义运动中的思想作用》,她在该书中曾指出,从 1870 年至 1880 年,甚至一直到 1890 年,我们看到米海洛夫斯基对马克思的"辩护"多于批评,这可以由他自己在 1870—1880 年的研究说明③。俄罗斯历史学家巴卢耶夫摆脱了苏联时期的影响,1995 年在莫斯科出版《自由民粹主义》一书,试图客观地审视米海洛夫斯基与马克思的辩论。巴卢耶夫在米海洛夫斯基与马克思的俄国学生的争论中支持前者,令人信服地阐述了米海洛夫斯基对马克思主义教条的批评,但是他没有探究民粹主义与马克思主义争论的根源。1996 年,俄罗斯著名历史

---

① 《列宁全集》第 1 卷,人民出版社 1984 年版,第 104—105 页。
② 《列宁全集》第 1 卷,人民出版社 1984 年版,第 144 页。
③ Э.С.维列斯卡娅:《米海洛夫斯基及其在 19 世纪 70—80 年代初民粹主义运动中的思想作用》,莫斯科,1979 年,第 281 页。

学家伊藤贝格（Б.С.Итенберг）和特瓦尔多夫斯卡娅（В.А.Твардовская）①
在《祖国历史》第6期上发表了《马克思与米海洛夫斯基关于"俄国道路"的
对话》一文。他们认为："米海洛夫斯基对这一学说的理解永远是复杂的，
多面的。1870年初，当政论家（即米海洛夫斯基）赞同马克思的科学发现
时，不是无条件地全部接受；在晚年，当他向马克思主义的俄国后继者提出
严格分析马克思主义时，主张继续研究它的合理内容。"②

　　与19世纪70年代研究马克思《资本论》的俄国经济学家考夫曼、茹科
夫斯基、季别尔不同，米海洛夫斯基不仅仅是从经济学的角度研究《资本
论》，而是结合俄国社会的迫切问题分析马克思的方法和理论。与马克思
的俄国学生查苏利奇、普列汉诺夫、列宁不同，米海洛夫斯基没有把马克思
的学说置于至高无上的地位，而是把马克思主义学说看作社会主义的思想
流派之一。他承认马克思对社会科学的巨大贡献，认为讨论俄国发展前景
问题的"最后阶段"与马克思相关，但是他不受任何先入为主的评价的限
制，力求客观地评价马克思主义理论的优点和缺点。他从来没有把马克
思主义置于其他社会主义思潮之上，也从来没有否定它的特殊的历史作
用。对于这位俄国思想家而言，怀疑在认识进程中是必要的和有益的。
他了解马克思主义的学说，怀疑他的最终结论，怀疑它们的普适性，怀疑
它们对俄国的适用性，呼吁其他思想家从逻辑、历史经验和论据等角度重
新修正它们。

　　俄罗斯历史学家伊藤贝格和特瓦尔多夫斯基客观地分析了米海洛夫斯
基和马克思的思想关系。他们认识到，两位伟大的思想家在思想上有共同
的一面，"在米海洛夫斯基和马克思对俄国现在和未来的认识中有他们的
共同点。他们都承认，俄国在1861年走上资本主义发展道路后有'避免资
本主义不幸灾难'的历史机会——跨越，绕过灾难，走上更好更高级的社会
制度。马克思和米海洛夫斯基把这个机会与资本主义关系在农业国家的不
发达联系起来。他们二人都承认这个机会的暂时性和过渡性，用他们的话
来说，这个机会可能错过"③。他们也看到了两位思想家在思想上不同的一
面，认为米海洛夫斯基和马克思的区别在于，他们对利用当时俄国的条件有

① Б.С.伊藤贝格：历史学博士，俄罗斯科学院俄国史研究所首席研究员。В.А.特瓦尔多夫斯
　　基：历史学博士，俄罗斯科学院俄国史研究所首席研究员。

② В.А.Твардовский，Б.С.Итенберг. Н.К.Михайловский и К.Маркс Диалог о "Русском
　　пути".Отечественная история1996. 6.С.48.

③ В.А.Твардовский，Б.С.Итенберг. Н.К.Михайловский и К.Маркс Диалог о "Русском
　　пути".Отечественная история. 1996. 6.С.58.

着完全不同的理解。马克思认为俄国避免资本主义发展道路的可能性取决于欧洲的无产阶级革命,这个革命支持俄国的农民革命。米海洛夫斯基主张通过特殊的俄国道路达到它与欧洲资本主义不同的文明,也就是他所说的全人类文明。在对历史进程的解释中,米海洛夫斯基是多元论,他力图考虑所有相互影响和相互对抗的因素,没有区分任何因素是主要的和关键的。在历史必然性和道德中,他注意到马克思没有把自己对伦理和道德的研究运用到理论中,而道德问题对他更有吸引力。米海洛夫斯基反对绝对性、唯一性和最终性,发现了既与经济利己主义不同,又与法郎吉组织不同的个性思想。他与马克思的阶级斗争思维不同,把"争取个性的斗争"作为社会科学思考的中心,认为社会理想的制定应该根据个性的和谐发展及其日益复杂的精神和物质的需求。但是,他们高度称赞米海洛夫斯基为《资本论》辩护的这篇文章:"《资本论》作者很难从西方学者中找到这样的作品,它如此深刻地、严肃地、鲜明地和富有激情地阐述该书的内容,把该书作为人类社会历史的里程碑"①。

即使米海洛夫斯基在晚年质疑马克思的唯物主义历史观时,他仍然极其肯定《资本论》的科学价值:"他的《资本论》给我们提供了一个把逻辑力量同渊博学识、同对全部经济学文献和有关事实的细心研究结合起来的范例。他把那些早就被遗忘或现在谁也不知道的经济学理论家搬出来,他对工厂视察员在各种报告中或专家在各种专门委员会上所陈述的证词中极其琐碎的细节也没有忽视;总之,他翻遍了数量惊人的实际材料,一部分用来论证,一部分用来说明他的经济理论"②。列宁在强调马克思主义方法论和主观社会学的区别时,充分肯定了米海洛夫斯基对俄国政治生活的影响,"著作界的活跃景象和马克思主义者同当时几乎完全主宰着进步著作界的民粹派老首领(如尼·康·米海洛夫斯基)所进行的激烈论战,是俄国大规模工人运动高涨的先声"③。俄罗斯历史学家伊藤贝格也认识到了米海洛夫斯基研究马克思著作对后人的重要意义:"许多历史学家、哲学家和社会学家几乎是根据米海洛夫斯基的思想提出自己对马克思主义的思考,虽然没有援引民粹主义理论家,但是他们通过自己的方式理解他的许多结论。……必须记住,米海洛夫斯基是俄国第一个研究马克思主义的思

① В. А. Твардовский, Б. С. Итенберг. Н. К. Михайловский и К. Маркс Диалог о "Русском пути". Отечественная история 1996. 6. С. 68.

② 《列宁全集》第 1 卷,人民出版社 1984 年版,第 103 页。

③ 《列宁全集》第 16 卷,人民出版社 1987 年版,第 95 页。

想家"①。

马克思与俄国学者在 19 世纪 70 年代关于《资本论》的对话

时间	作者	文章题目	写作缘由
1871 年	季别尔	《李嘉图的价值和资本理论及其最新补充和解释》	解读《资本论》的经济理论
1872 年	考夫曼	《卡尔·马克思的政治经济学批判的观点》	解读《资本论》的方法论
1873 年	马克思	《资本论》第 1 卷第 2 版的跋	对季别尔和考夫曼做出回应
1877 年	米海洛夫斯基	《卡尔·马克思在尤·茹科夫斯基先生的法庭上》	批评茹科夫斯基，提出《资本论》的适用范围
1877	马克思	《给〈祖国纪事〉杂志编辑部的信》	回应米海洛夫斯基对《资本论》的解读

① В. А. Твардовский，Б. С. Итенберг. Н. К. Михайловский и К. Маркс Диалог о " Русском пути". Отечественная история1996. 6.С.53.

第五章 马克思恩格斯与俄国农村公社

1879年至1882年是马克思研究俄国问题最集中的时期,也是他生命的最后几年。他为研究俄国问题,在书信中要求俄国革命者给他寄俄国书籍。1879年10月至1880年10月,马克思阅读俄国学者柯瓦列夫斯基的著作《公社土地占有制及其解体的原因、进程和结果》。1881年3月,马克思给俄国革命者查苏利奇的复信,论述了非资本主义发展过程中利用原始社会形态的可能性。

第一节 马克思恩格斯与柯瓦列夫斯基的交往

马克思晚年通过俄国学者柯瓦列夫斯基和美国学者摩尔根的著作深入研究了资本主义世界边远殖民地区人民的公社,尤其是,他对柯瓦列夫斯基的著作《公社土地占有制及其解体的原因、进程和结果》所做的摘要,对于研究马克思晚年对俄国农村公社,以及俄国革命道路问题的观点的发展具有重要的意义。

一、柯瓦列夫斯基的生平与回忆

马·马·柯瓦列夫斯基（М.М.Ковалевский）,俄国历史学家、法学家、社会学家,社会活动家。1851年出生于哈尔科夫的一个贵族家庭。在哈尔科夫大学修完法律课程以后,于1872—1877年相继在柏林、维也纳和巴黎文献学院学习,最后在伦敦进行专业学习。柯瓦列夫斯基在伦敦时得到亨·萨·梅恩的指导,主要研究法的历史、制度史和人类学等领域。1878年,他担任莫斯科大学的教授,讲授国家法、外国公法和法的比较史。但是,1887年,由于他具有自由主义思想而被解聘,此后他定居巴黎。在以后的年代里,他在欧美许多大学担任客座教授,其中有斯德哥尔摩、牛津、布鲁塞尔、伯克利、芝加哥等地的大学。1901年,他创办了"巴黎俄国社会科学高等学校"。1905年革命后回到俄国,在彼得堡执教并积极从事政治活动,创建(自由主义的)民主改革党,出版《国家报》并于1906年被选入第一届杜马。自1907年起,他以大学代表的身份参加国务会议,为其成员。此外,1909年以后,他还是著名的彼得堡《欧洲通报》(月刊)的主编和出版者,早在他流亡之前,他即以《批判评论》杂志编辑和《法学通报》的撰稿人而成名。1909 年他还被选为法兰西学院团通讯院士,并于 1914 年由彼得堡科学院通讯院士当选为正式院士。他还是"巴黎社会学学会"会员和(巴黎)"社会学国际研究所"的领导人之一,1916 年病逝。他的主要著作有《公社土地占有制及其解体的原因、进程和结果》(1879)、《现代民主的起源》(1895—1897)(4 卷)、《资本主义经济产生之前欧洲经济的增长》(1898—1903)(3 卷)、《俄国经济制度》(1900)、《俄国政治制度史概述》(1908)等。

柯瓦列夫斯基在 19 世纪 80 年代和 90 年代的俄国科学史上占有独特的地位,他在所有的学科,甚至那些初创的学科中都做了重要的工作。《公社土地占有制及其解体的原因、进程和结果》一书是柯瓦列夫斯基令人赞佩的毕生巨著,其毕生巨著的重点不单单放在法的历史和制度史的领域,而且还放在社会史和经济史的领域,同样也放在民族学、社会学和政治学。与空想社会主义者不同,柯瓦列夫斯基证明了公社决不是历史上的怪事,不是局部地区发展中的弯路,更不是到过遥远国度和南方海岛上的欧洲人的杜撰,不是学者们在书斋中幻想的结果。在柯瓦列夫斯基看来,公社不仅是一系列欧洲国家的农民,而且是几大洲的许多民族,总之是大部分人类的一种古老的社会经济存在方式,这种方式是现实存在的,尽管复杂多样、充满矛盾,总的说来又是统一的。与俄国自由主义民粹派和斯拉夫派不同,他看到了公社在历史上注定灭亡的特征,并在寻找杀害它的凶手的过程中注意到欧洲宗主国信奉基督教的资产阶级对殖民地不信奉基督教的居民实行的奸诈的、罪恶的、无异于种族灭绝和生态灭绝的"海外政策"。柯瓦列夫斯基的研究兴趣比较广泛,但以有关公社、氏族和家庭的著述学术贡献最大。在这些著作中,他坚持认为父系家庭公社是母系家庭向现代个体家庭的过渡,明确划分为两种公社,即家长制家庭公社和农村公社,认为后一种公社是氏族最后瓦解的形式,私有制的出现乃是比较晚近的现象。这些观点在学术界产生了一定的影响,有力地批驳了西方学者关于自古就已存在私有制的论断。

1872 年,柯瓦列夫斯基从哈尔科夫大学法律系毕业后在柏林、维也纳、巴黎、伦敦等地深造,1875—1876 年左右结识了马克思和恩格斯,并保持着密切的联系。1876 年 12 月 11 日,马克思在伦敦写给恩格斯的信中说明了柯瓦列夫斯基同他们的密切关系。"柯瓦列夫斯基昨天来我这里,他要汉森的著作;我对他说,他明晚可以拿到;同时,根据他的要求,约好明晚(星期二)去看你。现将汉森的著作寄给你,你会象我一样用两三个小时很容易地读完它。"①这里指的是格·汉森的文章的单行本:《特利尔专区的农户公社(世代相乘的协作社)》(1863年柏林版),这本著作为古代自由的马尔克公社学说奠定了基础,马克思恩格斯对这本著作做了摘要,保存在他们的遗稿中,恩格斯在《反杜林论》中也援引了汉森的这本著作。马克思不仅十分熟悉柯瓦列夫斯基的著作,而且坦率地发表自己的见解,柯瓦列夫斯基也虚心接受。"马克思熟悉我的著作,并且毫不客气地提出自己的意见。我停止出版我的第一部关于法国行政司法特别是关于法国的赋税立法的巨著,部分原因是马克思对我的著作评价不高。他更主张我揭露农业公社的过去,或者根据比较人种学和比较法学史来阐明远古以来的家族制度的发展。"②柯瓦列夫斯基在伦敦进行研究的时候,正值马克思的创作时期,这个时期马克思对于土地所有制进行了深入的历史的研究,并且除了对汉森这位"德国农业史研究的巨擘"的上述论文做过摘要以外,还对如毛勒论述日耳曼—法兰克以及德意志法的历史的著作,哈克斯特豪森、柯舍列夫、德麦利茨和乌季耶舍诺维奇等人论述俄国制度以及南斯拉夫制度的著作等做了摘记。

　　1879年,柯瓦列夫斯基在莫斯科出版《公社土地占有制及其解体的原因、进程和结果》③一书后,立即将该书赠送给马克思,并在书上题词为"赠给卡尔·马克思——以示友好和敬意"。1879年9月19日,马克思在致丹尼尔逊的信中提到柯瓦列夫斯基的著作《公社土地占有制及其解体的原因、进程和结果》,指出"柯瓦列夫斯基的书,我已经从他本人那里得到了。他是我的'学术上的'朋友之一,每年都要来伦敦,利用英国博物馆的珍藏"④。1909年,柯瓦列夫斯基在《欧洲通报》7月号上发表的《回忆卡尔·马克思》一文从三个方面详细回忆了与马克思的交往过程。

　　柯瓦列夫斯基首先回忆了与马克思的相识过程。他们相识于马克思与巴枯宁主义者和杜林论战的时候,保尔·科里埃是他们的介绍人,也是1871年在巴黎的出版《三月十八日革命史》日志的作者之一,"我和马克思的认识应该归功于挽救他女婿龙格(巴黎公社委员)性命的一个人"⑤。马克思在第一次会面时送给柯瓦列夫斯基两本小册子,他把这两本书转送给

---

① 《马克思恩格斯全集》第34卷,人民出版社1972年版,第30页。

② 《回忆马克思》,人民出版社2005年版,第276—279页。

③ М. М. Ковалевский. Общинное землевладение, причины, ход и последствия его разложения. М., 1879.

④ 《马克思恩格斯全集》第34卷,人民出版社1972年版,第385页。

⑤ 《人间的普罗米修斯:回忆马克思恩格斯》,人民出版社1983年版,第50页。

了尼·季别尔，促使季别尔在 19 世纪 70 年代为《资本论》辩护和专门研究马克思经济学。"这两本小册子都被季别尔教授用上了，一部分用在《司法通报》的许多文章以及后来我在莫斯科出版的《批判评论》中，另一部分用在《祖国纪事》中。"①

　　柯瓦列夫斯基在回忆文章中详细描述了他与马克思的交往。他们在伦敦马克思的家中、在卡尔斯巴德的海滨以及在山上散步时讨论学术问题，"我们意气相投，在他当时的信中（这些信不久前发表在《往事》杂志上），也把我看作'学术上的朋友'"②。他与马克思长达两年几乎每周一次的思想交流。即使他在后来受聘于莫斯科大学后，每年夏季去伦敦时仍然时而进行这种思想交流。"我去莫斯科大学当教授后，两年来几乎每个星期和《资本论》作者的交谈便结束了。起初我们还间或通信，夏天我到伦敦去的时候，又恢复了我的拜访，时间通常在星期日，每一次见面都再一次推动我去研究西欧的经济史和社会发展史。假如没有和马克思认识，我很可能既不会去研究土地占有制的历史，也不会去研究欧洲的经济发展，很可能把大部分注意力集中于政治制度的发展，因为这类问题本来就是我所讲授的课目。"③马克思在写作《资本论》第 2 卷时打算用极大的篇幅来比较美国和俄国的资本积累方式，因此常常向柯瓦列夫斯基借书，特别是关于西班牙土地所有制历史的两卷集论文以及摩尔根的名著《古代社会》。马克思对柯瓦列夫斯基的著作十分熟悉，并且坦率地发表对这些著作的见解。他对柯瓦列夫斯基的第一部论述法兰西税务管辖权的著作持否定态度，但是赞赏柯瓦列夫斯基根据比较民族志学和法的比较史的报告描述远古以来家庭形式的发展进程。柯瓦列夫斯基在其传记文章《两个人生》中对于马克思在他的成长道路上所给予的影响作出如下的评价："这是很可能的，如果没有同马克思结识，大概我既不会……去研究土地所有制的历史，也不会去研究欧洲的经济发展。"④

　　柯瓦列夫斯基在回忆中特别强调《资本论》对俄国人的思想影响，尤其是彼得堡大学教授考夫曼、俄国经济学家季别尔在《资本论》第 1 卷出版后发表的学术价值很高的研究文章，以及之后俄国思想界关于《资本论》的辩论，他说马克思在俄国有关《资本论》的所有论文中最赏识的还是考夫曼写

①　《人间的普罗米修斯：回忆马克思恩格斯》，人民出版社 1983 年版，第 50 页。
②　《人间的普罗米修斯：回忆马克思恩格斯》，人民出版社 1983 年版，第 51 页。
③　《回忆马克思》，人民出版社 2005 年版，第 287 页。
④　贾云：《马克思〈马·柯瓦列夫斯基《公社土地占有制，其解体的原因、进程和结果》一书摘要〉研究读本》，中央编译出版社 2017 年版。

的那篇①。

二、马克思恩格斯评柯瓦列夫斯基的著作

1879 年 10 月至 1880 年 10 月，马克思对这本书做了摘要，而且摘录、评论、自己的思考超过了该书本身篇幅的一半。通过比较目录，可以看到马克思在摘要中基本保留了柯瓦列夫斯基原著的章节结构。②

柯瓦列夫斯基《公社土地占有制》目录		马克思的摘要目录	
第一章	红种人的公社土地占有制及其不动产个体化和封建化的进程	（Ⅰ）	美洲的红种人（他们的公社土地占有制）
第二章	西班牙在西印度的土地政策及其对西印度群岛和美洲大陆公社土地占有制解体所产生的影响	（Ⅱ）	西班牙在西印度的土地政策及其对西印度群岛和美洲大陆公社所有制的瓦解所产生的影响
		Ⅱ	英属东印度
第三章	印度的公社土地占有制，按历史顺序看印度现代公社土地占有制的各种形式	A	按历史上发生的顺序看印度现代公社土地所有制的各种形式
第四章	印度本地罗阇时代的土地关系史	B	印度土邦罗阇时代的土地关系史
第五章	穆斯林法律及其在印度土地关系领域中所作的改变	C	穆斯林法律及其对印度土地所有制关系所作的改变（穆斯林法律及其在土地关系的领域中所作的改变）
第六章	穆斯林统治时期印度土地所有制的封建化过程	D	穆斯林统治时期印度土地所有制的封建化过程
第七章	英国在东印度的土地政策及其对印度公社土地占有制解体所产生的影响	E	英国人的专横统治及其对印度公社土地所有制的影响（英国人在东印度的土地政策及其对印度的公社土地占有制的瓦解的影响）
第八章	法国征服时期阿尔及利亚土地占有制的各种形式	Ⅲ	阿尔及利亚
		A	阿尔及利亚在被法国征服时期的各种土地占有制

---

① 《人间的普罗米修斯：回忆马克思恩格斯》，人民出版社 1983 年版，第 53 页。
② 马克思：《马·柯瓦列夫斯基〈公社土地占有制，其解体的原因、进程和结果〉（第一册，1879 年莫斯科版）一书摘要》，《马克思恩格斯全集》第 45 卷第，207～327 页。柯瓦列夫斯基：《公社土地占有制其解体的原因、进程和结果》，李毅夫、金地译，中国社会科学出版社 1993 年版。

续表

柯瓦列夫斯基《公社土地占有制》目录		马克思的摘要目录
第九章	法国在阿尔及利亚的土地政策及其对当地公社土地占有制解体所产生的影响	B	法国人的专横统治及其对当地集体土地占有制衰落的影响（法国在阿尔及利亚的土地政策及其对当地的公社土地占有制的瓦解的影响）

柯瓦列夫斯基深入研究了美洲、印度、阿尔及利亚等各国家的民族学资料,对公社制度的发展与过去欧洲的不同阶段进行了对比,他的结论是:"从印度到大西洋西岸,我们在数万里范围内到处可以找到既是完全活生生的,又是绝迹的完全不同于现代社会的公社制度"①。这使马克思不仅在广阔的空间领域中,而且在从16世纪初到19世纪末漫长的时间领域中理解作为世界现象的公社,对公社的历史性有了完整的理解。马克思感兴趣的是,柯瓦列夫斯基力求揭示公社以及公社成员对主要传统生产资料——土地——的关系的普遍发展规律。但是他反对柯瓦列夫斯基把亚、非、美洲古老民族的社会历史演变同西欧作机械的类比,他也不同意柯瓦列夫斯基把印度土地关系的变化看作"封建化","别的不说,柯瓦列夫斯基忘记了农奴制,这种制度并不存在于印度,而且它是一个基本因素"②。马克思一方面吸收柯瓦列夫斯基对公社所形成的富有成果的研究方法,另一方面也认识到柯瓦列夫斯基把客观历史过程的原因归结为人的意识、情感、愿望等主观主义的倾向。马克思在摘要中略加修正地重述了柯瓦列夫斯基根据印度材料划分出的公社发展五阶段。然而与柯瓦利夫斯基不同,马克思认为,不是居住在公社土地上的有亲属关系的人和外来人之间不可避免的斗争,不是乡村居民自发组织中的氏族原则和邻居原则的全面矛盾,不是土地继承占有制和自由占用、实际耕作原则的特殊竞争,而是合乎规律地从工业渗入农业的生产力客观发展过程,决定不同类型的公社占有制的连续更替。柯瓦列夫斯基企图用血亲意识的逐渐削弱来解释氏族公社解体的必然过程,引起马克思深深的疑惑:"为什么意识在这里起着动因的作用,而不是由在氏族分为'支系'时成为不可避免现象的事实上分居各地的情形起这种作用呢?"这里问题完全不在于像柯瓦列夫斯基所认为的那样,"在氏族的每

---

① М.М.Ковалевский,Родовой быт в настоящем,недавнем и отдалённом прошлом,вып,1,С.46.

② 《马克思恩格斯全集》第45卷,人民出版社1986年版,第284页。

一分支中表现出不顾其他或多或少疏远氏族的支系参加和干涉的范围而要求调整其财产关系的愿望"。

　　1882年恩格斯在致爱德华·伯恩施坦的信中描述了马克思阅读柯瓦列夫斯基著作的情形,"他埋头钻研这些问题比我时间长得多,深入得多"①,在这里就是指马克思为了专门研究地租和整个土地关系问题而对有关公社、公社所有制形式以及俄国农村公社的史料和著作所进行的多年研究工作,例如,马克思对柯瓦列夫斯基的著作所做的关于公社的性质、公社在不同时期和不同民族中的地位,以及社会经济的详细摘记。1884年10月,恩格斯在苏黎世出版《家庭、私有制和国家的起源》,1886年和1889年在斯图加特重新装订出版第二版和第三版。1890年,恩格斯积累了有关原始社会史的新材料,吸收了柯瓦列夫斯基的研究成果,在新版中作了许多修改,特别是利用考古学和民族学的最新材料对"家庭"一章作了重要补充。1890年8月27日,恩格斯在致保·拉法格的信中写道:"柯瓦列夫斯基的书中有一点很重要:他提出在母权制和马尔克公社(或米尔)之间隔着家长制的大家庭,这种家长制的大家庭在法国(法兰斯孔太和尼韦尔内)一直存在到1789年,在塞尔维亚和保加利亚人中至今还存在,叫扎德鲁加。柯瓦列夫斯基对我说,这是俄国普遍的看法。如果这一点能成立,那么塔西佗和其他作者的许多不好懂的地方将得到解释,但同时也产生新的问题。柯瓦列夫斯基书中的主要缺点就是法学上的谬误。我的书②再版时,我将谈这个问题。另一个缺点(也是所有研究学问的俄国人的通病),就是过分相信公认的权威。"③1891年2月10日,恩格斯在致保·拉法格的信中提到了柯瓦列夫斯基的新著,"柯瓦列夫斯基发表了他在牛津的讲稿④。史前部分较差,有史时期,关于俄国部分值得读一读"⑤。1892年9月16日,恩格斯在致卡尔·考茨基的信中写道:"柯瓦列夫斯基目前正在这里,他表示愿意为《新时代》写一篇评价拉甫罗夫的俄文巨著《思想史的任务》的文章寄给你,但他只能用法文写,如果你认为文章可用,请函告我。"⑥

　　1891年,恩格斯在《家庭、私有制和国家的起源》修订第四版中提到了马·马·柯瓦列夫斯基,该书的第二章"家庭"有一段话:"我们感谢马克西

---

① 《马克思恩格斯全集》第35卷,人民出版社1971年版,第412页。

② 即恩格斯的《家庭、私有制和国家的起源》。

③ 《马克思恩格斯全集》第37卷,人民出版社1971年版,第447—448页。

④ 柯瓦列夫斯基:《俄国现今的风俗和古代的法律》。——著者注

⑤ 《马克思恩格斯全集》第38卷,人民出版社1972年版,第27页。

⑥ 《马克思恩格斯全集》第38卷,人民出版社1972年版,第457页。

姆·柯瓦列夫斯基(《家庭及所有制的起源和发展概论》1890 年斯德哥尔摩版第 60—100 页),他向我们证明了,今天我们在塞尔维亚人和保加利亚人中还可以见到的那种称为扎德鲁加(大意为大家庭)和 Bratstvo(兄弟社)的家长制家庭公社,以及在东方各民族中所见到的那种形式有所改变的家长制家庭公社,乃是一个由群婚中产生的母权制家庭和现代世界的个体家庭之间的过渡阶段。"①在该书的第七章"凯尔特人和德意志人的氏族"中再次援引了柯瓦列夫斯基的观点:

> 柯瓦列夫斯基已经证明(见前引书,第 44 页),家长制家庭公社乃是母权制共产制家庭和现代的孤立的家庭之间的中间阶段,它虽不是到处流行,但是流行很广。在这以后,问题已经不再像毛勒和瓦茨争论的那样——是土地公有还是私有,而是公有的形式是什么了。……但柯瓦列夫斯基认定,塔西佗所描述的状况,不是以马尔克公社或农村公社为前提,而是以家庭公社为前提的;只是过了很久,由于人口增加,农村公社才从这种家庭公社中发展出来。……这一发展过程,对于俄国,看来已经是历史上完全证实了的。……在这里只有新的研究才能作出结论;但是,我不能否认,作为中间阶段的家庭公社,在德国、斯堪的纳维亚以及英国很可能也都有过。②

苏联学者伊·列·安德烈耶夫对马克思晚年的笔记有专门的研究,1983 年纪念马克思逝世 100 周年时,他在苏联权威期刊《哲学问题》第 8 期发表了《马克思的最后手稿:历史与现实》一文,1985 年在莫斯科思想出版社出版专著《马克思主义史中的手稿篇章(卡尔·马克思 19 世纪 70 至 80 年代手稿中的公社和氏族问题)》。安德烈耶夫认为,马克思的这篇摘要与马克思《给查苏利奇的复信》及其草稿、《给〈祖国纪事〉编辑部的信》等书信、手稿有直接的联系,它们是有机统一的思想整体,共同服务于晚年马克思对东方落后国家的发展道路、未来前景问题的思考和探索。马克思晚年之所以研究东方社会、原始公社以及其他各种特殊的社会形式,主要是在唯物史观基础上对人类历史发展的基本规律与发展道路做出新的系统阐释,以丰富完善唯物史观理论。

---

① 《马克思恩格斯文集》第 4 卷,人民出版社 2009 年版,第 70 页。
② 《马克思恩格斯文集》第 4 卷,人民出版社 2009 年版,第 159—161 页。

第二节　马克思与查苏利奇的通信

维拉·伊万诺夫娜·查苏利奇(В.И.Засулич,1849—1919),俄国政治活动家,国际社会主义运动的政治活动家,作家。她最初是民粹主义者,后来成为俄国社会民主主义者。她是俄国革命史上非凡的女革命家,也是俄国历史上的第一个女性马克思主义者。在她的一生中,既有拿着枪刺杀市长却又被宣布无罪释放的传奇经历,也有拿起笔翻译和写作著作的文学天赋,她在俄国革命史上是独一无二的,也是最令人瞩目的女性。她在1881年2月给马克思写了一封信,马克思给她的复信在马克思主义发展史上占有重要位置。她在19世纪80年代对马克思恩格斯著作的翻译,极大地促进了马克思主义在俄国的传播。她是第二国际的俄国代表,是《火星报》的编委,是俄国社会民主工党的创立者之一,虽然她与列宁在1903年决裂,但是她为俄国马克思主义的发展所作出的贡献是不能否定的。

一、查苏利奇及其革命活动

维·伊·查苏利奇出生在斯摩棱斯克省格扎茨克地区米哈伊洛克村(现在属于莫斯科州莫扎伊克斯区)一个落魄的波兰贵族家庭。在家里的5个孩子中,她排行第四。她的父亲是退伍军官,在她三岁时病逝,母亲被迫把她送到巴科罗沃村的一个富裕的亲戚家。1864年,她被送到莫斯科的一个私人寄宿学校。1867年中学毕业时获得家庭教师的证书。她后来回忆说:"这一年,在我人生中的17岁时,我的内心充满了兴奋和激动;我最终把命运掌握到了了自己的手里。"①

毕业后,她在莫斯科附近的谢尔普霍夫镇找到了工作,担任一名民事法官的书记员。1868年,查苏利奇与姐姐一起离开莫斯科去了圣彼得堡,在姐姐的带领下查苏利奇加入了学生革命团体,走上了革命道路。1896年1月,查苏利奇认识了涅恰耶夫,并开始为涅恰耶夫小组传递从国外寄来的信件。4月她被捕,之后被关押在彼得保罗要塞监狱,然后先后被流放诺夫哥罗德省、特维尔省、哈尔科夫省,直到1875年12月才结束流放。长达五年多的监禁和流放,使她成为一个真正的革命者,并逐渐把革命作为自己的政治目标。之后,她去了基辅,在那里参加了"南方暴动派"小组②。这个组织

---

① 《查苏利奇与俄国社会主义运动》,陕西师范大学2010年硕士学位论文,第7页。

② 南方暴动小组在基辅成立,在乌克兰有分部,大约有25人参加了"到民间去"运动。

受到巴枯宁主义的影响,把在农村发动暴动作为目标。不久,列夫·捷伊奇(Л.Г.Дейч)也加入这个小组。1876年,小组在基辅附近发动了一场暴动,失败后组织受到了极大的破坏,小组成员被迫逃亡。1877年7月,查苏利奇在《钟声》杂志上看到了大学生波戈留波夫(А.С.Боголюбов)被彼得堡市长特列波夫(Ф.Ф.Трепов)鞭打的消息,这件事激怒了她,她决定为波戈留波夫报仇,于是她再次来到了彼得堡。这就是后来震惊俄国的查苏利奇刺杀市长事件。

波戈留波夫是彼得堡大学的学生,1876年12月,他在工人和学生的示威游行中被捕。1877年1月,波戈留波夫被判处15年苦役,在上诉期间被关押在拘留所。7月,彼得堡市长特列波夫去拘留所视察时,当着所有犯人的面鞭打了波戈留波夫。俄国自1863年以来已经基本取消了体罚,只有经过省长的批准才能对违反规章制度的囚犯处以一百下以内的树条刑①。因此,特列波夫的行为是不合法的。7月,查苏利奇到彼得堡后加入了"土地与自由社"②,在该组织所属的印刷厂工作。由于俄土战争爆发,社会舆论和公众很快忘记了波戈留波夫事件,把目标集中在了巴尔干战事上。但是查苏利奇决定为波戈留波夫报仇。2月5日,查苏利奇来到市长接待室,向特列波夫开枪,致其重伤,立即被捕。她在法庭上赢得了陪审团的同情,4月17日法庭判决宣布无罪,当庭释放,这起案件不仅对俄国革命活动有重要影响,而且对俄国司法制度也影响颇深。

19世纪60年代以来,俄国激进革命知识分子中的暴力、暗杀等恐怖主义活动不断增多,如1866年卡拉科佐夫刺杀沙皇亚历山大二世,1869年涅恰耶夫杀人案等。就查苏利奇的案件而言,审判结果似乎是明确的,就连她自己也认为会被处以绞刑。按照相关法令规定,行刺政府官员的案件应当交由参政院组织的特别法庭来审理。但是司法大臣帕伦伯爵由于1877年的193人审判案③受到社会指责,不愿意再接受政治案,决定把这个案件当作普通的刑事案件交由审判团裁决,于是此案被交给了彼得堡巡回法庭审理。沙皇亚历山大二世非常清楚案情,也希望通过公开审判打击革命恐怖活动,于是同意此案由巡回法庭公开审理。查苏利奇的同志们为她选择了

---

① 鲍里斯·米罗诺夫:《俄国社会史》(下),张广翔译,山东大学出版社2006年版,第21页。

② 1876年12月,"土地与自由社"在彼得堡喀山大教堂举行了政治示威,宣告了组织的存在,其创立者是普列汉诺夫、纳坦松兄妹、阿普捷克曼、米哈伊洛夫兄弟。

③ 1877年10月,法庭公开审判193名政治犯,审判历时三个多月,辩护律师成功地为被告进行了无罪辩护,最后法庭判决大多数人无罪释放。沙皇政府大为恼火,事后又将许多被释放的人再次逮捕,并处以严厉的行政处罚。

П.A.亚历山德罗夫做辩护律师。他运用新法案赋予的权利,否决了由保守的大商人、大地主组成的陪审团,最终组成了一个以中下层官员和知识分子参加的陪审团。这场审判引起了极大的关注,外交大臣、陆军大臣等政府官员,大作家陀思妥耶夫斯基也特意来观看。审判庭庭长科尼要求查苏利奇陈述刺杀特列波夫的动机。查苏利奇在法庭上说:"迫使一个被折磨得痛苦不堪的人再次接受单人囚禁、鞭笞和严刑拷打,这是多么残忍啊!因为什么呢?就因为在第二次见面时没有脱帽!这一切在我看来并不是惩罚,而是发泄私愤,而是侮辱。……特列波夫有恃无恐地一次又一次滥施淫威。当我看不出有任何其他办法可以改变这种状况时,便下定决心宁可牺牲自己,也要向世人证明:决不能让这个残酷凌辱人类个性的人逍遥法外……举起手来向一个人开枪——这是可怕的,但我意识到,必须这样做。"①经过激烈的辩护,陪审团最终宣布查苏利奇无罪,当庭释放。之后为了躲避风头,查苏利奇在 1878 年 5 月去了瑞士日内瓦,从此开始了长达十几年的流亡生涯。

查苏利奇的刺杀行为以及对她的无罪判决进一步刺激了俄国恐怖主义的膨胀,虽然沙皇政府在 1878 年 5 月审判结束后就立即通过了新的法令,授权宪兵审查人民的政治可信度,授权司法部处罚政治不可信的人,授权特别机构审理攻击政府官员的案子。但是恐怖活动仍然愈演愈烈,刺杀案件层出不穷,第三厅头目、基辅大学校长、哈尔科夫州州长都先后被枪杀,甚至三番两次地刺杀沙皇亚历山大二世。1878 年 8 月,克拉夫钦斯基刺杀了宪兵司令麦津佐夫,由军事法庭审理后判处死刑。1879 年 4 月,亚·索洛维约夫刺杀亚历山大二世未遂,也被判处死刑。托洛茨基评价道:"对政治犯的施虐迫使维拉·查苏利奇用暗杀特列波夫将军的方式来表达愤怒。缺乏群众基础的革命知识分子纷纷模仿她的行为。这起未经考虑的报复行动在 1879—1880 年间发展成为完整的制度。"②查苏利奇案件对俄国文学也产生了影响,她成为屠格涅夫的散文诗《门槛》塑造的俄罗斯女性英雄形象之一。屠格涅夫在创作这首散文诗时,正当俄国发生了"五十人案""193 人案"以及查苏利奇刺杀案件,同时俄国女革命家索菲亚·彼洛夫斯卡娅的精神也使他深受感染。屠格涅夫的这首诗描写了那个时代查苏利奇式的俄罗斯女性们,描绘了一个决心跨越"门槛"的女革命家形象,充分显示出她

---

① 孙永亮:《查苏利奇与俄国社会主义运动》,陕西师范大学 2010 年硕士学位论文,第 14 页。

② Лев. Д. Троцкий. Терроризм и коммунизм. Государственное издательство. Москва-Ленинград. 1926.

们为祖国献身的内在的壮美。

这个时候俄国民粹派组织"土地与自由社"内部分歧越发尖锐。1879年6月,"土地与自由社"在沃罗涅日召开大会,正式分裂为代表个人恐怖主义的"民意党"和坚持宣传立场的"黑土平分社"。前者以热里亚鲍夫、莫罗佐夫等人为代表,坚持恐怖暗杀活动,后者以普列汉诺夫为代表,坚持在农村宣传鼓动的道路。查苏利奇去西欧后开始反思自己的刺杀行为,她不完全否定暴力,但又认识到恐怖行为在道德上的"原罪"。1879年,查苏利奇秘密回到俄国,作为"土地与自由社"的成员,在组织分裂时她起初是加入了"黑土平分社"。但她又反对组织成员否定政治斗争必要性的观点,因此,1880年,她再次流亡西欧,成为"民意党红十字会"的国外代表。她在西欧阅读到了马克思的更多的著作,思想不断发生变化,逐渐从民粹主义转向马克思主义。

1881年2月,查苏利奇在日内瓦给马克思寄去第一封信,3月8日,马克思在伦敦给她回信,四易其稿,这就是国际共运史上著名的查苏利奇与马克思的通信。他们的通信引引发了俄国革命者与马克思恩格斯关于俄国革命前途和俄国资本主义发展问题的对话,也是马克思恩格斯进一步思考落后国家是否能跨越资本主义"卡夫丁峡谷"的问题。马克思逝世后,查苏利奇开始给恩格斯写信。她在1883年11月的信中提出翻译马克思恩格斯著作的想法,并且得到了恩格斯的支持。12月,她与普列汉诺夫、阿克雪里罗得、捷伊奇等人成立劳动解放社,把翻译和出版"当代社会主义丛书"作为组织的首要任务。劳动解放社成为俄国第一个马克思主义组织,为翻译和传播马克思恩格斯的著作作出了重要贡献。

1889年,恩格斯领导成立了社会主义国际,史称"第二国际"。她积极参加第二国际的活动,是第二国际1896年伦敦代表大会、1900年巴黎代表大会和1904年阿姆斯特丹代表的俄国代表。她坚定批判自己以前的观点,积极宣传马克思主义的思想,反对恐怖主义。1894—1897年她在伦敦生活,进行文学和学术创作,她的文章涉及哲学、历史学和社会心理学等方面的问题。1897年,她离开英国,回到了瑞士。这时的劳动解放社与1895年成立的俄国社会民主党国外联合会发生了争论,后者赞同伯恩施坦的观点,坚持"经济主义"斗争和议会道路,普列汉诺夫坚决反对。在查苏利奇的调解下,两派暂时达成妥协,不再互相攻击。1899年查苏利奇用"维拉·德米特里耶夫娜"的名字秘密回到俄国,她这次回国是为了同俄国的马克思主义组织建立联系。她在彼得堡见到了列宁、马尔托夫等年轻一代俄国马克思主义革命家。

1900 年 8 月，列宁、马尔托夫与普列汉诺夫、查苏利奇商议创办一份马克思主义刊物，即著名的《火星报》。12 月，《火星报》第一期在慕尼黑出版，在发行量上甚至超过了赫尔岑在 19 世纪 50 年代创办的刊物《钟声》。查苏利奇给《火星报》写了很多文章，其中最重要的一篇是《革命中的女性》，她在文章中号召俄国女性参加社会主义运动，为人权进行斗争。作为唯一的女性成员，她还积极地调解编辑部成员之间的分歧。1902 年，《火星报》编辑部在讨论普列汉诺夫起草的俄国社会民主党的纲领时，列宁与普列汉诺夫在纲领内容上发生了严重的分歧。为调解双方的分歧，查苏利奇建议组成新的委员会重新起草一份双方都能接受的纲领。列宁在《"火星"怎么会差一点熄灭》中讲述了查苏利奇在听到《火星报》编辑部即将分裂的消息时低落的情绪："我们一起出来，想去通知维·伊·查苏利奇。可以预料，她听到'分裂'的消息一定会特别难过。……非常担心，她会自杀。……她并没有显出特别激动的样子。但是可以看出，她感到非常压抑，她一再请求，几乎是哀求……"①

1903 年，俄国社会民主工党（РСДРП）召开第二次代表大会，在讨论党章草案时，列宁和马尔托夫在党员资格问题上发生了严重的分歧。列宁认为，凡是承认党纲、在物质上帮助党并且参加党的一个组织的，都可以成为俄国社会民主工党党员。马尔托夫则认为，凡是承认党纲并在党的一个组织领导下经常亲自协助党的，都可以成为党员。阿克雪里罗得、波特列索夫和查苏利奇支持马尔托夫的提案，普列汉诺夫支持列宁的提案，最后投票表决时，马尔托夫的提案以微弱票数获胜。但是列宁及其支持者在中央委员会的选举中获得了微弱的多数，由此在俄国社会民主工党内部形成了布尔什维克和孟什维克两个派别。在随后举行的《火星报》新编委会的选举中，内部分歧更加严重，列宁提议由他、普列汉诺夫和马尔托夫组成新的编辑部，这就意味着查苏利奇、阿克雪里罗得、波特列索夫要离开《火星报》编辑部。列宁的提议最终获得了通过，马尔托夫、查苏利奇、阿克雪里罗得、波特列索夫退出会场以示抗议，她与列宁的关系正式破裂。

1905 年，俄国革命爆发，查苏利奇重新回到俄国时，革命已接近尾声。沙皇宣布对政治流亡者进行特赦，查苏利奇取得了合法的身份。56 岁的她决定退出政治，专心从事翻译和写作，之后她加入了彼得堡的"作家之家"。1913 年她在《现代生活报》上发表文章《关于一个问题》，为"取消主义"辩护，列宁立即在《启蒙》杂志上发表回击查苏利奇的文章《维拉·查苏利奇

①　《列宁全集》第 4 卷，人民出版社 1995 年版，第 304 页。

是如何破坏取消主义的?》。1914 年第一次世界大战爆发,查苏利奇支持俄国参战。1918 年 2 月,查苏利奇在《新生活报》上发表抨击十月革命的文章,这是她一生中的最后一篇文章。1919 年 5 月,查苏利奇因肺炎病逝。《真理报》发布了讣告,"代表最年长的和最值得尊敬的革命家维拉查苏利奇已经离我们而去了……尽管近来她曾经脱离了革命的无产阶级,但是俄国的社会主义者仍然高度评价她过去为社会主义事业所作出的贡献"①。查苏利奇被安葬在彼得堡东部的沃尔霍夫公墓,普列汉诺夫的墓也在那里。

二、四篇复信的内容差异

正如本书第四章所述,1877—1880 年俄国知识分子围绕《资本论》发生了激烈的辩论,尤其是米海洛夫斯基提出《资本论》是否适用于俄国的问题,俄国国内的知识分子和俄国在西欧的革命流亡者对俄国农村公社的命运和俄国的前途等问题展开了激烈的争论。俄国不同派别对马克思的学说的理解也出现了不同的声音,但都希望从马克思那里获得关于俄国资本主义发展问题的答案。1880 年 12 月,俄国民意党执行委员会代表,该党机关报《民意报》编辑尼·亚·莫罗佐夫请马克思对俄国农村公社的前景问题发表看法。1881 年 2 月 16 日,查苏利奇给马克思写信,请求马克思谈谈俄国农村公社命运的问题。

查苏利奇在信中首先谈到了《资本论》在俄国非常受欢迎,以及《资本论》在俄国知识分子关于俄国农村公社问题的争论中所起的作用。她说:"您不会不知道,您的《资本论》在俄国大受欢迎。尽管该书被没收了,保存下来的本子数量不多,但是我国或多或少受过一些教育的人中有很多人在阅读和反复阅读它,而那些严肃认真的人则在研究它。但是,看来有一件事您是不知道的,这就是您的《资本论》在我们关于俄国土地问题和俄国农村公社问题的争论中所起的作用。您了解得比谁都清楚,在俄国这个问题是多么重要,多么引入注目。……但是这个问题在我看来是个生死攸关的问题,对我们社会主义政党来说尤其如此。甚至我国革命的社会党人个人命运也取决于对这一问题的观点究竟如何。"②

1881 年 2 月底至 3 月初马克思给查苏利奇写了回信,但是这封回信四易其稿。从初稿到复信,反映了马克思思考俄国问题的过程。四个文稿综合起来就是一个内容丰富的理论探索过程。面对同一问题的思想探索可以

---

① Jay Bergman: *Vera Zasulich: a Biography*, p. 214.
② 《马克思恩格斯与俄国政治活动家通信集》,人民出版社 1987 年版,第 377 页。

通过对四个文本之间的差异所展现的理论视域而得到深刻的理解。我们通过一个简表来展示四个文本的基本情况。

文稿	写作时间	字数	主要问题
初稿	1881 年 2 月底	7100 余字	（1）《资本论》研究的资本主义生产的起源是否适用于俄国的问题；（2）俄国农村公社保存的可能性；（3）俄国农村公社不同于西欧古代公社的问题；（4）俄国"农业公社"的二重性问题；（5）俄国农村公社存在着软弱性、孤立性等不利因素；（6）俄国农村公社目前所处的历史环境；（7）原始公社衰落的历史；（8）俄国公社面临的危险
二稿	1881 年 2 月底	3200 余字	（1）西欧资本主义生产方式的起源是否适用于俄国；（2）那些自称"马克思主义者"的俄国人的观点；（3）俄国农村公社的命运问题；（4）俄国农村公社的二重性；（5）俄国农村公社目前面临的威胁
三稿	1881 年 2 月底	3900 余字	（1）西欧资本主义生产方式的起源是否适用于俄国；（2）俄国农村公社与西欧原始公社的区别；（3）俄国农村公社的二重性
复信	1881 年 3 月 18 日	600 余字	（1）西欧资本主义方式的起源是否适合于俄国；（2）《资本论》没有回答俄国农村公社命运的问题；（3）俄国农村公社是俄国社会新生的支点

马克思在复信初稿中研究了以下六个问题：

第一是《资本论》对资本主义生产方式起源的研究是否适用于俄国的问题。马克思从两个方面予以回答，一是他在《资本论》中已经明确地把这种通过对农民的剥夺进行的资本主义生产限制在西欧国家。资本主义生产的起源实质上是生产者和生产资料的彻底分离，"全部过程的基础是对农民的剥夺，这种剥夺只是在英国才彻底完成了……但是，西欧的其他一切国家都正在经历着同样的运动"①。二是西欧国家资本主义起源的方式是对劳动人民的剥夺，是把以个人劳动为基础的私有制变为以剥削他人劳动，也就是以雇佣劳动为基础的资本主义私有制。对俄国来说，土地从来没有成为农民的私有财产，因此西欧资本主义生产方式的起源不适用于俄国。

第二是俄国农村公社保存的可能性问题。首先，农村公社如果在农民解放时被置于正常的发展条件下，也就是说，农民偿付的巨额国债和资本家

---

① 《马克思恩格斯文集》第 3 卷，人民出版社 2009 年版，第 570 页。

的资本都用于进一步发展农村公社,那么公社就不会瓦解。因为公社有可能是俄国社会的新生因素,有可能是一种优于资本主义制度的因素。其次,俄国公社不仅和资本主义同时存在,而且在资本主义制度下得以幸存。而西欧资本主义制度正在经历着危机,只有消灭资本主义才能消除危机。因此,马克思对俄国农村公社命运的回答是:"在俄国,由于各种独特情况的结合,至今还在全国范围内存在的农村公社能够逐渐摆脱其原始特征,并直接作为集体生产的因素在全国范围内发展起来。正因为它和资本主义生产是同时存在的东西,所以它能够不经受资本主义生产的可怕的波折而占有它的一切积极的成果。"①

第三是俄国农村公社与西欧古代公社的区别问题。首先,西欧的原始公社建立在公社社员的血缘关系上;俄国农业公社则割断了狭窄的血缘关系,扩大了范围并经受得住同外界的接触。其次,共有房屋是西欧古代公社的物质基础;但是在俄国公社,房屋及其附属物园地都是农民的私有财产。最后,生产在西欧的古代社会是共同进行的,只有产品才拿来分配;但是在俄国农业公社,耕地是公有财产,在社员之间进行定期分配,每个农民独立经营份地,并且产品归为己有。

第四是"农业公社"的二重性问题。一方面,土地公有使公社的基础稳固,另一方面,房屋、小块耕地和产品的私人占有又使个人得到发展,这种二重性可能逐渐成为公社解体的根源。因此,农业公社只有两种选择:或者是它所包含的私有制因素战胜集体因素,或者是集体因素战胜私有制因素,这取决于它所处的历史环境。

第五是农村公社存在着软弱性、孤立性等不利因素。农村公社的孤立性,公社与公社之间的生活缺乏联系就使一种集权的专制制度凌驾于公社之上。马克思认为这个问题很容易解决,那就是用各公社自己选出的农民代表会议作为维护它们利益的经济机关和行政机关。因此,马克思从理论上回答了俄国农村公社的命运问题:"俄国'农村公社'可以通过发展它的基础即土地公有制和消灭它也包含着的私有制原则来保存自己;它能够成为现代社会所趋向的那种经济制度的直接出发点,不必自杀就可以获得新的声明;它能够不经历资本主义制度而占有资本主义生产使人类丰富起来的那些成果。"②

第六是俄国农村公社目前所处于的历史环境。俄国农村公社在农民解

① 《马克思恩格斯文集》第3卷,人民出版社2009年版,第571页。
② 《马克思恩格斯文集》第3卷,人民出版社2009年版,第576页。

放时没有置于正常的经济条件下,受到国家力量的压迫,商人、地产、高利贷对公社的剥削激发了公社内部各种利益的冲突,加速了公社的瓦解和灭亡。劳动组合有助于俄国农民从私人劳动向集体劳动过渡,但是集体劳动代替私人劳动还必须具备两个条件:一是在经济上有改造的需要,二是在物质上有实现这种改造的条件。只要把农村公社置于正常条件下,也就是说,只要把对它的压迫和剥削去掉,只要它获得正常数量的耕地,那么它在经济上就会有改造的需要。俄国农村公社现在所处的历史环境,即它和资本主义生产同时存在,则为它提供了大规模进行共同劳动的物质条件。因此,俄国农村公社有可能成为现代社会所趋向的那种经济制度的直接出发点。马克思的最后结论是:"要挽救俄国公社,就必须有俄国革命。如果革命在适当的时刻发展,如果它能把自己的一切力量集中起来以保证农村公社的自由发展,那么,农村公社就会很快地变为俄国社会新生的因素,变为优于其他还处在资本主义制度奴役下的国家的因素。"①

在三封草稿中,第二封草稿的篇幅最少,马克思在第二稿研究了以下五个问题:

第一个问题仍然是西欧资本主义生产的起源是否适用于俄国。马克思的观点与初稿时相同,仅仅增加了这样几句话,"俄国则相反,它是资本主义所有制代替共产主义所有制的问题。当然,如果资本主义生产定将在俄国获得胜利,那么,绝大多数农民即俄国人民定将变成雇佣工人,因而也会遭到剥夺,剥夺的办法是他们的共产主义所有制先被消灭。但是,不管怎样,西方的先例在这里完全不能说明问题"②。但是在三稿和复信里又删掉了这些内容。

第二是关于查苏利奇在信中提到的一些人自称马克思主义者的问题,马克思在第二稿中予以回答。查苏利奇在信中说经常听到一些自称"马克思主义者"的人宣称是马克思的门徒,宣扬俄国农村公社是一种陈腐的形式,以及必然灭亡的观点,马克思在第二稿中说完全不知道这些自称"马克思主义者"的人,现在和他保持联系的俄国人并不赞同他的观点。根据马克思恩格斯与俄国政治活动家的通信,马克思在这里指的俄国人主要是拉甫罗夫、洛帕廷、丹尼尔逊等与他通信的俄国知识分子或革命流亡者。

第三是俄国农村公社的命运问题。从篇幅上来看,这一部分比初稿缩减很多,马克思从两个方面来分析这一问题,一是资本主义生产的暂时性,

① 《马克思恩格斯文集》第3卷,人民出版社2009年版,第582页。
② 《马克思恩格斯全集》第19卷,人民出版社1965年版,第443页。

以及同社会化大生产的不相容性,它将被合作生产代替,被古代类型的所有制最高形式即共产主义所有制代替;二是俄国农村公社的特殊性,它在俄国被保存下来,一方面处于现代的历史条件下,另一方面与资本主义生产占统治地位的世界市场相联系,因此,如果俄国吸收农村公社的积极方面,就有可能在不破坏农村公社的前提下发展和改造它。

第四个问题是俄国农村公社的二重性。俄国农村公社是古代社会形态中最新的类型,它对古代形式的第一个破坏就是农民具有房屋和园地的私人所有权,这在西欧的古代公社中是没有的。另外,西欧的古代公社建立在公社社员的血统关系上,俄国公社已经摆脱了这种狭窄的联系。俄国公社存在着二重性,一方面,土地虽然是公有的,但是农民可以耕种自己的份地,另一方面,动产使公社社员的财产日益分化,公社内部各种利益不断冲突,以合作劳动和协作劳动为基础的土地公社占有制的优越性日益丧失,这种二重性在一定的历史条件下会导致公社的灭亡。俄国农民在公共土地方面采用集体行动方式,并且他们习惯劳动组合以及俄国土地的天然优势,都使他们有可能从私人耕种过渡到集体耕种。如果俄国社会为公社的转变给予资金支持,那么公社有可能走上正常状态。

第五个问题是俄国公社目前面临的威胁。公社受到多方面的压制,一是国家的剥削和压制,二是商人的掠夺,三是地主和高利贷者的内部盘剥,公社与资本主义也是对立的,资本主义要把贫苦农民即农民大众变为普遍的雇佣工人,因此它关心的是公社的毁灭。因此,马克思在第二稿中的观点是:"威胁着俄国公社生命的不是历史的必然性,不是理论,而是国家的压迫,以及渗入公社内部的、也是由国家靠牺牲农民培养起来的资本家的剥削。"①

第三稿在篇幅上虽然比第二稿略多一些,但是马克思分析了三个问题:

第一是西欧资本主义生产方式的起源是否适用于俄国的问题。马克思不仅坚持在前两稿中的观点,而且更加明确地指出:"在这种西方的运动中,问题是把一种私有制形式变为另一种私有制形式。相反,在俄国农民中,则是要把他们的公有制变为私有制。人们承认还是否认这种转变的必然性,提出赞成或者反对这种转变的理由,都和我对资本主义制度起源的分析毫无关系。从这一分析中,至多只能作出这样的结论:在目前俄国农民占绝大多数的情况下,把他们变成小私有者,不过是对他们进行迅速剥夺的

---

① 《马克思恩格斯全集》第19卷,人民出版社1965年版,第446页。

序幕。"①

　　第二是关于俄国农村公社的特殊性问题。马克思在第三稿中第一次比较详细地阐述了西欧的日耳曼公社,概括了俄国农业公社与原始公社的区别:(1)原始公社是建立在公社社员的血缘亲属关系上的。俄国农业公社是最早的没有血缘关系的人组成的社会组织。(2)在原始公社中,公共房屋和集体住所是公社的经济基础。在俄国农业公社中,房屋及其附属物园地是农民私有的。(3)在西方较为古老的公社中,生产是共同进行的,产品是共同所有的,除储存起来用于再生产的部分外,产品根据消费的需要进行分配。在俄国农业公社,耕地是不可让渡的公共财产,在社员之间进行定期分配,社员经营自己的份地,并占有产品。

　　第三是俄国农业公社制度所固有的二重性问题。这种二重性可能赋予农村公社强大的生命力,也可能使公社趋于解体。前者主要表现在它摆脱了血缘关系的束缚,并以土地公有制作为稳固的基础,同时私人所有的房屋、份地和产品促进了个人的发展。后者主要表现在公社内部各种毁灭自身的因素,如土地、房屋和份地的私有渗入到公社的内部,不仅有可能改变土地的公有性质,而且有可能成为私有动产积累的根源。这些因素引起公社内部各种利益的冲突,这种冲突首先触及公共土地,然后触及公共森林、牧场、荒地等,这些东西逐渐变成私有。因此,"农业公社固有的二重性使得它只能有两种选择:或者是它的私有制因素战胜集体因素,或者是后者战胜前者。一切都取决于它所处的历史环境。"②俄国农业公社的环境是独一无二的,在整个欧洲,它是唯一在一个巨大的帝国内的农村生活中尚占统治地位的组织形式。马克思关于俄国农村公社的发展趋势与前两稿的观点一致:"土地公有制……可以不通过资本主义制度的卡夫丁峡谷,而占有资本主义制度所创造的一切积极的成果。……如果它在现在的形式下事先被置于正常条件之下,那它就能够成为现代社会所趋向的那种经济制度的直接出发点,不必自杀就可以获得新的生命。"③

　　1881 年 3 月 8 日,马克思将复信寄给查苏利奇,与前三稿相比,复信非常简短。第一个仍然是西欧资本主义生产方式的起源是否适用于俄国的问题。与前三稿的内容基本相同,资本主义生产方式的起源明确地限制在西欧各国的范围内。在西欧国家,问题是把一种私有制变为另一种私有制。

---

① 《马克思恩格斯文集》第 3 卷,人民出版社 2009 年版,第 584 页。
② 《马克思恩格斯文集》第 3 卷,人民出版社 2009 年版,第 586 页。
③ 《马克思恩格斯文集》第 3 卷,人民出版社 2009 年版,第 587 页。

相反,在俄国农民中,则是要把他们的公有制变为私有制。

马克思在前三稿中用大量的篇幅阐述了俄国农村公社命运的问题,但是在复信中基本全部删去,仅仅用一段话来阐述这个问题:"由此可见,在《资本论》中所作的分析,既没有提供肯定俄国农村公社有生命力的论据,也没有提供否定农村公社有生命力的论据,但是,我根据自己找到的原始材料对此进行的专门研究使我深信:这种农村公社是俄国社会新生的支点;可是要使它能发挥这种作用,首先必须排除从各方面向它袭来的破坏性影响,然后保证它具备自然发展的正常条件。"①

三、马克思复信的意义和影响

马克思一生中写了上百封信,仅仅给俄国政治活动家就写了50多封信,但是他给查苏利奇的回信是马克思关于人类社会发展及共产主义思考的重要文献,是关乎对马克思主义社会观、历史观的准确理解,因此,具有重大的理论价值与现实意义。三篇复信草稿和复信原文是法文,1924年俄译文首次发表在苏联出版的《马克思恩格斯文库》。1955年,张广达、何许根据俄译本首次翻译复信及草稿,中译文第一次发表在《史学译丛》1955年第3期,1963年收录在《马克思恩格斯全集》第19卷。2009年,《马克思恩格斯文集》第3卷收录了初稿、三稿和复信。

四篇复信之所以在马克思主义发展史中如此重要,首先是马克思在复信草稿中首次将"卡夫丁峡谷"与俄国农村公社相联系,使跨越资本主义"卡夫丁峡谷"的这一问题成为学界长期关注的重大的理论问题。马克思最早提到"卡夫丁峡谷"是在19世纪50年代。第一次是1853年马克思在《俄土纠纷——东印度问题》一文中写道,"的确,这个照会证明欧洲如何在反革命的鞭笞下退化了。革命者只能向沙皇祝贺他有这样的杰作。如果说这是欧洲的退却,那末这还不单是在一般的失败之后的退却,而是通过卡夫丁峡谷"②。第二次是1856年马克思在《小波拿巴法国》一文中写道,"布斯特拉巴③表示愿意让那些被他折磨了4年之久的人们得到自由,条件是他们必须同意蒙受洗刷不掉的耻辱,同意穿过没落帝国的 furcae caudinae

---

① 《马克思恩格斯文集》第3卷,人民出版社2009年版,第590页。

② 《马克思恩格斯全集》第9卷,人民出版社1962年版,第222页。

③ 布斯特拉巴是路易·波拿巴的绰号,由布伦、斯特拉斯堡、巴黎三城的名称的头几个字联合构成。这个绰号暗指波拿巴在斯特拉斯堡和布伦曾试图举行叛乱以及在巴黎举行了政变,这次政变在法国建立了波拿巴独裁政权。——参阅《马克思恩格斯全集》第11卷,人民出版社1962年版,第776页。

（卡夫丁峡谷）"①。马克思在给查苏利奇的复信草稿中先后三次使用了"不通过资本主义制度的卡夫丁峡谷"的表述，两次是在初稿中提到的，第三次是在三稿中提到的，但是在正式的复信中却没有提到。第一次是在初稿中写道："一方面，土地公有制使它有可能直接地、逐步地把小地块个体耕作转化为集体工作……另一方面，和控制着世界市场的西方生产同时存在，就使俄国可以不通过资本主义制度的卡夫丁峡谷，而把资本主义制度所创造的一切积极的成果用到公社中来。"②第二次是在初稿中写道，"它和资本主义生产的同时存在为它提供了集体劳动的一切条件。它有可能不通过资本主义制度的卡夫丁峡谷，而占有资本主义制度所创造的一切积极的成果"。第三次是在复信三稿中写道，"它可以不通过资本主义制度的卡夫丁峡谷，而占有资本主义制度所创造的一切积极的成果"③。1882 年，马克思恩格斯在为《共产党宣言》俄译本所写的序言中再次阐明了这个观点。

四篇复信之所以重要，还因为它们代表着马克思晚年的思想转向，也与马克思的东方社会理论密切相关。马克思晚年的研究重点发生了转移，即从研究资本主义发展规律转向人类学和历史学的研究，其中对俄国社会道路的研究是他和恩格斯晚年研究的重点。1867 年《资本论》第 1 卷出版后，第 2 卷、第 3 卷始终在写作和修改当中，尤其是第 2 卷修改得时间最长，马克思在逝世前还在做最后的校对。马克思之所以转而研究历史学和人类学，是为了进一步完善历史唯物主义，这就需要研究资本主义社会之前的社会形态，尤其是亚细亚形态的研究以及研究《资本论》当中的土地问题。《资本论》说明了唯物主义历史观的科学性，但是还需要研究唯物史观的一般规律在以前的社会形态中有怎样的表现，研究私有制、国家、阶级以及阶级斗争的起源和产生发展等问题，因此需要了解史前社会的生产方式和社会组织方式。马克思晚年对东方社会的关注，最直接的原因是写作《资本论》第 2 卷的需要。正如俄罗斯学者拉·巴·柯妞沙娅（Р.Л.Конюшая）在谈到马克思给查苏利奇的复信草稿时也写道："在认识世界历史发展的基本规律性、各种不同的社会经济形态的典型特征和特点的过程中，马克思和恩格斯花费很多时间研究欧洲和亚洲国家的不同的公有制形式和公社的土地占有形式，这种兴趣最早在《德意志意识形态》、然后在《1857—1859 年

---

① 《马克思恩格斯全集》第 11 卷，人民出版社 1962 年版，第 665—666 页。
② 《马克思恩格斯文集》第 3 卷，人民出版社 2009 年版，第 574—575 页。
③ 《马克思恩格斯文集》第 3 卷，人民出版社 2009 年版，第 587 页。

经济学手稿》《政治经济学批判》特别是《资本论》中即已表现出来。"①马克思为了写地租这一篇,在19世纪70年代曾进行了全新的专门研究。他先后对美国、英国、法国、德国、比利时等国家的土地所有制、地租等问题进行了研究,由于俄国的土地形式具有与西方社会不同的特殊形态,这使得马克思对俄国土地问题给予了特殊的注意。"在《资本论》第二卷关于土地所有制那一章,我打算非常详尽地探讨俄国的土地所有制形式。"②马克思为此阅读了大量俄国土地所有制的著述,在丹尼尔逊、拉甫罗夫等俄国朋友的帮助下他收藏了上百本俄国书籍。但是马克思一直没有写一篇关于俄国土地和农村公社的文章,他给查苏利奇的复信可以说是他关于俄国农村公社论述得最详细、最充分的文章,因此受到国内外研究者的广泛关注。

第三节　马克思晚年关于俄国农村公社的思考

马克思十分注意研究俄国的情况,留下了大量的文章、手稿和摘记。1875年12月至1876年2月间,马克思对俄国农奴制改革的财政问题做了大量的摘记。在长期关注和研究农奴制改革的基础上,马克思于1881年底至1882年撰写了关于俄国1861年改革前和改革后的札记,1882年为《共产党宣言》俄文版写了序言,还打算在《资本论》第3卷中专门研究俄国公社问题,遗憾的是未能完成。

一、关于俄国农奴制改革的札记

1861年2月,沙皇亚历山大二世签署了废除农奴制的法令,一共包括17个文件,其中最重要的是《1861年2月19日宣言》《关于脱离农奴依附关系的农民的一般法令》。1861年俄国农奴制改革的核心是废除农奴制,主要包括两个方面的内容:一是从政治上规定农奴在法律上享有人身自由的权利,地主不能买卖农奴,二是从经济上规定土地属于地主所有,农奴向地主赎买一定数量的份地。如前所述,马克思在1858年就开始关注俄国农奴制问题。1861年的农奴制改革在促使俄国走上资本主义道路的同时,也进一步推动着马克思恩格斯深入研究俄国农村公社的命运问题,以及俄国社会发展道路的问题。

---

① Конюшая Р. П., Карл Маркс и революционная Россия, изд. 2-е, дополненное, М., Политиздат 1985. С. 245.

② 《马克思恩格斯全集》第33卷,人民出版社1973年版,第549页。

　　1867 年《资本论》出版后,马克思与俄国知识分子的交流和通信日益增多,丹尼尔逊、拉甫罗夫等俄国政治活动家向马克思提供了大量的俄文资料。1875 年 12 月中旬,丹尼尔逊给马克思寄来了《钦命设立的修改税制委员会报告书》。《报告书》已出版了 1 至 22 卷,原是供沙皇政府有关的官员用的参考材料,在附录部分收有《各省农民事务委员会对财政部拟改革人头税税制草案的反应和各省省督对草案的意见汇编》。马克思收到这些材料后,立即动手研究,从 1875 年 12 月起,到 1876 年 2 月止,摘录了四个大笔记本,即马克思编号为第四至第七号笔记本。1979 年,苏联《共产党人》杂志第 13 期第一次发表了马克思的《〈税制委员会报告书〉笔记》中的片段,其中既包括他对该《报告书》中某些材料的简短转述,也包括他根据这些材料所作的评论。马克思在这篇笔记中分析了沃龙涅什省的委员会、梁赞省的自治局、赫尔松省的地方自治会议、奔萨省的自治局、波尔塔瓦省的自治局等地方的土地使用情况、连环保和纳税情况,马克思认为,"在俄国税制下的连环保的内在辩证法就是这样:互相担保——无力纳税",因为连环保把俄国村社变成一群有组织的无力的纳税人,他们之间的互相担保是不能保证税收的。马克思揭示了俄国农奴制改革的欺骗性:"俄国政府以欺骗冒充慈善的行径暴露无遗了。它先是强迫农民按抬高了的价格赎买土地,以便把他们变成'私有者',而当农民已经上了当(除此之外,有一种危险,即临时义务农会拒绝分地)的时候,政府就规定了特别重的土地税,以此压低这些土地的市场价格,并且把这种税从人头税变成土地税,以此永远保持它的农奴制性质。"[①]从这些材料可以看到,马克思一方面深刻揭露沙皇政府在 1861 年农奴制改革以后继续玩弄的种种骗局,另一方面对俄国人民的苦难表现了深切的同情。

　　1881 年底至 1882 年,马克思利用官方公布的材料以及俄国的许多著作[②],完成了手稿《关于俄国一八六一年改革和改革后的发展的札记》。1952 年,这篇札记首次发表在苏共中央马克思列宁主义研究院"马克思恩格斯文库"第 12 卷上[③]。与其他书稿不同的是,这篇札记不是写在笔记本

①　《马列著作编译资料》第 7 辑,人民出版社 1980 年版,第 3—7 页。
②　主要有斯卡尔金的《在穷乡僻壤和在首都》(1870 年圣彼得堡版),哈克斯特豪森的《俄国的农村制度》,尼·加·车尔尼雪夫斯基的《没有收信人的信》,亚·伊·斯克列比茨基的《皇帝亚历山大二世时期的农民状况》第 1 卷(1862 年莱茵河岸波恩版),阿·阿·戈洛瓦乔夫的《1861—1871 年的十年改革》(1872 年圣彼得堡版),尤·埃·扬松的《关于农民份地和付款统计调查的试验》(1877 年圣彼得堡版),《修订税制最高委员会报告书 1873 年圣彼得堡版第 22 卷第 3 册》等。
③　参阅《马克思恩格斯全集》第 19 卷,人民出版社 1963 年版,第 654 页。

上,而是写在单页纸张上,其中有题目和章节,标明数字和字母。除了引用收集在许多笔记中的材料外,还引用已经系统化的资料,力图分析俄国1861年改革和改革后的问题。马克思在这篇札记中首先提出问题:1861年的解放诏书颁布以后,为什么很多地方的农民发生了骚动和暴乱,甚至认为诏书是伪造的,是虚假的。在诏书发布三个月左右时,为什么大部分农奴遭受鞭笞。马克思详细阐述了农奴制解放的过程,从解放法令的起草、赎买、份地等各个方面揭示农奴解放的虚假性。

首先是解放法令的起草过程。起草法令的编纂委员会是由贵族组成的,禁止公众参加,并且宣称"稍微离开陛下的意志的倾向都是多么有害"①。彼得·舒瓦洛夫伯爵和帕斯凯维奇公爵提出农民的人身解放不应该以农民获得土地所有权为条件,但是他们的意见得不到支持。沙皇曾公开许诺将召集各省委员会的代表到彼得堡对法令草案进行修改,但是当各省代表到首都以后,却不许他们集合在一起讨论问题,仅仅是同意他们在表格上对一些细节问题做出书面回答。一些敢于讨论细节的人即使被个别邀请参加了委员会的会议,也遭到了冷遇;一些代表上书沙皇进行抗议,就受到了警察局的训斥,甚至有人被免职,被遣送,被监视。因此,一切都要按沙皇的旨意进行。沙皇亚历山大二世从一开始就决定给地主尽可能多一些土地,给农民尽可能少一些土地,以便使地主同意在形式上废除农奴制。他打算把赎买的范围限制在农民的园地以及耕地使用权,甚至打算保留地主的领主审判权,还要求农民经过12年的暂时农奴依附期等。尽管沙皇在1856年与贵族商谈过废除农奴制,但是他动摇不定,从而使农民的实际状况更加恶化。

其次是赎买的原则以及方式。赎买应当是双方自愿的原则,但实际上对农民是强制性赎买,并且农民的彻底解放取决于支付的赎金,这是"用反常的办法,迫使自由人违反自己的意志而取得土地所有权"②。问题在于,农民是否应该支付取得人身自由的费用。农民应该得到足以保证他们的生存以及支付赎金和税款的份地,事实上份地(包括最高份地在内)不能保证农民的生存,而农民仍暂时依附于地主。进行赎买的农民。他们要在一小块土地上束缚49年。农民听凭地主任意支配,不得不向地主租种土地。从农民那里割来的土地至少占领地的一半。份地减少而支出增多,割地并入地主的领地。甚至在黑土地区,份地也只能勉强糊口。份地较少的地方,最

① 《马克思恩格斯全集》第19卷,人民出版社1963年版,第454页。

② 《马克思恩格斯全集》第19卷,人民出版社1963年版,第457—458页。

初预定补拨土地,但是国家参议院不允许这样做。赎买时,根据地区规定代役租。至少有三分之一的土地仍然在地主手里。这一情况愈益恶化,最终为法令所确认。

最后是农奴制废除后的农民状况。马克思援引了俄国学者扬松对农民状况的研究,指出黑土地带农民的经济状况比农奴制时期更糟糕,并且以喀山、萨马拉、平兹、梁赞、库尔斯克等地的情况来说明农民为了纳税而卖掉牲畜的情况。非黑土地带大部分农民的份地连养活农民自己都不够。北部工业省份手工业者的工钱无法弥补农民的亏空,他们只得背井离乡。而政府从解放农民中得到了一些好处:银行的债务转给了政府,一些银行与国家银行合并,农民还要向政府交付利息。因此,这种高价赎买的改革,实际上是沙皇政府对农民的掠夺,许多农民无力耕种土地,成为流民,这更加激化了俄国社会的各种矛盾。

总的来说,这场改革是不彻底的,农奴不仅无法获得人身自由,而且比改革前还要贫困。虽然改革规定农奴可以从地主那里赎买一份份地,但是由于赎买价格过高,大部分农奴根本无力承担,甚至不得不向地主借贷以赎买份地。正如马克思在札记中所说:"从前在农奴制时期,地主关心的是把农民当作必要的劳动力加以支持。这种情况已经成为过去了。现在农民在经济上依附于他们原先的地主。"①可见,农奴没有获得真正的解放,他们仍然依附于地主。改革从根本上来说是维护沙皇政权的专制统治,虽然最终使俄国走上了资本主义道路,但是大量的农奴制残余并不利于俄国资本主义的发展。正如恩格斯所说:"没有任何一个国家像俄国这样,当资产阶级社会还处在原始蒙昧状态的时候,资本主义的寄生性便已经发展到了这样的程度,以致整个国家、全体人民群众都被这种寄生性的罗网覆盖和缠绕。而所有这些吸吮农民血液的吸血鬼,同运用法律和法庭来保护吸血鬼的巧取豪夺的俄罗斯国家的存在,竟没有丝毫利害关系!"②因此,这场改革在推动俄国资本主义发展的同时,也激化了俄国各种社会矛盾,使俄国革命成为可能。

二、关于俄国农村公社的思考

在查苏利奇与马克思通信之前,俄国作家敏那·卡尔洛夫娜·哥尔布

---

① 《马克思恩格斯全集》第 19 卷,人民出版社 1963 年版,第 463—477 页。
② 《马克思恩格斯全集》第 3 卷,人民出版社 2012 年版,第 326 页。

诺娃①在 1880 年 7 月至 8 月曾与恩格斯通信。哥尔布诺娃在致恩格斯的信中提到了劳动组合和村社已经发生变化并逐渐瓦解的情况："从前的劳动组合——共同寻找并承包木工活、泥瓦工活等等的工人小组,如今不仅在城市里完全变了样,而且在农村里也完全变了样。现在,劳动组合多半是由所谓承包人组成的,他们先独自承包一项合同,而后招募工人完成包工任务,并付给工人工资,但完全不是把所得的全部金额与工人一起分享。"②村社也出现了一些变化,例如村社在买进土地时,这块土地已经不会被认为是属于村社所有了,而是在村社的某些成员之间根据其所提供的款项作相应的分配。8 月恩格斯在给哥尔布诺娃的回信中特别强调了公社劳动组合的瓦解对俄国的影响："您信中所谈关于公社和劳动组合已经开始瓦解的情况,证实了我们从其他来源得到的消息。即使这样,这种瓦解过程可能还要延续很长时间。因为西欧总的潮流是向着正好相反的方向发展,而且在下一次的震荡中必定会具有非同寻常的力量,所以可以预料,在近三十年来出现了那么多有批判头脑的人物的俄国,这种潮流也会及时地变得足够强大,以致还能在人民千百年来的天然的协作本能完全泯灭之前,求助于这种本能。因此,对于俄国人民那里的生产协作社和实行协作的其他做法,也应当以不同于西方的观点来看待。当然,它们毕竟还是一些微小的治标办法。"③

《共产党宣言》最早有巴枯宁翻译,但是他未完成,只翻译了一部分,1869 年由赫尔岑的《钟声》杂志社印刷出版。1880 年,拉甫罗夫在日内瓦出版《俄国社会革命丛书》,他献给巴黎公社的小册子《1871 年 3 月 18 日》作为丛书的第一册。1881 年,B.塔尔诺夫斯基把谢夫莱的《社会主义精髓》译成俄文,并由拉甫罗夫加上注释,以《社会主义的实质》为题在日内瓦出版,作为《俄国社会革命丛书》的第二册。1882 年,普列汉诺夫第一次完整地把《共产党宣言》译成俄文。他后来写道："阅读《共产党宣言》是我一生中的新时期,我受到《宣言》的鼓舞,并立即决定将它译成俄文。"1 月,拉甫罗夫在给马克思的信中介绍了他们正在出版的丛书,并把这套丛书的前两册寄给了马克思,并且告诉马克思第三册将是翻译《共产党宣言》,特别把普列汉诺夫写的注释寄给马克思,并称普列汉诺夫是马克思"最勤勉的学生之一",同时向马克思恩格斯提出请求："你们能否费心专

---

① 敏那·卡尔洛夫娜·哥尔布诺娃（Горбунова, Минна Карловна, 1840—1931）：俄国经济统计学家,有民粹派倾向的女作家。
② 《马克思恩格斯与俄国政治活动家通信集》,人民出版社 1987 年版,第 355 页。
③ 《马克思恩格斯文集》第 10 卷,人民出版社 2009 年版,第 451—452。

门为我们的出版物写几行新的序言,谈谈宣言的作者在 1882 年是怎样说明宣言的,对此读者将会极感兴趣,而且在读者的心目中,这将赋予我们的译文以巨大的价值"①。

1882 年 1 月 23 日,马克思恩格斯将《共产党宣言》俄译本序言寄给拉甫罗夫。这篇序言最初发表在《民意》杂志 1882 年 2 月第 8—9 期上。之后,附有马克思恩格斯序言的《共产党序言》俄译本在日内瓦出版,作为拉甫罗夫等俄国革命者出版的《俄国社会革命丛书》的第三册。1884 年,恩格斯在致拉甫罗夫的信中表达了对俄译本的满意,"日内瓦的几个俄文本——《宣言》等等,我很满意"②。马克思恩格斯在序言中谈到了三个问题:

第一,1882 年的俄国与 1848 年的俄国的情况完全不同。1848 年的俄国是"欧洲全部反动势力的最后一支庞大后备军",是"欧洲现存秩序的支柱"③。1882 的俄国"已经是欧洲革命运动的先进部队了"④,沙皇在加特契纳⑤已经成了革命的俘虏。

第二,关于俄国公社和俄国土地公有制的命运的问题。1882 年,在俄国资本主义迅速发展的同时资产阶级土地私有制也开始盛行,虽然大部分土地仍归村社公共占有,但是俄国公社的原始土地公共占有形式已经遭到很大的破坏,它是直接过渡到高级的共产主义占有形式还是要按照西欧的历史发展趋于瓦解呢? 马克思恩格斯根据目前俄国发展的状况给出了唯一可能的答复:"假如俄国革命将成为西方无产阶级革命的信号而双方相互补充的话,那么现今的俄国土地公有制变能成为共产主义发展的起点"⑥。

第三,马克思恩格斯在这篇序言中还谈到了美国的问题。美国在 19 世纪 40 年代时与俄国一样,也向欧洲提供原材料,同时也是欧洲工业品的销售市场,美国通过移民吸收欧洲无产阶级的过剩力量,因此也是欧洲现存秩序的支柱。但是欧洲移民也带来了另一方面的结果,它使北美农业开始大规模地生产,动摇欧洲土地所有制的根基,中小地主被大农场主的竞争所代替;它还使美国大规模地开发工业资源,进一步摧毁西欧特别是英国的工业垄断,因此欧洲移民推动美国的革命。

---

① 《马克思恩格斯与俄国政治活动家通信集》,人民出版社 1987 年版,第 410 页。
② 《马克思恩格斯与俄国政治活动家通信集》,人民出版社 1987 年版,第 460 页。
③ 《马克思恩格斯文集》第 2 卷,人民出版社 2009 年版,第 7 页。
④ 《马克思恩格斯文集》第 2 卷,人民出版社 2009 年版,第 8 页。
⑤ 加特契纳:俄国西北部圣彼得堡州城。
⑥ 《马克思恩格斯文集》第 2 卷,人民出版社 2009 年版,第 8 页。

　　马克思晚年关于前资本主义生产方式的笔记,马克思晚年与俄国政治活动家的通信,特别是关于柯瓦列夫斯基著作的摘要,给查苏利奇的回信,以及马克思恩格斯为《共产党宣言》俄文版所写的序言是马克思晚年思想发展中重要的代表性文献。这些文献不仅是马克思恩格斯与俄国政治活动家的对话,而且是马克思恩格斯对东方社会发展道路的探索,是马克思对1848年欧洲革命和1871年巴黎公社革命的反思。如前所述,1848年欧洲革命后,马克思恩格斯在《纽约每日论坛报》上发表了大量研究俄国专制制度、俄国农奴制度和俄国军事制度的文章,他们认识到沙皇俄国是镇压革命运动的刽子手,是欧洲现存秩序的主要支柱和反革命势力的最后堡垒,认识到无产阶级革命运动和民族解放运动要想取得最终胜利,首先要推翻沙皇俄国的专制制度。1861年农奴制改革加剧了俄国社会的各种矛盾,1877—1878年的俄土战争又引发和激化了一系列矛盾,使俄国处于革命的前夜。1871年巴黎公社革命的失败暴露了无产阶级在世界范围内建立同盟军问题的重要性。为了打破欧洲的反动同盟,无产阶级必须与本国农民结成牢固的工农联盟,与世界范围的民族解放运动联合起来,实现东西方革命的互补。而俄国由于自身的特殊性成为东西方革命互补的一个重要因素。这些重大的历史事件促使马克思恩格斯晚年深入探索俄国社会发展道路。为此,马克思在《资本论》第1卷第1版出版后开始自学俄语,广泛阅读车尔尼雪夫斯基、弗列罗夫斯基、哈克斯特豪森、索柯洛夫斯基等关于俄国农村公社和俄国工人阶级状况的著作,为他研究俄国社会发展道路问题奠定了基础。正如英国曼彻斯特大学特奥多·沙宁(Teodor Shanin)教授在所编的文集《晚期马克思和俄国之路》中指出,马克思一生中最后十年是他进行科学探讨中很重要的一个时期。按照他的看法,《资本论》第1卷出版以后,马克思碰到许多批评意见和越来越多的难以应付的事件,需要一个时期加以消化。因而他在摆脱大量现实政治活动之后,重新冷静下来进行思考,总结个人和运动的全部经验教训。沙宁认为,晚期马克思的最后十年在思想上并没有衰退,而是出现了一个"飞跃";这个飞跃由于他的辞世而中断。[①]马克思逝世后,恩格斯一方面完成马克思的遗愿出版《资本论》,另一方面也继续与俄国政治活动家交流俄国资本主义发展问题和俄国社会发展道路,帮助他们翻译和出版马克思的著作,发表研究俄国问题的文章,为探索东方社会发展道路作出了重要贡献。总的来看,马克思恩格斯明确阐明以

---

① 　沙宁:《晚期马克思和俄国之路》,纽约每月评论出版社1987年版。转引《马克思主义来源研究论丛》第11辑《特辑马克思人类学笔记研究论文集》,第397页。

俄国为代表的东方专制国家与西欧资本主义国家在社会结构、土地制度等方面存在巨大差异,东方国家不仅可以探索一条不同于西欧资本主义的发展道路,而且可能可以不通过资本主义制度的"卡夫丁峡谷"。马克思关于东方革命与西欧革命互相补充的结论成为列宁提出关于殖民地人民的解放斗争是无产阶级革命最重要的后备军的学说的基础,马克思恩格斯关于俄国的文章以及书信成为列宁创造性地提出帝国主义理论的出发点。

马克思恩格斯与俄国活动家关于俄国农村公社的文本对话

时间	作者	题目	写作缘由
1879 年	柯瓦列夫斯基	《公社土地占有制,其解体的原因、进程和结果》	对公社土地制度的研究
1876—1881 年	马克思,柯瓦列夫斯基	马克思与柯瓦列夫斯基的通信	双方的友情及讨论学术问题
1879—1880 年	马克思	《马·柯瓦列夫斯基〈公社土地占有制,其解体的原因、进程和结果〉一书摘要》	对柯瓦列夫斯基一书的摘要
1881 年	查苏利奇	致马克思的信	请马克思谈一谈俄国农村公社的命运
1881 年	马克思	致查苏利奇的信	俄国农村公社的命运以及俄国革命的前景
1881—1882 年	马克思	《关于俄国一八六一年改革和改革后的发展的札记》	对丹尼尔逊寄来的俄国资料的摘记
1882 年	马克思恩格斯	《共产党宣言》俄译本序言	马克思关于俄国问题的最后总结
1891 年	恩格斯	《家庭、私有制和国家的起源》第 4 版	恩格斯在第四章、第七章援引柯瓦列夫斯基的著作
1909 年	柯瓦列夫斯基	《回忆马克思》	《欧洲通报》1909 年 7 月号

第六章　马克思恩格斯与俄国资本主义问题

在马克思恩格斯写作和出版《资本论》三卷本的同时，俄国政治活动家丹尼尔逊也随之翻译和出版《资本论》俄译本，使《资本论》俄译本成为《资本论》在世界上最早的外文译本。马克思晚年在与丹尼尔逊的通信中开始关注俄国资本主义问题，但是仅是在书信中。马克思逝世后，恩格斯在与丹尼尔逊的通信中开始更为深入地探讨俄国资本主义问题，1890 年恩格斯对俄国沙皇对外政策进行了研究，1894 年对俄国社会问题做出最后的思考。

第一节　丹尼尔逊及其政治活动

尼·弗·丹尼尔逊(Даниельсон，Николай Францевич，1844—1918)是俄国经济学家，政论家，民粹主义理论家，出版人。最为重要的是，他是世界上第一个完成《资本论》三卷本翻译和出版的人，正是由于他的努力，使俄译本成为《资本论》三卷本的第一个外文译本。1844 年，丹尼尔逊出生在莫斯科一个商人家庭，他的父辈来自芬兰，他的母亲出生在莫斯科，也是属于商人阶层。但是他的父亲在丹尼尔逊出生没多久就病逝，整个家庭陷入贫困之中。1862 年，丹尼尔逊从圣彼得堡商业学校毕业。之后，他去彼得堡大学旁听，在那里结识了洛帕廷，两人一直保持着良好的友谊。1864 年 5 月，在俄国国家银行前行长拉曼斯基的倡议下，在圣彼得堡建立了俄国第一个独立的信用机构——互助信贷协会(OBK)。协会的建立人之一就是丹尼尔逊在商业学校的同学尼·尼·柳巴文①的父亲。1864 年，丹尼尔逊进入协会工作，担任会计师，后来成为总会计师，从 1877 年成为总监察员。之后，他有很多次机会可以进入董事会或者社会委员会，但是他每次都拒绝加入管理层。他经常用自己的收入帮助洛帕廷，资助一些进步书刊的出版。与他的亲密朋友洛帕廷不同，丹尼尔逊的生活从表面上看是枯燥无味的、毫无激情的，经常被称为"书斋里的学者"。他在互助信贷协会工作了半个世纪，在圣彼得堡的卡纽什大街居住了 30 年，1914 年 70 岁时退休。1918 年 7

---

① 尼·尼·柳巴文(Н.Н.Любавина，1845—1918)，俄国化学家，莫斯科大学教授。

月,丹尼尔逊在圣彼得堡奥尔格林医院病逝。2009 年,俄罗斯政府在丹尼尔逊生前长期居住的卡纽什大街建立了丹尼尔逊纪念馆。2018 年初,俄罗斯国家杜马批准了关于将纪念馆出售给芬兰政府的政府间协议。

一、丹尼尔逊与《资本论》的翻译与出版

丹尼尔逊虽然没有接受大学教育,但是他一直坚持自学。他对自然科学和社会科学都很感兴趣。他自学了化学、历史学、经济学、数学、哲学、社会学和外语,成为那个时代最有知识和博学的人之一。1866 年,丹尼尔逊加入洛帕廷的小组,1867 年他与洛帕廷一起加入地下小组卢布协会(Рублёвое общество)。这个协会的任务是合法出版具有思想启蒙和普及知识意义的现代著作,包括哲学、社会学、政治经济学著作,以及工人问题方面的著作。1868—1869 年,丹尼尔逊、柳巴文等卢布协会的成员出版了大量进步书籍。并且计划出版地下革命杂志。涅恰耶夫领导的"人民镇压"的很多成员被捕,卢布协会受到冲击。1869 年 11 月,协会成员比利宾(И.И.Билибин)被捕,1870 年 1 月,丹尼尔逊被捕,他们被关押在彼得保罗要塞监狱,2 月被保释释放。

1867 年,马克思的《资本论》第 1 卷第 1 版德文版出版,丹尼尔逊是最早的一批读者之一。他成为《资本论》俄译本的倡议者,开始寻找出版商和译者,很快出版商波利亚科夫(Н.П.Поляков)决定出版。1868 年 9 月 18 日,丹尼尔逊与柳巴文在致马克思的信中说,《资本论》的意义促使他们着手把这一著作译成俄语,并希望在出版第一卷的同时出版第 2 卷。他们还希望向俄国公众介绍马克思早先的著作,在俄国报刊上发表这些著作的简介,但是当时他们只有《政治经济经济学批判》(1859)、《哲学的贫困》(1847)、《共产党宣言》(1848),因此他们请马克思给予支持。马克思在 10 月 7 日就回信了,建议他们先翻译出版第一卷,并向他们提供了自己一份详细的简况,介绍了自己从 1842 年到 1867 年的文章、著作和主要活动。现在他们面临的困难就是翻译,因为那时在俄语中还没有相应的政治经济学术语,译者需要选择全新的表述。1869 年秋,巴枯宁接受了这项工作,并要求预付 300 卢布,但是巴枯宁拖延交稿,从 10 月到 12 月只交了大约两个印张的译稿。1870 年 3 月,柳巴文收到了涅恰耶夫的信,信中以委员会的名义要求柳巴文不许向巴枯宁索要译稿,而且不许因巴枯宁收了预付款而找他的麻烦①,因为以涅恰耶夫为代表的委员会希望巴枯宁放下翻译工作以便专门研究俄国问题。虽

---

① 　参阅《马克思恩格斯与俄国政治活动家通信集》,人民出版社 1987 年版,第 144 页。

　　然这封信不是巴枯宁写的，但是柳巴文认为巴枯宁应该对此负责，因此他写了一封责备巴枯宁的信。之后，巴枯宁拒绝继续翻译。柳巴文在1872年8月寄给马克思的信中详细阐述了这件事。"当时我曾写信给接受翻译任务的巴枯宁先生，而他就是一直不回信，于是我认为，我和他之间的个人账也就结束了"①。

　　之后，丹尼尔逊和柳巴文不得不重新寻找合适的译者。洛帕廷建议丹尼尔逊把翻译工作转交给俄国经济学家尤·茹科夫斯基②，但是丹尼尔逊坚决反对。最终，洛帕廷在了解马克思之后决定自己翻译《资本论》，他翻译了《资本论》第1卷德文第1版的第二章至第五章，大约占该书的三分之一，相当于第1卷第2版的第二篇至第六篇。马克思在1870年7月5日致恩格斯的信中回忆了与洛帕廷在几天前的第一次见面："他头脑很清楚，有批判力，性格开朗，坚毅，象一个俄国农民一样知足"③。但是三个月后他为了营救车尔尼雪夫斯基回到了俄国，不得已暂停翻译工作，他在1870年12月15日给马克思的信中说明了这一情况，并把他的译稿交给了丹尼尔逊，请求丹尼尔逊完成后面的翻译工作，并转告他马克思同意修改第一章。1871年5月，丹尼尔逊的翻译工作接近尾声，只剩下第一章还没有完成，他在致马克思的信中询问第一章的修改情况，并积极联系出版商筹备出版第2卷。马克思在6月13日给丹尼尔逊回信表示他很乐意修改第一章，同时感谢丹尼尔逊给他寄来的各种俄文书籍，但是由于《资本论》第2卷还未写完，暂时无法出版。之后，丹尼尔逊与柳巴文共同完成了第一章的翻译工作，并且共同对译著进行了校对。1871年10月，丹尼尔逊在致马克思的信中说，"在《资本论》第一卷全部结束后，我们曾停下来等待您答应过的第一章的修订稿。可是后来我们感到，使读者失去了解这一章的精辟阐述的机会是很可惜的。因为我们认为，如果撇开它的抽象性，这一章便是本书中最精彩的篇章之一。"④马克思在11月的复信中说，由于他最近几个月都很忙，根本不能从事理论工作，无法重新修订第一章，俄译本可以直接出版，随信附上了他对《资本论》第1卷个别地方的一些修改。

---

① 《马克思恩格斯与俄国政治活动家通信》，人民出版社1987年版，第159页。

② 本书第四章对茹科夫斯基有比较充分的阐述。1877年，他在《欧洲通报》上发表的《卡尔马克思及其著作〈资本论〉一书》引起了俄国经济学界关于《资本论》的辩论。

③ 《马克思恩格斯全集》第32卷，人民出版社1987年版，第505页。

④ 《马克思恩格斯与俄国政治活动家通信集》，人民出版社1987年版，第118页。

1872 年 3 月，《资本论》第 1 卷第 1 版的俄译本①由书商波利亚科夫出版，丹尼尔逊立即寄给马克思一册，马克思在 5 月的回信中对第 1 卷第 1 版俄译本的评价是"翻译得很出色"②，并且要送给英国博物馆一本。《资本论》第 1 卷第 1 版俄译本按照规定送交书报检查机关审查，检查委员会一致通过的审查决定如下：

> 尽管作者就其信仰来说完全是一个社会主义者，而且全书具有十分明显的社会主义性质，对此，以下几页可以作证（我不知道是哪几页），然而，鉴于该书的论述绝对不能称之为通俗易懂的，而另一方面，作者论证的方法又处处具有严谨的数学科学形式，本委员会（可以设想，委员会完全满足于上述理由，而且总的来说已经变成了一个社会主义俱乐部）认为不能对该著作提出司法上的追究，因此决定准许该书出版。③

根据当时的情况，检查委员会之所以批准该书，主要是认为没有人会读它。实际上，恰恰相反，大多数俄国杂志和报纸刊登了对该书的评论，丹尼尔逊还向马克思寄去了俄国关于《资本论》的几篇评论。南斯拉夫学者普雷德拉格.弗兰尼茨基特别肯定了作为《资本论》第一个外文译本的俄译本："马克思的《资本论》的俄译本比欧洲其他国家都出得早，而且许多民粹派分子都和马克思保持着个人接触或通信联系（特别是彼·拉甫罗夫和尼.丹尼尔逊）。"④

1872 年 8 月，马克思给丹尼尔逊寄去了《资本论》第 1 卷第 2 版的第一部分，并且建议丹尼尔逊在翻译时对照法文版，因为他在法文版中作了许多补充和修改。1873 年，马克思出版《资本论》第 1 卷第 2 版，丹尼尔逊也积极准备翻译新的版本。他在 1878 年 11 月给马克思的信中，询问了第 1 卷第 2 版的情况："有关《资本论》第 1 卷俄译本第 2 版的事，因为书店里已经一本也没有了。同时我曾问您，您是否同意对法文版和德文第 2 版作一些

---

① Карл Маркс. Капитал. Критика политической экономии. Том второй. Процесс обращения капитала. Издание под редакцией Фридриха Энгельса. – СПб., 1872 г. Тир. 3000 экз

② 《马克思恩格斯与俄国政治活动家通信集》，人民出版社 1987 年版，第 138 页。

③ 《马克思恩格斯与俄国政治活动家通信集》，人民出版社 1987 年版，第 142 页。

④ 普雷德拉格·弗兰尼茨基：《马克思主义史》第 1 卷，黑龙江大学出版社 2015 年版，第 417 页。

修改"①。马克思在回信中对翻译第 1 卷第 2 版做出了指导:"(1)我希望分章——以及分节——按法文版处理。(2)译者应始终细心地把德文第二版同法文版对照,因为后一种版本中有许多重要的修改和补充……"②很快,马克思在 11 月底的信中再次对翻译进行了详细的指导,如头两篇《商品和货币》《货币转化为资本》应该根据德文本翻译,法文版第十六章增加的关于约·斯·穆勒的章节个别地方的翻译需要修改。1879 年 2 月,丹尼尔逊决定为满足公众的要求,先出版《资本论》第 2 卷,之后再着手翻译第 1 卷第 2 版。丹尼尔逊为马克思写作《资本论》第 2 卷提供了俄文资料,马克思通过这些资料研究俄国公社所有制。由于丹尼尔逊的帮助,马克思和恩格斯非常了解俄国经济学、统计学、金融学以及解放运动等方面的著作。

　　1883 年马克思逝世后,恩格斯开始整理马克思的手稿。首先在 1883 年 11 月整理出版《资本论》第 1 卷德文第 3 版。恩格斯在该版序言中说明了他对马克思尚未完成工作的努力方向:"马克思原想把第一卷原文大部分改写一下,把某些论点表达得更明确一些,把新的论点增添进去,把直到最近时期的历史材料和统计材料补充进去。由于他的病情和急于完成第二卷的定稿,他放弃了这一想法。他只作了一些最必要的修改,只把当时出版的法文版(《Le Capital》)中已有的增补收了进去。"③在修订第 3 版时,恩格斯尽量遵循马克思的愿意,"凡是我不能确定作者自己是否会修改的地方,我一个字也没有改"④。1884 年春,恩格斯将《资本论》第 1 卷德文第 3 版寄给丹尼尔逊,丹尼尔逊在回信中称"这本书是新思想的取之不尽、用之不竭的源泉"⑤。

　　恩格斯晚年最艰巨的工作就是整理和出版马克思来不及完成和出版的《资本论》第 2 卷和第 3 卷。"奥地利社会民主党人阿德勒说得很对,恩格斯出版《资本论》第 2 卷和第 3 卷,就是替他的天才朋友建立了一座庄严宏伟的纪念碑,无意中也把自己的名字不可磨灭地铭刻在上面了。"⑥恩格斯在整理第 2 卷和第 3 卷的同时就给丹尼尔逊寄去校样,使得俄文版能够以最快的速度翻译和出版。1885 年 2 月,恩格斯给丹尼尔逊寄去了第 2 卷的校样,此后恩格斯一边校对,一边把校对好的印张寄给丹尼尔逊,大约每隔

---

①　《马克思恩格斯与俄国政治活动家通信集》,人民出版社 1987 年版,第 280 页。

②　《马克思恩格斯文集》第 10 卷,人民出版社 2009 年版,第 426 页。

③　《马克思恩格斯文集》第 5 卷,人民出版社 2009 年版,第 28 页。

④　《马克思恩格斯文集》第 5 卷,人民出版社 2009 年版,第 29 页。

⑤　《马克思恩格斯与俄国政治活动家通信集》,人民出版社 1987 年版,第 471—472 页。

⑥　《列宁全集》第 2 卷,人民出版社 1984 年版,第 10 页。

三周寄 5 个印张,丹尼尔逊收到后就立即进行翻译,因此他的翻译工作与恩格斯的校对工作基本同步。他们在通信中讨论《资本论》手稿的编排、校对和出版工作,当然丹尼尔逊最关心的是如何处理俄国经济生活的资料。"我很想知道,有关俄国经济生活的资料编进这本书没有。……作者认为这些资料对他自己来说是极为重要的,因为我国经济生活的条件非常简单,不复杂,而且经济生活中种种因素的相互影响表现得比较清楚,因为这种相互影响没有因各种外部影响而变得模糊不清。……作者的结论——不管他是否运用了俄国的资料——对我们来说都具有特殊的意义。"① 1885 年 7月,恩格斯完成整理工作,出版《资本论》第 2 卷,丹尼尔逊在 8 月也基本完成了翻译工作,并称读这本书是一种享受。"作者按其思想的独创性和深刻性来说,可与查理·达尔文媲美,而且他们的理论也有着同样的遭遇。"②12 月,丹尼尔逊在彼得堡出版了俄译本③,印张 3030 册。1886 年 2 月,恩格斯收到了丹尼尔逊寄来的第 2 卷俄译本,高兴地称赞丹尼尔逊出色的翻译。

　　1885 年 8 月,恩格斯开始整理第 3 卷,并且花费了将近十年的时间完成整理工作。为帮助恩格斯写序言,丹尼尔逊在 9 月整理了马克思寄给他的信,将与《资本论》有关的内容做了摘录,寄给了恩格斯。丹尼尔逊非常希望能在《资本论》第 3 卷中发现马克思对俄国问题的研究,其间与恩格斯频繁通信,且篇幅甚长,基本上每一封信都有对第 3 卷整理工作的讨论。虽然马克思对俄国文献资料所做的摘记基本上是同《资本论》第 3 卷有关,但是遗憾的是,恩格斯在第 3 卷中没有找到马克思有关俄国土地问题的论述,"我们的作者生前没有留下任何可供俄文译者使用的他对俄国土地所有制状况的看法以及他对这个问题的结论的笔记。我所能找到的,是抄自俄国统计材料和一般经济资料的内容广泛的摘录,而且和他平常的做法多少有些不同,这些摘录中没有他个人的任何评注"④。恩格斯还决定出版马克思的书信,认为马克思寄给丹尼尔逊的那些信件居于最重要的信件之列。恩格斯在整理《资本论》第 3 卷的同时,还对《资本论》第 1 卷的其他版本进行了修订。1886 年 4 月,恩格斯与艾威琳开始校订《资本论》第 1 卷英文版,11 月出版。1889 年,恩格斯修订《资本论》第 1 卷德文第 4 版,1890 年出

---

① 《马克思恩格斯与俄国政治活动家通信集》,人民出版社 1987 年版,第 493 页。
② 《马克思恩格斯与俄国政治活动家通信集》,人民出版社 1987 年版,第 498 页。
③ Карл Маркс. Капитал. Критика политической экономии. Том второй. Процесс обращения капитала. Издание под редакцией Фридриха Энгельса.— СПб., 1885 г. Тир. 3030 экз.
④ 《马克思恩格斯与俄国政治活动家通信集》,人民出版社 1987 年版,第 755 页。

版。1894 年,恩格斯出版《资本论》第 3 卷。1895 年 8 月 5 日,恩格斯逝世,
9 月列宁在纪念弗里德里希·恩格斯的文章中写道:"整理两卷《资本论》,
是一件很费力的工作。……的确,这两卷《资本论》是马克思和恩格斯两人
的著作。古老传播中有各种非常动人的友谊故事。欧洲无产阶级可以说,
它的科学是由这两位学者和战士创造的,他们的关系超过了古人关于人类
友谊的一切最动人的传说。"①　1896,丹尼尔逊出版《资本论》第 3 卷俄译
本②,印张 3020 册。

　　从 1872 年出版《资本论》第 1 卷第 1 版俄译本,到 1885 年出版《资本
论》第 2 卷俄译本,1896 年出版《资本论》第 3 卷俄译本,丹尼尔逊用 25 年
的时间完成了《资本论》第 1 卷第 1 版、第 2 卷和第 3 卷的翻译和出版工作,
这也成为他一生当中的最重要事业。1898 年,丹尼尔逊翻译的《资本论》第
1 卷俄文第 1 版版第二次和第三次印刷出版。1908 年,洛帕廷整理出版了
《马克思恩格斯与丹尼尔逊通信集》③,成为研究马克思恩格斯思想的重要
资料。

二、丹尼尔逊与马克思恩格斯的友谊

　　如前所述,丹尼尔逊在翻译《资本论》时与马克思恩格斯有着大量的通
信,实际上他们的友谊远不止于此。在俄国政治活动家中,丹尼尔逊是与马
克思恩格斯保持通信时间最长的人,从 1868 年 9 月一直持续到 1895 年 6
月 4 日恩格斯逝世前夕。他们的通信大致分为两个时期,一是 1868 年 9 月
到 1882 年丹尼尔逊与马克思的通信,二是 1884 年至 1895 年丹尼尔逊与恩
格斯的通信。

　　1869 年,丹尼尔逊第一次单独给马克思写信,他向马克思介绍了弗列
罗夫斯基长达 15 年左右的研究成果《俄国工人阶级状况》。丹尼尔逊认
为,这本书是迄今为止唯一正确阐述俄国农民、工厂工人、手工业者和俄国
工人阶级的命运和经济状况的著作。他将这本书寄给马克思,这也是他向
马克思写作《资本论》提供资料的开始。马克思高度评价了弗列罗夫斯基

---

① 《列宁选集》第 1 卷,人民出版社 2012 年版,第 95 页。

② Карл Маркс. Капитал. Критика политической экономии. Том третий. Процесс
капиталистического производства, взятый в целом. Издание под редакцией Фридриха
Энгельса.— 1896 г.СПб.Тир. 3020 экз.

③ Письма Карла Маркса и Фридриха Энгельса к Николаю-ону [Н. Ф. Даниельсону]: С
прил.некоторых мест из их писем к другим лицам / Пер.Г.А.Лопатин.— СПб.: Тип.А.
Бенке,1908.Тираж 3000 экз.

及其著作:"从纯粹的理论观点来看,这部著作在某些地方还不是完全无可非议的,那也不会降低它的价值。这是一位严肃的观察家、勤劳无畏的劳动者、公正的批评家、大艺术家,而首先是一个愤恨形形色色的压迫、憎恶各种各样的民族颂歌、热情地分担生产者阶级的一切痛苦和希望的人的作品。弗列罗夫斯基的以及你们的导师车尔尼雪夫斯基的作品,为俄国争得了真正的荣誉,而且证明你们的国家也开始参加到我们这一世纪的共同运动中来了。"①

　　梳理一下马克思与丹尼尔逊的书信,就能看出丹尼尔逊给马克思寄去了多少书,基本上每月都会寄两次以上,坚持邮寄了十几年,总数有上百本,有的还是非常珍贵的版本,在当时的运输条件下这是多么难得! 1869 年至 1871 年,丹尼尔逊寄的书籍主要有车尔尼雪夫斯基的《论土地所有制》《没有收信人的信》,杜勃罗留波夫的《穆勒政治经济学概述》《莫斯科新闻报》《俄国社会问题》汇编,季别尔和戈洛瓦乔夫的著作,五卷本的斯克列比茨基的著作、谢德林的讽刺作品等。1872 年至 1879 年,由于马克思的研究需要,丹尼尔逊主要寄的是俄国农村公社方面的书籍,1872 年寄去了斯克列比茨基的五卷本著作和戈洛瓦乔夫的著作《1861 — 1871 年的十年改革》《俄罗斯民法史》《俄国民法》等书籍,1873 年夏寄去了哥尔查科夫、谢尔盖耶维奇、涅沃林、斯卡尔金等人的著作以及图书简评,还寄去了一些期刊文章,主要有米柳亭的《论俄国宗教界的土地占有》、索洛维约夫的《关于农村公社问题》、帕纳也夫的《公社》、伊凡尼晓夫的《论俄国西南部的古代农村公社》。1875 年 11 月,丹尼尔逊从洛帕廷那里得知马克思正在研究俄国经济问题,立即给马克思寄去了非常珍贵的材料《税务委员会汇报》,这 10 册《汇报》是非常罕见的版本,没有公开发行,丹尼尔逊也是从别处借来的,而且借期只有三个月。12 月,他继续给马克思寄去了有关耕作法的材料,如别佐勃拉夫的《汇编》、萨班涅夫的《外乌拉尔边区》《研究俄国粮食贸易和生产率的考察报告》等。1877 年 3 月,丹尼尔逊给马克思寄去了三期《统计期刊》《劳动组合报导汇编》、布尼亚科夫基的《人类生物学研究》、瓦西里奇科夫的《地产和农业》以及最新出版的索柯洛夫斯基的著作《农村公社史概论》,同时希望马克思为《祖国纪事》杂志写一篇关于俄国农村公社的文章。1878 年春,丹尼尔逊给马克思寄去了《莫斯科省统计材料汇编》(2 卷)、帕赫曼《普通法》及扬松的《农民的支出》、《交易所组合》、《统计期刊》第 11辑刊、《银行统计》,索柯洛夫斯基的《北方村社》,特里罗果夫的《纳税人》

---

①　《马克思恩格斯全集》第 16 卷,人民出版社 1964 年版,第 463—464 页。

等。1879 年 2 月他向马克思寄去了《用于估价等等的材料》(2 卷)、《国家银行报告》、《财政部年鉴》、《1877 年俄国对外贸易概述》、《俄国铁路材料汇编》、《1877 和 1878 年交通部统计汇编》(2 卷)、《祖国纪事》1878 年第 11 期、《国务知识汇编》等。1880 年 11 月,他向马克思寄去了《农村公社材料汇编》《俄国土地占有制统计资料》等书籍。1881 年 2 月,丹尼尔逊给马克思寄去了《莫斯科地方自治会统计汇编》、瓦西里奇科夫公爵的《农村生活》以及他自己的文章。1882 年 7 月,丹尼尔逊给马克思寄去了一批书籍以及简要的书评,主要有《交通部统计资料汇编》第六卷、《俄国银行年鉴》、《1881 年农业方面的情况》、恩格尔哈特的《农村来信》等。1881—1882 年马克思编写了一份书目《我的藏书中的俄国书籍》①,显然,这些书是马克思当时手头拥有的,不包括那些他看完并寄还给丹尼尔逊的书。马克思非常准确地列出了 150 多种版本的俄国书籍,收进书目里的大部分书籍属于 19 世纪 60 年代至 70 年代,主要论述俄国 1861 年改革后的社会经济和政治发展情况。

　　1881 年 12 月,马克思的夫人逝世,13 日马克思给丹尼尔逊寄去了一封信,表达了自己的悲痛心情,同时告诉丹尼尔逊将尽快完成第 2 卷和第 3 卷,由于马克思的健康状况急剧恶化,这封信成为马克思写给丹尼尔逊的最后一封信。丹尼尔逊在 1881 年 12 月 17 日、1882 年 1 月 22 日给马克思写了回信,由于一直没有等到回信,他在 1882 年 5 月 19 日给马克思的女儿爱琳娜寄去了一封信,询问马克思的病情。1882 年 9 月 22 日,丹尼尔逊又给马克思写了一封信,并寄去了三本书及简要的书评。得知马克思逝世后,1883 年 3 月 28 日,丹尼尔逊给马克思的女儿爱琳娜寄去了哀悼信,他对马克思的女儿说,"您的不幸也就是所有那些珍视您的父亲所代表的那一科学的利益的人的不幸","尤其是我知道,您父亲赋予经济关系多么重大的学术意义"②。

　　马克思逝世后,丹尼尔逊与恩格斯开始互通书信,丹尼尔逊继续向恩格斯提供一些重要的俄文书籍,帮助恩格斯整理马克思的手稿,同时向恩格斯提供马克思写给俄国政治活动家的重要书信,为出版马克思全集和完整地理解马克思的思想作出了贡献。除了讨论《资本论》的整理和翻译工作以外,他们在信中还讨论了马克思的经济理论,如剩余价值理论、银行和信用理论等,当然,他们讨论的最重要问题是俄国经济问题。正是在与恩格斯的

---

① 《马克思恩格斯全集》第 50 卷,人民出版社 1985 年版,第 372—380 页。
② 《马克思恩格斯与俄国政治活动家通信集》,人民出版社 1987 年版,第 451 页。

交流中,丹尼尔逊决定运用《资本论》研究俄国问题。一方面,他用俄国的经济状况来检验《资本论》中的经济规律,他在1885年3月致恩格斯的信中谈到了俄国工厂生活的状况,在大多数俄国工厂工人全年拿不到工资,只能在工厂主的店铺里赊购他们所必需的商品,认为俄国工人的状况非常出色地证明了工人所得到的工资额同劳动量成反比的这一经济规律。另一方面,他根据《资本论》中的经济规律试图总结和提炼俄国的经济规律。丹尼尔逊在1887年1月致恩格斯的信中首次表达了打算根据《资本论》研究俄国经济问题的想法,"正因为如此我打算根据他的理论来向广大读者描述俄国经济生活中的各种现象,以指出我们正走向何处。您知道,整个俄国社会现在所选择的这一条道路是很危险的,我们的自然资源已被消耗殆尽"①。恩格斯非常支持丹尼尔逊运用《资本论》研究俄国问题,"我认为,您如果向贵国广大读者指明如何将我们作者的理论应用于你们本国的条件,那是很好的"②。1893年,丹尼尔逊出版专著《我国改革时期社会经济概况》,在俄国引起了激烈的论战。

此外,丹尼尔逊与恩格斯也互相寄书,恩格斯向丹尼尔逊寄去了托·图克的《货币流通规律》、富拉顿的《论流通手段的调整》《雇佣劳动与资本》以及恩格斯自己的著作《社会主义从空想到科学的发展》《家庭、私有制和国家的起源》等,丹尼尔逊给恩格斯寄去了他与马克思的通信、谢德林的《童话二十三篇》、季别尔的《大卫·李嘉图和卡尔·马克思的社会经济研究》《一八八九年莫斯科省统计年鉴》、《俄国财富》杂志以及俄国的一些统计资料。恩格斯在致拉甫罗夫的信中曾经说,"其中有一大批藏书,这是依仗丹尼尔逊收集起来的,里面有关于俄国当代社会状况的很重要的材料"③。恩格斯还提议以这些书作为核心来建立俄国革命者流亡者的图书馆。

第二节　马克思恩格斯与丹尼尔逊关于俄国资本主义问题的思考

丹尼尔逊一生的兴趣是研究俄国在农奴制改革时期的经济状况。他在19世纪70年代主要是与马克思在书信中谈论俄国的公社问题和俄国的经济发展问题,1880他在马克思的鼓励下,发表了研究俄国经济问题的论文。

① 《马克思恩格斯与俄国政治活动家通信集》,人民出版社1987年版,第523页。
② 《马克思恩格斯与俄国政治活动家通信集》,人民出版社1987年版,第524页。
③ 《马克思恩格斯与俄国政治活动家通信集》,人民出版社1987年版,第458页。

19 世纪 80 年代,他在恩格斯的支持下,开始运用《资本论》研究俄国问题,他的专著《我国改革时期社会经济概况》在俄国引起了激烈的讨论,促进 19 世纪八九十年代俄国知识分子对俄国资本主义命运的研究。

一、农奴制改革后俄国的农村问题

1867 年,《资本论》第 1 卷第 1 版出版后,马克思在写作第 2 卷时发现由于农村公社的存在,俄国的土地所有制和地租制度与西欧国家存在着很大的差异。因此,俄国土地所有制和地租问题成为马克思关注的重点。俄国农村公社成为他和丹尼尔逊在书信中深入探讨的第一个重要问题。马克思在 1872 年 12 月的信中告诉丹尼尔逊他将在《资本论》第 2 卷中研究土地所有制,特别是俄国的土地所有制。丹尼尔逊立即给马克思寄去了俄国关于土地所有制的资料,还简要介绍了契切林、车尔尼雪夫斯基、别利亚耶夫等对俄国土地问题的研究。马克思对契切林与别利亚耶夫关于俄国公社土地占有制的论战非常感兴趣,希望丹尼尔逊提供一些资料,同时也反对契切林关于公社土地占有制是国家的措施且与农奴制相伴随的看法。马克思发现,公社土地占有制"在所有其他国家是自然产生的,是各个民族发展的必然阶段,这个制度在俄国是纯粹作为国家的措施而实行的,是作为农奴制的伴随现象而发生的"[1]。丹尼尔逊反对把农奴制的废除作为公社瓦解的直接原因,认为农村公社的瓦解与农民的解放没有关系,"现在来彻底研究公社(农村公社)瓦解的原因,以表明农民的解放对此没有任何直接的影响,是很有意义的"[2],这成为他以后形成的俄国资本主义观的思想基础。在 1873 年 5 月的上万字的长信中,丹尼尔逊向马克思详细阐述了俄国农村公社的产生过程以及俄国学界对农村公社的研究。为此,他还请教了俄国历史学家柯斯托马罗夫,他们一起分析了别利亚耶夫的《罗斯农民》一书的不足之处,虽然这本书是目前论述俄国农民在历史发展进程中的社会地位的最好的专著,但是它仅仅非常确切地叙述了 16 世纪公社的情况,对 17 世纪和 18 世纪公社的情况只字未提,也没有研究重大政治事件与土地关系的影响。丹尼尔逊关于俄国农村公社的基本观点是:"我们所知道的农奴制度下的公社,它的存在有赖于国库措施。人们在对待公社方面没有想出任何新的东西。可是,当新生活的整个发展使公社丧失了所有联系着的理由以后,这种发展也向政府提供了一种可能性,这就是用强制力量,而且是用最

① 参阅《马克思恩格斯与俄国政治活动家通信集》,人民出版社 1987 年版,第 196 页。
② 《马克思恩格斯与俄国政治活动家通信集》,人民出版社 1987 年版,第 194 页。

沉重的锁链把摇摇欲坠的这种机构巩固起来。……但是,不应由此得出结论说,公社的精神业已消亡。在公社还没有丧失自己力量的地方,在公社能够保护自己成员的利益的地方,公社在没有外界力量支持的情况下保存下来了。劳动组合就是一个例子。"①

1879年2月,丹尼尔逊在致马克思的信中详细阐述了俄国农民的情况,并收集了俄国的欧洲部分农民的支付方式和支出情况的材料。他把俄国的农民分为三大类:前地主农民、前国有农民和前皇室领地农民。他用数字来表明三大类农民的经济情况,由于缺乏资料,把后面的两大类,即前国有农民和前皇室领地农民合并在一起。由于波罗的海东部沿海三个省、比萨拉比亚、顿河军区的资料不充分,因此他把俄国其他46省农民的资料进行了充分的研究,分别从纳税人人数、人头税、农民占有的俄亩数、土地支付款、地方自治局征收的地方捐税、国有农民的社会捐税、国有农民的森林税、土地收入等方面非常详细地阐述了俄国农民的状况。他的结论是,农民承担了国家预算的全部重担和巨额的土地赎款。

马克思与丹尼尔逊深入探讨的另一个重要问题是俄国1861年改革以来的经济发展问题。1879年7月,丹尼尔逊在致马克思的信中研究了俄国自改革以来的经济状况。他根据《赋税委员会报告书》研究纳税人的经济情况,认为从19世纪60年代初到现在,俄国的劳动生产率(亦即农业劳动的劳动生产率)没有变化,但劳动产品的分配却发生了巨大的变化。他分析了俄国大部分地区的情况,发现1861年以后农民冒着风险去耕种私人土地占有者的土地,但同时租土地成了农民的沉重负担,农民在收成中分到的份额减少了,不是二分之一,而是要给地主2—3成份额。因此,他得出结论:不仅国家预算以及其他因素要依靠农民的耕种劳动,而且农民还要把自己的产品愈来愈多的份额交给地主,向人数众多的富农提供利润。另外,现在国家和个人的种种做法是旨在使介乎生产者和消费者之间的中间人发财致富,使一切促进资本集中的手段得到发展,因此,农业劳动生产率得不到提高。这也就是研究现代俄国经济发展是极其有趣和极其有益的原因。丹尼尔逊对马克思说,"您面前的这个国家的生产率极其低下,但是这个国家的社会机体已经传染上形式最为危险的资本主义瘟疫"②。丹尼尔逊在1880年3月致马克思的信中分析了银行的主要报表,阐述了当前俄国经济的几个特征:俄国的经济活动取决于气候,国家促进了产品脱离生产者的过

---

① 《马克思恩格斯与俄国政治活动家通信集》,人民出版社1987年版,第207页。
② 《马克思恩格斯与俄国政治活动家通信集》,人民出版社1987年版,第328页。

程,劳动生产率在时间上是同资本生产率分开的,国家为了军事目的发行大量钞票,银行同生产者和生产没有任何关系,俄国的经济愈来愈多地表现为城里人对农民的掠夺性剥削。他希望马克思根据新的资料判断新的经济因素对农村产生了什么影响。由于马克思迟迟没有回信,丹尼尔逊在8月给马克思又寄了一封信。他分析了俄国经济的统计表,包括农业生产的情况,货币量减少、交换增长和纸币跌价等情况,发现在发展过程中每一种单独的现象和其他一切现象几乎是完全相适应的,反之亦然。他还比较分析了俄国和英国在两个相连的为期各为八年的阶段中各月利率变化的情况。他希望马克思在《资本论》第2卷对这些现象及其产生的原因加以阐述。因为这些现象不仅具有理论意义,还具有实践意义。他建议马克思为俄国杂志写一篇文章《论俄国改革后的经济》。马克思虽然很乐意写这篇文章,但是他的身体状况已经不允许他做任何事情了。因此,他建议丹尼尔逊写这篇文章,并可以使用他们在信中所讨论的一切内容,“对广大读者来说最重要的事,也就是编制统计表和解释其中所包含的事实,您已经全部做了。如果您要推迟发表您的著作,那是很遗憾的”①。马克思的建议促使丹尼尔逊开始写作分析统计表的文章,1880年,丹尼尔逊在《言论》杂志第10期上发表了第一篇文章《我国改革后的社会经济概况》②,在大量的统计资料的基础上研究俄国在亚历山大二世改革时期的经济状况。马克思称赞这篇文章“极富于独创性”,建议丹尼尔逊“下一步首先要研究的问题,就是上层阶级在农业中的代表,地主们的债务的惊人增长,并且要指出,他们是怎样在‘新的社会支柱’的监督下在社会蒸馏器里面‘结晶’”③。

二、俄国资本主义的发展状况

丹尼尔逊在与恩格斯的通信中经常讲述俄国的经济状况。恩格斯在1890年6月致丹尼尔逊的信中写道,“在政治安定的平静表面现象下,这个国家也和所有其他欧洲国家一样正在完成重大的经济转变,而观察这些转变的进程是非常有意义的。这种经济转变的后果,迟早也会在生活的其他方面表现出来”④。丹尼尔逊同意恩格斯的这个观点,他看到了俄国农民的家庭手工业正在迅速地变为资本主义工业,其后果之一是农民必须廉价出售农产品和劳动力。他在1891年5月致恩格斯的信中通过考察农民和地

---

① 《马克思恩格斯与俄国政治活动家通信集》,人民出版社1987年版,第365页。
② 《Очерки нашего пореформенного общественного хозяйства》, 《Слово》,1880, № 10.
③ 《马克思恩格斯与俄国政治活动家通信集》,人民出版社1987年版,第380—381页。
④ 《马克思恩格斯与俄国政治活动家通信集》,人民出版社1987年版,第565—566页。

主的谷类作物价格的变化以及土地买价的变动,详细分析了俄国农民由于
资本主义的发展而遭到日益严重的剥削的情况。他还详细分析了家庭纺织
工业转变为资本主义工业的程度,认为俄国资本主义工业是依靠最严格意
义上的家庭工业而发展起来的。

　　1891 年秋,俄国发生了严重的饥荒,农民的状况十分悲惨,没有粮食,
没有衣服,没有燃料,也没有牲口饲料,一些省出现了饿死人的情况,但是公
社毫无反抗。他和恩格斯都认为,这次歉收不是偶然的,而是必然的,是
1861 年以来俄国走上的经济发展道路的一个必然结果。1891 年 10 月 24
日,恩格斯在致弗·阿·左尔格的信中写道:"虽然俄国发生了饥馑,战争
的危险依然在增长。俄国人想通过外交途径迅速而充分地利用俄法新联
盟,尽管我确信俄国外交界不希望战争,在饥荒的情况下进行战争简直是发
疯,但也不排除这样一种可能,即军国主义的和泛斯拉夫主义的倾向占上风
(现在,极强大的工业资产阶级为了扩大市场,支持泛斯拉夫主义倾
向)……"①恩格斯从这次饥荒还看到了俄国农村公社灭亡的时刻正日益接
近,在某些地方俄国农民生活的全部陈旧社会结果对个体农民来说不但失
去价值,而且成为束缚他们的枷锁。他坚持马克思在 1877 年给《祖国纪
事》编辑部的信中的观点,即如果俄国继续沿着 1861 年的道路走下去,俄国
的农村公社就必然灭亡。不仅俄国农民要灭亡,要变成无产者,俄国地主也
要没网,他们不得不逐步变卖自己的地产,在这两个阶级之间正在插入一个
新的土地占有者阶级——农村富农和城市资产者。他在 1892 年 3 月 15 日
致丹尼尔逊的信中写道:"恐怕我们将不得不把公社看作是对过去的一种
梦幻,将来不得不考虑到会出现一个资本主义的俄国。毫无疑问,这样就会
失去一个大好机会,但对经济事实是无可奈何的。"②丹尼尔逊还没有认识
到农村公社与现代工业的冲突,在回信中列举俄国一些地方的经济事实说
明公社土地的分割已经得到制止,公社社员仍然可以获得分地。丹尼尔逊
与其他民粹派思想家一样,对农村公社仍然抱有幻想,因此他在给恩格斯的
信中多次问道,农村公社不能作为新的经济发展的基础吗? 俄国的资本主
义发展是不可避免的吗? 恩格斯针对俄国大工业的发展现状,做出了回答:
俄国发展的必然结果是从公社农业和宗法式家庭工业向现代工业过渡,并
且这一变革将危机公社的存在,因为工业革命是不可避免的,"俄国的大工

---

① 《马克思恩格斯全集》第 38 卷,人民出版社 1972 年版,第 180—181 页。
② 《马克思恩格斯全集》第 38 卷,人民出版社 1972 年版,第 306 页。

业必将扼杀农业公社,除非发生其他有助于保留这种公社的巨大变化"①。
在俄国社会内部没有产生可以使现代工业与现代农业嫁接在农村公社上的
巨大变化,那就只有通过外部的推动,也就是西欧经济体制的变革。因此,
恩格斯在 2 月 24 日的回信中写道:"假如俄国经济体制的变革与西方的经
济体制变革同时发生,从而双方相互补充的话,那么现今的俄国土地占有制
便能成为新的社会发展的起点。"②

　　1893 年,丹尼尔逊以笔名尼古拉－逊在圣彼得堡出版《我国改革后的社
会经济概况》一书,阐述了自己对俄国农村公社和俄国资本主义前途的看
法。虽然这本书的书名与 1880 年的文章相同,但是丹尼尔逊补充了很多新
的现实资料。丹尼尔逊的这本书在俄国引起了激烈的讨论。1893 年 10
月,犹太社会主义者联盟在致恩格斯的信中写道:"《我国改革后的社会经济
概况》这本书出版后在俄国引起了强烈的反响,因为作者尽管也给人留
下了他是坚定的马克思主义者的形象,他引用了马克思和恩格斯的话,运用
了大量的统计材料,但却得出了与这两位伟大的政治经济学家完全相反的
结论。……现在谁也不知道,作者的观点与现代科学社会主义是否相容,如
果不相容,那末如何驳倒它们呢?"③他们请求恩格斯在杂志上简要地阐述
对这本书的意见,从而扩大国际社会主义运动的影响。

　　1894 年 5 月,普列汉诺夫在致恩格斯的信中提到了丹尼尔逊的这本
书。"您是知道尼古拉－逊的著作《我国改革后的社会经济概况》的。这部
书在很多方面可算是一部杰出的著作,但作者作出了什么结论呢? 他说,我
们的社会应该把按社会主义方式组织我们的生产作为自己的任务;尼古
拉－逊还补充说,这个任务是困难的,但完全可能实现。您很清楚,既然现
在政府连社会主义这个字眼都根本不愿意听,那末尼古拉－逊的'社会'就
必须首先从推翻这一政府开始作起。不言而喻,经济问题正变成政治问题。
我不知道尼古拉－逊如何对待这一问题,但我知道,他的这本书受到了我国
民粹派的热烈欢迎。"④俄国民粹派的另一位代表瓦·巴·沃龙佐夫⑤在
1882 年出版了《俄国资本主义的命运》。普列汉诺夫在这封信里做出了评
价:"沃龙佐夫的理论归结如下:资本主义没有机会在俄国获得发展,因为
它没有国外市场。但是,凡是没有资本主义的地方,也就没有资产阶级。在

①　《马克思恩格斯文集》第 10 卷,人民出版社 2009 年版,第 627 页。
②　《马克思恩格斯文集》第 10 卷,人民出版社 2009 年版,第 650 页。
③　《马克思恩格斯与俄国政治活动家通信集》,人民出版社 1987 年版,第 670 页。
④　《马克思恩格斯与俄国政治活动家通信集》,人民出版社 1987 年版,第 713 页。
⑤　瓦·巴·沃龙佐夫(1847—1818):俄国经济学家和政治家,笔名瓦·沃(B.B.)。

西方,立宪主义正是资产阶级的产物。这就是说,没有资产阶级,也就没有
政治自由。因此我国的任务不是为争取自由而斗争。在著名的三位一体的
口号中我们只剩下两个口号——博爱和平等了。要建立平等,没有必要反
对专制,相反,君主专制本身倒能帮助我们实现我们的任务——按社会主义
方式组织我们的生产力;这就是那种首先有利于俄国皇帝和法国资产阶级
的特殊的社会主义。"①1895 年,俄国著名政论家、经济学家和社会民主主
义者伊·阿·古尔维奇(И.А.Гурвич)②在致恩格斯的信中提到了沃龙佐夫
的著作:"沃龙佐夫对马克思在《资本论》第三卷中提出的解决价值理论中
的矛盾的办法,也说出了正确的看法。他的这本著作当时在俄国激进分子
中间受到了广泛的讨论。"③总的来说,丹尼尔逊和沃龙佐夫认为马克思曾
说过俄国可以避免资本主义发展阶段,因此他们号召俄国政府保存公社。
普列汉诺夫指出了他们的错误,认为他们是把真正的马克思主义变成某种
空想的社会主义。

　　1894 年 7 月,普列汉诺夫在致恩格斯的信中再次谈到了丹尼尔逊的
《我国改革后的社会经济概况》一书。丹尼尔逊害怕资本主义入侵俄国后
所产生的后果,但是俄国的农业公社在哪些方面能够帮助俄国摆脱那些他
所惧怕的灾难呢? 普利列汉诺夫援引了俄国统计学奠基人奥尔洛夫在《莫
斯科省地产形式》(1879)中的观点:对于最贫穷的公社社员(他们人数很
多)来说,公社已成为一种有害的机构。对于农民中最贫穷的一部分人来
说,公社已成为障碍和灾难。④ 因为这部分公社社员如果要耕种自己的份
地就要缴纳沉重的赋税。在这种情况下,公社的瓦解对于这部分农民来
说是如释重负。但是丹尼尔逊害怕公社解体,认为农村公社将把我们从
工人运动和社会主义运动中拯救出来。普列汉诺夫反对这种观点,因为
公社社员的革命性很差,如果经济运动没有改变他们的生存条件和思想
方法,俄国沙皇制度还可以存在几千年,因此旧的经济制度破坏得愈多,
就愈接近革命。

　　1895 年 2 月 20 日,普列汉诺夫在致恩格斯的信中指出,丹尼尔逊在为
《俄国财富》杂志撰稿,而这个杂志是反对和攻击马克思主义的。由于丹尼
尔逊是《资本论》的译者,他这样的文章将给俄国的革命运动带来巨大的危

①　《马克思恩格斯与俄国政治活动家通信集》,人民出版社 1987 年版,第 713 页。
②　伊·阿·古尔维奇(Исаак Аронович Гурвич,1860—1924):俄国政论家、经济学家、社会
　　民主主义者。主要研究俄国无产阶级和农民状况。
③　《马克思恩格斯与俄国政治活动家通信集》,人民出版社 1987 年版,第 762 页。
④　参阅《马克思恩格斯与俄国政治活动家通信集》,人民出版社 1987 年版,第 721 页。

害。因此,他请求恩格斯在《新时代》上谈谈对这个问题的看法。恩格斯在1895年2月26日的回信中表明了对丹尼尔逊的观点无可奈何,"同他所属的这一代俄国人是无法进行辩论的,他们至今还相信那种自发的共产主义使命,似乎这种使命可以把俄罗斯、真正神圣的罗斯同其他世俗民族区别开来"①。

第三节　恩格斯晚年对俄国问题的研究

马克思逝世后,除了与丹尼尔逊通信,恩格斯还主要与拉甫罗夫和查苏利奇通信,尤其是非常支持他们对马克思主义著作的翻译和出版。以查苏利奇为代表的劳动解放社成为俄国翻译马克思恩格斯著作的最重要的力量。1890年初,恩格斯应查苏利奇的请求为劳动解放社在伦敦创办的杂志《社会民主党人》写了一篇文章,即《沙皇俄国的对外政策》。这篇文章的俄译文由查苏利奇翻译,首先发表在《社会民主党人》杂志1890年第1期和第2期上。德文原文起初发表在《新时代》1890年第8卷第4期,但是该杂志编辑部未经恩格斯同意对文章的前两章作了一些修改。恩格斯在1890年4月1日给杂志编辑考茨基和出版人约·亨·狄茨的信中要求根据原稿重新刊前两章,于是杂志在第5期上重新刊登原稿。英译文发表在《时代》杂志1890年4月号和5月号。在恩格斯生前,这篇文章已经得到相当广泛的传播,先后以波兰文、罗马尼亚文、法文、保加利亚文发表。

恩格斯为什么在这个时候研究沙皇俄国的对外政策? 这个主题似乎与恩格斯晚年对俄国经济问题的关注无关,似乎也与俄国革命运动无关。实际上,恩格斯在1890年4月给查苏利奇的信中就说明了原因:"自从俄国本身有了革命运动以来,曾经是无敌的俄国外交界就再也不能得到任何成功了。而这是非常好的,因为这种外交界无论对你们还是对我们都是最危险的敌人。这是目前俄国唯一坚定的力量,在俄国甚至军队本身对沙皇不忠,在军官中进行的大逮捕就证明了这一点,这种逮捕表明俄国军官的一般发展和道德品质要比普鲁士军官高得无可比拟。只要你们(你们或者哪怕是立宪主义者)在外交界获得拥护者和可靠分子,你们的事业就胜利了"②。恩格斯把俄国对外政策的失败与俄国革命运动联系起来,并且预见到了1905年俄国革命甚至1917年俄国革命将在沙皇俄国外交政策失败的困局

---

① 《马克思恩格斯与俄国政治活动家通信集》,人民出版社1987年版,第751页。
② 《马克思恩格斯文集》第4卷,人民出版社2009年版,第551—552页。

中爆发。

一、俄国强大的对外政策

恩格斯在文章中首先指出西欧工人关心俄国革命胜利的原因,这是因为作为欧洲反动势力主要堡垒的沙皇俄国的存在对西欧政党也是一种危险;沙俄帝国不断干涉西方事务,阻挠和破坏西欧政党的发展,从而阻止欧洲无产阶级的胜利。恩格斯反对俄国革命者对沙皇政府的轻视,清醒地认识到沙皇俄国对内政策和对外政策的区别,沙皇政府在对内政策上鼠目寸光、贪污腐化,在对外政策上却深谋远虑、运筹帷幄。

恩格斯以时间为序分析了俄国自18世纪中叶以来至19世纪90年代的对外政策。18世纪中叶的俄国拥有广袤的土地,人民属于同一种族,虽然人口数量少,但是增长迅速,因此国家的威力不断增长。18世纪中叶的俄国人民虽然在精神上停滞不前,缺乏创造性,但是他们坚韧顽强,大胆无畏。俄国只有西部边界面向欧洲,因此它只有一面易受攻击。特殊的地理位置使俄国具有坚强的防御阵地,它可以把任何一个国家拖入无休止的战争。俄国的优势是防御,但是在进攻方面软弱无力,不仅在物质上有种种困难,而且军队的征集、组织、装备和调动都遇到极大的障碍。虽然沙皇政府试图用各种方式提高大规模的进攻能力,但都没有成功。18世纪60年代的俄国比它的邻国要强大,它的邻国瑞典和土耳其已经趋于衰落,濒于崩溃。俄国的北部是瑞典,但是由于查理十二入侵俄国,瑞典已经丧失实力。俄国的南部是土耳其人和克里米亚鞑靼人,土耳其人的进攻力量早在100年前就已被摧毁,现在已是强弩之末,而且他们的防御力量也在日益减弱。沙皇政府在解放的幌子下侵略土耳其,自称为“解放者”,这不仅是沙皇俄国对东方基督教世界的精神统治,而且也是俄国确立对欧洲统治的关键一步。

恩格斯在这篇文章里详细分析了俄国和波兰的历史关系。波兰这个贵族共和国早已土崩瓦解,外国的军队不断侵占它。俄国从彼得大帝开始就有步骤地破坏波兰,他的后继者们打着“民族原则”的借口继续侵占波兰。恩格斯认为,德国是继波兰之后将陷入土崩瓦解的国家。德意志罗马帝国从三十年战争时起就只是名义上的国家,因为各个王国的权力越来越大,甚至在德国与其他国家的对外战争中与敌人结成盟友,因此每次战争也同时是内战。彼得大帝第一个充分估计了对俄国非常有利的欧洲形势,制定了对瑞典、土耳其、波斯、波兰以及对德国的俄国外交政策的基本原则。彼得大帝之后,普鲁士兴起,德国皇帝在帝国内部有了一个强大的敌人,它使德国加剧了分裂。普鲁士为了摆脱德意志帝国的控制,就依靠法国或俄国的帮助,特别是俄国的帮助,因此它越来越受俄国的控制。因此,俄国可以利用欧洲国家的利益冲突,在外交活动中取得强大的盟友的支持。相对于俄国那些正处于瓦解状态的邻国,也就是土耳其、波兰和德国而言,俄国是一个统一的迅速成长的国家,俄国"是几乎无法攻破的、完全不可征服的,而且它是一块未被触动的、几乎毫无阻力的可塑之材"①。

　　沙皇俄国的世界霸权之路开始于叶卡捷琳娜女皇。在七年战争中跟奥地利和法国长久敌对并被英国抛弃的德国皇帝弗里德里希只能拜倒在刚刚继位的俄国女皇叶卡捷琳娜的脚下,他不仅可以获得强有力的保护,而且还有希望兼并波兰土地。1764 年,叶卡捷琳娜和弗里德里希签订了彼得堡同盟条约,从此双方共同用武力"保护"波兰,这就决定了波兰在将来要被瓜分。18 世纪的沙皇俄国在欧洲高喊"开明"的口号,但实际上以"开明、自由主义、解放各族人民"为幌子掠夺领土,使用暴力和进行压迫。恩格斯总结了叶卡捷琳娜二世的外交政策:"兼并波兰,虽然最初还不得不把一部分猎获物让给邻居;把德国变成下一个瓜分对象;把夺取君士坦丁堡当作永不忘记的、可以逐渐实现的最主要目标;夺取芬兰作为彼得堡的屏障而把挪威并给瑞典作为补偿"②,同时"用国际法的限制性条款来削弱英语的海上优势;在土耳其的基督教徒-莱雅中煽动起义;最后,把自由主义的和正统主义的词句巧妙地结合起来"③,实际上是肆无忌惮地占领领土,夺取出海口。

　　法国革命平息后,拿破仑的崛起给了俄国外交取得新成就的机会,俄国开始向德意志各邦进军。为了达到目的,俄国与拿破仑结成同盟来瓜分世界,首先占领的是芬兰。三年后,沙皇亚历山大与拿破仑决裂,与英国结成同盟反对拿破仑,并且以把挪威许诺给瑞典的方式诱使瑞典加入英俄同盟。亚历山大追求的目标仍然是君士坦丁堡—沙皇格勒,但是俄国军队向土耳其的推进十分缓慢。拿破仑在进攻莫斯科的途中全军覆没,俄国沙皇亚历山大二世趁此机会作为欧洲的主宰进入了巴黎。因此到1812 年,土耳其把比萨利比亚让给了俄国,波兰的领土的十分之九也并入了俄国,这"是对别国领土的赤裸裸的暴力掠夺,是明火执仗的抢劫"④。沙皇俄国成为欧洲大陆的统治者,奥地利和普鲁士听命于他,法国波旁王朝在俄国的帮助下得以复辟,瑞典在他的帮助下得到挪威,自然对他俯首听命,沙皇俄国达到了在

---

① 《马克思恩格斯文集》第 4 卷,人民出版社 2009 年版,第 361 页。
② 《马克思恩格斯文集》第 4 卷,人民出版社 2009 年版,第 366 页。
③ 《马克思恩格斯文集》第 4 卷,人民出版社 2009 年版,第 366 页。
④ 《马克思恩格斯文集》第 4 卷,人民出版社 2009 年版,第 371 页。

欧洲以前从来未有过的重要地位。俄国外交以保卫正统为借口建立了"神圣同盟",这个同盟实际上是俄、奥、普同盟的扩大,这样欧洲所有的君主都在俄国沙皇的领导下,因此马克思恩格斯说,沙皇俄国是"欧洲的宪兵"。

俄国利用在欧洲取得的霸权继续向君士坦丁堡—沙皇格勒推进。在外交上利用罗马尼亚人、塞尔维亚人、希腊人这三个杠杆。希腊人在土耳其帕莎的压迫下在1774年两次起义之后再次举行起义。欧洲的君主们试图恢复革命前的秩序,在法国、德国、西班牙和意大利都爆发了公开的起义。沙皇竭尽全力地在欧洲的同盟者的内部煽动不和,同时号召他的同盟者采取最坚决的行动来对付它们的叛逆臣民。"愚蠢的欧洲又令人难以置信地受到愚弄;沙皇政府向各国君主和反动派宣扬正统主义,向自由主义的庸人宣扬各族人民的解放,宣扬开明;而前者和后者都相信了它。"①

沙皇亚历山大一世突然离世,尼古拉一世继位。他终于发动了对土耳其的战争。起初英国和法国都派出舰队与俄国舰队联合起来,但是很快英国退出,法国在1828年时仍然忠于俄国。这时普鲁士驻君士坦丁堡公使馆用俄国即将发动进攻的虚假消息迫使土耳其人媾和,俄国得到了多瑙河口、亚洲的一块土地以及插手多瑙河事务的借口。与此同时,波兰爆发起义,这次起义把俄国牵制了整整一年,而且俄国的康斯坦丁大公为躲避波兰起义者被迫出逃时,他的全部外交档案、外交报告以及大使们的重要报告的官方复本全部落到了起义者手中。这些公文有力地说明了沙皇俄国力图离间西欧各国加强自身统治的外交策略。波兰政府把这些文件交给了英法两国,1834年,英国国王威廉四世授意戴维·乌尔卡尔特将这些资料公开刊登在《公文集》上,充分揭露了俄国在1825—1830年的全部外交手腕,俄国沙皇的外交策略遭到严重的挫折。

1848年俄国爆发二月革命,俄国外交竟然把这次革命当作有利的事件来欢迎,这是俄国外交不仅没有从西欧革命中受到损害,而且还得到了直接的益处。革命使德国皇帝弗里德里希-威廉四世更加依附俄国,俄国外交得到了它想要的东西。沙皇尼古拉命令俄国军队镇压匈牙利军队,从而导致1848年欧洲革命的失败。但是二月革命也敲响了沙皇政府的第一声丧钟。克里米亚战争后,英法都援助土耳其,英法联军刚在保加利亚登陆,奥地利人也进入多瑙河两公国,并且加入了联军,普鲁士也卷入了同盟。沙皇尼古拉把俄军集中于塞瓦斯托波尔这个边疆的据点,俄国在防御方面的优势反转为劣势:南俄草原幅员辽阔、人口稀少、交通不便、补给资源缺乏,克

---

① 《马克思恩格斯文集》第4卷,人民出版社2009年版,第374页。

里米亚成为俄国军队的坟墓。尼古拉暴毙后,他的继承人亚历山大二世匆忙缔结和约。

　　沙皇政府在克里米亚战争的失败动摇了其在国内的专制统治,随之而来的是惊人的觉醒。战争中的庞大牺牲使俄国人民大大地醒悟,人民不可能再回到从前的被动服从的状态。同时,俄国在经济方面也进一步发展,在贵族之外出现了资产阶级,在贵族中间形成了知识分子阶层,之后还产生了平民知识阶层,甚至还有女性知识阶层,正是她们被俄国革命民粹派代表特卡乔夫称为"正在成长的力量"。俄国外交在西欧的失败使新沙皇不得不在国内装扮成"开明的自由派",这就为俄国国内的思想运动及社会舆论奠定了开端。俄国开始了内部的发展,同时也开始了内部的党派斗争,在各党派争夺政权的斗争中,外交将失去它的始终不变的目的,俄国外交将不再具有以前那种特殊的力量,不可能再无条件地支配全民族的力量。沙皇政府开始着手推动俄国资产阶级的发展,但是资产阶级的发展需要无产阶级,因此沙皇政府不得不实行农奴解放。在俄国的农村公社被根本破坏的同时,新兴的资产阶级享受各种特权,在农村和城市开始了一场真正的社会革命。这场革命使俄国思想界也参与其中,俄国自由主义立宪运动、俄国虚无主义和俄国民粹主义等各种思潮就是俄国新兴的资产阶级和无产阶级思想的反映。

　　1859 年的战争对欧洲其他国家也产生了很大的影响。意大利违背俄国沙皇压力山大二世和法国皇帝路易·波拿巴的意志,成为独立统一的国家。普鲁士"铁血宰相"俾斯麦在 1863 年波兰起义时支持俄国,反对奥地利、法国和英国,竭尽全力地保证俄国获得胜利,以此使俄国沙皇同意石勒苏益格—荷尔斯泰因这两个公国脱离丹麦。在 1866 年的普奥战争中,背叛俄国的奥地利战败,普鲁士战胜。普奥战争导致了 1870 年的普法战争,俄国沙皇仍然支持普鲁士,仅仅用五个星期的时间就打垮了波拿巴的法兰西帝国。

　　恩格斯认为,国际工人协会总委员会正确地理解了当时的国际局势。1870 年 9 月 9 日,总委员会发表了一篇宣言,即马克思起草的《国际工人协会总委员会关于普法战争的第二篇宣言》(《马克思恩格斯文集》第 3 卷)。1870 年普法战争中普鲁士德意志力量的进一步增强,会迫使俄国沙皇和德国敌对。因为俄国对欧洲发生极大影响的必要前提是俄国沙皇对德国的控制,现在这种控制已经遭到破坏。新的德意志帝国从法国夺去了阿尔萨斯—洛林,从而把法国推入了俄国的怀抱。1877 年,俄国对土耳其宣战,1878 年 1 月逼近土耳其首都,但是英国出现在博斯普鲁斯海峡,迫使俄国停止进攻,并把拟定的圣斯特凡诺条约提交欧洲会议审查。俄国向君士坦丁堡的进攻使奥地利投向普鲁士。欧洲大陆于是形成相互威胁的两大军事阵营:一方是俄国和法国,另一方是德国和奥地利。这意味着俄国要真正占领君士坦丁堡,就不得不进行世界战争。但是这次战争的结局取决于英国,因为英国掌握着运输粮食的海上线路,而这正是俄国外交150年以来力图避免的事情,这也说明了俄国外交的失败。

19世纪60年代以来,沙皇专制制度与正处于形成阶段的新社会之间的不可调和性也日益显现出来。恩格斯从三个方面分析了当前欧洲的局势:"(1)德国吞并阿尔萨斯—洛林;(2)俄国试图占领君士坦丁堡;(3)无产阶级和资产阶级的斗争愈加激烈,社会主义运动愈发高涨。"①欧洲日益分裂为两大军事阵营:德国的吞并使法国与俄国结盟,俄国对君士坦丁堡的威胁使奥地利、意大利与德国结盟。俄国与法国的结盟也并不牢固,俄国对已经实行共和制的法国并不放心,只有法国复辟君主制才能使沙皇政府相信它是自己的真正盟友,因此俄国将奥尔良王室置于自己的庇护之下,并在法国从事复辟活动,利用法国资产阶级的急躁的沙文主义来对抗法国工人阶级的革命力量。因此,只有推翻沙皇俄国的统治,解放俄国,才能与法兰西共和国建立稳固的同盟。这个同盟不仅促进法国的革命运动,而且对于欧洲无产阶级的解放斗争也是有利的。恩格斯认为,只有欧洲各国停止战争,西欧才能致力于解决当前的历史任务,即解决无产阶级和资产阶级之间的冲突,把资本主义社会变革为社会主义社会。

恩格斯的最后结论是,俄国沙皇政权的崩溃将加快欧洲革命的进程。因为一旦沙皇政权垮台,整个欧洲的风向就会发生改变,欧洲的反动政府也会立即干预,甚至会派军队强迫俄国恢复沙皇政权。因此,整个西欧,特别是西欧的工人政党都期盼俄国革命政党的胜利和沙皇专制制度的崩溃。从19世纪80年代末90年代初俄国的发展状况来看,俄国要想保全公社也必须要进行革命推翻沙皇专制制度,俄国的革命不仅解放俄国农民,而且推动西方工人运动的发展,加速工业无产阶级的胜利。没有俄国革命的胜利,俄国无论是在公社的基础上还是在资本主义的基础上都不可能达到社会主义的改造。

二、俄国资本主义的发展趋势及出路

马克思逝世后,恩格斯与俄国政治活动家的书信大约有两百封,其中一

---

① 参阅《马克思恩格斯文集》第4卷,人民出版社2009年版,第390页。

些书信是与丹尼尔逊探讨《资本论》第 2 卷、第 3 卷的校对、翻译和出版工作,另一些书信则主要是与俄国政论家深入探讨俄国农村公社的命运、俄国资本主义发展趋势和俄国革命前景等问题,并间接参与俄国各派政论家在 19 世纪 90 年代关于俄国资本主义命运的论战。恩格斯晚年在论述俄国问题的两篇文献,即 1890 年应查苏利奇的请求为劳动解放社在伦敦创办的杂志《社会民主党人》而写的《沙皇俄国的对外政策》和 1894 年 1 月为在柏林出版的《〈人民国家报〉国际问题论文集(1871—1875)》所写的《〈论俄国的社会问题〉跋》中没有提到俄国的这场思想论战,但是恩格斯在与俄国各派政论家的通信中表达了对俄国资本主义发展趋势及出路的基本看法。

　　以丹尼尔逊和沃龙佐夫为代表的俄国自由民粹派最早提出俄国资本主义命运的问题,他们从主观社会学出发坚持俄国可以避免资本主义道路,认为俄国的农村公社是新社会发展的基础。丹尼尔逊在《言论》杂志 1880 年第 10 期上发表《我国改革后的社会经济概况》①,沃龙佐夫 1882 年在圣彼得堡出版《俄国资本主义的命运》,标志着俄国资本主义问题成为 19 世纪八九十年代俄国思想界的重要问题。1893 年,丹尼尔逊在补充 1880 年的文章的基础上出版《我国改革后的社会经济概况》②一书,引起俄国各派知识分子的热烈讨论,正如恩格斯所说,"这本书发生了很大的影响,甚至引起了轰动,这是当之无愧的。在我所遇到的俄国人中间,这本书成了主要的话题"③。

　　19 世纪 90 年代的俄国正处于从农奴制经济向资本主义经济的转变过程中,正如恩格斯所说,"这个国家也和所有其他欧洲国家一样正在完成重大的经济转变,而观察这些转变的进程是非常有意义的。这种经济转变的后果,迟早也会在生活的其他各方面表现出来"④。丹尼尔逊强调资本主义生产的破坏性影响,认为这种经济转变的后果就是俄国农民由于资本主义的发展而遭到日益严重的剥削,他把资本主义生产看作土地贫瘠和农民贫困的原因,从而得出资本主义生产的发展是俄国经济混乱不堪的根本原因。恩格斯反对丹尼尔逊对资本主义生产的认识,认为即使俄国没有资本主义的发展,俄国农民也同样要在生死线上长期顽强地挣扎,因为农民是土地所

---

① Даниельсон. Н. Ф.. Очерки нашего пореформенного общественногохозяйства. Слово. 1880. No. 10.

② Даниельсон. Н. Ф. Очерки нашего пореформенного общественногохозяйства. СПБ. 1893. С. 295.

③ 《马克思恩格斯与俄国政治活动家通信集》,人民出版社 1987 年版,第 672 页。

④ 《马克思恩格斯与俄国政治活动家通信集》,人民出版社 1987 年版,第 566 页。

有者的剥削对象,而且与西欧国家的农民相比,俄国农民还要克服公社的阻力,这是 1861 年以来俄国走上资本主义发展道路的必然结果。

　　根据 19 世纪八九十年代俄国资本主义的发展状况,恩格斯在 1892 年 3 月致丹尼尔逊的信中首次明确表明俄国农村公社解体的必然性。"恐怕我们将不得不把公社看作是对过去的一种梦幻,将来不得不考虑到会出现一个资本主义的俄国。"①农村公社对个体农民而言不仅已经失去价值,而且成为束缚他们的枷锁。6 月,恩格斯在致丹尼尔逊的信中再次强调这一观点,"俄国的大工业必将扼杀农业公社,假如不发生其他有助于保留这种公社的巨大变化的话"②。丹尼尔逊的结论与恩格斯不同,他认为俄国有两种经济方式:一是农民的生产方式,它有坚实的基础并且有可能变得更加牢固,但是它的发展受到了人为的阻碍;二是资本主义生产方式,它是牺牲大多数人民的利益用金钱培植起来的。在他看来,俄国资本主义生产没有国外市场和国内市场,是俄国政府人为保护和培植的结果,俄国把全部力量用在扩大工业和商业上,是"在被掠夺一空的农民阶级的废墟上培植起来的资本主义工业"③。

　　俄国自由民粹派以资本主义生产的破坏性为由拒斥资本主义在俄国的发展,以资本主义的人为培植性为由否定资本主义的历史必然性,进而得出资本主义在俄国不具有根基的结论,并认为俄国的出路是发展从历史上继承下来的制度,也就是把农村公社作为新的经济发展的基础。恩格斯承认俄国政府通过关税保护政策等措施促进资本主义大工业的发展,但是这并不能得出资本主义是人为培植的结论。恩格斯纠正丹尼尔逊对资本主义生产的错误认识,运用马克思主义方法论说明资本主义生产的矛盾性:资本主义大工业不是没有国内市场,而是在建立国内市场的同时又在破坏这一市场,资本主义生产所造成的无政府状态在俄国这样一个没有国外市场的国家比那些正在争夺世界市场的国家要表现得更加明显。因此,恩格斯强调既要认识到资本主义大工业在俄国的必然性,也要认识到俄国与其他国家一样要承受这种大工业带来的一切后果。

---

① 《马克思恩格斯与俄国政治活动家通信集》,人民出版社 1987 年版,第 598 页。

② 《马克思恩格斯与俄国政治活动家通信集》,人民出版社 1987 年版,第 614 页。

③ 《马克思恩格斯与俄国政治活动家通信集》,人民出版社 1987 年版,第 600 页。

　　19世纪90年代,以彼·司徒卢威①为代表的俄国"合法马克思主义"者②也加入批判俄国自由民粹派的阵营。司徒卢威在这一时期对俄国自由民粹派的批判以及对俄国资本主义发展趋势的研究主要集中在1894年出版的第一本著作《俄国经济发展问题评述》和发表在《社会政治中央导报》杂志1893年第1—2期的《评俄国资本主义的发展》。司徒卢威肯定马克思的理论对俄国以及世界的巨大意义,"这一理论不仅概况了过去的,而且也有将来的一切可能变化的社会形态;这是从头开始对全部历史过程进行说明的大胆尝试"③。司徒卢威承认俄国自由民粹派的著作在这一时期具有重要意义,但是认为他们没有理解马克思思想的实质,在俄国发展道路的问题上与民粹主义展开了针锋相对的争论。他批判俄国自由民粹派把资本主义制度的概念和范畴用于以自然经济为主的农民经济,认为他们的俄国经济独特发展理论的来源是个人在历史上的作用的学说以及对俄国特殊的民族精神和历史使命的信仰。司徒卢威从客观主义出发批判民粹派的资本主义观,认为资本主义是客观发展的,"整个现代的物质文明和精神文明,都与资本主义密切关联:它要么与资本主义一起增长,要么在资本主义基础上一起发展"④。俄国"合法马克思主义"与俄国自由民粹派的这场争论不仅仅局限于俄国资本主义发展问题,而且在资本主义经济学史上也占有重要位置。第二国际著名理论家罗莎·卢森堡在《资本积累论》一书中把"合法马克思主义"者与俄国自由民粹派之间的论战称为关于资本主义积累的第三次论战。

　　由于受当时历史条件的限制,恩格斯没有读过司徒卢威的这本著作,并且恩格斯也没有与司徒卢威有过通信,仅仅是通过丹尼尔逊的书信了解司徒卢威的观点。恩格斯首先对司徒卢威与丹尼尔逊的论战表明了态度:"有一点我还是应该同意他(即司徒卢威):我也认为俄国当前的资本主义发展阶段,是克里木战争所造成的历史条件和1861年使土地关系发生变化

---

① 彼·司徒卢威(1870—1944):俄国经济学家,曾是"合法马克思主义"的代表,后转向俄国立宪民主派。

② 合法马克思主义是19世纪90年代出现在俄国自由派知识分子中的一种思想政治流派,其主要代表人物是彼·伯·司徒卢威、谢·尼·布尔加科夫、米·伊·杜冈-巴拉诺夫斯基等。合法马克思主义者利用马克思经济学说中能为资产阶级所接受的个别论点来为俄国资本主义的发展作论争,试图用资产阶级改良主义理论偷换马克思主义。——《列宁全集》第9卷,人民出版社1983年版,第427—428页。

③ 司徒卢威:《俄国经济发展问题的述评》,李尚谦等译,商务印书馆1992年版,第40页。

④ 彼·伯·司徒卢威:《俄国经济发展问题的评述》,李尚谦等译,商务印书馆1992年版,第228页。

的办法的必然结果,最后,也是整个欧洲普遍政治停滞的必然结果。"①但是恩格斯反对司徒卢威把俄国与美国进行对比,认为俄国与美国存在根本区别:美国是那些从欧洲封建制度下逃出来的小资产者和农民建立起来的资产阶级社会,它从一诞生起就是现代资产阶级国家;而俄国的基础是原始共产主义性质的农村公社,它虽然正在趋于瓦解,但仍然是资本主义革命赖以进行的基础,这个革命是俄国真正的社会革命。因此,俄国一定比美国遭受更大的痛苦。恩格斯敏锐地发现司徒卢威在认识到资本主义的客观必然性的同时忽视了资本主义生产给俄国带来的巨大阵痛,并在批评司徒卢威对资本主义的片面认识的基础上对俄国的出路做出理论判断:更高的社会形态,也就是社会主义不可能从农村公社直接发展出来,而是在资本主义生产形式及其所造成的社会对抗中产生的。俄国只能必择其一:或者从农村公社到社会主义,或者向资本主义发展。前一种显然不可能完成,因为从农村公社到社会主义相隔许多中间历史阶段且农村公社正在趋于瓦解,而资本主义在俄国正在展示出新的前景,因此除了后一种路别无他法。

此外,恩格斯明确反对司徒卢威对马克思人口理论的理解。根据司徒卢威的观点,资本主义是在马尔萨斯人口过剩理论②的基础上发展起来的,人口过剩就实质来说不完全是马克思所理解的与技术进步密切相关的资本主义人口过剩,农业俄国的人口过剩不是资本主义的而是非资本主义性质的人口过剩,这也是俄国经济贫困的主要原因。恩格斯在1895年1月致丹尼尔逊的信中特别强调马克思在《资本论》第1卷第23章"资本主义积累的一般规律"中对马尔萨斯人口理论的批评,反对司徒卢威把俄国农民贫困的原因归结为人口增长,认为俄国农民贫困的根本原因不是人口增长,而是地主和富农的阶级压迫。因此,俄国合法马克思主义者的理论偏颇在于仅仅认识到资本主义在俄国的历史必然性,没有认识到资产阶级和无产阶级的阶级对立,没有认识到资本主义的阶级性。

1883年,俄国第一位马克思主义者普列汉诺夫③出版《我们的意见分歧》一书,不仅标志着他完成从民粹主义到马克思主义的思想转变,而且也运用马克思主义理论分析俄国资本主义的发展趋势。普列汉诺夫首先回应

① 《马克思恩格斯与俄国政治活动家通信集》,人民出版社1987年版,第672页。
② 马尔萨斯的人口理论包括人口制约原理、人口增值原理和人口均衡原理。主要内容是人口与生活资料之间存在某种正常的比例,即人口的增长必然要受到生活资料的限制,生活资料增加,人口也随之增加,人口的繁衍会受到贫困、罪恶等抑制。
③ 普列汉诺夫(1856—1918):俄国马克思主义政党的创始人和领袖之一,最早在俄国和欧洲传播马克思主义的思想家,俄国和国际工人运动著名活动家。

俄国民粹派提出的俄国资本主义命运问题："俄国是'必须'还是'毋须'经过资本主义的'学校'呢？这一问题的解决对于我们正确提出社会主义政党的任务有极大的重要意义。"①普列汉诺夫根据《共产党宣言》对资产阶级历史作用的科学阐释，批评沃龙佐夫对资本主义文化历史意义的轻视，根据《资本论》对资本主义发展进程的科学研究，批评俄国自由民粹派关于俄国可以避免资本主义的错误认识。他在肯定俄国资本主义发展的巨大成就的基础上得出俄国已经进入资本主义发展阶段，并认识到不能跳跃和废除资本主义的自然发展阶段，但是可以缩短和减轻资本主义进程的痛苦。

　　1885年，查苏利奇将普列汉诺夫的著作《我们的意见分歧》寄给恩格斯，并请恩格斯就劳动解放社与俄国民粹派的分歧发表一些意见。恩格斯极其肯定普列汉诺夫对马克思主义的理解，"在俄国青年中有一派真诚地、无保留地接受了马克思的伟大的经济理论和历史理论，并坚决地同他们前辈的一切无政府主义的和带有一点斯拉夫主义的传统决裂"②。1889年，恩格斯在俄国马克思主义者与俄国民粹派的思想斗争上明确表明自己的态度："必须同各地的民粹派作斗争，不管是德国的、法国的、英国的还是俄国的。"③普列汉诺夫在1894年5月致恩格斯的信中批判俄国自由民粹派的资本主义观。无论是丹尼尔逊关于俄国完全可能实现社会主义方式组织生产的结论，还是沃龙佐夫关于俄国没有国外市场就没有资本主义的结论，在普列汉诺夫看来都是空想。"如果说，在马克思的时代，我国革命者还能从俄国将不经过资本主义发展阶段这个思想中汲取一定力量的话，那末现在，这种思想则变成一种很危险的空想了。现在完全有必要和这种思想作斗争了。"④关于俄国自由民粹派提出的"俄国是否可以避免资本主义道路"的问题，普列汉诺夫认为这个问题本身就是主观主义的问题，因为俄国在客观上已经走上了资本主义道路，已经饱受资本主义的苦难，而且还要承受资本主义不够发达的苦头，这才是俄国经济灾难深重和政治状况糟糕的原因。

　　恩格斯非常赞同普列汉诺夫对丹尼尔逊的批评，但他在1895年2月的回信中无可奈何地说："同他（即丹尼尔逊）这一代俄国人是无法进行辩论的，他们至今还相信那种自发的共产主义使命，似乎这种使命把俄罗斯、真正神圣的罗斯同其他世俗民族区别开来。"⑤在恩格斯病逝前夕，普列汉诺

　　① 《普列汉诺夫哲学著作选集》第1卷，生活·读书·新知三联书店1962年版，第139页。
　　② 《马克思恩格斯与俄国政治活动家通信集》，人民出版社1987年版，第489页。
　　③ 《马克思恩格斯与俄国政治活动家通信集》，人民出版社1987年版，第550页。
　　④ 《马克思恩格斯与俄国政治活动家通信集》，人民出版社1987年版，第714页。
　　⑤ 《马克思恩格斯与俄国政治活动家通信集》，人民出版社1987年版，第751页。

夫完成书稿《论一元论历史观之发展》,这个一元论历史观既是在特定历史条件下对唯物主义历史观的代称,也是对马克思实现的哲学革命的强调。普列汉诺夫批判俄国自由民粹派"是从很抽象的观点来看待这些矛盾的,而且就是由于这一点他的研究按其精神同马克思的观点没有任何共同点"①,俄国自由民粹派在理论上对主观社会学的宣扬以及在实践上关于俄国可以避免资本主义的断言已经成为马克思主义在俄国传播的思想障碍。恩格斯在读了普列汉诺夫的书稿《论一元论历史观之发展》后指出:"您争取到使这本书在本国出版,这本身无论如何是一次巨大胜利。这是又一个阶段,即使我们不能保住这块刚刚争得的新阵地,但这仍不失为一个打破冻冰的先例。"②这也是恩格斯在逝世前夕对普列汉诺夫著作的最后评价。

这场关于俄国资本主义问题的论战不仅在俄国马克思主义者、俄国合法马克思主义者与俄国民粹派之间进行,甚至流亡西欧的置身于这三大派别之外的俄国知识分子也给恩格斯写信请求他对这一论战发表看法,扩大国际社会主义运动的影响。犹太社会主义者联盟的代表在致恩格斯的信中指出丹尼尔逊的结论与《资本论》不相符,"他引用了马克思和恩格斯的话,运用了大量的统计材料,但却得出了与这两位伟大的政治经济学家完全相反的结论。……现在谁也不知道,作者的观点与现代科学社会主义是否相容,如果不相容,那末如何驳倒它们呢?"③流亡比利时的俄国知识分子约·彼·哥登别尔格(梅什柯夫斯基)在致恩格斯的信中写道:"在我们俄国,正在进行一场关于'俄国资本主义的命运的争论'……我请求你把您的批评意见告诉我"④。恩格斯起初不想参与这场论战,"我的俄国朋友们坚持要求我出来反驳那些不仅曲解而且错误地引证马克思的话的俄国书刊,而且他们肯定地说,我的干预足以使一切正常起来。但是我总是拒绝……"⑤1895 年 2 月,恩格斯在完成校对和出版《资本论》第 3 卷之后改变了想法,"为了能够参加这场论战,我必须阅读全部著作,仔细研究再作回答"⑥,但是由于身体状况未能完成,1895 年 8 月,恩格斯在伦敦病逝。

① 普列汉诺夫:《论一元论历史观的发展问题》,王荫庭译,商务印书馆 2017 年版,第 286 页。
② 《马克思恩格斯与俄国政治活动家通信集》,人民出版社 1987 年版,第 746 页。
③ 《马克思恩格斯与俄国政治活动家通信集》,人民出版社 1987 年版,第 670 页。
④ 《马克思恩格斯与俄国政治活动家通信集》,人民出版社 1987 年版,第 671 页。
⑤ 《马克思恩格斯与俄国政治活动家通信集》,人民出版社 1987 年版,第 736—737 页。
⑥ 《马克思恩格斯与俄国政治活动家通信集》,人民出版社 1987 年版,第 751 页。

　　恩格斯在与俄国各派政论家的对话中始终坚持马克思主义的方法论，运用马克思主义理论辩证地分析俄国各派对资本主义的认识，既肯定俄国自由民粹派对资本主义破坏性的认识，也批评他们对资本主义道路的恐惧和拒斥；既肯定俄国合法马克思主义者对资本主义必然性的认识，也纠正他们对资本主义消极性的忽视，促使他们更加清楚地认识到自身观点的片面性，也为革命的马克思主义者提供了理论指导。恩格斯在纠正俄国各派对马克思的经济和社会理论的不同理解的同时，以及运用马克思主义分析本国社会现状所得出的不同观点时，提出并回答马克思主义民族化的问题。1885 年，恩格斯建议丹尼尔逊在翻译《资本论》第 3 卷时向俄国读者指明如何将马克思的理论应用于俄国。1885 年 4 月恩格斯在致查苏利奇的信中再次强调这个问题，"马克思的历史理论是任何坚定不移和始终一贯的革命策略的基本条件；为了找到这种策略，需要的只是把这一理论应用于本国的经济条件和政治条件。但是，要做到这一点，就必须了解这些条件……"①俄国文学家阿·沃登②曾回忆他在 1893 年与恩格斯的谈话③，"恩格斯希望俄国人——不仅仅是俄国人——不要生硬搬套马克思和他的话，而是根据自己的情况像马克思那样去思考问题，只有在这个意义上，'马克思主义者'这个词才有存在的理由"④。与此同时，恩格斯晚年在致德国、法国、意大利、美国等社会主义者的书信⑤中也多次强调根据本国的条件运用马克思主义。恩格斯关于马克思主义民族化的思考成为世界各国人民探索本国社会主义道路的思想来源，正如列宁所说，"一切民族都将走向社会主义，这是不可避免的，但是一切民族的走法却不会完全一样，在民主的这种或那种形式上，在无产阶级专政的这种或那种形态上，在社会生活各方面的社会主义改造的速度上，每个民族都会有自己的特点"⑥。

---

① 《马克思恩格斯与俄国政治活动家通信集》，人民出版社 1987 年版，第 489 页。

② 阿·沃登（АлексейМихайловичВоден，1870—1932）：俄国文学家、哲学家和翻译家。

③ А. Воден.《 Назаре "легальногомарксизма"》，напечатаннойвжурнале《 Летописимарксизма》№ 4, 1927 г. Опубликовановкниге：ВоспоминанияоМарксеиЭнгельсе. М.：Государственное издательство политической литературы，1956.

④ А. Воден.《 На заре "легального марксизма"》，напечатанной в журнале《 Летописи марксизма》№ 4, 1927 г.С. 92.

⑤ 主要是 1886 年 12 月恩格斯致美国社会主义者威士涅威茨基夫人的信，1893 年 3 月恩格斯致法国工人运动活动家保尔·拉法格的信，1894 年 1 月恩格斯致意大利劳动社会党领导人菲·屠拉梯的信，1895 年 3 月恩格斯致德国经济学家韦尔纳·桑巴特的信等。

⑥ 《列宁全集》第 28 卷，人民出版社 1984 年版，第 163 页。

马克思恩格斯与俄国活动家关于俄国资本主义问题的文本对话

时间	作者	题目	写作缘由
1869—1872 年	马克思与丹尼尔逊	关于《资本论》第 1 卷第 1 版的通信	出版《资本论》第 1 卷第 1 版俄译本
1872—1773 年，1878—1883 年	马克思与丹尼尔逊	关于《资本论》第 1 卷第 2 版的通信	翻译《资本论》第 1 卷第 2 版
1873 年 5 月	丹尼尔逊	关于俄国农村公社的长篇通信	阐述关于俄国农村公社的基本观点
1879 年 2 月	丹尼尔逊致	关于俄国农民的通信	对俄国农民情况的详细调查
1879—1880 年	丹尼尔逊与马克思	关于俄国经济状况的通信	对俄国改革后经济状况的研究
1880 年 10 月	丹尼尔逊	《我国改革后的社会经济概况》	发表在《言论》杂志
1881—1882 年	马克思	《我的藏书中的俄国书籍》	丹尼尔逊在 1869—1882 年为马克思寄去的书
1883—1886 年	恩格斯与丹尼尔逊	关于《资本论》第 2 卷的通信	出版《资本论》第 2 卷俄译本
1885—1894 年	恩格斯与丹尼尔逊	关于《资本论》第 3 卷的通信	出版《资本论》第 3 卷俄译本
1887—1892 年	恩格斯与丹尼尔逊	1892 年 3 月 24 日，4 月 30 日，5 月 18 日的通信	关于俄国经济发展道路的问题探讨
1890 年初	恩格斯	《沙皇俄国的对外政策》	应查苏利奇的请求
1893 年	丹尼尔逊	《我国改革后的社会经济概况》	对俄国资本主义状况的研究

第七章　马克思恩格斯与俄国
马克思主义的诞生

马克思恩格斯对 19 世纪下半期的俄国革命者以及知识分子产生了重要的影响,俄国知识分子对《资本论》的辩论和热烈回应,超过了西欧的任何一个国家,俄国革命者与马克思恩格斯的通信有 400 多封,他们提出了俄国革命道路的特殊性、《资本论》的适用范围、俄国农村公社的前途以及俄国资本主义的命运等极其关键的问题。俄国革命流亡者在西欧成立了俄国第一个马克思主义组织,极大地推动了马克思主义的传播。

第一节　马克思恩格斯与俄国进步力量

19 世纪下半期有一些俄国进步小组受到马克思恩格斯的影响,他们起初是翻译和出版马克思的著作,如卢布协会的成员丹尼尔逊、洛帕廷等及柳巴文等对《资本论》第 1 卷的翻译和出版,之后马克思恩格斯领导国际工人协会在国际舞台上发挥着愈来愈重要的作用,吸引俄国革命青年积极参加和建立支部。在马克思恩格斯的影响下,俄国革命者逐渐从民粹主义转向马克思主义,成为马克思主义的积极传播者,以及马克思主义在俄国的实践者。

一、马克思恩格斯与俄国进步报刊

1857 年 7 月,在西欧流亡了 11 年的赫尔岑与奥加廖夫(Н. П. Огарёв)在伦敦创办了《钟声》杂志,这时的赫尔岑不仅有创办《北极星》(1852—1856)杂志的经验,而且还有 1853 年在伦敦创办的自由俄罗斯印刷所,他也已经形成比较成熟的个人思想体系,在《俄罗斯》(1849)、《俄国人民和社会主义》(1851)、《论俄国革命思想的发展》(1851—1852)、《旧世界与俄国》(1853)等文章中比较系统地阐述了他的俄国社会主义思想。《钟声》杂志向俄国传播革命思想,揭露俄国生活中的各种问题,在俄国革命史上发挥了十分重要的作用,在 1858—1862 年是杂志的高峰期,之后陷入低潮,1865 年迁移至日内瓦,1867 年停刊。1870 年 1 月,赫尔岑逝世后,奥加廖夫与涅恰耶夫在 4 月 2 日至 5 月 9 日一起出版了最后 6 期《钟声》,很快,自由俄罗斯印刷所的实际持有人路德维希·切涅茨基(Людвиг Чернецкий)拒绝印刷涅恰耶夫的报纸。涅恰耶夫与奥加廖夫在确定杂志路线时发生了分歧，双方的关系迅速恶化，导致杂志再次停刊。但是这一时期的《钟声》编辑部在1870年4月26日在日内瓦给马克思寄去了一封信:"我们谨通知您,4月18日的来信已收到,信中要我们给您寄六份《共产党宣言》。您在几天后将收到六本小册子。"马克思在4月18日写给《钟声》编辑部的这封信一直未能找到,六份《共产党宣言》是指1869年在日内瓦出版的巴枯宁的译本,这是《共产党宣言》的第一个俄译本。但是这个译本在一些地方歪曲了《宣言》的原意,因此1881年在拉甫罗夫的推动下普列汉诺夫重新翻译《宣言》,并在1882年在日内瓦出版。

1878年3月至5月,俄国民粹主义者在俄国出版《开端报》(Начало),这是第一个在俄国出版的地下革命刊物,一共出版4期。《开端报》把自己的任务确立为"不仅仅在理论上研究原则问题,而且批判现有的社会制度以及从社会主义原则阐明当前生活"①。杂志提出用联邦来代替等级国家,也就是建立一个自由公社自由联合的联邦,在这个联邦没有任何强制的中央政权。土地和生产工具是所有人的共同财产,劳动者是自己劳动产品的唯一所有者。联邦和公社在劳动者之间平均分配产品的意义上负责产品交换。《开端报》成为那时俄国民粹主义的机关报,标志着俄国民粹主义开始转向政治活动。这份刊物除了第四期的增刊以外,其他四期全部收录在巴西里耶夫斯基(Б.Базилевский)编辑的文件汇编《70年代的革命刊物》②中。1878年7月22日,《开端报》编辑部代表通过李卜克内西给恩格斯寄去了在俄国出版的最近三期杂志,并且把他们的杂志称为社会主义机关刊物,他们请求马克思和恩格斯以及一切愿意协助我们的知识渊博的人把对他们至关重要的文章和通讯寄给他们,把他们可能疏忽的一切极其重要的消息告诉他们。1879年1月,洛帕廷在致马克思的信中告知了《开端报》停刊的消息。代替《开端报》的是"土地与自由社"创办的报纸《土地与自由》,普列汉诺夫担任报纸的编辑,1878—1879年一共出版了5期。

1883年3月18日马克思逝世,俄国进步小组、大学生团体纷纷致以哀

---

① https://ru-wiki.ru/wiki/Начало_(газета,_1878).

② Б.Базилевский, Революционная журналистика 70-х годов, Петербург, 1905.

悼。洛帕廷（Г.А.Лопатин）、普列汉诺夫、巴尔季娜（С.И.Бардина）①代表
日内瓦俄国侨民社会主义者协会给恩格斯寄去了哀悼信，"日内瓦俄国侨
民社会主义者协会对失去伟大的导师谨致哀悼"②。莫斯科彼得罗夫农学
院学生请英国《每日邮报》编辑部转告恩格斯先生帮他们代购花圈献给马
克思："敬请转告《英国工人阶级状况》的作者，已故的卡尔马克思的挚友恩
格斯先生，请他代购一个花圈献在《资本论》的不朽作者的灵柩前，题词如
下：献给劳动权利理论的维护者及实际的争取者。"③苏黎世斯拉夫社会主
义大学生联合会也向恩格斯寄去了哀悼信，并且为纪念马克思筹集了一笔
以马克思命名的国际特别基金，以便帮助伟大的解放斗争中的牺牲者和支
援这一斗争本身。

1883年3月17日，沙·龙格在海格特公墓举行的马克思的葬礼上宣
读了拉甫罗夫写的挽词《俄国社会主义者给卡尔·马克思的挽词》，全文
如下：

谨以全体俄国社会主义者名义向当代最杰出的社会主义者告别。
一位最伟大的哲人永逝了，一个反抗无产阶级剥削者的热情战士与世
长辞了。俄国社会主义者正在进行一种残酷的斗争，而且在社会革命
原则取得最后胜利以前，我们决不中止这一斗争，在热烈同情我们斗争
的愿望的人的墓前，我们表示深切的哀悼。俄罗斯语言是最先翻译
《资本论》这一现代社会主义福音的语言。俄国大学生是最先听到我
们业已失去的伟大思想家的学说中那些满怀同情的叙述的人。甚至那
些在具体组织问题上和国际工人协会的奠基者意见分歧的人，也不能
不对他那包罗万象的知识表示敬佩，对他深刻地揭示现代资本的本质、
社会经济形态的进化和整个人类历史对这种进化的依附性的崇高思想
力量表示敬佩。甚至那些混进社会主义革命者队伍的最险恶的敌人，
也不能不听一听马克思和他的终生的友人三十五年前共同提出的伟大
革命口号："全世界无产者，联合起来!"卡尔·马克思的逝世将使一切

①　索·伊·巴尔季娜（Софья Илларионовна Бардина，1853—1883）：俄国民粹主义运动著
　　名的活动家。1871年从坦波夫学院毕业后来到苏黎世，在苏黎世大学医学系求学，积极
　　参加俄国革命流亡者的活动，曾在《前进!》杂志工作，领导妇女革命小组的工作。1874年
　　年底回到俄国，在工厂进行革命宣传。1875年4月被捕，参与了"五十人审判案"，1880年
　　12月从流放地逃到西欧，但是精神状况不佳，1883年4月14日在日内瓦开枪自杀。
②　《马克思恩格斯与俄国政治活动家通信集》，人民出版社1987年版，第444页。
③　《马克思恩格斯与俄国政治活动家通信集》，人民出版社1987年版，第445页。

能够理解他的思想和估价他对当代的影响的人感到悲痛。请允许我补充一句,他的逝世将使那些和他有亲密交往的人,特别是那些爱护他的朋友们感到更大的悲痛。①

1895 年 8 月 5 日,恩格斯逝世。列宁在 9 月纪念恩格斯的文章②中高度评价了恩格斯在无产阶级革命事业中所作出的巨大贡献:"在他的朋友卡尔·马克思(1883 年逝世)之后,恩格斯是整个文明世界中最卓越的学者和现代无产阶级的导师。自从命运使卡尔·马克思和弗里德里希·恩格斯相遇之后,这两位朋友的毕生工作,就成了他们的共同事业。……马克思逝世以后,恩格斯一个人继续担任欧洲社会党人的顾问和领导者。无论是受政府迫害但力量仍然不断迅速增长的德国社会党人,如西班牙、罗马尼亚和俄国的社会党人,都同样向恩格斯征求意见,请求指示。他们都从年老恩格斯的知识和经验的丰富宝库中得到教益。……无产阶级的伟大战士和导师弗里德里希·恩格斯永垂不朽!"③

从 19 世纪下半期革命小组与马克思恩格斯的联系中可以看出,马克思恩格斯的思想和著作在当时的欧洲产生了重要的影响。从 19 世纪 60 年代末卢布协会的成员对马克思著作的翻译和出版到 19 世纪 70 年代国际工人协会俄国支部的成立,从马克思恩格斯对俄国进步刊物的指导到"民意党"执行委员会派专人与马克思恩格斯联系,从马克思逝世拉甫罗夫的致辞到列宁纪念恩格斯逝世的文章,足以说明俄国革命者急切地希望将马克思恩格斯的思想运用到俄国的实际中。

二、马克思恩格斯与俄国进步组织

1871 年 10 月,在涅恰耶夫案结束不久,圣彼得堡大学法律系学生小组在逃脱了迫害后,给马克思写了一封呼吁国际工人协会援助的信,遗憾的是,在目前的资料里并没有找到马克思的回信。他们在致马克思的信中写道:

　　我们是彼得堡大学法律系学生小组,一共六个人,我们已逃脱了迫害,而我们的朋友在所谓"涅恰耶夫案件"中却成了迫害的牺牲品。我

①　《马克思恩格斯全集》第 19 卷,人民出版社 1963 年版,第 376—377 页。
②　发表于《工人者》文集 1896 年第 1 期和第 2 期。
③　《列宁全集》第 2 卷,人民出版社 1984 年版,第 1—12 页。

们尽管现在人数不多,但是在精神上却有足够的影响,我们有指望在有利的情况下志同道合者的人数会迅速地增加。可是我们现在很孤立,一群暗探在追捕我们,我们失去了与外界的联系,因而也就失去了对我们行动的领导,我们认为,在这种情况下,我们这一帮人要在将来获得成功的可能性是不大的。

这就是为什么我们昨天开会决定呼吁国际协会的援助,请求协会为了各国人民神圣的兄弟情谊而给予支持。我们从我们掌握的维尔塔尔的一部法文著作中找到了一个地址,按照这个地址发了这封信。这个地址是否可靠,有待将来分晓,而现在我们向您提出如下请求:

您是否愿意吸取俄国青年参加您的工作,您是否可以帮助他们,使自由之光在我国传播开来?

请向我们伸出兄弟之手,帮助我们抛掉套在我们这个不幸国家头上的专制和黑暗势力的桎梏。

请向我们提出建议,或者更确切地说,作出指示,使我们能遵照您的纲领,在您于旧社会的废墟上建立的大厦事业中,尽我们自己的一份力量。……①

1880 年,俄国重要的革命组织"民意党"积极与马克思联系。他们在10 月给马克思写了一封信,但是他们是以"俄国社会革命党执行委员会"的名义来写的。② "民意党"在给马克思的信中之所以用"俄国社会革命党"这一名称,原因主要是与 1880 年营救列·加特曼(Л.Н.Гартман)③的事件相关。加特曼在 1876 年加入"土地与自由社",参加了俄国南部的革命活动。1876 年 10 月被捕,被关押在叶卡捷琳堡监狱,1877 年底被保释释放。1879 年"土地与自由社"解散时,加特曼先是加入了"黑土平分社",后转而加入"民意党"。由于参加了刺杀亚历山大二世的准备活动,1879 年 12 月他逃到国外。1880 年 1 月在俄国政府的要求下,加特曼被法国警察逮捕。"民意党"执行委员会积极营救,并以俄国社会革命党的名称在法国左翼报

---

① 《马克思恩格斯与俄国政治活动家通信集》,人民出版社 1987 年版,第 108—109 页。

② 这封信收录在《马克思恩格斯与俄国政治活动家通信集》第 368 — 369 页。"Исполнительныйкомитетрусскойреволюционнойпартии"应当译为俄国社会革命党执行委员会,但这里的俄国社会革命党不是俄国历史上的社会革命党,而是指"民意党"。

③ 列夫·加特曼(ЛевНиколаевичГартман,1850—1908):俄国革命民粹主义者,"民意党"在国外的代表。

纸上发表《俄国社会革命党执行委员会致法国人民的信》①，俄国其他革命
流亡者，如克拉钦夫斯基（С.М.Кравчинский）、拉甫罗夫、普列汉诺夫以及
意大利革命者加里波第、法国作家维克多·雨果等也加入了营救活动，向法
国政府写信表达抗议。1880年7月加特曼被释放，之后居住在伦敦。从
1880年10月起成为"民意党"的国外代表。因此，"民意党"在10月以"俄
国社会革命党执行委员会"的名称给马克思寄去了这封信。

　　"民意党"执行委员在信中首先表达了俄国先进知识分子阶层对欧洲
思想发展情况的密切关注以及对马克思的学术著作出版情况的热烈欢迎。
"俄国生活中各种美好的意图，在您的学术著作中都得到了科学的论证。
《资本论》已经成了受过教育的人手中必备的书籍。"②由于这时的俄国还
是一个拜占庭式黑暗和亚洲式专制的帝国，社会思想的任何进步就被看成
是革命运动。因此，马克思的名字就和俄国的内部斗争不可分割地联系在
一起了，这个名字"引起了一些人的深深尊敬和热爱，同时也遭到了另一些
人的排挤和压制"。马克思的著作被查禁，对马克思著作的研究也被贴上
政治标志。俄国社会革命党非常高兴，马克思怀着巨大兴趣注视着俄国革
命家各个时期的活动。他们断定，俄国革命活动最艰难的时期已经过去了，
俄国革命已经走上了实现革命的正当道路，俄国各革命派别彼此之间逐渐
进行协商和合并，试图共同加入人民反抗的行列。

　　为了使革命取得胜利，"民意党"执行委员会委托列夫·加特曼向西欧
介绍俄国社会现状和革命活动，并请求马克思给予帮助。之后，加特曼与马
克思恩格斯保持着密切的通信，1880年11月至1882年12月，加特曼给恩格
斯寄了26封信，给马克思寄了4封信。在这些书信中既有生活琐事，也
有对朋友的帮助，还有关于俄国革命的问题。1881年1月3日，加特曼在
致马克思的信中代表"民意党"向马克思请教他对俄国革命的建议。"他们
在信中写道，党现在正忙于组织方面的种种问题，因此，暂时不打算采取恐
怖手段，以免妨碍组织工作的进程。在给我的信中，我的朋友想得到关于下
述问题的某些可靠的估计，即采取恐怖手段对俄国政府和西欧的关系方面
所产生的影响会有多大？"③但是目前没有找到马克思的回信。之后加特曼
去了美国和加拿大，逐渐远离俄国革命运动。

　　1890年11月，在恩格斯70岁生日之际，此时已加入俄国民意党的拉

---

① 《俄国社会革命党执行委员会致法国人民的信》，《Французскому народу от Исполнитель-
ьного комитета русской революционной партии》。

② 《马克思恩格斯与俄国政治活动家通信集》，人民出版社1987年版，第368页。

③ 《马克思恩格斯与俄国政治活动家通信集》，人民出版社1987年版，第375页。

甫罗夫赞扬恩格斯对社会主义的贡献,并代表俄国社会主义者向恩格斯表达诚挚的祝贺:"我祝贺全世界的社会主义,它有可能把您的名字列入最有益和精力最充沛的战士的行列。同时在这封信里我不仅以我自己的名义,不仅以您的私人朋友和我们亲爱的马克思的朋友的名义向您致敬和表示最良好的祝愿,——我还以我的祖国的社会主义者的名义向您致以热烈的祝贺。他们祝贺您,认为您是唯一的这样一个人,他的名字与马克思的名字一起永远载入社会主义史册,并且不会由于这个伟大的名字而黯然失色。他们期待着您,正是您,把您过去形影不离的同伴的著作和传记搜集起来,建成一座伟大的丰碑。他们希望从您那里,而且也只有从您那里,听到揭示科学社会主义的真谛和明确地勾划出科学社会主义的轮廓的重要言论。"①

与此同时,俄国社会民主党人也向恩格斯寄去了贺信:"在伯尔尼的俄国社会民主党人向社会主义的最伟大的导师之一致以最衷心的祝贺,祝愿您健康长寿,继续从事有利于无产阶级和科学的活动。"②1893 年,恩格斯在与阿·沃登的谈话中对俄国社会民主党的任务给出了一些建议,"俄国社会民主党人的最必要的工作就是认真研究俄国的土地问题;如果有大量的材料加以阐明,这方面的研究一定会取得崭新的成果,这些成果不论就土地占有形式和土地使用形式的历史来说,或者就运用和检验经济理论,特别是级差地租来说,都是很重要的"③。

1893 年,在马克思逝世 10 周年之际,普列汉诺夫、拉柯夫斯基、埃里蒂耶、瓦利茨基等各国社会主义者的代表向恩格斯寄去了一份电报:"3 月 14 日各国社会主义者聚集在一起纪念伟大的思想家和天才卡尔马克思,谨向您——他的伟大事业的合作者致敬,同时向您表示深切的感谢。"④

第二节　恩格斯与劳动解放社

恩格斯在晚年与查苏利奇、普列汉诺夫等劳动解放社成员关系密切,保持通信,最重要的是对劳动解放社的翻译工作非常支持,将他和马克思的著作的俄文翻译权授予了查苏利奇。恩格斯对他们在俄国传播科学社会主义思想的活动给予了巨大帮助和全力支持。

---

① 《马克思恩格斯与俄国政治活动家通信集》,人民出版社 1987 年版,第 569 页。
② 《马克思恩格斯与俄国政治活动家通信集》,人民出版社 1987 年版,第 570 页。
③ 阿·沃登:《和恩格斯的谈话》,参见《回忆恩格斯》,人民出版社 2005 年版,第 119 页。
④ 《马克思恩格斯与俄国政治活动家通信集》,人民出版社 1987 年版,第 656 页。

一、劳动解放社及其主要活动

1883 年,在巴·鲍·阿克雪里罗得(П.Б.Аксельрод)①的倡议下,普列汉诺夫、查苏利奇、列·戈·捷依奇②、伊格纳托夫③等人决定在日内瓦创立劳动解放社(Освобождение труда)。1884 年,捷伊奇(Л.Г.Дейч)被捕,伊格纳托夫病逝,小组成员只剩下普列汉诺夫、查苏利奇、阿克雪里罗得。1888 年,伊格尔曼(С.М.Ингерман)加入劳动解放社,直到 1891 年他迁居美国。

1883 年 9 月,劳动解放社公开宣布了《社会民主主义“劳动解放社”纲领》,并于 1884 年在日内瓦以单行本刊行。“劳动解放社的目的是在俄国宣传社会主义思想和培养组织俄国工人社会主义政党的力量。”④这篇纲领不仅说明了与民粹派的分歧,而且也承认与民粹派有一致之处:“劳动解放社同时承认反对专制主义政府的恐怖主义的斗争的必要性,它和‘民意党’只是在关于革命党的所谓夺取政权诸问题上和关于社会主义者们在工人阶级中间直接活动的诸任务上有意见的分歧。”⑤这是劳动解放社的第一个纲领性文件,阐述了劳动解放社的基本原则、宗旨和主要任务。“前‘土地平分社’的成员现在改变自己的纲领,决心同专制制度作斗争并把俄国工人阶级组织成一个有明确的社会政治纲领的单独政党,现在他们组成一个新的团体——‘劳动解放社’,并同旧的无政府主义倾向彻底决裂。”⑥1885 年1 月,普列汉诺夫出版第二部著作《我们的意见分歧》,并在序言中强调劳动解放社在《现代社会主义丛书发刊声明》中所宣告的丛书任务,这实际上也是劳动解放社的任务:“(1)把马克思和恩格斯学派的最重要著作以及为不同教育程度的读者所写的有创见的著作译成俄文,来传播科学社会主义的思想;(2)从科学社会主义及俄国劳动人民利益的观点,批判我们革命者中流行的各种学说,和探讨俄国社会生活中的最重要问题。”⑦

①　巴·鲍·阿克雪里罗得:1849 或 1850 年出生,1928 年逝世。1874 年参加“到民间去”运动,之后流亡到西欧。

②　列·戈·捷伊奇(Л.Г.Дейч,1855—1914):俄国和国际工人运动的活动家,传记作者,孟什维克的代表之一。

③　华西里·阿格纳托夫(1854—1885):曾参加“到民间去”运动,把遗产用来接济同志并捐作革命经费。

④　《普列汉诺夫哲学著作选集》第 1 卷,生活·读书·新知三联书店 1962 年版,第 410 页。

⑤　《普列汉诺夫哲学著作选集》第 1 卷,生活·读书·新知三联书店 1962 年版,第 415 页。

⑥　Литературное наследие.Г.В.Плеханов.Сборник Ⅷ.С. 29.

⑦　《普列汉诺夫哲学著作选集》第 1 卷,生活·读书·新知三联书店 1962 年版,第 127 页。

　　1888 年,劳动解放社在日内瓦公开发表了第二个纲领《俄国社会民主主义者的纲领第二草案》。与第一个纲领相比,第二个纲领已经明确把组织革命的工人党作为俄国社会民主主义者的第一和主要的职责,"工人小组的政治斗争的主要手段是在工人阶级中间进行鼓动和进一步地在他们中间普及社会主义思想和革命组织"①。该纲领对 19 世纪 80 年代俄国思想界关于俄国资本主义发展趋势的论争做出了回应,明确指出俄国已经走上资本主义道路,而不是俄国民粹派所说的俄国可以避免资本主义道路。"资本主义在它里面从废除农奴制的时候起已完成了巨大的成就。自足经济的旧体系让位于商品经济,从而为大工业开放广大的国内市场。农业的家长式的,公社的形式是在迅速地解体……公社的分化在我国创造着工业无产阶级这一新阶级。"②该纲领明确指出工人政党进行政治斗争的目的是争取民主的宪法,并且提出了基本的政治要求:(1)任何未经法院判处丧失政治权利能力的公民都有选举和被选举进入立法会议,以及省和公社的自治机关的权利;(2)从贫苦阶层中选出人民代表,并给予代表法定的报酬;(3)给儿童提供普遍的免费的义务教育,以及提供食品、衣服和教科书;(4)公民的人身和住宅不受侵犯;(5)公民享有信仰、言论、出版、集会和结社自由;(6)公民享有迁移和择业的自由;(7)所有公民,不论其种族和宗教信仰,一律完全平等;(8)用全民武装代替常备军;(9)修改民法和刑法,消灭与人的尊严不相容的等级区分和惩罚。该纲领还提出了一系列的经济要求:(1)彻底改变土地关系,改变赎买土地的条件,以及农村公社分配份地的条件;(2)建立累进制所得税;(3)通过立法调整工人与雇主之间的关系,建立各级工人代表参加的检查机关;(4)国家帮助农业、矿业和加工工业部门建立生产组合。③

　　作为俄国第一个马克思主义组织,劳动解放社翻译出版了马克思和恩格斯的大量著作,主要有《雇佣劳动和资本》(1883)、《科学社会主义的发展》(1884)、《关于自由贸易的演说》(1885)、《哲学的贫困》(1886)、《路德维希·费尔巴哈和德国古典哲学的终结》(1892)、路易·波拿巴的《雾月十八日》(1894)、《恩格斯论俄国》(1894)。这些著作被秘密运回俄国,在 19 世纪 80 年代至 90 年代初期深刻影响了俄国左翼社会民主主义组织,在俄

---

①　《普列汉诺夫哲学著作选集》第 1 卷,生活·读书·新知三联书店 1962 年版,第 418 页。

②　《普列汉诺夫哲学著作选集》第 1 卷,生活·读书·新知三联书店 1962 年版,第 417—418 页。

③　参阅《普列汉诺夫哲学著作选集》第 1 卷,生活·读书·新知三联书店 1962 年版,第419 页。

国青年接受马克思主义的过程中发挥了重大作用。

1883 年秋,小组成员列·戈·捷伊奇翻译出版了马克思的著作《雇佣劳动与资本》,并为之写了序言,还附有恩格斯在 1878 年发表的马克思传记的大部分和《资本论》的部分章节,并收入《俄国社会革命丛书》。1883 年 11 月,查苏利奇在致恩格斯的信中寄去了劳动解放社的声明,"同时我给您寄去一份我们的声明,它将向您说明,我们的小组以及翻译马克思的《雇佣劳动与资本》所抱的目的。我翻译的《社会主义的发展》正在印刷中"①。1884 年,查苏利奇翻译出版《科学社会主义的发展》,也就是恩格斯的著作《社会主义从空想到科学的发展》。恩格斯非常高兴译著的出版,他在给查苏利奇的回信中写道,"您说,正是您自己在着手翻译我的《发展》,这个消息使我非常高兴。我急切地等待着您的译著问世,并且非常珍视您给予的光荣"②。1884 年,查苏利奇翻译的恩格斯的著作《社会主义从空想到科学的发展》得以出版,并将恩格斯的著作《反杜林论》中的《暴力论》这一章作为该书的附录发表。"《社会主义的发展》将会有数以千字的人阅读,同时将对人们的思想产生巨大的影响,对此我是深信不疑的。也许,这会使您感到惊讶,但是我国民意党人和民粹派的一些青年小组正是现在对理论问题的兴趣比任何时候都大。在我们这里,人们只需要'内容严肃的'书,而在俄国,许多内容似乎严肃的作品正在大量印行。在俄国,我们的创举,即宣传科学社会主义所受到的欢迎,预示着我们的成功将远远超出我们的意料。"③这本译著出版后,恩格斯称赞查苏利奇"译得好极了",并称赞"俄语是多么美的语言啊"。

1884 年 3 月,查苏利奇在给恩格斯的信中提出翻译《哲学的贫困》一书,"我们请求您允许我们出版马克思的《哲学的贫困》一书的俄译本,并请您将为准备付印的德文版所写的序言(这件事是苏黎世的同志们告诉我们的)寄给我们"。虽然蒲鲁东主义在当时的俄国还很盛行,但是查苏利奇认为,马克思的《哲学的贫困》能解答人们的疑惑,即使刚开始阅读的人不多,但出版它是非常有益的。"毫无疑问,出版这本书将是十分有益的。蒲鲁东在我国受到极大的尊敬,因此,有好多青年在着手研究社会问题时,都是从研究他的著作开始的,他的卷帙浩繁的著作使他们绞尽脑汁,同时也使他们陷入他的种种矛盾之中。但是《哲学的贫困》当然不会有广大的读

---

① 《马克思恩格斯与俄国政治活动家通信集》,人民出版社 1987 年版,第 456 页。
② 《马克思恩格斯与俄国政治活动家通信集》,人民出版社 1987 年版,第 457 页。
③ 《马克思恩格斯与俄国政治活动家通信集》,人民出版社 1987 年版,第 467 页。

者——最多不过几百个人而已。"①恩格斯为出版《哲学的贫困》俄译本提供帮助,他把德文版和法文版的注释寄给查苏利奇,建议把马克思在柏林《社会民主党人报》(1865)上发表的文章《论蒲鲁东》作为序言,恩格斯又另外给德文版专门写了一篇序言《马克思和洛贝尔图斯》,驳斥那些关于马克思在《资本论》里剽窃洛贝尔图斯的谬论,证明马克思在《哲学的贫困》里就曾批判过洛贝尔图斯。他对劳动解放社的翻译工作非常满意,"您告诉我在俄国研究社会主义理论著作的兴趣日益浓厚,这使我非常高兴。这种几乎完全从德国各学派中消失的理论精神和批判精神,看来,实际上在俄国找到了容身之地。……您已经翻译了或者已经答应翻译马克思的几乎全部著作;您也已经把我的著作中最好的一部分翻译出来了;我们其余的德文书,不是理论上较弱,就是其中所涉及的问题或多或少只限于德国的范围"②。由于小组成员捷伊奇被捕,查苏利奇离开了日内瓦几个月,直到1884年10月才重新给恩格斯写信,希望等恩格斯为《哲学的贫困》德文版的序言写好之后再出版俄译本,因为序言对于俄国读者来说也是不无教益的。1885年,《哲学的贫困》德文版第1版出版,查苏利奇根据这个版本校对俄译本,4月俄译本的第一部分已经印好,但是查苏利奇决定推迟出版,因为她觉得第二部分翻译得不好,决定对它从头到尾作一番修改。1886年,出版了马克思的《哲学的贫困》俄译本,并将译本寄给恩格斯。

　　1889年,以查苏利奇为代表的劳动解放社在伦敦创办俄国马克思主义者杂志《社会民主党人》,她通过谢·米·克拉钦夫斯基(斯捷普尼亚克)请求恩格斯为杂志撰稿。谢·米·克拉钦夫斯基在1889年12月致恩格斯的信中写道:"假如您没有时间写得像您本来所想的那样长,那就写短些吧!您写几张纸,无论对出版者还是对读者来说,都是珍贵的"③。1890年1月,恩格斯完成第一部分,并寄给谢·米·克拉钦夫斯基。查苏利奇将第一部分手稿寄还给恩格斯,并希望恩格斯尽快寄来第二部分手稿。1890年2月,查苏利奇翻译了恩格斯这篇文章的第一章,并以题为《俄罗斯帝国的对外政策》发表在《社会民主党人》杂志1890年第1期。1890年3月,为从文章的整体性考虑,查苏利奇在致恩格斯的信中建议将这篇文章的第二章和第三章一同发表在杂志的第2期上。这篇文章在第1期发表上已经激起俄国读者的偏见,但是却有利于劳动解放社的宣传工作。"您预料,您的文章

---

① 《马克思恩格斯与俄国政治活动家通信集》,人民出版社1987年版,第466页。
② 《马克思恩格斯与俄国政治活动家通信集》,人民出版社1987年版,第469页。
③ 《马克思恩格斯与俄国政治活动家通信集》,人民出版社1987年版,第542页。

将激起俄国读者的偏见,您的预料是完全有根据的。事实果然如此。然而您的文章丝毫也不会使我们的宣传工作受到损害。恰恰相反。要是一开头不激怒一下我国读者的话,那么,说真的,我们甚至连最起码的宣传工作也无法进行。我们大批知识分子充满了民粹主义思想,充满了斯拉夫派民主主义文学思想(类似米海洛夫斯基、吉霍米洛夫,直至他们的变种等等那一套东西)。我们的思想和他们的思想是完全对立的。但是,这无妨于(可能,甚至是有利于)人们更多地阅读我们的作品。我们每发表一篇作品都会引起一片喧器、无数的争议、会议和演说。大批青年朋友,我们的同志,而且都是优秀分子,他们着手研究如何驳倒我们所援引的论据,而结果是以接受我们的思想而告终。对我们来说,唯一的宣传手段,就是要激起读者的偏见。而您的大作定能做到这一点。但我相信,如果读者再次感到自己受到触动的话,那末这只会给他们带来好处。"①4月,恩格斯在回信中表示同意查苏利奇的建议。1890年8月,《俄罗斯帝国的对外政策》一文的第二章和第三章的俄译文发表在《社会民主党人》杂志第2期上。这篇文章的内容在本书第六章第三节已详细论述,在这里不再赘述。

在查苏利奇翻译《哲学的贫困》《社会主义从空想到科学的发展》《沙皇俄国的对外政策》的同时,普列汉诺夫和阿克雪里罗得也在进行着翻译和写作工作。1885年,阿克雪里罗得在日内瓦出版《工人运动和社会民主主义》,1888年出版《60年代初期及现在的工人运动》。1890—1892年出版《社会民主主义的政治作用和德国国会的近期选举》,1907年出版《工人阶级和俄国革命运动》。普列汉诺夫在1885年翻译出版了马克思的著作《关于贸易自由的演说》,1892年翻译出版了恩格斯的著作《路德维希·费尔巴哈和德国古典哲学的终结》,该书的附录中收入了马克思关于费尔巴哈的提纲以及马克思和恩格斯合著的《神圣的家族》的部分章节。1889年7月,普列汉诺夫在伦敦逗留时,与恩格斯初次会晤。1891年12月,恩格斯在致保·拉法格的信中赞扬了普列汉诺夫为纪念黑格尔逝世六十周年而写的一组文章②。1893年3月,普列汉诺夫在致恩格斯的信中回忆了这次见面,"在伦敦与您一起度过的那些日子将在我的一生中留下最幸福的回忆"。他在信中还谈到了即将为《新时代》杂志写一系列有关霍尔巴赫、爱尔维修和马克思的文章,非常钦佩恩格斯的著作《路德维希·费尔巴哈和德国古典哲学的终结》。普列汉诺夫希望自己能成为马克思恩格斯的学生,"我的

---

① 《马克思恩格斯与俄国政治活动家通信集》,人民出版社1987年版,第549页。
② 这组文章载于1891—1892年《新时代》第1卷第7—9期。

最大希望,就是成为一个多少无愧于像马克思和您这样的导师的学生"①。

　　劳动解放社成员翻译的马克思和恩格斯的许多著作可以直接在俄国用石印出版,这是因为它与俄国国内的一些秘密组织有联系,如莫斯科大学生创办的"翻译者和出版者协会"等。翻译者和出版者协会是1882年在莫斯科成立的秘密小组,成员大多是具有革命思想的大学生,主要有П.А.阿尔古诺夫、В.Т.拉斯波平、Л.Ф.雅诺维奇等。协会的任务是翻译和出版马克思恩格斯的著作以及其他作者的作品,主要出版了《共产党宣言》《雇佣劳动与资本》《法兰西内战》。1884年莫斯科的《社会主义知识》刊登了恩格斯的著作《社会主义从空想到科学的发展》,当时译为《空想社会主义和科学社会主义》,还有《英国工人阶级状况》的序言和前四章。翻译者和出版者协会与劳动解放社形成了国内国外应声相和的局面,为传播马克思主义的著作作出了贡献。1914年,列宁在《俄国工人报刊的历史》一文中高度肯定劳动解放社的贡献:"它在国外未经书报检查而印行的著作,首次系统地叙述了马克思主义思想并得出了各项实际结论,正如全世界的经验所表明的,只有马克思主义思想才能正确地说明工人运动的实质和任务。"②

　　劳动解放社还同其他国家著名的工人运动家和社会主义活动家保持着密切的联系,例如,在英国有爱琳娜·马克思和爱德华·艾威林,在保加利亚有布拉戈耶夫,在法国有茹·盖德和保·拉法格,在意大利有拉布里奥拉等,特别是与德国社会民主党活动家的联系最为密切。普列汉诺夫和李卜克内西、考茨基经常通信。劳动解放社的成员普列汉诺夫、阿克雪里罗得、查苏利奇还曾担任德国刊物的撰稿人。德国和其他一些国家的工人活动家也在劳动解放社的杂志《社会民主党人报》上发表过文章。

　　与此同时,俄国国内在这一时期也出现了第一批社会民主主义小组,主要有布拉格耶夫的俄国社会民主党③(1883—1887),圣彼得堡工人协会④(1885—1888),费多谢耶娃小组(1887—1889),社会民主主义协会(1889—1892)。这些小组研究马克思主义著作,在工人中间宣传马克思主义。沙皇政府逮捕小组成员,把他们关进监狱或者流放,但又不断地出现新的小组。1887年,基辅社会民主主义组织"工人事业"和彼得堡、莫斯科的社会民主主义者在基辅召开联合会议。就在这一年,西北欧和波兰的社会

① 《马克思恩格斯与俄国政治活动家通信集》,人民出版社1987年版,第657页。

② 《列宁全集》第25卷,人民出版社1984年版,第100页。

③ Партия русских социал-демократов.

④ Товарищество Санкт-петербургских мастеровых.

民主主义组织联合成立了"立陶宛、波兰和俄罗斯全欧工人联合会"①。

　　1894 年底至 1895 年初,在普列汉诺夫的倡议下,俄国流亡在西欧的革命者在日内瓦成立了"国外俄国社会民主党人联合会",联合会主要负责在俄国国内出版书刊,并与国内的马克思主义小组建立了联系。1895 年 11 月,列宁在彼得堡建立了"工人解放斗争协会",开始实现社会主义和工人运动的结合,成为俄国马克思主义政党的萌芽。1895 年 5 月,列宁代表国内社会民主主义组织专程到瑞士与普列汉诺夫的"俄国社会民主党联合会"的代表会晤。普列汉诺夫对列宁的坚定的革命人生观、充沛的精力和渊博的学识有深刻的印象,他在给妻子的信中说:"在我们的革命运动中有这样的年青人,这是多么幸运呀!"双方的合作对于俄国工人运动具有重要意义,决定共同出版工人通俗读物《工作者》文集,该刊于 1896—1899 年出版 6 期。1898 年 3 月,俄国社会民主工党第一次代表大会承认联合会是党的国外代表机关,但是年底机会主义分子逐渐在联合会占据了优势,1900 年 4 月,劳动解放社的成员等其他反对机会主义的人正式退出联合会。1903 年,根据俄国社会民主工党第二次代表大会的决议,联合会宣布解散。1924 年,在庆祝普列汉诺夫从事革命活动 25 周年时,列宁特别肯定了劳动解放社的功绩:"千万个年轻的俄国社会民主党人,为艰巨的实际工作贡献出了全部力量,'劳动解放社'则为运动提供了它所必需的渊博的理论知识、广阔的政治眼界、丰富的革命经验。愿这次庆祝能够巩固年轻的俄国社会民主党人同'劳动解放社'的联系。"②

二、恩格斯逝世前对俄国问题的最后总结

　　19 世纪 90 年代,资本主义在俄国加速发展,工厂的数量迅速增加,国内市场不断扩大,农民阶级一方面分化出少数富农,另一方面分化出一大批破产的农民,甚至沦为农村中的无产阶级。随着俄国资本主义的发展,农村公社的命运逐渐清晰。恩格斯在这时已经清楚地认识到农村公社与资本主义大工业相冲突的现实情况。

　　1894 年 1 月,恩格斯出版《〈人民国家报〉国际问题论文集(1871—1875)》,他指出这本论文集的特点是"评论德国以外的国际问题",在其中收录了《再评〈福格特先生〉》《行动中的巴枯宁主义者》《波兰人的声明》以及《论俄国的社会问题》。恩格斯决定为这本论文集增加《序》和《跋》:在

①　Всеобщий Европейский Рабочий Союз в Литве, Польше и России.
②　《列宁全集》第 5 卷,人民出版社 1984 年版,第 332 页。

《序》中说明了 1875 年的《论俄国的社会问题》和 1894 年的《跋》之间的关系:"《论俄国的社会问题》,在 1875 年也出过单行本,现在把它重印出来不能没有一个比较详细的跋。关于俄国农民公社的未来这一问题,比任何时候都更引起所有考虑自己国家经济发展的俄国人的注意。对于我引用的马克思的一封信,俄国社会主义者做了各种极不相同的解释。而且最近一个时期,俄国国内外的一些俄国人,再三请求我发表对这个问题的看法,长期以来我都推辞了,因为我十分清楚,我对俄国经济状况的细节了解得很不够;我怎么能在同一时间里既整理付印《资本论》第 3 卷,又钻研旧俄国用来编造临死前的财产清单(这是马克思喜欢用的说法)的真正堆积如山的文献呢? 既然人们迫切希望重印《论俄国的社会问题》这篇文章,这种情况使我不得不去尝试从对俄国当前经济状况的历史比较研究中得出某些结论,作为对这篇旧文章的补充。虽然这些结论未必给俄国公社指明光明的未来,但是,在另一方面,它们还是试图论证这样一个观点,即西方资本主义社会日益临近瓦解,也将使俄国有可能大大缩短它现在必然要经历的资本主义发展过程。"①

　　这篇《跋》的重要性在于,恩格斯是从俄国当前资本主义发展状况的比较研究中得出一些结论,"虽然这些结论未必给俄国公社指明伟大的未来,但是,在另一方面,它们还是试图论证这样一个观点,即西方资本主义社会日益临近瓦解,也将使俄国有可能大大缩短它现在必然要经历的资本主义发展过程"②。与此同时,这篇《跋》也是对特卡乔夫在 20 年前所写的《公开信》的继续回应。虽然特卡乔夫在 1886 年已经病逝,但是恩格斯在这篇文章的开头仍然提到了他的名字,并且更正了在《流亡者文献(四)》中的观点,"彼·特卡乔夫先生不是巴枯宁主义者……而是自己冒充的'布朗基主义者'"③。一场论争持续了二十年,足以说明它提出了让论争双方持续思考的重要问题,这也说明了这场论争的历史意义。在该文中恩格斯首先详细分析了赫尔岑、车尔尼雪夫斯基和特卡乔夫关于俄国共产主义农村公社的观点,揭示了这些观点的不合逻辑性:

　　第一,从历史上看,土地公有是在原始时代盛行于各个民族的占有形式,它不是俄国特有的,而是所有民族在一定发展阶段的共同现象。这是一种衰亡的占有形式,在很多地方已经遭到暴力压制。因此,不能根据在俄国

---

① 《马克思恩格斯文集》第 4 卷,人民出版社 2009 年版,第 449—450 页。
② 《马克思恩格斯文集》第 4 卷,人民出版社 2009 年版,第 449—450 页。
③ 《马克思恩格斯文集》第 4 卷,人民出版社 2009 年版,第 451 页。

的庄园里还存在这种原始的土地公有形式就断定俄国农民是天生的共产主义者。

第二,关于车尔尼雪夫斯基提出的俄国农村公社是否可以避免资本主义制度的苦难过渡到新的发展阶段的问题,恩格斯考察了原始共产主义公社在其他民族的发展史,认为俄国公社内部从来没有出现过把它发展成高级的公有制形式的促进因素,在商品生产和交换的影响下,公社反而日益丧失共产主义的性质,在资本主义的发展中日趋走向灭亡。因此,对俄国公社的变革可能只能来自西方的工业无产阶级,而不是来自俄国公社本身。俄国公社上升到新的阶段的先决条件是西欧无产阶级对资产阶级的胜利,以及资本主义生产被社会管理生产代替。

在这篇《跋》中,恩格斯总结了1875年以来他和马克思对俄国问题的思考和研究。恩格斯再次回答了他们在1882年1月《共产党宣言》俄文版的序言中提出的问题:俄国公社是否能够直接过渡到高级的共产主义占有形式。他们认为,只有当西欧各国无产阶级取得胜利和生产资料转归公有时,俄国那些刚刚进入资本主义生产而仍然保留农村公社的国家才可以利用西欧的胜利大大缩短进入社会主义的过程,并且避免西欧开辟道路时所经历的大部分苦难和斗争。因此,如果俄国革命与西欧无产阶级革命相互补充,那么俄国的土地公有制就有可能成为共产主义发展的起点。但是俄国在克里米亚战争①失败后需要迅速发展大工业,俄国进入了资本主义时代,原始的土地公共占有形式也随之瓦解,没有一种力量能在俄国公社的解体过程中重建俄国公社,相反,农民开始习惯土地私有。恩格斯在《跋》中再次强调了马克思在1877年《给〈祖国纪事〉杂志编辑部的信》中关于俄国社会道路的结论和社会历史研究的科学方法。马克思的结论是,如果俄国继续走1861年之后的道路,那么将失去当时历史所能提供给这个国家的最好的机会,也将遭受资本主义制度的一切灾难。关于《资本论》在俄国的应用,马克思反对把他关于西欧资本主义起源的历史概述变成一般发展道路的历史哲学理论,但是一旦俄国进入资本主义,它将和其他民族一样受到那些规律的支配。这就是恩格斯在逝世前对19世纪80年代末90年代初俄国社会状况的最后分析。

恩格斯从《流亡者文献(三)》到《论俄国的社会问题》,马克思从给《祖

---

① 克里木战争是1853—1856年俄国对英国、法国、土耳其和撒丁的联盟进行的战争。这场战争是由于这些国家在近东的经济和政治利益发生冲突而引起的,故又称东方战争。克里米亚战争中俄国的惨败重挫了沙皇俄国独占黑海海峡和巴尔干半岛的野心,同时加剧了俄国国内封建制度的危机。这场战争以签订巴黎和约而告结束。

国纪事》编辑部的信到给查苏利奇的信,马克思恩格斯从《共产党宣言》俄文版中的序言到恩格斯的《〈论俄国的社会问题〉跋》,这些文献不仅是马克思恩格斯对车尔尼雪夫斯基、查苏利奇等关于俄国农村公社命运问题的回答,也是马克思恩格斯对特卡乔夫等俄国革命者关于俄国革命道路问题的回答,还是马克思恩格斯关于俄国社会发展道路的总结。

三、《恩格斯论俄国》的出版及影响

恩格斯的《国际问题论文集》出版之后,在俄国引起很大的反响,俄国革命者准备出版恩格斯的《论俄国的社会问题》《〈论俄国的社会问题〉跋》的俄译本。以波·尼·克里切夫斯基①为代表的《社会主义民主丛书》和以查苏利奇、普列汉诺夫为代表的劳动解放社还为出版该书发生了一场斗争。

1894 年 5 月 10 日,俄国革命者波·克里切夫斯基在致恩格斯的信中告知了俄国正在出版马克思恩格斯著作俄译本的情况。俄国的《社会民主主义丛书》出版了克里切夫斯基翻译的马克思的两本译著:《雾月十八日》和《雇佣劳动与资本》,他将这两本著作的俄译本寄给了恩格斯。克里切夫斯基在这封信中主要表达了出版《论俄国的社会问题》俄译本的想法,并请求恩格斯为俄译本写一篇序言。他在信中特别提到了马克思主义与民粹主义的斗争以及恩格斯的著作对于这场斗争的意义。"在如何估计俄国的形势这个问题上,马克思主义观点在革命者中日益排挤掉了陈旧的'民粹主义'",但是最近以尼·康·米海洛夫斯基为代表的民粹主义在"合法"的俄国刊物《俄国财富》上首先向马克思主义宣布了殊死的战斗。因此在这种情况下,"《论俄国的社会问题》的俄译本的出现将会引起人们巨大的兴趣"②。克里切夫斯基注意到恩格斯的《〈论俄国的社会问题〉跋》分析俄国资本主义发展状况和俄国资产阶级的政治作用的问题,但是没有分析俄国工业无产阶级的政治作用问题,因此他请求恩格斯在俄文版序言中谈一谈这个问题,这将在俄国读者中间产生更大的影响。

1894 年 5 月 16 日,普列汉诺夫给恩格斯寄去了一封很长篇幅的信。他在信中详细讲述了克里切夫斯基、伊格纳切夫的情况。在普列汉诺夫看来,克里切夫斯基的社会主义思想的知识是很肤浅的,甚至是没有价值的,他是一个俄国民粹派分子,是半民主派和半无政府主义者。他几乎翻译了

---

① 　波·尼·克里切夫斯基(1866—1919):俄国社会民主党人,政论家,经济派领袖之一。19世纪 90 年代末是国外俄国社会民主党联合会的领导人之一,1899 年任该联合会机关刊物《工业事业》杂志的编辑。

② 　《马克思恩格斯与俄国政治活动家通信集》,人民出版社 2009 年版,第 695 页。

普列汉诺夫在《新时代》上发表的全部文章,但是普列汉诺夫对他的翻译并不满意,认为他"属于那种只能理解现代社会主义的字面意义而毫不理解它的精神的学究"①。他在《新时代》1891 年第 1 卷第 20—22 期上发表的文章《俄国革命运动的过去和现在》内容空洞,对运动的革命方面理解太少。《社会民主主义丛书》是拉甫罗夫与约吉希斯一起出版的,普列汉诺夫认为,伊格纳切夫是约吉希斯的一个新笔名。约吉希斯是一个搞阴谋的革命投机分子,是涅恰耶夫的缩影。他曾与普列汉诺夫接近,并提出去俄国开展活动的条件,如资金和护照,当普列汉诺夫等人满足他的条件后,他又提出了一些新的条件:(1)他要留在国外;(2)他把利息用来开展活动;(3)在任何一件事情上,他一个人拥有的票数和我们所有的人加起来一样多;今后同俄国同志之间的一切联系将由他一个人来负责,并且要把所有地址和所有关系都转交给他。因此,普列汉诺夫与他不再来往。于是,他开始拉拢拉甫罗夫,他看到拉甫罗夫愈来愈孤立,愈来愈孤单,他把克里切夫斯基也拉到这边,一起着手出版《社会民主主义丛书》。之后,普列汉诺夫与约吉希斯在苏黎世代表大会以及纪念 1794 年波兰革命 100 周年的活动中都发生了分歧和攻击,因此他们的关系彻底破裂。普列汉诺夫认为,克里切夫斯基、约吉希斯只是想通过翻译马克思的著作提高声望,而他们的声望对于俄国和波兰的运动都是非常有害的。

普列汉诺夫在信中还说,《国际问题论文集》刚一问世,查苏利奇就已经翻译了《论俄国的社会问题》及其《跋》,并预先告诉了克利钦夫斯基他们将出版这一译作,因此,"他们想制造类似民意党人中间盛行的那种各行其是的无政府状态"②。实际上,查苏利奇在 19 世纪 80 年代初期就翻译了《社会主义从空想到科学的发展》一书,并且恩格斯早已同意他们翻译马克思和恩格斯其他著作。因此,查苏利奇是根据这一许可来翻译《论俄国的社会问题》。阿克雪里罗德、查苏利奇都同意普列汉诺夫的这封信,因为约吉希斯引起了大家极大的反感。

1894 年 5 月 20 日,恩格斯给克里切夫斯基的回信中特别强调了版权问题,要求在翻译成其他语言出版时必须征得他的许可,因为"对于那些不称职或不能信任的人译成的东西的发表",他将要担负责任。同时,恩格斯严厉抗议克里切夫斯基在未经许可之前擅自翻译马克思恩格斯的著作,因为他已将这些作品和其他作品译成俄文的权利,交给了维拉·查苏利奇。5

① 《马克思恩格斯与俄国政治活动家通信集》,人民出版社 1987 年版,第 698 页。
② 《马克思恩格斯与俄国政治活动家通信集》,人民出版社 1987 年版,第 702 页。

月21日,恩格斯在给普列汉诺夫的回信中告知他已经拒绝了克里切夫斯基对他和马克思著作的翻译,并且再次重申马克思和他的著作译成俄文的权利已交给维拉·查苏利奇。5月22日,恩格斯又给普列汉诺夫寄去了一封信,因为伯恩施坦和考茨基到访再次谈到了克里切夫斯基事件。考茨基认为,伊格纳切夫是格尔方德的化名,格尔方德是一个诚实的年轻人,他是出于疏忽落入约吉希斯的圈套。5月25日,克里切夫斯基回复了恩格斯在5月20日的信,他在信中说已经放弃发表恩格斯论俄国社会问题的文章了,但是他们对恩格斯已将翻译权交给查苏利奇毫无所知,同时表明在翻译和出版马克思和恩格斯的著作时,"过去和现在都只是为了促进俄国的社会民主主义宣传事业,而没有追求任何其他目的"①。5月31日,恩格斯在给克里切夫斯基的回信中揭穿了克里切夫斯基的谎言,说他早在5月10日写信之前就已知道查苏利奇和普列汉诺夫正在准备翻译《论俄国的社会问题》,这样的行为是不光彩的。5月底,普列汉诺夫在给恩格斯的回信中感激恩格斯没有漠不关心地对待约吉希斯—克里切夫斯基事件,并向恩格斯讲述了俄国革命者之间的分歧和争论以及对俄国革命运动的影响。

1894年6月8日,克里切夫斯基在给恩格斯回信中做出解释和澄清,他们是在5月10日之前就知道了查苏利奇和普列汉诺夫打算翻译恩格斯的论俄国社会问题,但是仅仅是从第三者那里知道的,而且是在他们已经印刷了关于出版《论俄国的社会问题》一书的公告以后才知道的。普列汉诺夫和查苏利奇并没有对他们2月中旬的公告做出任何相应的正式声明。7月10日左右,普列汉诺夫在致恩格斯的信中对克里切夫斯基的解释做出回应。普列汉诺夫在信中指出,克里切夫斯基所说的"第三者"就是自己印刷所的排字工约·勃柳缅费尔德,他也是编辑部的成员。普列汉诺夫通过他告诉克里切夫斯基他们的打算,排字工已经把他们的打算通知《社会民主主义丛书》编辑部,但是编辑部却坚持自己的主张,一定要翻译出版这本书。普列汉诺夫说之所以没有公开宣布要出版这本书,是为了不引起读者们的惊讶:为什么要在同一时间内重复出版同一本书。刚寄走这一封信,普列汉诺夫想起漏掉一条关于克里切夫斯基的事情,因此他又写一封补充说明的信。《社会民主主义丛书》的出版公告中明确地说,一切有关这套出版物的事情都要和排字工约·勃柳缅费尔德商量,可是既没有指出编辑的名字,也没有提到编辑部的地址。因此普列汉诺夫只能告知排字工他们的打算。

---

① 《马克思恩格斯与俄国政治活动家通信集》,人民出版社1987年版,第709页。

　　1894 年 7 月中旬,恩格斯在给克里切夫斯基的信中再次揭穿了他的谎言。恩格斯在信中指出克里切夫斯基对外注明的唯一地址就是排字工约·勃柳缅费尔德的地址,因此,查苏利奇和普列汉诺夫按照这个唯一的正式地址做出了有关说明就已经足够了。克里切夫斯基的谎言是纯粹的幼稚的无政府主义的狡诈。另外,克里切夫斯基在得知这一情况后并没有及时与恩格斯联系,而是在翻译出版时才告知恩格斯,显然,他是想以不光彩的方式抢在查苏利奇之前,并指望恩格斯对这一既成事实采取妥协态度,恩格斯采取反对这种虚伪的手法。

　　这场出版权之争耗时两个月,普列汉诺夫、克里切夫斯基和恩格斯之间的通信有 11 封,即使是通过书信的方式,我们也感觉到彼此之间的唇枪舌剑。从克里切夫斯基向恩格斯告知即将出版并请求序言,到普列汉诺夫第一次揭穿他们的谎言,再到克里切夫斯基试图澄清,最后普列汉诺夫拿出有力的证据第二次揭穿他们的谎言,恩格斯始终站在查苏利奇和普列汉诺夫这一边,自始至终支持他们对马克思主义著作的翻译和出版。显然,这场斗争以劳动解放社的胜利告终。

　　1894 年下半年,劳动解放社第一次整理出版恩格斯研究俄国问题的论文集,收录了恩格斯的两篇文章:一篇是恩格斯在 1875 年的文章《论俄国的社会问题》,也就是对《特卡乔夫致恩格斯先生的公开信》的回应;另一篇是恩格斯在 1894 年的文章《〈论俄国的社会问题〉跋》,以《恩格斯论俄国》[①]为名单独出版。这两篇文章由维拉·查苏利奇翻译。普列汉诺夫在为《恩格斯论俄国》俄译本所写的序言中首先强调出版这本小册子对于俄国的意义:"我们出版恩格斯论俄国的文章,即 1875 年恩格斯对特卡乔夫的回应《论俄国的社会问题》以及 1894 年的《〈论俄国的社会问题〉跋》。这对俄国读者而言是非常有益的,特别是有助于消除对革命活动有害的两种偏见。"[②]第一种偏见是俄国革命民粹派的观点,也就是坚信俄国公社的独特性,认为公社可以转变为社会主义的生活形式。恩格斯的这两篇文章准确地发现这个观点错误,充分论证这种转变只有在俄国农民受到社会主义无产阶级的影响且无产阶级在西方成为统治阶级的情况下才是可能的。第二个偏见是以丹尼尔逊为代表的俄国自由民粹派的观点,他虽然发现俄国资本主义的各种矛盾,但是认为俄国经济发展的独特性在于工人阶级没有政

---

①　Фридрих Энгельс о России, перевод с нем. В Засулич, из серии "Библиотека современного социализма", серия II, вып. II, Женева, типогр. "Социал-демократ", 1894 г.

②　Г.В.Плеханов.Сочинения.Т.IX.Под редакцией Д.Рязанова.М.:Петроград.изд-2.С. 32.

治独立性,寄希望于俄国社会可以消除这些矛盾。普列汉诺夫在序言中援引了恩格斯在 1894 年的《跋》中关于俄国革命前景和俄国农村公社命运的判断,并在序言的最后发出呼吁,"我们现在不是抱着幻想,而是用尽力量'组织行动',坚决与沙皇制度进行斗争。解决这个伟大政治任务将决定我们俄国经济的未来,一旦我们理解这个任务的重要性,我们将立刻明白不解决这个任务就不能吸引我们的劳动者阶层最大限度地加入这场斗争,他们现在已经被资本主义的喧嚣和动荡唤醒"①。

1896 年,列宁对恩格斯的文章在俄国的传播情况以及恩格斯论俄国问题的文章做出了总结,称《恩格斯论俄国》是"篇幅虽小,但价值极大"的文章。"从恩格斯的这些著作中,我们举出下面几种:反对杜林的论战性著作(它分析了哲学、自然科学和社会科学中最重大的问题)②……以及两篇篇幅虽小,但价值极大的论述俄国经济发展的文章(《弗里德里希·恩格斯论俄国》,维·伊·查苏利奇的俄译本,1894 年日内瓦版)。"③

第三节　俄国马克思主义的诞生

普列汉诺夫在 19 世纪 70 年代登上俄国革命的舞台,19 世纪 80 年代他流亡西欧后成为第二国际的重要领导人,在日内瓦创立俄国第一个马克思主义组织劳动解放社。弗兰尼茨基说:"有一个人不仅最早认识到马克思主义也能从理论上解决俄国的问题,而且通过自己的理论活动成为当时最重要的理论家之一,这个人就是格·瓦·普列汉诺夫。"④

一、普列汉诺夫的思想转向

格·瓦·普列汉诺夫(1856—1918)出生于沃罗涅什省利佩茨克县古达洛夫卡村,他的父亲是世袭贵族,退职上尉,他的母亲是著名文学评论家别林斯基的侄孙女。1874 年,普列汉诺夫在彼得堡矿业学院学习期间与俄国革命家、经济学说史家伊·费·费先,以及著名的民粹派工人代表米特罗

① Г. В. ПЛЕХАНОВ. СОЧИНЕНИЯ. ТОМ. IX. ПОД РЕДАКЦИЕЙ Д. РЯЗАНОВА. Москва: Петроград,.ИЗДАНИЕ 2-Е.С. 32.
② 这是一部内容十分丰富、十分有益的书。只可惜只有概述社会主义发展史的那一小部分译成了俄文(《科学社会主义的发展》1892 年日内瓦第 2 版)。
③ 《列宁全集》第 2 卷,人民出版社,第 9—10 页。
④ 弗兰尼茨基:《马克思主义史》第 1 卷,胡文建等译,黑龙江大学出版社 2015 年版,第 417 页。

范相识。在他们的影响下,普列汉诺夫参加了俄国民粹派的革命活动和"到民间去"运动。1878 年,"北方革命民粹主义小组"为纪念 1861—1864年的"土地与自由社",冠之以相同的名称。普列汉诺夫是早期的创立者之一,并担任了民粹派机关报《土地与自由》的编辑。1877—1879 年彼得堡爆发大规模工人罢工游行,普列汉诺夫在此期间积极领导工人运动,并注意到工人阶级特有的革命作用。俄国民粹派对俄国工人运动的否定态度,第一次引起了普列汉诺夫对俄国民粹主义理论的怀疑。

1879 年,土地与自由社分裂为"民意党"和"黑土平分社",普列汉诺夫反对"民意党"的恐怖行为,主张保留原有的策略,但是在俄国国内已无所作为。他在 1894 年 5 月底致恩格斯的信中描述了恐怖主义给俄国革命造成的危害:"恐怖主义者的斗争耗尽了知识分子的全部力量,并把资产阶级和贵族投入了沙皇政府的怀抱。……几起新的暗杀活动并未使局势改观——知识分子的作用已发挥完了。……知识分子——这支昔日革命运动的基本队伍——的力量却空前地被大大削弱了"[1]。俄国民粹派恐怖斗争的失败,俄国资本主义的发展,使普列汉诺夫逐渐脱离民粹主义,转而寻找一种能指明俄国革命道路的科学理论,但这种转变并非一蹴而就的,而是充满艰辛的。

1880 年初,普列汉诺夫第二次逃亡国外,自此开始了长达 37 年的流亡生涯,直至 1917 年才回国。1880 年底,普列汉诺夫在巴黎结识了卡尔·考茨基、威廉·李卜克内西和爱德华·伯恩施坦等德国社会民主党的代表人物,逐渐成为第二国际的重要代表。与此同时,他及其战友们了解了西欧工人运动的经验,研究了科学社会主义理论,这使他从根本上反思俄国民粹主义的革命实践。1881 年,普列汉诺夫在拉甫罗夫那里阅读和翻译了《共产党宣言》,这使他逐步脱离民粹主义,转向马克思主义。他在晚年回忆道:"关于我自己可以说,阅读《共产党宣言》是我一生的新时期。我受到《宣言》的鼓舞,并立即决定将它译成俄语。"[2]如前所述,1882 年,普列汉诺夫翻译《共产党宣言》,并通过拉甫罗夫请马克思恩格斯为俄译本写了序言,这也是马克思在逝世前最后一篇关于俄国问题的文献。同时,普列汉诺夫作为译者也为《宣言》写了一篇导言,他在导言中高度赞扬了马克思恩格斯的贡献:"《宣言》及其作者们的其他著作,开辟了社会主义文献史和经济文

---

① 《马克思恩格斯与俄国政治活动家通信集》,人民出版社 1987 年版,第 712 页。
② 米·约夫楚克、伊·库尔巴娃:《普列汉诺夫传》,宋洪训等译,生活·读书·新知三联书店 1980 年版,第 74 页。

献史上的新时代,这是一个无情地批判现时劳资关系以及与任何乌托邦不同的、科学论证社会主义的时代。"①普列汉诺夫在翻译《共产党宣言》的过程中对政治斗争的认识也发生了变化:从过去否定政治斗争转而承认政治斗争对俄国革命运动的首要意义:"《宣言》能够预先警告俄国社会主义者免于陷入两个同样可悲的极端:一方面是对政治活动采取否定态度,另一方面是把党的未来利益置之脑后"②。翻译和研究马克思主义重要文献促使普列汉诺夫从民粹主义者转变为马克思主义者。他曾写道:"我成为马克思主义者不是在1884年,而是在1882年。"从对民粹主义的捍卫到对民粹主义的怀疑,从对马克思主义著作的翻译到初步尝试运用马克思主义研究问题,整个转变是普列汉诺夫运用马克思主义理论清理旧思想的自省过程。

1883年,普列汉诺夫出版了第一本著作《社会主义与政治斗争》,列宁称这本著作是"俄国社会主义的第一个纲领文献"。他在这本著作中尖锐地批判了唯心主义的社会理论,明白地阐述了马克思和恩格斯的科学社会主义,以及"一切阶级斗争都是政治斗争"这一马克思主义著名原理的深刻意义,还特别谈到了把俄国的革命斗争与那被正确理解的科学社会主义结合起来的必要性。1883年,普列汉诺夫出版《我们意见的分歧》,标志着他由民粹主义彻底转向马克思主义。列宁称这部著作是"俄国第一部社会民主主义著作"。他在书中继续批判了民粹派的整个理论体系,特别是批判了他们的经济理论和对俄国农民问题的错误观点。为了揭露民粹主义的经济理论的全部错误,普列汉诺夫把资本主义在西欧产生的条件和所起的历史作用同它在俄国发展的条件加以比较对照,阐明了资本主义在不同国家发展的一般前提,从而证明了把俄国同西欧对立起来是错误的。他运用马克思主义理论对1861年改革后俄国的经济关系,特别是农村和城市的资本主义发展状况作了深刻的分析。"资本主义却走着自己的路,继续打击独立生产者,使得他们连自己不稳固的地位也保持不住,用它在'西方'实行得最有效的方法来在俄国创造工人的队伍。"③

俄国民粹派认为俄国农村公社是不可摧毁的堡垒,是阻止资本主义的万能药,是俄国可以避免资本主义而直接实行社会主义改造的基础。他们把资本主义以前的生产方式加以理想化,对现实做出了完全错误的判断,正

---

① Литературное наследие Г. В. Плеханова. Т. 8. М.: Государственное социально-экономическое издательство. 1940. С. 23.

② 福米娜:《普列汉诺夫的哲学观点》,汝信译,生活·读书·新知三联书店1963年版,第77页。

③ 《普列汉诺夫哲学著作选集》第1卷,人民出版社1962年版,第266页。

如普列汉诺夫所说,他们的言行恰恰是丝毫不懂辩证矛盾的形而上学者,他们撇开历史现象的现实发展和变化来形而上学地看待历史现象。民粹主义不愿意去看公社的衰落和瓦解过程。普列汉诺夫在《我们的意见分歧》一书中用事实说明俄国公社只是在它还没有脱离自然经济条件的时候才具有生命力。俄国农村公社的衰落不是由于外部条件的影响,而是由于内部原因,由于资本主义经济的发展已经从根本上摧毁公社的土地所有制。普列汉诺夫坚信,俄国沿着资本主义道路发展,并不像主观主义者所想的那样,是因为存在着某种外部力量或促使它走上这条道路的神秘规律,而是因为事实上没有一种内部力量使它能够摆脱这条道路,"我们社会生活的整个进路都趋向资本主义"。他根据对俄国现实的分析而得出的主要结论是,私人资本主义大生产正在俄国一往直前地扩大着,发展着,而民粹派关于莫名其妙的'人民生产'的幻想以及其他空想的观点,却被生活本身所打破了。

1885 年 2 月,查苏利奇将普列汉诺夫的著作《我们的意见分歧》寄给恩格斯,她在给恩格斯的信中写道:"我们很想知道您对这本书的意见。该书的主题还是那个神圣的问题:俄国人寻找使自己的祖国发达起来的独立道路的努力。这本书必然会招致一场反对我们小组的风暴,要知道,该书攻击一种最受人欢迎、而且传播极广的理论:右翼分子中的斯拉夫主义和一些革命小组中的巴枯宁主义即'民粹主义'。凡是民粹主义能够说的一切,它大约在十年前就已说过了,如今它甚至连作出一点'努力'也无法办到了,——只不过弹弹老调而已。而这已开始给自己带来了恶果:党的智力水平在下降,希望自觉行动的有独立思考能力的青年已不再加入他们的小组。"①恩格斯在 4 月的回信中详细谈了他对这本书的意见:"首先,我再对您说一遍,得知在俄国青年中有一派人真诚地、无保留地接受了马克思的伟大的经济理论和历史理论,并坚决地同他们前辈的一切无政府主义的和带点泛斯拉夫主义的传统决裂,我感到自豪。……这是一个对俄国革命运动的发展将会具有重大意义的进步。在我看来,马克思的历史理论是任何坚定不移和始终一贯的革命策略的基本条件;为了找到这种策略,需要的只是把这一理论应用于本国的经济条件和政治条件。"②

---

① 《马克思恩格斯与俄国政治活动家通信集》,人民出版社 1987 年版,第 482 页。
② 《马克思恩格斯文集》第 10 卷,人民出版社 2009 年版,第 532 页。

二、普列汉诺夫马克思主义观的确立

1895 年 1 月,普列汉诺夫在彼得堡出版了他最优秀的著作《论一元论历史观之发展》,这本书在俄国是用恩·别尔托夫的笔名公开出版的,由于考虑到书报检查,根据普列汉诺夫自己的说法,他是故意给它起了一个"蹩脚的"名称叫"一元论的",而不指明到底讲的是唯物史观还是唯心史观。这本著作标志着俄国马克思主义的诞生,也标志着普列汉诺夫成熟的马克思主义观的形成,也就是普列汉诺夫对马克思主义体系的总体认识。

普列汉诺夫的战友维拉·查苏利奇很快把这本书送给了当时在伦敦的恩格斯。恩格斯在 1895 年 1 月 30 日致查苏利奇写道:"格奥尔基的书出得非常及时。"①2 月 8 日,恩格斯在致普列汉诺夫的信中又说:"维拉把您的书交给我了,谢谢。我已开始读,但需要一定的时间。您能够使这本书在本国出版,无论如何要算是一个巨大的成功。"②恩格斯还没有看完普列汉诺夫的这本书就给予它肯定的评价,这是因为他读过普列汉诺夫此前发表的其他文章,如普列汉诺夫在《新时代》杂志 1891 年至 1892 年第 7 至 9 期上发表的文章《黑格尔逝世 60 周年》。他非常关心普列汉诺夫的著作译成外国文字,曾专门就此事写信给保加利亚《社会民主主义者》丛刊编辑部,表示很希望普列汉诺夫著作的保加利亚文本问世。他还热情地帮助马克思幼女爱琳娜翻译的普列汉诺夫《无政府主义和社会主义》英文版的出版。沃登回忆说:"恩格斯很重视普列汉诺夫的天才('不亚于拉法格,甚至也不亚于拉萨尔'),并且询问他的著作计划,认为关于法国唯物主义历史的著作和俄国民粹主义美文学的论文都写得很中肯。"列宁曾称这本书"关于马克思主义哲学及历史唯物主义问题……有很好的论述",称赞它"培养了整整一代俄国马克思主义者"③。南斯拉夫马克思主义理论家弗兰尼茨基在《马克思主义史》一书中多次高度评价普列汉诺夫的这部著作,认为这是"当时世界文献中阐述马克思的观点和社会主义的历史根源及理论根源的一部最出色的著作"④,普列汉诺夫"以他的渊博的文化知识和卓越的政论才能使得阐释马克思主义的工作在俄国一开始就具有高度的科学水平"⑤。

普列汉诺夫一方面通过分析 18 世纪法国唯物主义、空想社会主义和德

① 《马克思恩格斯与俄国政治活动家通信集》,人民出版社 1987 年版,第 744 页。
② 《马克思恩格斯与俄国政治活动家通信集》,人民出版社 1987 年版,第 746 页。
③ 《列宁全集》第 19 卷,人民出版社 1989 年版,第 308 页注。
④ 弗兰尼茨基:《马克思主义史》第 1 卷,黑龙江大学出版社 2015 年版,第 418 页。
⑤ [南]弗兰尼茨基《马克思主义史》第 1 卷,黑龙江大学出版社 2015 年版,第 418—419 页。

国唯心主义哲学阐述马克思的哲学思想，另一方面批评以米海洛夫斯基为代表的俄国民粹派的主观社会学，以及以沃龙佐夫、丹尼尔逊为代表的俄国自由民粹派对俄国资本主义命运的错误理解，明确强调马克思的历史观："不是人们的意识决定他们的存在（即它们的社会生存的形式），而是相反地，他们的社会存在决定他们的意识。"①弗兰尼茨基肯定了普列汉诺夫在俄国思想界这场关于俄国资本主义命运的论战中的贡献，"为了顺利地发展马克思主义的思想，当时在俄国必须首先弄清资本主义发展的问题，并清算社会学中的主观主义理论。普列汉诺夫的历史功绩就在于，他在上述著作中以及在以后写的一些著名的著作中胜利地完成了这个历史任务"②。普列汉诺夫清楚地看出唯物主义思想和德国唯心主义辩证法对马克思主义发展的意义，反对当时流行的把马克思归结为康德的新康德主义，并且从历史的角度非常详尽地分析了马克思的理论先驱者和他们对他的影响，阐释了唯物史观的基本问题。正是在这本书中普列汉诺夫将马克思主义在社会学中的贡献等同于达尔文主义在生物学上的贡献。"这两位思想家的研究精神决然地是一样的。所以可以说，马克思主义是达尔文主义之应用于社会学（虽然，在年代上并不是这样，可是这是不重要的）。"③

　　《论一元论历史观之发展》一书出版之后，普列汉诺夫紧接着发表了两篇文章：一是《论唯物主义的历史观》，二是给拉布里奥拉的著作《论历史唯物主义》写的书评。在这篇文章里，普列汉诺夫批判地分析了因素论，指出把这种或那种因素当作唯一因素的社会学理论是一种常见的抽象空论，进而提出了辩证的社会观，把社会看作是一个整体，其中不是孤立地存在着各种作为抽象东西的因素，而是存在着包括各种因素的社会整体。之后，普列汉诺夫在《马克思主义的基本问题》明确提出"五项因素公式"："如果我们想要简短地说明一下马克思和恩格斯对于现在很有名的'基础'和同样有名的'上层建筑'的关系的见解，那末我们就可以得到下列要点：（1）生产力的状况；（2）被生产力所制约的经济关系；（3）在一定的经济'基础'上生长起来的社会政治制度；（4）一部分地由经济直接决定，一部分由生长在经济上的全部社会政治制度所决定的社会中的人的心理；（5）反映这种心理特性的各种思想体系。"④

---

① 《普列汉诺夫哲学著作选集》第 1 卷，生活·读书·新知三联书店 1962 年版，第 708 页。
② ［南］弗兰尼茨基《马克思主义史》第 1 卷，黑龙江大学出版社 2015 年版，第 418 页。
③ 《普列汉诺夫哲学著作选集》第 1 卷，生活·读书·新知三联书店 1962 年版，第 767 页。
④ 《普列汉诺夫哲学著作选集》第 3 卷，生活·读书·新知三联书店 1962 年版，第 195—196 页。

普列汉诺夫及其领导的劳动解放社在宣传马克思主义方面发挥了重要的作用。但是他没有把社会主义和工人运动结合起来,仅仅是在理论上为社会民主主义奠定了基础,为迎接工人运动迈出了第一步。这个任务是由无产阶级的伟大导师列宁完成的。

三、列宁马克思主义观的形成

列宁(Ленин Владимир Ильич),原名弗拉基米尔·伊里奇·乌里扬诺夫,1870 年 4 月出生于辛比尔斯克(今乌里扬诺夫斯基),1924 年 1 月病逝。1887 年,列宁的哥哥在彼得堡大学生物系就读时因参加民意党谋刺沙皇亚历山大三世的行动而被处以绞刑。同年,列宁考入喀山大学法律系,三个月后因参加学生运动被开除,后又被捕流放,1891 年以彼得堡大学法律系校外旁听生资格通过大学毕业国家考试,获准从事律师职业。1893 年之后成为职业革命家,多次被捕流放,流亡国外,建立斗争协会,创办革命报刊,创立了布尔什维克党,领导了十月革命,缔造了世界上第一个社会主义国家。列宁作为马克思恩格斯在 19 世纪末 20 世纪初最重要的继承者,在理论与实践两个方面皆取得伟大的成就,原因之一在于其拥有正确的马克思主义观。列宁的马克思主义观是指列宁关于马克思主义的总体认识和基本评价,也是列宁关于马克思主义的思想体系,即列宁在如何认识、评价、运用马克思主义问题上的基本观点的体系,也就是列宁对"马克思主义的创立过程""马克思主义的理论本质"和"马克思主义的科学体系"等问题的科学回答。

马克思恩格斯的著作在俄国的广泛传播对列宁了解和接受马克思主义起到了重要作用。如前所述,俄国知识分子早在 19 世纪 40 年代就与马克思恩格斯通信,19 世纪 60 年代俄国在西欧的流亡者以及俄国国内的知识分子也纷纷给马克思恩格斯写信,他们之间的通信达到 400 多封。与此同时,俄国知识分子把马克思恩格斯的著作大量介绍到俄国,在俄国的报刊《祖国纪事》《欧洲通信》《言论》等上发表评论马克思著作的文章。如前所述,俄国的知识分子还翻译出版了马克思恩格斯的著作,如《资本论》第 1 卷第 1 版俄译本在 1872 年的出版,1882 年《共产党宣言》俄译本的出版等。1877 年,列宁在流放期间,如饥似渴地读书,阅读了俄国的进步报刊《现代人》《祖国纪事》《欧洲通信》《俄国财富》等杂志,还阅读了俄国革命民主主义思想家车尔尼雪夫斯基的小说《怎么办?》。1888 年 9 月,列宁回到喀山后参加了尼·叶·费多谢也夫的马克思主义小组。列宁与小组成员一起研究和讨论马克思恩格斯著作的秘密版本、手稿、译本等。1889 年 5 月,列宁全家从喀山搬到萨马拉,他一方面集中研究马克思主义,另一方面积极准备开展革命活动。他还利用一切机会调查研究俄国农村的经济状况,写出了《农民生活中的新的经济变动》。

　　虽然列宁在马克思恩格斯生前与伟大导师没有直接的联系,但是列宁从青年时代起就开始阅读马克思恩格斯的著作。根据列宁的亲属的回忆和列宁青年时代的友人的证明,列宁 1888 年 10 月回到喀山开始研究《资本论》。1889 年,列宁在萨马拉居住期间,《资本论》第 1 卷和第 2 卷是列宁案头的必备书。1893 年至 1894 年,列宁在彼得堡居住期间研读了《资本论》第 3 卷。从 1888 年至 1894 年,列宁在不同时期用各种颜色的铅笔对《资本论》第 1 卷德文第 1 版、《资本论》第 1 卷俄文第 1 版、《资本论》第 2 卷 1885 年德文版、《资本论》第 2 卷 1886 年俄文版、《资本论》第 3 卷 1894 年德文版作了大量批语和标记。列宁非常重视《资本论》对资本主义生产发展中的简单协作、工场手工业、大机器工业以及它们之间的相互关系及其依次更迭的过渡形式的研究,多次高度赞扬《资本论》的伟大成就:"《资本论》的成就之所以如此巨大,是由于'德国经济学家'的这部书使读者看到整个资本主义社会形态是个活生生的形态,有它的日常生活的各个方面,有它的生产关系所固有的阶级对抗的实际社会表现,有维护资本家阶级统治的资产阶级政治上层建筑,有资产阶级的自由平等之类的思想,有资产阶级的家庭关系。"①列宁刻苦地阅读他所能得到的一切马克思主义著作,他的姐姐乌里扬诺娃回忆说,"记得每天晚上我下楼来跟他聊天时,他就热情洋溢地给我讲解马克思学说的基本原理和这一学说所开拓的新天地"②。除此之外,马克思恩格斯对俄国问题的研究对列宁思想的形成也产生了重要的影响。列宁在 1895 年 9 月纪念恩格斯的文章中写道:"马克思和恩格斯两人都懂俄文,都读俄文书籍,非常关心俄国的情况,以同情的态度注视俄国的革命运动,并一直同俄国的革命者保持联系。……马克思和恩格斯都清楚地看到,俄国政治革命对于西欧的工人运动也会有巨大的意义。……恩格斯为了西欧工人运动的胜利,也渴望俄国实现政治自由。俄国的革命者因恩格斯的逝世而失去了最好的朋友。"③

　　19 世纪 90 年代末,列宁在批判俄国其他派别的基础上确立马克思主义的俄国资本主义发展观,标志着列宁的马克思主义观的正式形成。以丹

———————

①　《列宁全集》第 1 卷,人民出版社 1984 年版,第 111 页。

②　《回忆列宁》第 1 卷,上海外国语学院列宁著作翻译研究室译,人民出版社 1982 年版,第 19 页。

③　《列宁全集》第 1 卷,人民出版社 1984 年版,第 11 页。

尼尔逊为代表的俄国自由民粹派、以彼·伯·司徒卢威为代表的"合法马克思主义"者①、以普列汉诺夫为代表的革命的马克思主义者等俄国各派知识分子在关于俄国资本主义命运的论战形成了三种资本主义观：以丹尼尔逊和沃龙佐夫为代表的俄国自由民粹派害怕资本主义带来的破坏性后果，力图使俄国避免资本主义道路；以司徒卢威为代表的俄国"合法马克思主义"者强调资本主义的历史必然性，但是避而不提资本主义的破坏性影响；以普列汉诺夫为代表的俄国马克思主义者虽然在批判俄国自由民粹派的基础上提出俄国已经进入资本主义发展道路的观点，但是既没有对俄国"合法马克思主义"的观点做出回应，也没有在俄国确立马克思主义的资本主义观。列宁从俄国各派知识分子关于俄国资本主义问题的论战中认识到必须建立马克思主义的俄国资本主义发展观。列宁俄国资本主义发展观的形成过程可以分为三个阶段：一是 1893 年至 1897 年在《论所谓市场问题》《什么是人民之友以及他们如何攻击社会民主党人》《评经济浪漫主义》《我们拒绝什么遗产》等著作中对俄国自由民粹派的批判；二是 1894—1895 年在《民粹主义的经济内容及其在司徒卢威先生的书中受到的批评》中与俄国合法马克思主义的短暂联合；三是 1895—1899 年列宁在写作《俄国资本主义的发展》一书的过程中对合法马克思主义的批评，主要体现在《市场理论问题述评》《再论实现论问题》《农业中的资本主义》《土地问题和马克思的"批评家"》等文章中。

列宁首先从唯物主义历史观出发批判作为俄国自由民粹派哲学基础的主观社会学，明确指出马克思关于社会经济形态发展是自然历史过程的思想已经从根本上摧毁了民粹派的形而上学的主观社会学。这种形而上学的社会学没有研究过任何一种社会形态，甚至没有明确社会形态这个概念，没有对任何一种社会关系进行实际的研究和客观的分析，总是先验地臆造一些永远没有结果的理论。如前所述，米海洛夫斯基曾在 1877 年为《资本论》的经济理论辩护，并提出《资本论》的适用范围问题，但是他在 19 世纪 90 年代改变了之前的看法。1894 年，米海洛夫斯基在《文学与生活》中指出，"《资本论》中有一些有历史内容的光辉篇页，但是这些篇页也是按照此书的主旨，仅限于一个一定的历史时期，它们并不是确立经济唯物主义的基本原理，不过是涉及某类历史现象的经济方面"②。列宁反对米海洛夫斯基

---

① "合法马克思主义"又称"司徒卢威主义"。19 世纪末在俄国资产阶级知识分子中流行的一种打着马克思主义旗号的资产阶级思潮，代表人物有司徒卢威、杜冈-巴拉诺夫斯基、布尔加柯夫等。

② 《列宁全集》第 1 卷，人民出版社 1984 年版，第 119 页。

把马克思恩格斯的唯物主义称为经济唯物主义，因为马克思恩格斯的理论是借助非经济因素找到的，他们的基本思想是把社会关系分成物质的社会关系和思想的社会关系，思想的社会关系是物质的社会关系的上层建筑，而物质的社会关系是不以人的意志和意识为转移而形成的，是人维持生存的活动的形式。

列宁从市场理论入手批判俄国自由民粹派的经济理论，在早期文章《论所谓市场问题》的开头中写道："在人民大众很穷而且愈来愈穷的时候，资本主义能否在我们俄国发展并充分发展起来呢?"[①]俄国民粹派对此的回答是：资本主义的发展需要广大的国内市场，农民的破产破坏了国内市场，资本主义制度无法建立；由于群众的贫困化，俄国资本主义软弱无力，没有根基，不能成为俄国社会经济的基础。列宁首先以《资本论》为根据批评俄国自由民粹派代表克拉辛、丹尼尔逊对《资本论》的错误理解，他们"没有本领说明我国的资本主义，而把自己关于资本主义的论断建筑在纯粹的虚构的上面"[②]。之后，俄国自由民粹派的代表尤沙柯夫、克里文柯、卡雷舍夫提出了自由民粹派的经济纲领，主要有三点：一是改组农民银行，整顿官地租佃以利于人民经济；二是扫除目前束缚村社的一切障碍，过渡到共耕制（农业社会化），发展村社加工业；三是发放低利贷款，组织劳动组合式的经营，发明更便宜的发动机和实行其他技术改良。列宁指出了这个纲领的虚幻性和不切实际性："他们要的是没有资本主义的商品经济，要的是没有剥夺也没有剥削，只有在仁慈的地主和自由派的行政官员庇护下勉强维持生活的小市民的资本主义"[③]，他们不承认一切生产关系的资产阶级性质，不愿看见在这个制度下的阶级斗争的必然性。根据列宁的战友米·亚·西尔文的回忆，列宁曾对他说写作《什么是"人民之友"以及他们如何攻击社会民主党人》一书的目的在于："第一，向尽可能多的读者解释清楚，什么是马克思主义，第二，揭露民粹主义的资产阶级性质，指出这是小市民思想，是为小生产者辩护"[④]。

在批判俄国自由民粹派的过程，列宁与"合法马克思主义"曾有过短暂的联合。1894年底1895年初，列宁发表《民粹主义的经济内容及其在司徒卢威先生的书中受到的批评》一文对"合法马克思主义"予以声援。列宁赞

① 《列宁全集》第1卷，人民出版社1984年版，第56页。
② 《列宁全集》第1卷，人民出版社1984年版，第99页。
③ 《列宁全集》第1卷，人民出版社1984年版，第206页。
④ 《回忆列宁》第2卷，上海外国语学院列宁著作翻译研究室译，人民出版社1982年版，第53页。

同司徒卢威对丹尼尔逊的批评:"司徒卢威先生批评尼·一逊先生时,重点是批评'这位俄国政治经济学家完全不懂马克思关于阶级斗争和国家的学说',这是十分正确的。……尼·一逊先生由于不懂阶级斗争而成了空想主义者,因为忽视资本主义社会的阶级斗争,从而就会忽视这个社会的社会政治生活的全部实际内容,就会为了实现自己的愿望而不可避免地沉溺在天真的幻想之中。"①但是,列宁并不赞同司徒卢威对民粹主义的实质归结为俄国经济独特发展理论或者是对这种发展的信仰。在列宁看来,"民粹主义的实质在更深的地方:不在独特发展的学说,也不在斯拉夫主义,而在代表俄国小生产者的利益和思想。"②因此,司徒卢威在批判民粹主义的主观主义的同时陷入了客观主义,正如列宁所说,"这是客观主义的语言,而不是马克思主义者(唯物主义者)的语言。这两种概念(观点体系)是有差别的,我们应当加以说明,因为司徒卢威先生这本书的主要缺点就是没有完全弄清这一差别,这表现在他的大部分论断中"③。

列宁仍然是从市场理论入手分析合法马克思主义的资本主义观,但是合法马克思主义者关于资本主义的市场问题存在着较大分歧,杜冈-巴拉诺夫斯基④批评谢·布尔加柯夫⑤毫无创见,布尔加柯夫批评杜冈-巴拉诺夫斯基没有正确地理解马克思之前的经济学家的学说,司徒卢威则批评杜冈-巴拉诺夫斯基、布尔加柯夫没有正确理解马克思的实现论。1899 年 8 月,列宁在《科学评论》杂志第 8 期上发表《再论实现论问题》对这场分歧做了总结。"在我看来,司徒卢威同上述作者进行论战,与其说是由于实质性的意见分歧,不如说是由于司徒卢威错误地理解了他们所捍卫的理论的内容。"⑥资产阶级经济学家的市场理论同马克思的实现论有根本的区别,前者认为产品是用产品来交换的,因此生产和消费应当适应,后者则分析资本主义社会中社会总资本的再生产和流通是如何进行的,产品是如何实现的。在这个过程中不仅生产与消费无法协调,而且表现出来的是资本主义所固有的矛盾。司徒卢威错误地理解马克思的理论,幻想马克思的理论成为复

---

① 《列宁全集》第 1 卷,人民出版社 1984 年版,第 272—273 页。

② 《列宁全集》第 1 卷,人民出版社 1984 年版,第 366 页。

③ 《列宁全集》第 1 卷,人民出版社 1984 年版,第 362 页。

④ 杜冈-巴拉诺夫斯基(Туган-Барановский,1865—1919):俄国经济学家,俄国"合法马克思主义"代表之一。主要著作有《俄国工厂的过去和现在》《马克思主义的理论基础》《现代英国工业危机》。

⑤ 谢·尼·布尔加柯夫(СергейНиколаевичБулгаков,1871—1944):俄国经济学家、哲学家和神学家。

⑥ 《列宁全集》第 4 卷,人民出版社 1984 年版,第 60 页。

活资本主义的理论和为资产阶级辩护的理论,相反,马克思的理论提供了最有力的武器去反对这种辩护论。马克思的理论既阐明了社会总资本的再生产过程和流通过程,也指出了资本主义所固有的矛盾,因此不仅要认识到资本主义的历史进步性,同时也认识到资本主义的历史暂时性。

1895—1899年,列宁在发表一系列批判文章的同时还完成了《俄国资本主义的发展》一书,这本著作不仅是《资本论》的直接继续,而且在一定程度上可以称之为"俄国的《资本论》",它的出版标志着列宁的俄国资本主义发展观的最终确立。正如第一版序言所说:"这部书(我们收到它时,本书大部分已经排好)是继《资本论》第3卷之后最新经济学著述中最值得注意的杰作。"①这本著作的目的是考察俄国资本主义的国内市场如何形成的问题,列宁强调"这个问题早就由民粹派观点的主要代表者(以瓦·沃·先生和尼·一逊先生为首)提出"②,并在此基础上运用唯物史观和《资本论》对俄国资本主义的命运问题做出了回答:"承认这种作用的进步性,与完全承认资本主义的消极面和黑暗面,与完全承认资本主义所必然具有的那些揭示这一经济制度的历史暂时性的深刻的全面的社会矛盾,是完全一致的。"③正是通过对资本主义作用的辩证分析,列宁在批判俄国自由民粹派对资本主义拒斥的基础上认识到资本主义的历史必然性,在批判俄国合法马克思主义对资本主义美化的基础上认识到资本主义的历史暂时性,从而在马克思主义发展史和俄国思想史的双重视域下确立了马克思主义的资本主义观。正如南斯拉夫学者普雷德拉格·弗兰尼茨基所说,列宁"比所有其他马克思主义者更深刻地看清俄国社会的真实动向和这个社会的结构,而这又是列宁能够如此正确地和清楚地估计当时俄国历史具体形势的一个前提。"④

列宁不仅正确地理解《资本论》的方法论和经济理论,又创造性地运用马克思的学说研究和解决俄国社会和经济问题,在批判俄国自由民粹派和合法马克思主义的错误的资本主义观的基础上建立了马克思主义的资本主义观,并将之用于俄国革命的实践,不仅推动马克思主义俄国化的思想进程,而且使俄国马克思主义进入列宁主义的新阶段,以及使俄国社会民主主义运动进入快速发展的时期。1895年,列宁在彼得堡创立"工人阶级解放

---

① 《列宁全集》第3卷,人民出版社1984年版,第6页。
② 《列宁全集》第3卷,人民出版社1984年版,第5页。
③ 《列宁全集》第3卷,人民出版社1984年版,第548—549页。
④ 普雷德拉格·弗兰尼茨基:《马克思主义史》第1卷,胡文建等译,黑龙江大学出版社2015年版,第5页。

斗争协会",使马克思主义的宣传不再仅仅局限于知识分子及其秘密小组,而是同工人运动结合起来。这一时期,列宁在工厂进行宣传鼓动活动,写下了大量的传单和小册子,如《告托伦顿工厂男女工人》《告沙皇政府》《新工厂法等》。

　　虽然国内学界对于列宁主义发端于何时还存在着不同的看法。有的学者认为应该从列宁 1887 年接受马克思主义和参加革命活动算起,有的学者认为应该从列宁 1894 年发表《什么是"人民之友"以及他们如何攻击社会民主党人》算起,也有的学者认为应该从列宁 1902 年发表《怎么办?》算起。本书作者认为,列宁在 19 世纪 90 年代对俄国民粹派、合法马克思主义的批判是列宁的马克思主义观的形成阶段,《俄国资本主义的发展》是列宁第一次运用马克思主义研究俄国实际问题,也是列宁对 19 世纪八九十年代俄国思想界关于俄国资本主义命运的科学回答,在俄国创立了马克思主义的资本主义观。因此,《俄国资本主义的发展》一书的出版标志着列宁的马克思主义观的形成,也标志着列宁主义的诞生。

结　语

俄国问题,可以说是马克思恩格斯一生研究的重点。这不仅是因为俄国在欧洲所处的战略位置以及沙皇政府所奉行的政策,更是因为俄国政治和经济的变化、俄国革命运动的发展,对西欧乃至世界局势产生直接和间接的影响。此外,在 19 世纪四五十年代至 20 世纪初期那个风起云涌的时代,不仅有与马克思恩格斯直接对话的"俄国朋友",也有与马克思恩格斯激烈争论的"俄国论敌",还有继承马克思恩格斯学说的"俄国学生"。

从时间上看,马克思恩格斯对俄国问题的研究经历了半个世纪之久,从 19 世纪 40 年代对俄国专制制度的批评到五六十年代对俄国军事制度的研究,从七八十年代对俄国社会问题的研究到马克思恩格斯逝世前对俄国问题的最后总结等。马克思恩格斯与俄国思想家的关系也历经了半个世纪的分分合合,从四五十年代与俄国知识分子的通信到 60 年代末 70 年代初与巴枯宁的斗争,从 70 年代指导俄国革命者建立第一国际俄国支部到八九十年代对俄国马克思主义者的指导,整个 19 世纪下半期正是俄国人接受马克思主义的过程。正如列宁对这个半个世纪的思想历程的总结:"在将近半个世纪里,大约从上一世纪 40 年代至 90 年代,俄国进步的思想界在空前野蛮和反动的沙皇制度的压迫之下,曾如饥似渴地寻求正确的革命理论,专心致志地、密切地注视着欧美在这方面的每一种'最新表现'。俄国在半个世纪里,经受了闻所未闻的痛苦和牺牲,表现了空前未有的革命英雄气概,以难以置信的毅力和舍身忘我的精神去探索、学习和实验,经受了失望,进行了验证,参照了欧洲的经验,真是饱经苦难才找到了马克思主义这个唯一正确的革命理论。"[①]

从空间上看,马克思恩格斯对俄国问题的研究是立体的,全面的,俄国国内和国外两条主线同时进行的。19 世纪 40 年代马克思恩格斯在批评俄国专制制度时,也在与安年科夫等俄国知识分子探讨历史唯物主义的问题,正是在与安年科夫的交流中,马克思完成了名著《哲学的贫困》。五六十年代马克思恩格斯受到欧洲局势的影响,研究俄国军事制度和政策,同时马克思在积极准备写作《资本论》,积累大量的笔记,《资本论》的出版使俄国知

---

① 《列宁全集》第 39 卷,人民出版社 1986 年版,第 5—6 页。

识分子迫切希望了解马克思的学说。《资本论》第 1 卷第 1 版俄文译本的意义不仅在于这是《资本论》第一个外文译本,而且在于它在俄国引发了一场思想辩论,也是俄国人研究马克思主义的起点。正是由于这场思想辩论,正是由于俄国先进知识分子与马克思的密切通信,使马克思关于俄国问题的研究取得了突飞猛进的进展。在俄国国内有《资本论》翻译小组,国际协会俄国支部,莫斯科大学翻译者和出版社协会,工人阶级解放斗争协会、俄国社会民主工党;在西欧有俄国的革命流亡者,他们创办了《钟声》《前进!》《警钟》等进步杂志,建立了劳动解放社、俄国社会民主工党国外联合会等各种革命组织,他们向马克思提供俄国书籍,与马克思恩格斯探讨俄国问题,促进了马克思恩格斯对历史唯物主义和资本主义的研究,与此同时,马克思恩格斯的历史观促进了俄国先进知识分子对俄国道路的探索,也促进了俄国马克思主义的诞生。俄国马克思主义正是在最坚固的马克思主义理论的基础上产生的,这个"革命理论的正确性,不仅为整个 19 世纪全世界的经验所证实,尤其为俄国革命思想界的徘徊和动摇、错误和失望的经验所证实"①。

　　本书在历史的时空中解读马克思恩格斯著作与俄国政论家相关的文本,追溯马克思恩格斯论俄国问题的思想历程,探究马克思恩格斯与俄国思想家的思想关系。每一篇文本都是有生命的,它存在于人、事、时纵横交错的场域中。每一篇文本不仅是作者孕育和创作的,而且是与作者有关的同时代人激发作者思考和创作的。从马克思主义创始人对俄国问题的研究来看,马克思恩格斯每一封与俄国友人的通信,每一篇与俄国"论敌"论战的文章,每一篇关于俄国的手稿和摘记,都体现着与同时代人的思想对话。本书正是要揭开马克思恩格斯的"俄国文本"背后的"同时代人的文本",在马克思恩格斯与同时代俄国思想家的对话中探究马克思恩格斯著作的创作史,马克思主义的形式史,从双方的文本关系中研究双方对俄国问题的思考,辩证地分析不同的思想家在同一时期关于同一问题的不同观点。因此,应当在马克思恩格斯与同时代人的思想对话中研究马克思恩格斯的思想,在马克思恩格斯与同时代人的思想交流中研究马克思恩格斯的文本,在历史的时空和现实的反思中认识他们思想遗产的生命力!

　　本书从马克思恩格斯与俄国思想家、政论家和革命家对话的视角系统地研究马克思恩格斯论俄国问题,不仅是对伟大导师的纪念,也是对马克思恩格斯的同时代人的纪念。

---

　　① 《列宁全集》第 39 卷,人民出版社 1986 年版,第 5 页。

参 考 文 献

一、中文参考文献

《马克思恩格斯文集》第1—10卷,人民出版社2009年版。

《马克思恩格斯全集》,第1—50卷,人民出版社1956年版。

《列宁全集》第2版第1—60卷,人民出版社2017年版。

《马克思恩格斯选集》第1—4卷,人民出版社2012年版。

《马克思恩格斯与俄国政治活动家通信集》,人民出版社1987年版。

《普列汉诺夫著作选集》第1—5卷,三联书店出版社1959—1984年版。

《国际共产主义运动历史文献》第6—8卷,中央编译局出版社2011年版。

《国际共产主义运动历史文献》第9—11卷,中央编译局出版社2013年版。

《国际共产主义运动历史文献》第12—17卷,中央编译局2015年版。

黄楠森、商英伟主编:《马克思主义哲学史》第4卷,《马克思主义哲学在俄国的传播和发展》,人民出版社1993年版。

《马克思主义研究资料》第8卷,《〈资本论〉版本及传播研究》,人民出版社2015年版。

《马克思主义研究资料》第13卷,《经典作家研究3》,人民出版社2015年版。

《马列著作编译资料》第6、7、10辑,人民出版社1980、1979年版。

《马克思主义来源研究论丛》第11辑,《马克思人类学笔记研究论文集》,商务印书馆1988年版。

庄福龄主编:《马克思主义史》第1、2、3、4卷,人民出版社1999年版。

郝立新、臧峰宇主编:《马克思主义发展史》第1卷,《马克思主义的创立(1840—1848)》,人民出版社2018年版。

张雷声主编:《马克思主义发展史》第2卷,《马克思主义体系的形成和发展(1848—1875)》,人民出版社2018年版。

张云飞、袁雷主编:《马克思主义发展史》第3卷,《马克思主义在论战和研究中日益深化(1875—1895)》,人民出版社2018年版。

《俄国民粹派文选》,人民出版社1983年版。

《人间的普罗米修斯:回忆马克思恩格斯》,人民出版社1983年版。

《回忆马克思》,人民出版社2005年版。

《回忆恩格斯》,人民出版社2005年版。

《马克思主义来源研究论丛》第11辑,《马克思人类学笔记研究论文集》,1988年。

安启念:《东方国家的社会跳跃与文化滞后——俄罗斯文化与列宁主义问题》,中国人民大学出版社 1994 版。

曹维安:《俄国史新论:影响俄国历史发展的基本问题》,中国社会科学出版社 2002 年版。

顾海良:《马克思"不惑之年"的思考》,中国人民大学出版社 1993 年版。

高放:《国际共产主义运动史纲》(上、下),陕西师范大学出版社 2018 年版。

高放等:《普列汉诺夫评传》,中国人民大学出版社 1985 年版。

郭文:《俄国近代自由主义的理路》,世界图书出版社 2014 年版。

郝敬之:《回到整体马克思》,东方出版社 2004 年版。

金雁:《倒转红轮:俄国知识分子的心路回溯》:北京大学出版社 2012 年版。

李永权:《俄国政党史:权力金字塔的形成与坍塌》,社会科学文献出版社 2017 年版。

李义天、田毅松:《马克思〈路易斯·亨·摩尔根"古代社会"一书摘要〉研究读本》,中央编译出版社 2013 年版。

刘长军:《列宁〈俄国资本主义的发展〉研究读本》,中央编译出版社 2014 年版。

贾向云:《马克思〈马·柯瓦列夫斯基"公社土地占有制,其阶梯的原因、近程和结果"一书摘要〉研究读本》,中央编译出版社 2017 年版。

江洋:《恩格斯〈家庭、私有制和国家的起源〉研究读本》,中央编译出版社 2017 版。

马龙闪、刘建国:《俄国民粹主义及其跨世纪影响》,广西师范大学出版社 2013 年版。

彭树智:《无政府主义之父:巴枯宁》,陕西人民出版社 1988 年版。

秦晖、金雁:《农村公社、改革与革命——村社传统与俄国现代化之路》,东方出版社,1996 年出版,2013 年再版。

孙来斌:《"跨越论"与落后国家经济发展道路》,武汉大学出版社 2006 年版。

王东:《辩证法科学体系的"列宁构想"》,中国社会科学出版社 1989 年版。

王旭东、姜海波:《马克思〈克罗茨纳赫笔记〉研究读本》,中央编译出版社 2016 年版。

叶卫平:《西方"列宁学"研究》,中国人民大学出版社 1991 年版。

俞良早:《东方视域中的列宁学说》,中共中央党校出版社 2000 年版。

姚海:《俄国革命》,人民出版社 2013 年版。

姚芳:《列宁的马克思主义观及其当代价值》,社会科学文献出版社 2017 年版。

袁雷、张云飞:《马克思恩格斯"论东方村社"研究读本》,中央编译出版社 2013 年版。

赵曜:《马克思列宁主义基本问题》,人民出版社 2002 年版。

张一兵:《回到列宁——关于"哲学笔记"的一种后文本学解读》,江苏人民出版社 2008 年版。

张建华:《俄国知识分子思想史导论》,商务印书馆 2010 年版。

张建华:《俄国史》,人民出版社 2014 年版。

张建华:《政治激进主义与近代俄国政治》,生活·读书·新知三联书店出版社 2010 年版。

张建华:《激荡百年的俄罗斯:20 世纪俄国史读本》,人民出版社 2010 年版。

张建华:《帝国风暴:大变革前夜的俄罗斯》,北京大学出版社 2016 年版。

[俄]凯尔任采夫:《列宁传》,金铣译,生活·读书·新知三联书店 1975 年版。

[俄]普列汉诺夫:《论一元论历史观的发展问题》,王荫庭译,商务印书馆 2012 年第 1 版,2017 年第 2 次印刷。

[俄]巴枯宁,《上帝与国家》,朴英译,华东师范大学出版社 2005 年版。

[俄]巴枯宁:《国家制度与无政府状态》,马骧聪、任允正、韩延龙译,商务印书馆 2013 年版。

[俄]赫尔岑:《往事与随想》,巴金译,上海译文出版社 1979 年版。

[俄]赫尔岑:《科学中华而不实的作风》,李原译,商务印书馆 1981 年版,第 83 页。

[俄]司徒卢威:《俄国经济发展问题的述评》,李尚谦等译,商务印书馆 1992 年版。

[俄]柯瓦列夫斯基:《公社土地占有制,其解体的原因、进程和结果》,李毅夫、金地译,中国社会科学出版社 1993 年。

[俄]鲍里斯·米罗诺夫:《俄国社会史》(下),张广翔译,山东大学出版社 2006 年版。

[苏]瓦·奥·克柳切夫斯基:《俄国史教程》第 5 卷,刘祖熙等译,商务印书出版社 2013 年版。

[苏]尼·拉宾:《马克思的青年时代》,生活·读书·新知三联书店 1982 年版。

[苏]瓦·普罗科菲耶夫:《赫尔岑传》,张根成、张瑞璇译,商务印书馆 1997 年版。

[英]柯尔:《社会主义思想史》,何瑞丰译,俞大畏校,商务印书馆 1977 年版。

[英]戴维·麦克莱伦:《马克思以后的马克思主义》,李智译,中国人民大学出版社 2004 年版。

[美]尼古拉·梁赞诺夫斯基、马克·斯坦伯克:《俄罗斯史》第八版,杨烨、卿文辉等主译,上海人民出版社 2018 年版。

列夫·托洛茨基:《俄国革命史》(3 卷),丁笃本,商务印书馆 2018 年版。

[日]山内封介:《俄国革命运动史》,卫仁山译,河南人民出版社 2016 年版。

[南斯拉夫]普雷德拉格·弗兰尼茨基:《马克思主义发展史》第 1—3 卷,胡文建等译,黑龙江大学出版社 2015 年版。

戴一舟:《列宁的马克思主义观研究》,南京师范大学 2011 年硕士学位论文。

郭鹏:《普列汉诺夫的马克思主义观研究》,山东大学 2007 年硕士学位论文。

顾玉兰:《列宁社会发展理论研究》,南京师范大学 2003 年博士学位论文。

蒋小艳:《试论俄国民意党(1879—1884)》,苏州科技学院 2009 年硕士学位论文。

刘文杰:《列宁的马克思主义观研究》,山东大学 2005 年硕士学位论文。

王聚芹:《马克思东方社会理论研究》,复旦大学 2005 年博士学位论文。

孙永亮:《查苏利奇与俄国社会主义运动》,陕西师范大学出版社 2010 年硕士学位论文。

张培培:《问题与解释:〈给维伊查苏利奇的信〉四易其稿原因探析》,山东大学 2013年博士学位论文。

吴双:《普列汉诺夫对民粹主义的批判研究》,南京师范大学 2013 年硕士学位论文。

彭健:《普列汉诺夫的唯物史观研究》,西南大学 2009 年硕士学位论文。

孔鑫:《早期列宁马克思主义观研究》,南京师范大学 2011 年硕士学位论文。

张士海:《"列宁主义观"史粹》,山东大学 2009 年博士学位论文。

郭鹏:《普列汉诺夫的马克思主义观》,《山东社会科学》2014 年第 2 期。

龚云:《列宁的马克思主义思想及其当代意义》,《马克思主义研究》2010 年第 2 期。

高放:《"马克思列宁主义"提法的来龙去脉》,《文史哲》2001 年第 3 期。

胡刚:《俄国农村公社历史命运与社会发展道路思想研究——基于马克思恩格斯经典文本解读与历史思考》,《理论月刊》2016 年第 6 期。

金民卿:《列宁的马克思主义观及其启示》,《高校理论战线》2012 年第 2 期。

刘勇:《列宁的世界历史理论及当代价值》,《社会主义研究》2004 年第 6 期。

李述森:《马克思主义的双重内涵与俄国共产党人的选择》,《东岳论丛》2006 年第10 期。

梁树发:《谈谈马克思主义观》,《马克思主义研究》1999 年第 6 期。

梁树发:《再谈马克思主义观——关于科学马克思主义观的基本内容》,《马克思主义研究》2000 年第 5 期。

梁树发:《关于"什么是马克思主义"的提问》,《中国人民大学学报》2000 年第 4 期。

马龙闪:《赫尔岑村社思想的来源——对"哈克斯豪森说"的辨正》,《世界历史》2003 年第 5 期。

曲延春:《列宁是如何认识和对待马克思主义的——论列宁的马克思主义观及其现实意义》,《探索》2006 年第 6 期。

尚伟:《普列汉诺夫在马克思主义发展史中的地位和作用》,《思想政治教育研究》2016 年第 1 期。

孙来斌:《列宁与普列汉诺夫关于俄国革命道路的争论及其启示》,《政治学研究》2009 年第 1 期。

孙来斌:《列宁的马克思主义观》,《学习论坛》2009 年第 2 期。

王东:《对列宁哲学思想的新认识》,《中国社会科学》1993 年第 3 期。

赵连文:《"马克思主义"一词是何时提出并开始使用的》,《史学月刊》2004 年第 8期。

张传平:《尼尔·哈丁的列宁主义观及其批判》,《南京社会科学》2006 年第 4 期。

余源培:《列宁与马克思学说关系的思考》,《南京大学学报》(社会科学版)2010 年第 9 期。

周凡:《在马克思主义与民粹主义之间——对恩格斯与特卡乔夫论战的反思(上)、

（中）、（下）》，《学术研究》2015 年第 4、5、6 期。

张驰、孙来斌：《普列汉诺夫马克思主义世界观形成的脉络——基于早期文献的分析》，《理论月刊》2016 年第 10 期。

张有军：《查苏利奇的信看马克思关于俄国革命的策略》，《社会主义研究》2008 年第 1 期。

周嘉昕：《政治经济学批判中的唯物辩证法——读伊伊考夫曼〈卡尔·马克思的政治经济学批判的观点〉》，《贵州师范大学学报（社会科学版）》2019 年第 5 期。

张静：《俄国道路的探索：马克思恩格斯与俄国思想家的对话与启示》。《马克思主义研究》2017 年第 7 期。

张静：《米海洛夫斯基与马克思关于俄国道路的对话》，《哲学动态》2017 年第 6 期。

张静：《特卡乔夫与恩格斯关于俄国革命道路的论争》，《当代世界与社会主义》2017 年第 6 期。

张静：《赫尔岑俄国社会主义思想起源辨析》，《当代世界社会主义问题》2017 年第 3 期。

张静：《反思苏联哲学开启俄罗斯马克思主义哲学的新阶段》，《中国社会科学报》2018 年 11 月马克思主义专刊。

张静：《彼·尼·特卡乔夫致弗·恩格斯先生的公开信》，《当代世界社会主义问题》2014 年第 8 期。

二、俄文参考文献

Анненков П. В. Замечательное десятилетие. 1838 – 1848. Литературные воспоминания. М. : ГИХЛ, 1960.

Итенберг Б.С. Движение революционного народничества. М. , 1965.

Ткачев П.Н. Сочинения. В 2-х томах. М. 1975 – 1976. ред. А. А. Галактионова, В, Ф. Пустарнаков, Б.М. Шахматов.

К.Маркс, Ф.Энгельс и революционная Россия. М. : Политиздат, 1976.

Виленская Э. С. Н. К. Михайловский и его идейная роль в народническом движении 70-х -начала 80-х годов 21 века, издательство Наука. Москва, 1979.

Рудницкая Е. Л. Русская революционная мысль. Демократическая печать. 1864 – 1873. М. , 1984.

Итенберг Б.С. Лавров П.Л. в русском революционном движении. М. : наука. 1988.

Рудницкая Е.Л. Русский бланкизм : Петр. Ткачёв. Москва, 1992.

Рудницкая Е.Л. Революционный раликализм в России : век девятнацатый. Москва, 1997.

Лавров П.Л. Философия и социология. Т1. Москва. 1965.

Лавров П.Л. Исторические письма. Изд.8-е. Москва : URSS : ЛИБРОКОМ, 2013.

Анненков П.В. Парижские письма. Издание подготовила И. Н. Конобеевская, М. ,

"Наука", 1983.

Русские современники о К. Маркс и Ф. Энгельс. Издательство: "Издательство политической литературы". 1969.

Бердяев Н. А. Философия свободы. Истоки и смысл руского коммунизма. М. 1997.

Твардовская В. А. Итенберг Б. С. Русские и Карл Маркс: выбор или судьба? Изд. 2. URSS. 2010.

Переписка К. Маркса и Ф. Энгельса с русскими политическими деятелями. Изд. стереотип. URSS. 2019.

Михайловский Н. К. Карл Маркс перед судом Ю. Жуковского. Отечественные записки. Т. 234. С. 321−356.

Володин А. И. Итенберг Б. С. Карл Маркс и Николай Даниельсон. Вопросы истории. 1983. No. 11.

Твардовская В. А. Итенберг. Б. С. Н. К. Михайловский и К. Маркс. Диалого "Русском пути". Отечественная история. 1996. No. 6. С. 48−70.

Конюшая Р. П. Карл Маркс и революционная Россия, изд. 2 − е, дополненное. М. Политиздат 1985

Пирумова Н. М. Русский социализм А. И. Герцена. Революционеры и либералы России. М.: Наука, 1990. С. 114−140.

Лавров П. Л. Русской социально-революционной молодёжи. Избранные сочинения насоциально-политические темы. Т. 3. Москва. 1934. С. 335−372.

Дубянский А. Н. Зибер и Воронцов о капиталистическом пути развития России. Terra Economicus. 2016. Т. 14. No. 14. С. 107−118.

附录一:俄国重要政治活动家肖像①

亚·伊·赫尔岑

（А.И.Герцен，1812—1870）

帕·瓦·安年科夫

（П.В.Анненков，1813—1887）

米·亚·巴枯宁

（М.А.Бакунин，1814—1876）

彼·拉·拉甫罗夫

（П.Л.Лавров，1823—1900）

尼·伊·吴亭

（Н.И.Утин，1841—1883）

尼·康·米海洛夫斯基

（Н.К.Михайловский，1842—1904）

---

① 主要指与马克思恩格斯产生过思想交集的俄国政治活动家以及在本书中涉及的俄国政治
活动家。

彼·尼·特卡乔夫

（П.Н.Ткачев, 1844—1886）

尼·伊·季别尔

（Н.И.Зибер, 1844—1888）

尼·弗·丹尼尔逊

（Н.Ф.Даниельсон, 1844—1918）

格·亚·洛帕廷

（Г.А.Лопатин, 1845—1918）

伊·伊·考夫曼

（И.И.Кауфман, 1848—1916）

巴·鲍·阿克雪里罗得

（П.Б.Аксельрод, 1849—1928）

列·加特曼

（Л.Н.Гартман，1850—1908）

马·马·柯瓦列夫斯基

（М.М.Ковалевский，1851—1916）

维·伊·查苏利奇

（В.И.Засулич，1851—1919）

列·戈·捷伊奇

（Л.Г.Дейч，1855—1941）

格·瓦·普列汉诺夫

（Г.В.Плеханов，1856—1918）

列宁

（В.И.Ленин，1870—1924）

附录二:相关论文

俄国道路的探索:马克思恩格斯与
俄国思想家的对话与启示

19世纪40年代至90年代,俄国著名的政治活动家基本上都与马克思恩格斯有直接的书信交流或者间接的思想对话。从19世纪四五十年代的安年科夫、赫尔岑、车尔尼雪夫斯基到19世纪六七十年代的巴枯宁、特卡乔夫、拉甫罗夫、米海洛夫斯基,再到19世纪八九十年代的查苏利奇、丹尼尔逊等,都与马克思恩格斯有着密切的关系。他们之间的交往、对话与论争促使双方不断地深入研究俄国社会问题、俄国农村公社的命运问题以及俄国的道路问题。他们之间的思想交锋最终促使俄国开创了一条不同于西欧的社会主义革命道路,他们研究俄国道路的方法对于今天的中国共产党人探索中国道路具有重要的思想启示。

一、马克思恩格斯早期对俄国问题的认识

马克思恩格斯与俄国政治活动家之间大约有460封书信往来①,其中一些书信成为研究马克思主义的重要文献,如马克思与安年科夫的通信、马克思与巴枯宁的论战、恩格斯与特卡乔夫的论战、马克思与米海洛夫斯基的对话、马克思与查苏利奇的通信、恩格斯与丹尼尔逊的通信等。他们之间关于俄国问题的对话持续了长达半个世纪,促使马克思恩格斯不断深入研究俄国问题,最终形成东方社会理论。

19世纪40年代,俄国思想家划分为两大阵营:肯定俄国历史独特性的斯拉夫派和肯定西欧文明的西方派,他们在社会政治、宗教、哲学、历史等方面进行了激烈的争论,他们对俄国农奴制的批判、对俄国道路的思考成为俄国知识分子永恒探索的问题。赫尔岑起初属于西方派的阵营,在《科学中华而不实的作风》(1843)和《自然科学研究通信》(1845—1846)等文章中批判斯拉夫派。1848年欧洲革命失败后,流亡在欧洲的赫尔岑不再对社会

---

① 数据来源于1987年人民出版社出版的《马克思恩格斯与俄国政治活动家通信集》。

主义在欧洲的实现抱有希望,开始把目光转向俄国,并且逐渐接受斯拉夫派关于斯拉夫人天生具有社会主义因素的观点。他在文集《来自彼岸》的第一篇文章《告别》中歌颂了俄国人民强大的生命力以及俄国人民具有其他西欧国家人民所不具备的优点,并且希望革命首先在俄国开始。19 世纪 40 年代末 50 年代初,赫尔岑在《俄罗斯》(1849)、《俄国人民和社会主义》(1851)、《论俄国革命思想的发展》(1851—1852)、《旧世界与俄国》(1853)等文章中系统提出俄国社会主义理论。赫尔岑把俄国由来已久的村社制度看成是"社会主义的萌芽",认为只要能在俄国消灭专制制度和农奴制,就完全可能通过村社制度在俄国实现社会主义的理想。赫尔岑的思想奠定了俄国民粹主义的基础,在他之后的俄国民粹派思想家始终对农村公社抱有幻想。

虽然马克思在 1843 年的《克罗茨纳笔记》中就提到了公社土地占有制问题,但是他对俄国公社的了解来自哈克斯特豪森。1843—1844 年,普鲁士贵族哈克斯特豪森在沙皇尼古拉一世的支持下调查研究俄国,他对这种在普鲁士已经基本消失但在俄国还保存完整的村社制度产生了兴趣,回国后出版专著《俄国的国内状况、国民生活特别是农村设施概论》(1847 年第 1—2 册,1852 年第 2 册)向西方详细介绍了俄国公社。赫尔岑也曾说:"哈克斯特豪森的确是向西欧世界报告俄国村社及其深刻社会自治基础的首批人之一。"①1867 年,马克思在《资本论》德文版第 1 版注释增补材料里认为,赫尔岑"不是在俄国而是在普鲁士政府顾问哈克斯特豪森的书里发现了'俄国的共产主义'"②,马克思的这个观点是受到当时时代条件的限制,无法掌握更多的俄文资料而得出的。斯拉夫派的代表霍米亚科夫、基列耶夫斯基等人在 19 世纪 30 年代末 40 年代初就提出了俄国村社和劳动组合的问题,哈克斯特豪森与赫尔岑都是在与斯拉夫派的交谈中加深了对俄国农村公社的了解。

马克思与赫尔岑没有直接的书信往来,但是赫尔岑创办的《钟声》杂志与马克思有过通信。马克思在《资本论》德文版第 1 版注释增补材料里写道:"正像半个俄罗斯人但又是完全的莫斯科人赫尔岑非常认真地预言,欧洲也许最终将不可避免地靠鞭子和强行注入卡尔梅克人的血液来返老还童。"③马克思对赫尔岑的这个评语后来引起了米海洛夫斯基的不满,他在

---

① 马龙闪:《赫尔岑村社思想的来源——对"哈克斯特豪森说"的辨正》,《世界历史》2003 年第 5 期。

② 《马克思恩格斯文集》第 4 卷,人民出版社 2009 年版,第 461—462 页。

③ 《马克思恩格斯文集》第 4 卷,人民出版社 2009 年版,第 461—462 页。

《马克思在茹科夫斯基先生的法庭上》(1877)一文中写道:"马克思的评语是纯粹讽刺的。他完全相信,欧洲的复兴不需要任何不相干的方法,因为它是通过劳动社会化进行自身的内部发展来达到复兴。"①米海洛夫斯基由此认为,马克思不支持俄国人寻找自己祖国发展道路的尝试。对此,马克思在《给〈祖国纪事〉编辑部的信》②中指出,米海洛夫斯基的理解是错误的,因为绝不能根据这段简短的评语就认为他反对俄国人寻找一条不同于西欧的发展道路。1894年,恩格斯在《〈论俄国的社会问题〉跋》中再次反对米海洛夫斯基根据这个评语所做出的判断。

19世纪50年代,车尔尼雪夫斯基在《祖国纪事》《现代人》等进步杂志上发表文学、哲学、经济学和历史学等方面的文章,逐渐成为俄国平民知识分子的代表和思想领袖。车尔尼雪夫斯基在哲学上坚持唯物主义立场,在社会政治上坚定地反对沙皇专制和农奴制。车尔尼雪夫斯基明确提出,俄国如何选择道路的问题:俄国是首先摧毁农村公社以过渡到资本主义制度,还是与此相反,俄国可以发展它所特有的历史条件的同时取得资本主义制度的全部成果,而又可以不经受资本主义的苦难。车尔尼雪夫斯基赞成后一种道路。马克思赞同车尔尼雪夫斯基的哲学思想和经济学思想,对他给予了较高的评价,称他是俄国青年的"思想导师"。1872—1873年,马克思在《资本论》第1卷第2版的跋里提到了车尔尼雪夫斯基:"这宣告了'资产阶级'经济学的破产,关于这一点,俄国的伟大学者和批评家车尔尼雪夫斯基在他的《穆勒政治经济学概述》已作了出色的说明。"③不过,1877年,马克思在给《祖国纪事》编辑部的信中也指出,虽然他尊敬车尔尼雪夫斯基,但是绝不能由此断定,他赞成车尔尼雪夫斯基关于俄国农村公社具有生命力,可以不经过资本主义的一切苦难而取得它的全部成果直接过渡到社会主义的观点。

二、马克思恩格斯对俄国社会问题的研究

19世纪六七十年代,俄国在废除农奴制后革命运动不断高涨,俄国革命者和学者对马克思的兴趣日益强烈。《资本论》第1卷第1版出版后,在俄国非常受欢迎,"1872年春,彼得堡出版了《资本论》的优秀的俄译本。初

---

① Н. К. Михайловский. *Карл Маркс перед судом г. Ю. Жуковского.* Отечественныезаписки. Т. 234.С.326.

② 1877年10—11月,马克思用法文给《祖国纪事》编辑部写了一封信,由于他认为信中表达的关于历史发展和俄国公社的新观点需要继续研究,因此当时没有寄出。

③ 《马克思恩格斯文集》第5卷,人民出版社2009年版,第17—18页。

版3000册现在几乎已售卖一空"①。俄国学者尼·季别尔、契切林、茹科夫斯基等在《祖国纪事》《俄罗斯言论》《欧洲通报》上发表谈论《资本论》的文章。与此同时,马克思为了能够对当时俄国的经济发展做出准确的判断,研究了大量俄文文献,对俄国社会问题进行了深入的研究。

这一时期,巴枯宁、特卡乔夫、拉甫罗夫在俄国革命史上占据主导地位。巴枯宁是与马克思关系最复杂的俄国革命家,他们从相互欣赏到激烈批判,从亲密战友到政治敌人。他们之间的思想分歧在马克思主义发展史上占据重要位置,他们之间的政治斗争则是第一国际最重要的历史事件。1873年,马克思恩格斯在海牙代表大会上将巴枯宁及其追随者从第一国际开除,这一做法引起了大多数俄国革命者的激烈反对,就连马克思恩格斯的老朋友拉甫罗夫都在《前进!》杂志1874年第2期上批评第一国际,声援巴枯宁。为了得到俄国革命者的理解和支持,恩格斯在1874年10月《人民国家报》上发表《流亡者文献(三)》,一方面批评拉甫罗夫的折中主义立场,另一方面为了使拉甫罗夫理解马克思与巴枯宁的斗争,恩格斯特意提到拉甫罗夫与特卡乔夫的论战。他批评特卡乔夫是一个"幼稚的、极不成熟"的中学生,指责特卡乔夫提出要与刊物创办人享有同等表决权的要求,反对特卡乔夫的"涅恰耶夫式"②的革命观。

特卡乔夫对恩格斯的批评非常不满,立即做出了回应,发表了《致恩格斯先生的公开信》,引发了双方的论战。特卡乔夫在信中论证了俄国不同于西欧的特殊性,"我们国家的情况非常特殊,它与西欧任何一个国家没有任何共同之处。西欧国家采取的斗争手段对于我们至少是不适用的"③。首先,俄国还不具备资本主义发展的条件,俄国的国家力量在人民的经济生活中没有任何根基,因为俄国的资本权力尚处于萌芽之中。其次,俄国人民更接近社会主义,因为他们是本能的传统的共产主义者,因为在俄国大多数地区都还存在着公有制原则,在人民的生活中占主导地位的还是集体所有制,而不是政府强制推行的个人所有制。最后,俄国人民是本能的革命者,因为他们早已无法忍受现在的处境,正在进行各种形式的反抗。因此,他认

---

① 《马克思恩格斯文集》第5卷,人民出版社2009年版,第19页。

② 1868年底,特卡乔夫参加了涅恰耶夫小组,在涅恰耶夫逃到国外后负责这个小组的活动。1869年,涅恰耶夫和巴枯宁以根本不存在的"世界革命联盟"名义出版了《革命问题方法》和《革命原则》等文件,提出一切手段对斗争都适用的原则,主张不惜欺蒙所有的人组成一个强大的党。因此,恩格斯在《流亡者文献(三)》中认为特卡乔夫立即组织革命的观点是巴枯宁和涅恰耶夫的革命观。

③ 《特卡乔夫致恩格斯先生的公开信》,张静译,《当代世界社会主义问题》2014年第3期。

为俄国必须走不同于西欧的革命道路,主张俄国通过农村公社和秘密革命组织实现革命。特卡乔夫与恩格斯的论战在西欧影响较大,但是在俄国国内影响较小,因为当时的俄国革命者没有机会看到这封信,直到20世纪20年代,它才被收录在《特卡乔夫社会政治文集》中。

特卡乔夫与恩格斯的论战直接促使了马克思恩格斯对俄国问题的深入研究。半年后,在马克思和李卜克内西的支持下,恩格斯对特卡乔夫的公开信做出了回应。他首先在1875年3月28日和4月2日的《人民国家报》上发表文章,回应特卡乔夫对他的个人攻击,即《流亡者文献(四)》。紧接着,恩格斯在1875年4月的《人民国家报》上连续发表了3篇文章,并以《论俄国的社会问题》为标题出版了单行本。这本小册子成为马克思恩格斯论述俄国社会问题的重要文献。恩格斯首先指出,现代社会主义的变革是无产阶级战胜资产阶级,无产阶级和资产阶级是社会主义革命的先决条件。因此,特卡乔夫关于一个没有无产阶级也没有资产阶级的国家更容易进行革命的论断是错误的。恩格斯详细分析了劳动组合和土地公社所有制的命运,认为劳动组合至少提高到西欧合作社的水平才有可能直接进入社会主义,俄国的公社所有制已经趋于解体,只有西欧的无产阶级革命可以挽救它,使它有可能变成富有生命力的新形式。

1877年10月,米海洛夫斯基为反对茹科夫斯基对马克思的批评,在《祖国纪事》上发表《马克思在茹科夫斯基先生的法庭上》。他赞同马克思在《资本论》中阐述的原始积累理论和剩余价值理论,但是他把马克思的原始积累理论看作历史哲学理论,把资本主义生产的内在规律看作马克思的哲学历史观。"在《资本论》第六篇有一章的题目是:'所谓原始积累'。在这里马克思指的是资本主义生产过程最初阶段的历史特征,但是给出了整个历史哲学理论。"①但是马克思并不支持米海洛夫斯基为他的辩护,在给《祖国纪事》编辑部的那封信的开头就指出,米海洛夫斯基关于原始积累的结论在《资本论》里找不到支持的地方,明确强调他在原始积累那一章"只不过想描述西欧的资本主义经济制度从封建主义经济制度内部产生出来的途径"②。马克思反对把西欧资本主义起源的历史概述变成一般发展道路的历史哲学理论,变成一切民族不管它们所处的历史环境如何都注定要走的道路。

---

① Н. К. Михайловский. *Карл Маркс перед судом г. Ю. Жуковского.* Отечественныезаписки. Т. 234. С. 322.

② 《马克思恩格斯文集》第3卷,人民出版社2009年版,第465页。

虽然马克思与米海洛夫斯基都认为俄国"避免资本主义"的机会是暂时的和过渡的，一不小心就会错过这个机会，但是他们对利用这个历史机会的条件有着完全不同的理解。马克思第一次明确表达了他对俄国道路的看法，"如果俄国继续走它在 1861 年所开始走的道路，那它将会失去当时历史所能提供给一个民族的最好机会，而遭受资本主义制度所带来的一切极端不幸的灾难"①。实际上，俄国的资本主义道路在起源上就与西欧不同，俄国的资本主义不是通过"西欧式"的原始积累，而是在 1861 年农奴制废除后通过对农民土地的"赎买"实现的。米海洛夫斯基在研究《资本论》时与他的前辈们一样认识到了俄国与西欧的不同，分析了与西欧相比俄国的特殊性，认为：一是俄国与西欧的农民相比，不是一无所有，他们不是既没有土地也没有生产工具；二是俄国的资本与西欧相比，非常微小。因此，他的结论是，俄国人应该为自己的祖国寻找一条与西欧不同的发展道路。马克思认为俄国避免资本主义道路的可能性取决于西欧无产阶级革命运动，并且这个革命支持俄国国内的农民革命。而米海洛夫斯基认为俄国可以通过特殊的道路达到与西欧资本主义不同的文明，也就是他所说的全人类文明。但是他仅仅论证了俄国不同于西欧的特殊性，而没有具体阐明这个特殊道路是什么。

三、马克思恩格斯对俄国道路的研究

1881 年 2 月，俄国女革命家查苏利奇给马克思写了一封信，请马克思谈谈他对俄国历史发展的前景，特别是对俄国农村公社的命运的看法。马克思对写给查苏利奇的回信四易其稿，最终只寄去了一篇简短的回信，且强调不适合发表。但是把这四篇复信综合起来，就是一个内容极其丰富的关于俄国农村公社的综合性概述。在信中，马克思认为在《资本论》中所作的分析"既没有提供肯定俄国农村公社有生命力的论据，也没有提供否定农村公社有生命力的论据"，艰难地表达了他对俄国资本主义命运的态度："这种农村公社是俄国社会新生的支点，可是要使它能发挥这种作用，首先必须排除从各方面向它袭来的破坏性影响，然后保证它具备自然发展的正常条件。"②

1882 年，马克思恩格斯在《共产党宣言》俄译本的序言中承认了俄国与西欧不同的特殊情况：在俄国除了迅速盛行起来的资本主义和刚刚开始发

---

① 《马克思恩格斯文集》第 3 卷，人民出版社 2009 年版，第 465 页。
② 《马克思恩格斯文集》第 3 卷，人民出版社 2009 年版，第 590 页。

展的资产阶级土地所有制外,还有大半土地仍归农民公共占有。他们提出了俄国革命者一直探索的问题:"俄国公社,这一固然已经大遭破坏的原始土地公共占有形式,是能够直接过渡到高级的共产主义的公共占有形式呢,或者相反,它还必须先经历西方的历史发展所经历的那个瓦解过程呢?"①他们根据当时的状况做出了可能的答复:"假如俄国革命将成为西欧无产阶级革命的信号而双方相互补充的话,那么现今的俄国土地公有制便能成为共产主义发展的起点。"②

1883 年,马克思逝世后,恩格斯发现了马克思在 1877 年写给《祖国纪事》编辑部的那封信,一方面通过洛帕廷和丹尼尔逊将信转交给《祖国纪事》编辑部,另一方面将信的复印件寄给查苏利奇,并委托她发表。1883 年底,米海洛夫斯基读到这封信后非常高兴,认为马克思改变了俄国必须经过资本主义发展道路的观点。马克思的信不仅引起了俄国民粹主义者和马克思主义者的激烈辩论,而且对 19 世纪末 20 世纪初期俄国革命道路产生了深远的影响。列宁对这场对话给予了肯定的评价,"著作界的活跃景象和马克思主义者同当时几乎完全主宰着进步著作界的民粹派老首领(如尼·康·米海洛夫斯基)所进行的激烈论战,是俄国大规模工人运动高涨的先声"③。最终,列宁开创了一条不同于西欧的俄国社会主义革命道路,并建立了世界上第一个社会主义国家。列宁在分析革命形势和革命道路时指出,"一切民族都将走向社会主义,这是不可避免的,但是一切民族的走法却不会完全一样,在民主的这种或那种形式上,在无产阶级专政的这种或那种形态上,在社会生活各方面的社会主义改造的速度上,每个民族都会有自己的特点"④。

19 世纪 90 年代,资本主义在俄国加速发展,农民阶级一方面分化出少数富农,另一方面分化出大批破产的农民,甚至沦为农村中的无产阶级,农村公社的命运逐渐明朗。恩格斯在这时已经清楚地认识到农村公社与资本主义大工业相冲突的现实情况。他在 1892 年 3 月 15 日致丹尼尔逊的信中写道:"恐怕我们将不得不把公社看作是对过去的一种梦幻,将来不得不考虑到会出现一个资本主义的俄国。毫无疑问,这样就会失去一个大好机会,但对经济事实是无可奈何的。"⑤丹尼尔逊还没有认识到农村公社与现代工

---

① 《马克思恩格斯文集》第 2 卷,人民出版社 2009 年版,第 8 页。
② 《马克思恩格斯文集》第 2 卷,人民出版社 2009 年版,第 8 页。
③ 《列宁全集》第 16 卷,人民出版社 1988 年版,第 95 页。
④ 《列宁全集》第 28 卷,人民出版社 1990 年版,第 163 页。
⑤ 《马克思恩格斯全集》第 38 卷,人民出版社 1972 年版,第 306 页。

业的冲突,在回信中列举俄国一些地方的经济事实说明公社土地的分割已经得到制止,公社社员仍然可以获得分地。丹尼尔逊与其他民粹派思想家一样,对农村公社仍然抱有幻想,因此他在给恩格斯的信中多次问道,农村公社不能作为新的经济发展的基础吗? 俄国的资本主义发展是不可避免的吗? 恩格斯针对俄国大工业的发展现状,做出了回答:俄国发展的必然结果是从公社农业和宗法式家庭工业向现代工业过渡,并且这一变革将危机公社的存在,因为工业革命是不可避免的,"俄国的大工业必将扼杀农业公社,除非发生其他有助于保留这种公社的巨大变化"①。在俄国社会内部始终没有产生可以使现代工业与现代农业嫁接在农村公社上的巨大变化,那就只有通过外部的推动,也就是西欧经济体制的变革。因此,恩格斯在 2 月 24 日的回信中写道:"假如俄国经济体制的变革与西方的经济体制变革同时发生,从而双方相互补充的话,那么现今的俄国土地占有制便能成为新的社会发展的起点。"②

1895 年恩格斯在《〈论俄国的社会问题〉跋》中总结了他和马克思 20 多年以来对俄国问题的全部思考。恩格斯虽然承认农村公社在俄国还占有几乎一半的耕地,但认为俄国公社在其内部从来没有出现过发展成高级的公有制形式的促进因素。俄国在进入资本主义时代的同时也进入了农村公社迅速灭亡的时代,现在也没有任何力量能够在俄国公社的解体过程达到一定深度时,重建俄国公社。虽然他还不能判断俄国公社是否能够完整保存,以致在某个时刻它能够同西欧的转变相配合从而成为共产主义发展的起点,但是他非常确定:俄国必须首先进行革命,首先推翻沙皇专制制度。只有俄国革命与西方的工人运动相互补充,俄国才有可能实现向社会主义的转变。

四、对当代中国的启示

马克思恩格斯关于俄国社会问题、俄国道路的研究不仅是俄国革命者探索俄国道路的思想先声,而且也是其他国家探索本国道路的思想源泉。马克思恩格斯从 19 世纪 40 年代与俄国思想家、革命家的对话到 19 世纪 70 年代对俄国社会问题的研究,再到晚年对俄国道路的探索,对中国革命和中国道路都具有重要的思想价值。

首先,马克思恩格斯关于俄国道路的研究具有十分重要的方法论意义,

---

① 《马克思恩格斯文集》第 10 卷,人民出版社 2009 年版,第 627 页。

② 《马克思恩格斯文集》第 10 卷,人民出版社 2009 年版,第 650 页。

为后继者探索本国道路提供了正确的方法。马克思恩格斯始终根据俄国资本主义的发展现状动态地研究俄国农村公社,从他们的文章中我们可以看到俄国资本主义的不断壮大和俄国农村公社逐渐瓦解的过程,这正是马克思的辩证法的精髓所在。马克思将辩证法从语言和逻辑领域转向现实的社会生活,并把它改造为揭示现实生活中的矛盾进而探索真理的方法。马克思在给《祖国纪事》编辑部的信中特别强调了方法论问题,"极为相似的事情,但在不同的历史环境中就引起了完全不同的结果",因此在研究问题时,"使用一般历史哲学理论这一把万能钥匙,那是永远达不到这种目的的"①。马克思为我们指明了正确的研究方法,那就是分别研究每一个演变过程,同时对它们加以比较,这样就能找到理解现象的钥匙。

其次,马克思恩格斯关于俄国道路的研究是中国共产党寻找中国革命和建设道路的思想来源。以毛泽东为代表的第一代中国共产党人坚持不懈地探索中国革命道路,最终得出中国将走一条不同于苏维埃俄国的革命道路。1917年十月革命之前,俄国已经拥有一定的大工业和统一的国内市场,中心城市掌握了国家的经济命脉,占领城市就可以辐射到广大农村。因此,俄国革命走的是中心城市暴动的道路。20世纪20年代的中国是帝国主义共同瓜分的半殖民地半封建国家,是各种武装政权混战的时期,是民族资本主义被压制的时期。因此20世纪20年代的中国与十月革命时期的俄国显然不同,就如同19世纪七八十年代的俄国与西欧不同,俄国没有走西欧的道路,中国革命也不能走俄国革命的道路。毛泽东在《星星之火,可以燎原》《战争和战略问题》《中国革命和中国共产党》等文章中系统地论述了新民主主义革命理论,提出农村包围城市、武装夺取政权和建立农村根据地的中国革命道路。毛泽东思想是对马克思主义理论的重要发展,是马克思主义与中国实践相结合的重要体现。

马克思恩格斯关于俄国道路的研究是中国共产党开辟中国社会主义建设新道路的思想来源。以邓小平为代表的中国共产党人在十一届三中全会上确立了解放思想、实事求是的思想路线,开始探索一条不同于苏联模式的中国特色社会主义道路。1982年,邓小平首次明确提出"走自己的路,建设有中国特色的社会主义"的科学命题,确立了中国特色社会主义道路的指导方向。党的十三大确立了社会主义初级阶段基本路线,准确表述了中国特色社会主义道路的核心内容。2000年,以江泽民为代表的中国共产党人提出"三个代表"重要思想,2003年,以胡锦涛为代表的中国共产党人提出

① 《马克思恩格斯文集》第3卷,人民出版社2009年版,第466—467页。

科学发展观的重大战略思想。党的十八大以来，习近平总书记提出了一系列治国理政思想：以坚持和发展中国特色社会主义为主线，以"两个一百年"为奋斗目标，以国家层面、社会层面和个人层面的价值引领社会主义核心价值观，以"四个全面"的战略布局作为战略重点，以新发展理念作为思想指南。习近平总书记强调中国的发展注定要走一条属于自己的道路，这条道路就是中国特色社会主义。

最后，马克思恩格斯的思想始终是开放的辩证的，马克思恩格斯对俄国道路的研究不仅是"动态的"，而且与不顾俄国资本主义的发展状况始终对农村公社抱有幻想的俄国民粹派形成鲜明的对比。同样在中国，从毛泽东思想、邓小平理论、"三个代表"重要思想、科学发展观到习近平总书记的治国理政思想，体现着中国共产党人对不同时期的中国问题和中国道路的研究与探索。改革开放30多年以来，中国共产党从初步回答"什么是社会主义、怎样建设社会主义"这个首要的基本的理论问题到进一步回答建设什么样的党、怎样建设党的问题，从逐步形成建设中国特色社会主义的路线、方针和政策到进一步形成中国特色社会主义道路、理论体系和制度，这是当代中国对马克思恩格斯方法论的继承，对马克思恩格斯思想的发展，也是马克思恩格斯关于俄国道路的研究给予我国的启示。

米海洛夫斯基与马克思关于俄国道路的对话

卡尔·马克思与尼·康·米海洛夫斯基①关于俄国道路的对话有两篇文献,一篇是米海洛夫斯基的《卡尔·马克思在尤·茹科夫斯基先生的法庭上》(《祖国纪事》1877 年第 10 期),一篇是在马克思逝世后发表的《给〈祖国纪事〉杂志编辑部的信》。米海洛夫斯基的这篇文章是针对俄国经济学家尤·茹科夫斯基②1877 年在《欧洲通报》第 9 期上对《资本论》的错误理解,其目的在于对《资本论》进行辩护,同时揭示《资本论》中的"可疑"观点。马克思没有接受米海洛夫斯基对《资本论》的"辩护",同时指出了他的错误,并在 1877 年 10—11 月间用法文写了回信——《给〈祖国纪事〉杂志编辑部的信》,但是在生前没有发表。1886 年,该文发表在俄国地下刊物《民意导报》第 5 期上。1888 年 10 月,正式公开发表在俄国合法刊物《司法通报》上。

马克思的这封信由林超真译成中文,收录在 1949 年上海亚东图书馆出版的《马克思恩格斯书信选》中。但是米海洛夫斯基的文章《卡尔·马克思在尤·茹科夫斯基先生的法庭上》却一直没有译成中文。长期以来中国学界对这场伟大对话的认识也仅仅停留在马克思的这封信上,因此深入研究这场对话的思想内容和历史意义,不仅具有重要的历史价值,而且具有深刻的思想价值。

一

尤·茹科夫斯基 1870 年至 1880 年间在《欧洲通报》杂志上发表经济学方面的文章。1877 年,他在《欧洲通报》第 9 期上发表了《卡尔·马克思及其著作〈资本论〉》,尖锐地批评马克思的学说。最终,这篇文章引发了一场激烈的辩论,这不仅是马克思与米海洛夫斯基的辩论,而且是俄国马克思主义者和民粹主义者的辩论。

米海洛夫斯基立即对茹科夫斯基的文章做出了回应,即《卡尔·马克思在尤·茹科夫斯基先生的法庭上》(《祖国纪事》1877 年第 10 期)。他首

---

① 米海洛夫斯基(Н.К.Михайловский,1842—1904):俄国社会学家、民粹派理论家、文学批评家。1868 年起为《祖国纪事》撰稿,后升任编辑。1892 年起在《俄国财富》杂志工作,1894—1904 年担任主编。

② 尤·茹科夫斯基(Ю.Г.Жуковский,1833—1907),俄国文学家和经济学家。1889—1894 年掌管俄国国家银行,俄罗斯帝国的枢密官,贵族。

先指出茹科夫斯基在方法论上的混乱,他用微分学和积分学把李嘉图的理论从文字转化为数学符号,同时又通过物理学和机械理论改造整个社会科学,通过政治经济学改造法学。米海洛夫斯基还指出了茹科夫斯基在方法论上的错误,"他非常喜欢说形式和内容之间的差别,现象和本质之间的差别,但是没有清楚地了解这些逻辑范畴的真正区别和界限"①。

茹科夫斯基把社会科学划分为两个领域:研究形式的真理科学和研究物质的经济科学。真理科学比经济科学产生得早,因此首先寻找对社会生活形式的解释。真理科学对社会生活形式的这些解释实际上并不令人满意,与此同时,经济学产生了。在经济学家中出现"容易激动的、没有耐性的"学派,也就是以亚当·斯密为代表古典经济学派。茹科夫斯基认为,马克思是这个学派的最后代表,他没有克服普遍的缺点,"一方面自己的研究确实受到形式方面的限制,另一方面也没有认真地研究物质方面。确实,他在这个方面比他们的前辈更加审慎,以至于没有完全忽视物质条件的意义,但他同时又回避直接研究"②。在茹科夫斯基看来,马克思虽然承认经济条件对于法律和政治形式的意义,但是以"形式主义的方式"回避对它们的研究。因此,他批评马克思是"形式主义者",没有直接研究法律关系的物质条件。关于经济发展的普遍规律,茹科夫斯基注意到马克思所论述的资本构成和劳动社会化过程的因素,认为马克思的研究以个人所有制为基础,并且马克思把这个基础作为他全部研究方向的基础,但是在茹科夫斯基看来,对欧洲社会生活所有黑暗方面的解释不是由于这个基础的存在,而是由于这个基础已经被劳动者破坏。因此,在他眼中,马克思首先是形式主义者,其次是社会主义者。

米海洛夫斯基认为,茹科夫斯基对马克思的解释,恰恰"回避"马克思所有正确的东西,他对马克思的"指控"不符合事实。马克思并没有把个人所有制作为研究的基础,他没有一本学术著作专门论述所有制形式的问题。在米海洛夫斯基看来,马克思的哲学——历史图景是:资本主义私有制是对以私人劳动为基础的个人私有制的否定;然后是对这个否定的历史否定,重新恢复个人所有制,但这建立在资本主义成果的基础上,也就是说,在自由劳动者协作和对土地及劳动者本身生产的生产资料的共同占有的基础上。问题在于,马克思把黑格尔辩证法两个公认的焦点放在一幅图景中。首先,整

---

① Сочинения Н. К. Михайловского. Т. 4. Издание редакции журнала "РусскоеБогатство", С.-Петербург, 1897. С. 176.

② Сочинения Н. К. Михайловского. Т. 4. Издание редакции журнала "РусскоеБогатство", С.-Петербург, 1897. С. 179.

个图景是根据黑格尔三段论的规律建立:先有理论和命题,再否定,得出反命题,最后否定的否定,得出综合命题。其次,这种综合命题以对立面(个人所有制和社会所有制)的同一为基础。因此,米海洛夫斯基认为,这说明"个人"一词具有特殊的纯粹的象征意义,绝对不能以它为基础。

在米海洛夫斯基看来,马克思不是纯粹的黑格尔主义者,因为他不是在自己的精神深处建立历史规律;马克思也不是形式主义者,因为他不是在纯粹形式的原则中消解以前阶段的矛盾。茹科夫斯基关于马克思没有研究"物质条件"的说法是不正确的,因为《资本论》就是在分析生产条件和经济关系,《资本论》的目的就是揭示现代社会的经济运动规律。根据马克思的观点,资本的集中伴随着劳动的社会化,劳动的社会化构成经济和道德的基础,在此基础上产生新的法律和政治秩序。而茹科夫斯基完全避而不谈马克思赋予社会化进程的意义,对《资本论》中马克思为了解决形式及其存在的物质条件的关系问题所深入研究的材料也熟视无睹。

米海洛洛夫斯基指出,茹科夫斯基的批评没有特别的新意,只是重复德国历史学家海因里希·冯·西贝尔①在1872年3月的小册子中的内容。根据西贝尔的观点,资本家不是靠剥削劳动者获得财富,而是靠对市场情况的敏锐眼光获得财富。剩余价值和资本家的利润不是由劳动者的手工劳动,而是由企业主的脑力劳动创造的。茹科夫斯基实际上保留和扩展了西贝尔的论据,只不过用"精神劳动"代替工厂主的"敏锐眼光",这种精神劳动在自然力量的参与下构成利润的来源。米海洛夫斯基认为,工厂主是资本的代表,却不是新出现的精神劳动的代表。没有资本,他也只是被组织的人之一,就像地主收租决不是因为他从事精神劳动,而只因为他是地主一样。"生产要求三个因素参与:首先,自然力量(自然能力),其次——生产资料,工具(知识),最终,第三——劳动(特别是精神劳动)。这三个早已公认的因素是共同发展的,而声名狼藉的精神劳动绝不是独立的因素。"②因此,"茹科夫斯基先生所臆想的作为利润的创造者的精神劳动就像是'微风就能吹散的纸房子',既不是从生产的角度,也不是从分配的角度,既不是从理论的角度,也不是从实践的角度——它不具有独立的意义,分解为不同

---

① 海因里希·冯·西贝尔(1817—1895):德国历史学家。著有《法国大革命时期的历史》(五卷)、《威廉一世创建德意志帝国史》(七卷)。

② Сочинения Н. К. Михайловского. Т. 4. Издание редакции журнала "РусскоеБогатство", С.-Петербург,1897.С. 198.

的部分,向四周散开,淹没在科学的旧真理中。"①

米海洛夫斯基发现,茹科夫斯基完全忽略了马克思与古典经济学家的关系。为什么茹科夫斯基不愿意承认马克思与亚当·斯密和李嘉图之间的继承关系?因为古典主义者研究生产的物质条件,如果马克思是他们的后继者,那么说明马克思没有回避研究物质条件,说明马克思不是形式主义者。众所周知,马克思与古典经济学家的继承关系在于劳动是价值的源泉和价值的尺度。因此,在剩余劳动的问题上,茹科夫斯基认为,劳动者赚多少不是因为他劳动多少,而是因为他借助现成的工具和未加工的原料,没有这些工具他完全不能生产这么多数量的纱。可是,没有原料、资本和其他工具以及体力劳动,"精神劳动"如何产生?茹科夫斯基反对马克思关于剩余价值的总量等于一个工人生产的剩余价值乘以工人的数量的观点。他的根据是最后一个雇佣工人没有创造利润,而只是挣到自己的薪水。米海洛夫斯基指出,从生产力的角度看,没有最先雇用的工人,也没有最后雇用的工人——所有工人都使用同样的工具、原料劳动。茹科夫斯基的所有结论是以假设事实上不存在的和逻辑上不可能的最后一个雇用工人为基础,因此不具有任何意义。最差的土地没有产生地租,但是最后一个工人创造了一定的利润,与第一个工人一样。因此,米海洛夫斯基认为,马克思完全有权说总的剩余价值等于一个工人的剩余价值乘以雇用工人的数量。

米海洛夫斯基在文章的最后对茹科夫斯基的错误做出了总结,"(1)马克思对所有制形式的认识与茹科夫斯基先生的描述直接对立;(2)关于马克思没有研究物质生产条件以及没有考虑劳动者的发展条件的说法是与真理直接对立的;(3)马克思赋予劳动的社会化过程重要的意义,《欧洲通报》向读者隐瞒了这一点;(4)马克思与古典政治经济学家,也就是亚当·斯密和李嘉图的关系也同样被隐瞒;(5)"精神劳动"作为利润的唯一创造者(指的是自然力量)是无序的混合物,在生产和分配中不是完整的和独立的"②。

二

米海洛夫斯基在《卡尔·马克思在尤·茹科夫斯基先生的法庭上》一文中,除了批判茹科夫斯基对《资本论》的错误理解外,还阐述了自己对《资本论》的理解。他说,"在《资本论》第六篇有一章的题目是:'所谓原始积

①　Сочинения Н. К. Михайловского. Т. 4. Издание редакции журнала "РусскоеБогатство", С.-Петербург,1897.С. 198.

②　Сочинения Н. К. Михайловского. Т. 4. Издание редакции журнала "РусскоеБогатство", С.-Петербург,1897.С. 206.

累'。在这里马克思指的是资本主义生产过程最初阶段的历史特征,但是给出了整个哲学—历史理论"①。在米海洛夫斯基看来,资本主义生产进程要求实现和发展两种人,第一种是货币、生产资料和生活资料的所有者,他们要购买他人的劳动力来让自己所占有的价值总额增值;第二种是自由劳动者,自己劳动力的出卖者。因此,原始积累就是生产者与劳动资料、生产资料和所有权分离的过程。这一变革的结果是,封建贵族被消灭,教会及其代表的封建权力被消灭或减少,封建所有制变成绝对的私有制,农民被驱逐出土地,要么重新成为雇农,要么成为雇佣工人。"因此,原始积累只是形式上改变关系,也就是——从奴役奴隶和农奴到奴役雇佣工人,同时剥夺直接的生产者,也就是消灭建立在私人劳动基础上的私有制。"②但是这一过程不会就此结束。资本主义生产的内在规律将进一步产生劳动的社会化。在这个阶段不是劳动者被剥夺,而是资本家本身被剥夺。这就是马克思的哲学历史观。但他对《资本论》的理解引起了马克思的反对。1877 年 10—11 月,马克思在《给〈祖国纪事〉编辑部的信》中写道,"关于原始积累的那一章只不过想描述西欧的资本主义制度从封建主义经济制度内部产生出来的途径"③。因此,他反对把他对西欧资本主义起源的历史概述变成一般发展道路的历史哲学理论,变成一切民族不管它们所处的历史环境如何都注定要走的道路。

　　米海洛夫斯基在研究《资本论》时,分析了俄国与西欧的不同情况,"这个既有利又有弊的,既可怕又有益的,不可遏止的'劳动社会化'过程,或者更确切地说,马克思所阐述的这种社会化形式,在我们神圣的罗斯发展缓慢"④。他分析了俄国与西欧的不同情况:一方面,与欧洲的农民相比,俄国的农民不是一无所有,他们不是既没有土地也没有生产工具。另一方面,与欧洲人相比较,俄国的资本势力非常弱小。因此,米海洛夫斯基得出的结论是,俄国人应该为他们的祖国寻找一条不同于西欧已经走过和正在走着的发展道路。这与他的前辈赫尔岑、车尔尼雪夫斯基和他的同时代人特卡乔夫的想法基本一致。

---

① Сочинения Н. К. Михайловского. Т. 4. Издание редакции журнала " РусскоеБогатство ", С.-Петербург, 1897. C. 167–168.

② Сочинения Н. К. Михайловского. Т. 4. Издание редакции журнала " РусскоеБогатство ", С.-Петербург, 1897. C. 169.

③ 《马克思恩格斯文集》第 3 卷,人民出版社 2009 年版,第 465 页。

④ Сочинения Н. К. Михайловского. Т. 4. Издание редакции журнала " Русское Богатство ". С.-Петербург. 1897. C. 170.

　　马克思在信中对这个问题也做了非常辩证的回应。他首先指出,不能通过他对赫尔岑的批评就得出他反对俄国人寻找自身特殊的发展道路,也不能通过他对车尔尼雪夫斯基的尊重就得出他赞同俄国特殊的发展道路。马克思指出,"如果俄国继续走它在 1861 年所开始走的道路,那它将失去当时历史所能提供给一个民族的最好的机会,而遭受资本主义制度所带来的一切灾难性的波折"①。他关于西欧资本主义起源的历史概述在一些方面可以应用到俄国,那就是如果俄国想遵照西欧的先例成为一个资本主义国家,那么它就会和其他民族一样受到那些铁律的支配。虽然马克思没有明确指出俄国应该走什么样的道路,但他明确指出俄国不应该继续走 1861 年以来的资本主义道路,也就是说马克思认为俄国应该利用当时的特殊条件,走一条与西欧不同的道路。因此,马克思在纠正米海洛夫斯基的错误时,实质上对自己的社会发展规律做出了严格的限制,承认俄国存在避免资本主义制度不幸灾难的机会。在这封信中,马克思没有提到哪些情况允许俄国实现这个历史机会,他关于"可能避免资本主义制度的灾难"的命题实际上是悬而未决的,没有任何明确的支撑。

　　1881 年 3 月,马克思就俄国社会发展问题给俄国革命者维·查苏利奇写了回信,但是他四易其稿,最终把三篇长篇搁置一边,寄去了一封简短的信,同时强调这封信不适合发表。马克思承认在《资本论》中所作的分析"既没有提供肯定俄国农村公社有生命力的论据,也没有提供否定农村公社有生命力的论据",艰难地表达了他对俄国资本主义命运的态度:"这种农村公社是俄国社会新生的支点,可是要使它能发挥这种作用,首先必须排除从各方面向它袭来的破坏性影响,然后保证它具备自然发展的正常条件"②。1894 年,恩格斯在《〈论俄国社会问题〉跋》中再次回应了俄国特殊革命道路的问题,"假如俄国革命将成为西欧无产阶级革命的信号而双方相互补充的话,那么现今的俄国土地公有制便能成为共产主义发展的起点"③。因此,俄罗斯历史学家伊藤贝格和特瓦尔多夫斯基④认为,马克思、恩格斯在俄国问题上通常使用"假定式"⑤,对自身理论的修正是不清楚的、

① 《马克思恩格斯文集》第 3 卷,人民出版社 2009 年版,第 464 页。
② 《马克思恩格斯文集》第 3 卷,人民出版社 2009 年版,第 590 页。
③ 《马克思恩格斯文集》第 4 卷,人民出版社 2009 年版,第 460 页。
④ Б.С.伊藤贝格:历史学博士,俄罗斯科学院俄国史研究所首席研究员。В.А.特瓦尔多夫斯基:历史学博士,俄罗斯科学院俄国史研究所首席研究员。
⑤ 在俄语语法中,动词有三种式:陈述式、命令式和假定式。陈述式表示实际上存在或者不存在的行为,命令式表示说话者命令或者请求对方进行的行为,假定式表示希望的、可能发生的或者虚拟的行为。

不明确的,甚至只是在地下刊物中,在信件和谈话中"允许"俄国偏离他们的理论,在马克思生前出版和再版的所有著作中没有对他的理论进行任何修正,没有任何解释偏离理论的增补和注释,因为他们"对理论纯洁性的担忧压倒了对策略的考虑"①。

三

如前所述,马克思的这封信在生前没有发表。马克思逝世后,恩格斯在整理他的信件时发现了这封给《祖国纪事》编辑部未寄出的信。1883 年,恩格斯把信转交给格·亚·洛帕廷②,1883 年洛帕廷回到俄国,通过丹尼尔逊转交给《祖国纪事》编辑部。米海洛夫斯基在 1883 年秋读到了马克思的信。据普列汉诺夫证实,米海洛夫斯基因马克思的信而扬扬得意,因为他认为在阅读他的文章之前,马克思认为俄国应该经过资本主义,而阅读了他的文章之后,马克思改变了自己的观点。

与此同时,恩格斯主张公开发表这封信。他把信的复印件寄给查苏利奇,委托她全权负责。1885 年,查苏利奇把信转交给"翻译者和出版者协会",由于当时的恶劣局势,只印刷了极少的份数。1886 年,这封信的俄译文发表在俄国地下刊物《民意导报》第 5 期上。1888 年 10 月,这封信由丹尼尔逊翻译成俄文后正式公开发表在俄国合法刊物《司法通报》上。可是,俄国的马克思主义者对这封信的公开发表表达了不满。普列汉诺夫抱怨道:"当这封信为俄国革命者所熟知时,许多人认为,《资本论》的作者对俄国公社的观点与巴枯宁、特卡乔夫及其他社会主义—乌托邦主义者的观点几乎完全一样。"③马克思给《祖国纪事》编辑部的信实际上被俄国革命者理解为支持民粹主义的观点。这使俄国马克思主义者与俄国民粹主义者的辩论更加复杂。为了纠正俄国革命者的错误理解,1894 年恩格斯在《〈论俄国的社会问题〉跋》中指出:"马克思首先驳斥《祖国纪事》上的文章强加给他的观点,文章硬说他所持的观点同俄国自由派一样,认为对俄国来说没有比消灭农民公有制和急速进入资本主义更为刻不容缓的事了。"④

---

① В.А.Твардовский,Б.С.Итенберг.*Н.К.Михайловский и К.Маркс Диалог о" Русском пути"*. Отечественная история.1996.No. 6.С. 55.

② 格·亚·洛帕廷(Г.Лопатин):俄国著名工人运动活动家,第一国际总委员会委员,《资本论》第一卷第一个俄文版的发起人和译者之一。

③ В.А.Твардовский,Б.С.Итенберг.*Н.К.Михайловский и К.Маркс Диалог о" Русском пути"*. Отечественная история.1996.No. 6.С. 57.

④ 《马克思恩格斯文集》第 4 卷,人民出版社 2009 年版,461 页。

实际上，在米海洛夫斯基的文章中丝毫没有这样解释马克思，他仅仅怀疑马克思发现的规律的普遍性。米海洛夫斯基的非马克思主义立场不仅与恩格斯格格不入，而且与普列汉诺夫相敌对。为了斗争的需要，恩格斯和普利汉诺夫必须批判那些阻碍马克思主义传播的人，包括米海洛夫斯基。列宁在关于19世纪90年代中期的社会生活中写道："著作界的活跃景象和马克思主义者同当时几乎完全主宰着进步著作界的民粹派老首领（如尼·康·米海洛夫斯基）所进行的激烈论战，是俄国大规模工人运动高涨的先声。"①米海洛夫斯基的这篇文章可以被看作是这场激烈论战的"序幕"。

俄罗斯历史学家伊藤贝格和特瓦尔多夫斯基在《祖国历史》1996年第6期的文章中正确地指出，"在尼古拉·康斯坦丁诺维奇和马克思对俄国现在和未来的认识中有他们的共同点。他们承认，俄国在1861年走上资本主义发展道路后有'避免资本主义不幸灾难'的历史机会——跨越，绕过灾难，走上更好更高级的社会制度。马克思和米海洛夫斯基把这个机会与资本主义关系在农业国家的不发达联系起来。他们二人都承认这个机会的暂时性和过渡性，用他们的话来说，这个机会可能错过"②。米海洛夫斯基和马克思的区别在于，他们对利用当时俄国的条件有着完全不同的理解。马克思认为俄国避免资本主义发展道路的可能取决于欧洲的无产阶级革命，这个革命支持俄国的农民革命。米海洛夫斯基主张通过特殊的俄国道路达到它与欧洲资本主义不同的文明，也就是他所说的全人类文明。

四

由于受苏联的影响，长期以来在米海洛夫斯基与马克思的论争中没有给前者一个公正的评价。米海洛夫斯基承认马克思学说的科学意义，反对把马克思的理论作为普遍真理和最终真理，呼吁"批评"地接受马克思的学说。他怀疑马克思的最终结论，怀疑它们的普适性，怀疑它们对俄国的适用性，呼吁其他思想家从逻辑、历史经验和论据等角度重新修正它们。他认为马克思的功绩是发展社会的思想，马克思主义的主要内容是社会的自然历史发展的思想，而不是无产阶级专政学说。当然，他的思想在许多方面与马克思的学说不同。在对历史进程的解释中，米海洛夫斯基是多元论，他力图考虑所有相互影响和相互对抗的因素，没有区分任何因素是主要的和关键

---

① 《列宁全集》第16卷，人民出版社2009年版，第95页。

② В.А.Твардовский, Б.С.Итенберг.*Н.К.Михайловский и К.Маркс Диалог о" Русском пути".* Отечественная история. 1996. No. 6. С. 58.

的。在历史必然性和道德中,他注意到马克思没有把自己对伦理和道德的研究运用到理论中,而道德问题对他更有吸引力。他反对绝对性、唯一性和最终性,发现了既与经济利己主义不同,又与法郎吉组织不同的个性思想。他与马克思的阶级斗争思维不同,把"争取个性的斗争"作为社会科学思考的中心,认为社会理想的制定应该根据个性的和谐发展及其日益复杂的精神和物质的需求。

必须承认,米海洛夫斯基是俄国最早了解马克思学说的思想家之一,"在《祖国纪事》1870 年 2 月的小册子中,米海洛夫斯基在《达尔文理论和社会科学》一文中已经大量地援引马克思关于资本主义社会劳动分工的思想,同时表达了他把这一过程理解为反自然的和反人类的思想"①。他也是最先欢迎马克思的著作翻译出版的人之一,1872 年《资本论》的俄译本出版时,他就在《祖国纪事》1872 年 4 月 20 日那一期上报道了这件事。19 世纪70 年代,米海洛夫斯基多次向马克思提出问题,他援引马克思的著作加强自己的观点,把《资本论》作为政治经济学独特的百科全书。米海洛夫斯基的这篇文章《卡尔·马克思在茹科夫斯基先生的法庭上》不仅是对庸俗和简单解释马克思理论的《欧洲通报》政论家(即茹科夫斯基)的回应,而且是尝试思考把马克思的发现运用到俄国。

与 19 世纪 70 年代西方对《资本论》出版保持沉默相比,马克思非常满意《资本论》在俄国的读者中受到如此大的关注和兴趣。正如伊藤贝格和特瓦尔多夫斯基所说:"《资本论》的作者真的很难从西方学者中找到这样的作品(即米海洛夫斯基的文章),它如此深刻地、严肃地、鲜明地和富有激情地阐述该书的内容,把该书作为人类社会历史的里程碑。"②但在马克思意料之外的是,俄国人有了独立性和批评自由。米海洛夫斯基的这篇文章在对《资本论》辩护的同时,也怀疑某些结论的片面性和最终性。米海洛夫斯基的思想为俄国人思考马克思主义奠定了基础。许多历史学家、哲学家和社会学家几乎是根据米海洛夫斯基的思想提出自己对马克思主义的思考,虽然他们没有援引米海洛夫斯基,但是他们通过自己的方式理解他的许多结论。

---

① В.А.Твардовский,Б.С.Итенберг.*Н.К.Михайловский и К.Маркс Диалог о" Русском пути"*. Отечественная история.1996.No. 6.С. 49.

② В.А.Твардовский,Б.С.Итенберг.*Н.К.Михайловский и К.Маркс Диалог о" Русском пути"*. Отечественная история.1996.No. 6.С. 53.

特卡乔夫与恩格斯关于俄国
革命道路的论争：1874—1894

特卡乔夫与恩格斯的论争开始于 1874 年 10 月，持续到 1875 年 5 月，结束于 1894 年 1 月。1874 年 10 月恩格斯在《流亡者文献（三）》中批评特卡乔夫，特卡乔夫随即在苏黎世发表《致弗里德里希·恩格斯先生的公开信》，开始了二人的论争。1875 年 3 月和 4 月，恩格斯在《流亡者文献（四）》和《流亡者文献（五）》中回应特卡乔夫的批评。1875 年 9 月，特卡乔夫在《警钟》杂志创刊号上详细地阐述了自己的革命观。1894 年，恩格斯在《〈论俄国的社会问题〉跋》中再次回应特卡乔夫提出的俄国革命特殊性的问题。这场持续二十年的论争有复杂的历史背景，涉及特卡乔夫与拉甫罗夫的论争、马克思与巴枯宁在第一国际的斗争以及俄国革命流亡者对第一国际内部斗争的态度等诸多问题。在关于这场论争的五篇文献中，恩格斯和马克思关于俄国革命道路的认识不断深化，他们由最初反对特卡乔夫的观点到逐渐吸收他的观点，最终形成了他们关于俄国革命道路的经典论述。

一、论争的历史背景

恩格斯的《流亡者文献（三）》引发了他与特卡乔夫论争，但是恩格斯的这篇文章并不是为特卡乔夫而作，而是为拉甫罗夫而作。1874 年，拉甫罗夫在《前进！》第二期"工人运动年鉴"专栏中在介绍国际工人协会（即第一国际）的文章中为巴枯宁辩护，指责国际工人协会内部开展的反对巴枯宁的斗争，号召革命政党内部的团结。于是，恩格斯在《流亡者文献（三）》中批评拉甫罗夫的折中主义立场，希望拉甫罗夫理解和支持马克思对巴枯宁的斗争。在这篇文章中涉及三个问题：一是马克思与巴枯宁在第一国际内部的斗争，二是俄国革命流亡者在马克思和巴枯宁的斗争中的立场，三是恩格斯在特卡乔夫与拉甫罗夫的论争中的立场。

马克思与巴枯宁的斗争始于 1868 年。1868 年 9 月，巴枯宁在瑞士成立"国际社会主义民主同盟"，向国际工人协会总委员会提出"同盟"作为支部加入协会的申请，但同时要求"同盟"保持相对独立性和保留在日内瓦的"中央局"。马克思认为巴枯宁有分裂国际工人协会的意图，因此在与恩格斯交换意见后起草了拒绝承认"同盟"的通告信，即《社会主义民主同盟和国际工人协会》。1869 年 2 月底，巴枯宁的"同盟"做出让步，放弃了独立组织的要求，成为国际工人协会的日内瓦支部。虽然这次斗争以和解收场，但是巴枯宁与马克思的关系日趋紧张。1869 年 9 月,国际工人协会在瑞士巴塞尔召开第四次代表大会,巴枯宁在大会上正式提出了"废除继承权"的提议。在巴枯宁看来,废除继承权是社会革命的起点。马克思虽然没有参加这次大会,但是他反对把废除继承权作为社会革命的起点,并且起草了《总委员会关于继承权的报告》。二人关于继承权的争论成为大会的焦点,虽然巴枯宁的提案没有被大会通过,但是马克思的报告也被大会否决。这次较量使马克思与巴枯宁的分歧正式公开,也正式开始了国际工人协会反对巴枯宁主义者的斗争。1869 年 10 月,马克思的好友莫泽斯·赫斯在《觉醒报》上发表《论巴塞尔代表大会上的共产主义与集产主义》一文攻击巴枯宁。巴枯宁怀疑马克思在幕后支持,立即写了一篇长文《一个社会民主党人的自白:关于德国犹太人问题的研究的引言》,抨击德国人、犹太人和犹太主义。后来,在赫尔岑的介入下,《觉醒报》没有发表巴枯宁这篇攻击犹太人的文章,而是发表了赫尔岑为巴枯宁辩护的信,这表明了赫尔岑在马克思与巴枯宁的斗争中的立场。1869 年 11 月至 12 月,日内瓦的《平等》周刊发表了一些向总委员会提出批判意见和建议的文章,马克思认为这是巴枯宁所为。1870 年元旦,马克思起草了《总委员会致瑞士罗曼语区联合委员会的报告》,逐条驳斥了《平等》周刊。但事实上,巴枯宁没有参与,他在 10 月底就离开了日内瓦,隐居在瑞士的洛迦诺小镇,开始了《资本论》的俄文版翻译工作。这两次事件使马克思和巴枯宁的关系濒临破裂。1872 年 9 月,国际工人协会在海牙召开代表大会,马克思参加了大会,但是巴枯宁及其支持者因被法国和普鲁士政府通缉而无法到达海牙,被迫缺席了大会。马克思和恩格斯在会上谴责了巴枯宁在国际工人协会内部进行的分裂活动,通过了开除巴枯宁及其支持者的决议。马克思与巴枯宁的斗争不仅在第一国际占据非常重要的位置,而且引起了各国革命者的广泛关注。巴枯宁是俄国革命者的重要代表,在俄国具有很大影响,马克思将巴枯宁开除引起诸多俄国革命流亡者的不满,包括拉甫罗夫和特卡乔夫等。因此 1874 年 3 月,拉甫罗夫在《前进!》杂志第二期上发表文章为巴枯宁辩护,公开指责国际工人协会反对巴枯宁主义者的斗争。

马克思和恩格斯虽然无法容忍拉甫罗夫的折中主义立场,但是又不能严厉批评拉甫罗夫,一方面是因为他们与拉甫罗夫的私人关系一向良好,另一方面也是为了团结更多的俄国革命流亡者。因此,恩格斯在回应拉甫罗夫的文章《流亡者文献(三)》中不仅说拉甫罗夫是"极可敬的俄国学者",而且亲昵地称呼他为"朋友彼得"。恩格斯在这篇文章中主要表达了两方面的内容:

第一，恩格斯向拉甫罗夫及其主编的杂志《前进！》阐述第一国际开展反对巴枯宁主义者的斗争的必要性和不可避免性。首先，拉甫罗夫劝导所有社会主义者保持和睦，避免公开的纠纷，可是巴枯宁主义者却试图分裂协会。因此恩格斯认为，拉甫罗夫所呼吁的团结是无法达到的，除非国际工人协会听命于巴枯宁主义者的秘密阴谋。其次，拉甫罗夫认为反对巴枯宁主义者的斗争只是道听途说的私事，不应在政治争论中公开。在恩格斯看来，这场斗争不仅有真实的文件①作为证据，而且巴枯宁主义者试图组织秘密团体领导国际工人运动，因此，即使这些内部斗争会使敌人拍手称快，但是只有这样才不会使革命者自身遭到实际损害，只有这样才能使俄国革命者摆脱巴枯宁主义者的欺诈。

第二，恩格斯旗帜鲜明地表达了在拉甫罗夫与特卡乔夫的论争中支持拉甫罗夫的立场，同时试图说服拉甫罗夫理解马克思反对巴枯宁的斗争。1873 年，特卡乔夫流亡国外后参加了《前进！》杂志第一期和第二期的出版工作，但是他在杂志的纲领、文章和管理杂志事务等方面与主编拉甫罗夫的分歧日益明显。1874 年 4 月，特卡乔夫公开出版了小册子《俄国革命宣传的任务》（致《前进！》编辑部的一封信）。为回应特卡乔夫的批评和揭示他理论的错误，拉甫罗夫不得已参加论争，因为"两害相权取其轻"。1874 年 5 月，拉甫罗夫公开出版回应的小册子《致俄国社会革命青年》，并将这两本小册子一起寄给马克思恩格斯。恩格斯批评特卡乔夫关于在杂志的编写和金钱上与创刊人享有同等表决权的要求，批评他关于立即革命和随时发动人民革命的观点。更重要的是，恩格斯希望拉甫罗夫明白马克思在与巴枯宁的斗争中也是"两害相权取其轻"，因为如果不进行论争和斗争反对那些把革命引向歧途的人，那么就有可能发生比论争更有害的事情。因此，恩格斯在《流亡者文献（三）》的主要用意是说服拉甫罗夫这一派的俄国革命者理解和支持马克思与巴枯宁的斗争。

令恩格斯颇感意外的是，年轻的革命流亡者特卡乔夫立即在苏黎世发表《致弗里德里希·恩格斯先生的公开信》，公开反对国际工人运动领袖的批评，开始了二人的论争。

二、论争的主要内容

特卡乔夫在《致弗里德里希·恩格斯先生的公开信》中回应了恩格斯对自己的批评，同时阐述了俄国革命的特殊性和俄国革命的特殊道路。

---

① 在这里恩格斯是指《一个反对国际的阴谋》。

"我们国家的情况非常特殊,它与西欧任何一个国家没有任何共同之处。西欧国家采取的斗争手段对于我们至少是不适用的。"①

第一,俄国与西欧,尤其是与德国相比,不具备那些为革命服务的斗争手段。俄国没有城市无产者,没有出版自由,没有代表会议,没有把劳动人民联合成工人联盟的权利,甚至没有到农民中间去与农民接近的机会,因此国际工人协会的原则不适用于俄国。

第二,俄国人民虽然无知,但比西欧人民更接近于社会主义。因为在俄国大多数地区都还充满着公有制原则的精神,集体所有制在人民的生活中还占据主导地位,俄国人民是本能的传统的共产主义者,政府只能依靠皮鞭和刺刀强制推行个人所有制。

第三,俄国人民虽然习惯奴役和顺从,但是他们一直采取各种形式抗议自己的处境。这说明人民对他们的处境已经无法忍受,他们利用每一个机会发泄愤懑和仇恨,因此,俄国人民是本能的革命者。

第四,俄国知识分子的革命党虽然人数不多,但是他们除了社会主义理想以外,不追求任何其他理想。他们的敌人,也就是贵族和商人等上层等级,没有任何经济力量和政治力量。

第五,俄国的国家力量只是表面的和想象的,是"悬在空中的"。"它在人民的经济生活中没有任何根基,它自身不体现任何阶层的利益。它压制所有的社会阶级,所有人都憎恨它。"②而西欧国家不是虚构的力量,是以资本为基础的,它自身体现着一定的经济利益,资产阶级关系的整个制度都在巩固它。俄国这个既没有资产者又没有无产者的国家更容易战胜,因为在俄国资本的权力尚处于萌芽之中,工人只需要同政治权力作斗争,这比同资本权力作斗争要容易得多。

因此,特卡乔夫认为,俄国的革命道路不仅与西欧不同,而且社会革命有可能最先在俄国实现。他进一步论述了俄国革命特殊的斗争方式:

第一,在俄国任何公开斗争都是不可能的,因为俄国的法律和政治设施没有提供在合法的土壤中进行公开宣传的可能性。因此,在俄国只能通过秘密的隐蔽的地下活动进行革命斗争。他反对恩格斯关于放弃秘密活动进

---

① 《特卡乔夫致恩格斯先生的公开信》,张静译,《当代世界社会主义问题》2014年第3期。*Революционный радикализм в России: век девятнадцатый. Документальная публикация.* / Под ред. Е.Л. Рудницкой. М.: Археографический центр, 1997. С.337。

② 《特卡乔夫致恩格斯先生的公开信》,张静译,《当代世界社会主义问题》2014年第3期,第46页。*Революционный радикализм в России: век девятнадцатый. Документальная публикация.* / Под ред. Е.Л. Рудницкой. М.: Археографический центр, 1997. С.338。

行合法斗争的主张，因为在西班牙、意大利和法国等不能宣传社会革命的国家也只能进行秘密的地下活动，甚至在德国合法性也将不能保护工人，因此特卡乔夫认为，秘密的地下活动是革命的唯一出路。

第二，在俄国一个或几个社会革命的秘密工人组织也是不可能的。因为大多数俄国工人不是无产者，是有土地的所有者，他们被分成小的完全孤立的公社，相互之间没有共同利益，无法组织起来。在俄国的历史上也从来没有建立协会的先例，而在西欧城市无产者早就联合起来，国际协会是历史上各种联合会的必然结果。再加上俄国的政治生活和民族精神的不成熟，因此，在俄国通过类似西欧的国际工人协会进行革命斗争是不可能的。

此外，特卡乔夫还分析了俄国两大革命派别的革命纲领。第一派是以拉甫罗夫为代表的革命者，他们认为现在俄国还没有充分有力的革命因素，主张通过提高人民认识自身权利的方式，通过向人民阐明理想的方式创造革命因素，他们将自觉地在革命协会中联合起来击碎旧世界。在特卡乔夫看来，他们的目标是无法实践的和不能完成的，他们的纲领是最温和的和最不具有实践性的。第二派是以革命青年为代表的激进派，毫无疑问，特卡乔夫属于这一派。他们坚信，只要在几个地方同时激起革命抗议，就能在进行反抗的各个公社之间建立紧密的不可分割的联盟，革命力量的团结将自然而然地发生。他们深信，在俄国实现社会革命没有任何困难，任何时候都可以唤起俄国人民实行总的革命反抗。他们一方面号召人民反抗现存政权，另一方面在自己的队伍中建立保证在几个地方同时起义的纪律和组织，这就是他们的纲领。在信的末尾，特卡乔夫不仅支持拉甫罗夫在《前进!》第二期上为巴枯宁的辩护，反对国际工人协会对巴枯宁的批判，而且明确表达了自己在马克思与巴枯宁的斗争中的立场："您和您的朋友在论争中力图玷污我们所处的这个革命时代的最伟大和最富有自我牺牲精神的代表之一"①。

特卡乔夫的公开信引起了马克思和恩格斯的高度关注，根据马克思和威廉·李卜克内西的建议，恩格斯1875年4月在《人民国家报》上发表了回应特卡乔夫的文章，即《流亡者文献（四）》。恩格斯一开头就指出，他在《流亡者文献（三）》中完全是顺便提到了特卡乔夫，并不是有意想同他辩论，甚至不屑于与他论争，因为在他看来，特卡乔夫不仅不是俄国革命者的

---

① 《特卡乔夫致恩格斯先生的公开信》，张静译，《当代世界社会主义问题》2014年第3期，第49页。*Революционный радикализм в России：век девятнадцатый. Документальная публикация.* / Под ред.Е.Л.Рудницкой.М.：Археографический центр，1997.С.343。

代表,而且也无权代表巴枯宁主义者。恩格斯首先澄清特卡乔夫对他个人的指责,如他没有给俄国革命者"出过主意",没有说服特卡乔夫等一类人与他结盟,没有断言特卡乔夫"愚蠢",没有嘲笑和辱骂特卡乔夫等。恩格斯说,他只是如实地介绍特卡乔夫及其著作,这反而被特卡乔夫指责成为俄国沙皇效劳和破坏国际工人协会的原则,这种指责显然是荒谬的。恩格斯对称他为"幼稚的、极不成熟的中学生"做出了解释,他一方面是指特卡乔夫在性格上不成熟,也就是指特卡乔夫要求与主编享有同等的权力;另一方面是指特卡乔夫在智力上不成熟,也就是指特卡乔夫反对青年学习丰富的知识,反对青年提高批判思考的能力,宣称知识对革命根本不是必要的观点。因此,恩格斯认为特卡乔夫的议论是幼稚的、枯燥的、矛盾的和重复的。

此外,在这封信中恩格斯还批驳了特卡乔夫立即革命的观点,在他看来,特卡乔夫的观点充满了矛盾,一方面不允许等待要求立即革命,一方面自己也没有投入战斗,一方面否认文字宣传的益处,一方面自己也在进行文字宣传。恩格斯反对把密谋作为俄国革命者的唯一斗争手段,因为不久前在俄国进行的大规模的逮捕中,大多数被捕者是工人。同时,恩格斯说他从未断言密谋在任何条件下都是一概不能容许的,但是他反对破坏国际工人运动的密谋,即巴枯宁的同盟,反对以"瞒哄和欺骗同谋者为根基的欺诈性密谋",即涅恰耶夫式的密谋,因为这不是真正的秘密活动,而只是充满野心的帮派活动。

总的来说,恩格斯在《流亡者文献(四)》中主要回应特卡乔夫对他个人的批评。之后,恩格斯深入研究了特卡乔夫提出的俄国革命特殊性的问题,1875年4月在《人民国家报》上发表《论俄国的社会问题》(即《流亡者文献》中的第五篇)。这篇文章一方面是对特卡乔夫公开信的继续回应,另一方面又成为恩格斯论述俄国社会发展和革命前景问题的重要文献。主要包括以下几个方面的内容:

第一,社会主义革命的实质及实现革命的两个必要条件。"现代社会主义力图实现的变革,简言之就是无产阶级战胜资产阶级,以及通过消灭一切阶级差别来建立新的社会组织。"①这场变革需要两个必要条件:一是需要有实现这个变革的无产阶级,二是需要有使生产力发展到能够彻底消灭阶级差别的资产阶级。因此,特卡乔夫关于一个没有无产阶级也没有资产阶级的国家里更容易实现革命的观点是错误的。

第二,特卡乔夫关于俄国是不代表任何阶级利益的"悬在空中"的国家

---

① 《马克思恩格斯文集》第3卷,人民出版社2009年版,第389页。

的观点是错误的。在俄国几乎一半的土地,而且是最好的土地属于贵族所有,农民为这一半土地交纳的土地税是贵族的 15 倍,贵族的后盾就是俄罗斯国家,因此俄国不是"悬在空中"的国家,而是代表贵族阶级利益的国家。特卡乔夫关于俄国农民不是无产者而是有产者的观点也是错误的。大多数农民在赎买以后陷入了极其贫困的境地,他们不仅被夺去了大部分最好的土地,其至份地①也小得无法糊口,不仅要缴纳土地税,交付国家垫付赎金的利息和分期偿付赎金,而且还要缴纳省和县的捐税,因此他们是无产者。

第三,恩格斯从劳动组合和土地公社所有制两个方面来论证特卡乔夫关于俄国人是社会主义选民的观点是错误的。劳动组合不是起源于斯拉夫族,而是起源于鞑靼族,劳动组合在俄国是一种自发产生的但还很不发达的合作社形式。俄国人民想通过劳动组合直接跳入社会主义,需要两个前提条件:一是劳动组合应当向前发展,抛弃它本身自发的为资本家服务的形式;二是它应当至少提高到西欧合作社的水平,也就是能够自担风险、有利可图地经营大工业。在俄国还保留着土地公社所有制,这并不能说明俄国农民是天生的共产主义者,而只能说明俄国的农业生产以及农村社会状态还处于很不发达的阶段。俄国的公社所有制正在趋于解体,但是它也有可能转变为高级形式,这也需要两个前提条件:一是公社所有制能够保留到条件成熟的时候,二是它能够在农民不再是单独而是集体耕作的方式下向前发展。这就需要西欧在这种公社所有制解体之前完成无产阶级革命,并给俄国农民提供变革所需要的必要条件,特别是物质条件。因此,在恩格斯看来,只有西欧的无产阶级革命才能挽救俄国的公社所有制。

最后,恩格斯指出,俄国的农民起义只是反对贵族和个别官吏,从来没有反对过沙皇,他们把沙皇看成人间的上帝,因此俄国人民不是"本能的革命者"。即使在几个地方同时起义,各个相互隔绝的和孤立的公社和城市都只是自己保卫自己,根本没有互相援助,也不能建立起紧密的不可分割的联盟。因此,特卡乔夫关于几个地方同时起义就能建立革命联盟的观点是错误的。

但是恩格斯赞同特卡乔夫关于俄国即将发生革命的观点,承认俄国处在革命的前夜。因为财政极其混乱,官吏腐败透顶,农民不堪重负,俄国专制制度只是在表面上勉强维持。这种专制制度与首都资产阶级和各个开明

---

① 俄罗斯历史上的"份地"一词是指 1861 年俄国废除农奴制后留给农民的土地。这种土地由村社占有,分配给农民使用,并定期重分。农民虽然获得了人身自由和国家分配的"份地",但依然没有支配权,只有使用权,且须用高额赎金向地主赎买,继续受地主的奴役和支配。

阶级的矛盾越来越剧烈,这些比较开明的阶级越来越认识到变革迫在眉睫,他们想把变革控制在立宪的轨道内,但是农民将把它向前推进,很快就会使它超出立宪的范围。恩格斯预言这个革命正在临近,一旦它发生,将一举消灭欧洲整个反动势力的最后力量。

三、论争的历史意义

特卡乔夫没有对恩格斯的文章继续做出回应,两人的论争似乎在1875年结束了,但是论争双方都没有停止对这些问题的探索和研究。马克思和恩格斯开始研究俄国公社问题,阅读俄国民粹主义创始人车尔尼雪夫斯基关于俄国公社的文章和著作,马克思甚至开始学习俄语,最终提出了俄国能否跨越"卡夫丁峡谷"的问题,形成了晚期东方社会理论。

1894年1月,恩格斯把《流亡者文献(一)》《流亡者文献(二)》《流亡者文献(五)》收入《〈人民国家报〉国际问题论文集(1871—1875)》中,并专门写了一篇跋,即《〈论俄国的社会问题〉跋》。在这篇文章的开头,恩格斯首先更正在《流亡者文献(四)》中的观点,"彼·特卡乔夫先生不是巴枯宁主义者……而是自己冒充的'布朗基主义者'"①。此时的特卡乔夫已经逝世8年了,自然无法做出回应,但是这篇《跋》实际上是对他在20年前所写的《公开信》的间接回应。一场论争持续了20年,足以说明它提出了让论争双方持续思考的重要问题,这也说明了这场论争的历史意义。

在该文中恩格斯首先详细分析了赫尔岑、车尔尼雪夫斯基和特卡乔夫关于俄国共产主义农村公社的观点,揭示了这些观点的不合逻辑性:

第一,从历史上看,土地公有是在原始时代曾盛行于各个民族中的占有形式,它并不是俄国所特有的,实际上是所有民族在一定发展阶段的共同现象。这是一种衰亡的占有形式,在很多地方已经遭到暴力压制。因此,不能根据在俄国的庄园里还存在这种原始的土地公有形式就断定俄国农民是天生的共产主义者。

第二,针对车尔尼雪夫斯基关于俄国农民公社是从现存社会形式过渡到新的发展阶段的观点,马克思提出了问题,即俄国是先摧毁农民公社再过渡到资本主义制度,还是发展它特有的条件不经过资本主义制度的一切苦难而取得它的全部成果? 恩格斯考察了原始共产主义公社在其他民族的发展史,认为在俄国公社内部从来没有出现过把它发展成高级的公有制形式的促进因素,在商品生产和交换的影响下,公社反而日益丧失共产主义的性

---

① 《马克思恩格斯文集》第4卷,人民出版社2009年版,第451页。

质,在资本主义的发展中日趋走向灭亡。因此,对俄国公社的可能的改造因素只能来自西方的工业无产阶级,而不是来自公社本身。俄国公社上升到新的阶段的先决条件是西欧无产阶级对资产阶级的胜利和社会主义生产代替资本主义生产。

在这篇《跋》中恩格斯还总结了 1875 年以来他们对俄国问题的思考和研究。恩格斯再次回答了马克思和他在 1882 年 1 月《共产党宣言》俄文版的序言中提出的俄国公社是否能够直接过渡到高级的共产主义的公共占有形式的问题。他们认为,当西欧各国人民的无产阶级取得胜利和生产资料转归公有,像俄国那些刚刚进去资本主义生产而仍然保全氏族制度残余的国家可以利用西欧的胜利大大缩短进入社会主义的过程,并且避免西欧开辟道路时所经历的大部分苦难和斗争。因此,如果俄国革命与西方无产阶级革命相互补充的话,那么俄国的土地公有制便能成为共产主义发展的起点。但是俄国在克里米亚战争失败后需要迅速发展大工业,俄国进入了资本主义时代,原始的土地公共占有形式也随之瓦解,没有一种力量能在俄国公社的解体过程中重建俄国公社,相反,农民开始习惯土地私有。恩格斯在《跋》中再次强调了马克思在 1877 年《给〈祖国纪事〉杂志编辑部的信》中关于俄国社会发展道路的结论和社会历史研究的科学方法。马克思的结论是,如果俄国继续走 1861 年之后的道路,那么将会失去当时历史所能提供给一个民族的最好的机会,也将遭受资本主义制度的一切灾难。关于《资本论》在俄国的应用,马克思反对把他关于西欧资本主义起源的历史概述变成一般发展道路的历史哲学理论,但是一旦俄国进入资本主义,它将和其他民族一样受到那些规律的支配。

马克思逝世后,恩格斯在 19 世纪 80 年代末 90 年代初再次分析了俄国当前的社会状况,认为俄国唯一的出路是尽快过渡到资本主义,因为俄国越来越快地转变为资本主义工业国,农民越来越快地无产阶级化,旧的共产主义公社也越来越快地崩溃。对于俄国新的发展状况,恩格斯的结论是,要想保全公社,就必须首先推翻沙皇专制制度,必须在俄国进行革命,俄国的革命不仅解放俄国农民,而且推动西方的工人运动,加速现代工业无产阶级的胜利,没有这种胜利,俄国无论是在公社的基础上还是在资本主义的基础上都不可能达到社会主义的改造。从恩格斯的《流亡者文献(三)》到《论俄国的社会问题》,从马克思给查苏利奇的回信到马克思给《祖国纪事》编辑部的信,从马克思恩格斯在《共产党宣言》俄文版中的序言到恩格斯的《〈论俄国的社会问题〉跋》,这些文献不仅是恩格斯对特卡乔夫提出的俄国革命特殊性问题的回答,而且是马克思对俄国革命者提出的俄国革命道路问题的深入思考,还是马克思恩格斯关于俄国革命和俄国社会发展方向的总结。

论争的另一方特卡乔夫在《公开信》发表后也没有停止对俄国革命道路的思考。1875 年,特卡乔夫与以图勒斯基(K. Турский)和雅尼茨(K. Яницкий)为首的俄国—波兰流亡者在苏黎世创办《警钟》杂志,9 月出版创刊号,到 1881 年停刊,共出版 20 期,从第 1 期到第 9 期的所有社论都由特卡乔夫撰写。特卡乔夫在《警钟》上继续与拉甫罗夫和无政府主义者辩论,在反对拉甫罗夫的"等待观"和无政府主义者的"国家观"的基础上深入阐述了自己的革命观、国家观、政党观和人民观。《警钟》成为俄国布朗基主义的讲坛,也成为俄国革命民粹派第三大派别的机关报。1878 年,特卡乔夫、图勒斯基等人成立人民解放协会,虽然与民意党未能合作,但是特卡乔夫的思想逐渐被民意党接受。普列汉诺夫说,"'民意党'的文字工作只是以各种说法重复特卡乔夫的学说"①。别尔嘉耶夫说,"'民意党'是特卡乔夫对拉甫罗夫和巴枯宁的胜利"②。1885 年,普列汉诺夫在《我们的意见分歧》中虽然反对特卡乔夫关于俄国革命特殊性和俄国共产主义农村公社的观点,但是承认研究特卡乔夫的重要性,"在研究'俄国资本主义命运'的问题时,就必须更加注意特卡乔夫主义"③。普列汉诺夫虽然批判了特卡乔夫的理论,但是承认它在俄国的影响,"我们的旧式宣传家现在也早已离开了舞台。但是特卡乔夫的理论则不然。……俄国的布朗基主义现在还是特别有力地提出了自己的主张……"④甚至列宁也吸收了特卡乔夫建党理论和组织理论,并且随着对俄国独特国情的认识,逐渐调整俄国革命道路和革命战略。因此,俄国革命始终具有俄国革命民粹主义的优秀传统,始终具有拉甫罗夫、巴枯宁、特卡乔夫等代表人物的革命精神。

---

① 《普列汉诺夫哲学著作选集》第 1 卷,生活·读书·新知三联书店 1962 年版,第 188 页。
② Н. А. Бердяев. Философия свободы · Истоки и смысл руского коммунизма. М. 1997. С. 305.
③ 《普列汉诺夫哲学著作选集》第 1 卷,生活·读书·新知三联书店 1962 年版,第 187 页。
④ 《普列汉诺夫哲学著作选集》第 1 卷,生活·读书·新知三联书店 1962 年版,第 187 页。

赫尔岑俄国社会主义思想起源辨析
——兼论"哈克斯特豪森之说"

赫尔岑是 19 世纪俄国进步思想界的领袖,在俄国思想史上占有举足轻重的位置。赫尔岑汲取了西方派与斯拉夫派的精华,不仅创立了俄国社会主义理论,而且成为俄国民粹主义思潮的奠基人。但是,赫尔岑的俄国社会主义思想的起源问题一直在学界颇有争议。由于历史资料的局限,马克思和恩格斯认为,赫尔岑是通过哈克斯特豪森的著作认识到俄国村社的特殊性。1877 年,马克思在《给〈祖国纪事〉杂志编辑部的信》中指出,"他(即赫尔岑)不是在俄国而是在普鲁士的政府顾问哈克斯特豪森的书里发现了'俄国共产主义',并且俄国公社在他手中只是用以证明腐朽的旧欧洲必须通过泛斯拉夫主义的胜利才能获得新生的一种论据"①。1895 年,恩格斯在《〈论俄国的社会问题〉跋》中也曾指出:"赫尔岑,这位被吹捧为革命家的泛斯拉夫主义文学家,从哈克斯特豪森的《对俄国的概论》中得知,他的庄园里的农奴不知道土地私有,而且时常在相互之间重新分配耕地和草地。"②

赫尔岑的社会主义思想起源于哈克斯特豪森的这一说法一直在学界充满争议。1911—1912 年,普列汉诺夫在《赫尔岑和农奴制》《赫尔岑的哲学观点》等文章中就主张纠正关于村社是 1848 年以后进入赫尔岑视野的观点。苏联著名历史学家德米特里耶夫(С.С.Дмитрийев)在《关于赫尔岑"俄国社会主义"的起源问题》③一文中分析了赫尔岑的村社思想的来源问题,他认为哈克斯特豪森和赫尔岑的村社观念都来源于斯拉夫派,哈克斯特豪森的功绩在于把俄国村社及其自治传统传播到整个欧洲。俄罗斯学者彼卢莫娃(Н.М.Пирумова)在《赫尔岑的"俄国社会主义"》一文中分析了赫尔岑的俄国社会主义思想产生的源头,认为它的源头应该是在 1830 年初,"应该在对赫尔岑的乌托邦社会主义的批判理解中,在农奴制俄国和革命后资产阶级法国的实际情况中寻找它们"④。

---

① 《马克思恩格斯文集》第 3 卷,人民出版社 2009 年版,第 463 页。

② 《马克思恩格斯文集》第 4 卷,人民出版社 2009 年版,第 451 页。

③ 这篇文章写于 20 世纪 40 年代,但一直没有发表。1999 年,俄罗斯著名学者卢德尼茨卡娅将此文收录在《道路的探索——1825 年 12 月 14 日以后的俄国思想》一书中。

④ Н.М. Пирумова.《Русский социализм А. И. Герцена》/ /《Революционеры и либералы России》. М. : Наука, 1990. С. 114.

本文从赫尔岑与西方派的关系、赫尔岑与斯拉夫派的关系、赫尔岑与哈克斯特豪森的关系、赫尔岑与1848年欧洲革命等四个方面分析赫尔岑的思想进程，力求真实和客观地回答赫尔岑的俄国社会主义思想的起源问题。

一、赫尔岑与西方派

赫尔岑出生于1812年，他的父亲是莫斯科富有的世袭地主伊·阿·雅科夫列夫，他的母亲是德国人，赫尔岑即德文"心"的意思。雅科夫列夫家族不仅是俄国古老而显贵的家族，而且与俄国沙皇罗曼诺夫家族具有血缘关系。但是赫尔岑从小受到十二月党人的影响，1827年夏，他和奥加廖夫在沃罗比约夫山（麻雀山）上宣誓继承十二月党人的事业。1829年，赫尔岑考入莫斯科大学数理系。大学期间，赫尔岑接受了西欧空想社会主义的思想，尤其是圣西门的思想，并与奥加廖夫、尼·萨佐诺夫、尼·萨京、尼·凯切尔、阿·萨维奇、瓦·帕谢克等人组成"赫尔岑小组"，宣传西欧社会主义思想和共和政体。1834年7月，赫尔岑被捕，1835—1841年在彼尔姆城、维亚特卡等不同地方流放，也曾短暂担任过政府文官的职务。

1836年，恰达耶夫在《望远镜》杂志第15期上发表了《哲学书简》中的第一封信，提出了俄国历史发展的道路和命运的问题，在俄国贵族知识分子中引起了强烈的争论和思考。赫尔岑对《哲学书简》的态度决定了他日后与西方派和斯拉夫派的关系，他反对恰达耶夫对俄国历史和未来的否定，尤其是对彼得大帝和十二月党人的否定，反对他对天主教的偏袒和对东正教的轻视，但是赞同他对俄国体制的抨击。"恰达耶夫得出的结论是经不起批驳的，而《书简》的重要性并不在此，它的意义在于严峻愤懑的抒情风格，震撼人心，给人留下极其沉痛的印象，使人久久不能忘怀。人们责备作者冷酷无情，但也许正是冷酷无情才是他的最大功绩呢。"[①] 1842年7月，当赫尔岑回到莫斯科时，发现两个阵营已经壁垒分明，一派肯定俄国历史道路，主张从俄国的历史中寻找未来的道路，即斯拉夫派，另一派否认俄国历史的独特性，主张俄国应当借鉴西欧先进国家的历史经验，即西方派。但是两派都反对俄国农奴制，要求废除农奴制，要求言论自由。

西方派的代表人物有格拉诺夫斯基、索洛维约夫、卡维林、契切林、安年科夫等。赫尔岑在这一时期属于西方派的阵营，他与格拉诺夫斯基私交甚好，书信来往密切，对格拉诺夫斯基的学术活动和社会活动给予高度的评价，与格拉诺夫斯基的朋友和志同道合者的交往也更加密切，如叶·科尔

---

①　弗·普罗科菲耶夫：《赫尔岑传》，张根成、张瑞璇译，商务印书馆1997年版，第117页。

什。1842年,赫尔岑写了小品文《莫斯科和彼得堡》,在对两个首都的风貌和状况进行比较时,透彻地考察俄国的政治、文化和历史在彼得一世前后的发展道路。赫尔岑用这篇文章来暗示斯拉夫派和西方派之间的辩论,格拉诺夫斯基和赫尔岑等人属于莫斯科一边,而斯拉夫派的杂志《灯塔》则在彼得堡出版。

1843年,《祖国纪事》杂志连载了赫尔岑的系列论文《科学中华而不实的作风》。他在文章中批评俄国一些知识分子是现代科学的敌人,即浪漫主义者、华而不实的人和形式主义者。他一方面推崇西方的现代科学体系,反对不探索真理而直接使用欧洲发掘的真理,另一方面又认为俄国人在性格当中"就有某种把法兰西的美质和德意志的美质结合在一起的东西。我们有法兰西不可比拟的才能,即擅长于科学的思维,而且我们也绝对不会去过德意志人的市侩庸俗生活的;我们总是有点绅士风度,这正是德意志人所没有的,而且在我们的前额上有着庄严的思想的痕迹,这正是法兰西人前额上所没有的"①。他一方面承认俄国落后于西方的现实,另一方面又认为俄国具有后发的优势,"在历史出现得晚的人,得到的并不是骨头,而是多汁多液的果实"②。因此,在他的思想中既有与西方派相同的地方,又有与斯拉夫派相同的地方,当然,在这一时期,赫尔岑更多地赞同西方派的思想。

1844年,赫尔岑开始写作《自然研究通信》,1845—1846年在《祖国纪事》上连载,总共包括八封信。贯穿这本著作的一个基本思想是:哲学和自然科学是一个统一的联合体。它对于科学和哲学的发展,对于与社会有关的发展而言都是极为重要的因素。他还分析了存在和思维的关系,绝对真理和相对真理的关系。这本著作又被看作是他与斯拉夫派的决裂。因为在这本著作里赫尔岑表达了他的唯物主义思想,而斯拉夫派是东正教的守护者。斯拉夫派把东正教看作是俄国的珍宝,在东正教教义的影响下理解俄国和西欧的各种社会现象。在斯拉夫派看来,东正教与西方的天主教和新教不同,它不与王权争夺世俗事务的统治权,只注重追求精神和信仰,是自由和统一的结合,这正是俄国与西方的根本区别。赫尔岑反对唯心主义,称自己的唯物主义为"现实主义",把辩证法看作是一切现象的基础,强调思维与存在的统一。

但是,赫尔岑并不完全属于西方派,他不是全盘接受和贸然宣扬西欧的生活方式,而是以批判的态度对待西欧的资产阶级、英国的君主立宪制和法

---

① 赫尔岑:《科学中华而不实的作风》,李原译,商务印书馆1981年版,第83页。
② 赫尔岑:《科学中华而不实的作风》,李原译,商务印书馆1981年版,第82页。

国的波旁王朝。他一直对西欧的空想社会主义学说情有独钟,对他来说,"社会主义是思想中的思想,生活中的生活"。他并没有完全接受西方派关于俄国不可避免地要走西欧道路的思想,他是在西欧社会主义学说的影响下思考俄国的未来道路。

二、赫尔岑与斯拉夫派

斯拉夫派的主要代表是伊万·基列耶夫斯基、伊万·阿克萨科夫、尤里·萨马林、康斯坦丁·阿克萨科夫等。斯拉夫派的基本观点是东正教和村社的永恒存在决定了俄国独特的历史发展道路和俄国的世界地位。斯拉夫派主张从俄国的历史中寻找未来的道路,因此他们强调村社、缙绅会议、米尔大会在未来的重要作用,坚持在保留村社制度的前提下废除农奴制。1839 年,基列耶夫斯基等斯拉夫主义者就深入地阐述了他们的观点,并以手抄本的形式在社会上流传。1842 年,霍米亚科夫在《俄罗斯人》发表文章,正式公开表达他们的观点。

1841 年 9 月,赫尔岑回到莫斯科短暂休假,第一次与斯拉夫派进行交锋。他在给别林斯基的信中写道,"在莫斯科,我一直在同斯拉夫派作斗争,不管怎样,那里的人比较好,他们有利害关系,为了这种利害关系,他们情愿接连数天争论不休"①。1842 年,赫尔岑回到莫斯科后,结识了斯拉夫派中的许多人,并参与到他们的沙龙中,"在那里格里鲍耶陀夫曾笑声朗朗……阿·斯·霍米亚科夫从晚九点开始,居然争论到次日凌晨四点"。在西方派与斯拉夫派的激烈争论中,赫尔岑发现共同的起因是恰达耶夫。两派都把恰达耶夫列入自己的派别,从不同角度吸取了恰达耶夫的思想。对于西方派而言,恰达耶夫坚信俄国应当学习西方;对于斯拉夫派而言,恰达耶夫承认宗教信仰和教会在各国历史中的重要作用。

赫尔岑与斯拉夫派的争论主要是关于哲学、宗教、信仰、科学、俄国历史和人民的生活方式等问题。与西方派的其他人不同,赫尔岑不仅没有与斯拉夫主义者决裂,而且对他们怀有深深的敬意。他与基列耶夫斯基在思想上发生争论时,仍然称他为"钢铁般坚强纯洁的"人,他在 1842 年 11 月的日记中写道:"这样的人不能不尊敬,尽管在观点上跟他们完全对立……"②赫尔岑与阿克萨科夫保持着良好的交往,在 1847 年离开莫斯科时还相互不舍地拥抱,后来在《钟声》上发表了追悼阿克萨科夫的文章,"阿克萨科夫直

① 弗·普罗科菲耶夫:《赫尔岑传》,张根成、张瑞璇译,商务印书馆 1997 年版,第 181 页。
② 弗·普罗科菲耶夫:《赫尔岑传》,张根成、张瑞璇译,商务印书馆 1997 年版,第 224 页。

至生命的最后一息都是心地纯洁的人"。1844 年他在写给凯切尔的信中说："我和许多人(即斯拉夫派)在内心和思想上在很多方面都非常具有同感,为了这些方面,与为了崇高的信念一样,我不与其断绝往来。"①斯拉夫派对于赫尔岑而言是论敌兼朋友。正如赫尔岑所说,他们和我们都有"一种爱,不过这种爱不相一致","我们犹如雅努斯或者双头鹰那样各向一方,同时却是同一颗心在跳动"②。

斯拉夫派把东正教和村社作为俄国的珍宝。在村社问题上,他们深入探讨了农村土地和村社制度的问题。赫尔岑在 1843 — 1846 年的日记和书信中也开始关注村社问题。他与斯拉夫派的其他观点进行辩论,但是却在一定程度上吸收了斯拉夫派对村社制的正面评价。1844 年 2 月,赫尔岑在日记中写道："未来的时代在其旗帜上标识的不是个性,而是公社;不是自由,而是博爱;不是抽象的平等,而是劳动的有机分配。"③

三、赫尔岑与哈克斯特豪森

哈克斯特豪森④是一名普鲁士的贵族,1843 年春应俄国沙皇尼古拉一世的邀请前往俄国调查研究。他走遍了俄国大部分地区,从北方的伏尔加到东部的喀山地区,从奔萨、萨拉托夫等到喀什大草原,从克里米亚地区到敖得萨等,全程长约 7000 公里。1843 年 11 月他返回莫斯科,经常参加俄国女贵族女诗人卡罗琳娜举办的文学沙龙,在与阿克萨科夫等斯拉夫派学者的谈话中他发现他们在农村公社等问题上有一致的见解,但是他反对斯拉夫派对彼得一世的批判态度,反对他们狭隘的斯拉夫民族主义。1844 年春天,哈克斯特豪森返回普鲁士。1847 年在汉诺威出版了专著《俄国的国内状况、国民生活特别是农村设施概论》第 1 — 2 册,1852 年在柏林出版第 3 册。如前所述,哈克斯特豪森的调查得到了俄国沙皇尼古拉一世的支持,但是当沙皇阅读完最后一卷时,宣布要检查整部著作并禁止在俄国出版。虽然该书未能在俄国出版,但是在俄国产生了巨大的影响。

在这本著作第 3 卷的前言中,哈克斯特豪森提到了他开始关注俄国村

---

① 弗·普罗科菲耶夫:《赫尔岑传》,张根成、张瑞璇译,商务印书馆 1997 年版,第 185 页。
② 弗·普罗科菲耶夫:《赫尔岑传》,张根成、张瑞璇译,商务印书馆 1997 年版,第 186 页。
③ 马龙闪:《赫尔岑村社思想的来源——对"哈克斯特豪森说"的辩正》,《世界历史》2003 年第 5 期,第 102 页。
④ 奥古斯特·冯·哈克斯特豪森:德国贵族,在普鲁士皇位继承人威廉姆四世的支持下,他以顾问的身份在 1830 年至 1838 年调查研究了普鲁士所有省份及土地的相关法律和政策。1843 年,在俄国沙皇的支持下调查研究俄国。

社问题的缘由。1843 年 5 月,他在与阿克萨科夫、霍米雅科夫、基列耶夫斯基兄弟、萨马林和梅利古诺夫等斯拉夫派的交谈中注意到俄国农村制度的特征。赫尔岑在 1843 年 5 月 13 日的日记中也记录了他与哈克斯特豪森等人在基列耶夫斯基家里的谈话。因此,哈克斯特豪森对俄国村社制度的了解首先是来自于斯拉夫派,这种在普鲁士已经基本消失但在俄国还保存完整的村社制度激发了他的兴趣,并在回国后把它介绍到西方。正如赫尔岑所说:"哈克斯特豪森的确是向西欧世界报告俄国村社及其深刻社会自治基础的首批人之一……"①

赫尔岑对俄国农村和农民的了解首先来自于他在流放期间的亲身接触。1838 年,赫尔岑在维特亚卡省流放期间,曾在《维亚特卡省公报》第 7 期的《增刊》上发表了一篇匿名短文——《维亚特卡省的俄国农民》。由于书刊检查制度,他在文章中不能描写罪恶的农奴制度,但他在叙述维亚特卡河畔的俄国村镇时,描述了各省农民的状况。1841 年,赫尔岑在诺夫哥罗德担任文官时,直接接触到了农奴制的所有畸形现象,深切表达了对农民的同情和对地主老爷们的憎恨。他在流放期间竭尽全力地保护农民,"我做了我能做的一切,并在这苦涩的舞台上取得了某些胜利,拯救了一位受迫害的年轻姑娘,并将其置于一名海军军官的庇护之下……"②他在流放期间收集了各省详细的统计资料,逐渐形成了关于农民、少数民族状况、农村经济及其经营方式以及农民斗争情况的明晰认识。因此,在赫尔岑 1842 年回到莫斯科与斯拉夫派辩论之前,他就已经在一定程度上了解俄国农村的状况。正如普罗科菲斯在《赫尔岑传》中所说:"然而赫尔岑了解的俄国人民并非道听途说,他不是透过老爷田庄的窗口,而是在与人民中许多人的紧密接触中观察研究人民特性的。"③

虽然我们不能明确斯拉夫派和哈克斯特豪森的观点在赫尔岑的思想中发挥了多少作用,但是可以肯定的是,赫尔岑在斯拉夫派产生之前就知道俄国的村社制度。正如彼卢莫娃写道:"如果每一个地主在实际上都与村社有关,那么每一个受过教育的俄国人都在理论上了解村社。"④早在 18 世纪,俄国思想家博尔京、拉吉舍夫等就研究过村社制度。赫尔岑的父亲就是

---

① 马龙闪:《赫尔岑村社思想的来源——对"哈克斯特豪森说"的辩正》,《世界历史》2003 年第 5 期。

② 弗·普罗科菲耶夫:《赫尔岑传》,张根成、张瑞璇译,商务印书馆 1997 年版,第 193 页。

③ 弗·普罗科菲耶夫:《赫尔岑传》,张根成、张瑞璇译,商务印书馆 1997 年版,第 189 页。

④ Н.М. Пирумова.《Русский социализм》А. И. Герцена//《Революционеры и либералы России》.М.: Наука, 1990.С.114.

大地主,他的家庭自然与村社有关,他在生活上和理论上都了解村社。1842—1846年,赫尔岑在与斯拉夫派的交流和辩论中,不断深入地了解他们的观点,丰富和充实自己的思想,同时也潜移默化地改变着自己的思想。赫尔岑在这一时期的日记和书信中经常提到村社制度,并将它们与斯拉夫派和西方社会主义者的观点相比较。1843年6月,赫尔岑在日记中写道:"他们说,我们这里没有无产阶级,但是有土地分配——所有这些都是很好的胚芽,一部分原因是由于建立在不发达的基础上。"①他接受了斯拉夫派关于村社是未来胚芽的思想,在他的俄国社会主义理论中村社成为理想与现实之间的桥梁。在苏联历史学家科兹明看来,这是赫尔岑俄国社会主义理论的一个重要特征,"赫尔岑认为必须在理论和实践之间搭设桥梁。他知道,未来产生于现在,因此应该在现有的情况下寻找未来发展的因素。从赫尔岑的观点看,理想只有它依靠现实时才具有意义"②。

因此,赫尔岑对村社制度的了解是从自己的家庭开始,在18世纪俄国思想家的研究的基础上,通过流放加深了对农村土地和村社制度的实际了解,在与斯拉夫派的辩论中吸收了斯拉夫派的村社思想,在与哈克斯特豪森的交流和阅读哈克斯特豪森的专著中看到了俄国村社制度不同于西方的特殊性,最终在对1848年欧洲革命失败的思考中,赫尔岑提出了将西欧社会主义思想与俄国村社制度相结合的俄国社会主义理论。

四、赫尔岑与1848年欧洲革命

1846年11月,赫尔岑以为妻子治病为由给全家人办理了出国护照,1847年1月19日启程前往欧洲,首先到达巴黎。赫尔岑向巴枯宁、安年科夫、萨佐诺夫等朋友了解了法兰西,了解了革命的思想和革命的派别,与此同时他去法兰西众议院旁听,参加工人的活动,参加政治辩论、法院审理等,去剧院、咖啡馆等不同地方观察法兰西的社会现状,身临其境了解法国这个国家的生活条件及其阶级斗争状况。从1847年5月12日到9月15日,赫尔岑在巴黎写了四封信,并寄给俄国的朋友。他在《来自马里尼大街的信》中提出一个非常重要的问题:俄国是否具备走西欧资本主义发展道路的条件? 俄国的进步知识分子在哪些方面接受了西方先进思想? 这些问题在俄国朋友当中激起了热烈的讨论。

---

① 马龙闪:《赫尔岑村社思想的来源——对"哈克斯特豪森说"的辩正》,《世界历史》2003年第5期。

② Н.М. Пирумова.《Русский социализм А. И. Герцена》//《Революционеры и либералы России》.М.:Наука,1990.С. 118.

由于无法忍受巴黎的死气沉沉,赫尔岑决定离开巴黎前往意大利。1847 年 10 月底,赫尔岑一家到达热那亚,目睹了 1848 年 1 月在意大利爆发的革命,他与意大利人一起走上街头热烈欢迎革命,还在那不勒斯平民领袖瓦尔普佐的帮助下找回丢失的钱包。紧接着法国爆发二月革命,当赫尔岑听到里昂工人起义在 4 月底被镇压时,他立即前往巴黎,他说,"我觉得当巴黎成立共和国时不去那里是对我一切信仰的背叛"①。在意大利的这几个月他写了四封信。

5 月 5 日到达巴黎后,他在街头目睹了示威者在议会前的聚会,共和派成员尤贝尔关于解散国民议会的宣告,他以为只要一宣布共和,资产阶级的统治就将结束。当他亲眼看见资产阶级的国民自卫军一枪未发就占领了市政厅时,他对革命的未来不再抱有任何幻想,他做出了判断——革命注定失败。6 月,他开始以《重返巴黎》为题写新的书信。6 月 23 — 26 日,法国无产阶级的失败使赫尔岑经受着一场精神危机,但仍然对工人和革命寄予希望。6 月 10 日和 9 月 1 日他完成了两封书信,并分别托友人带回俄国。他则选择留在欧洲,因为欧洲革命也是他的事业。9 月,法兰西第二共和国成立,欧洲无产阶级革命的失败使赫尔岑不再对社会主义在欧洲的实现抱有希望,他开始把希望转向俄国,并且逐渐接受斯拉夫派关于斯拉夫人天生具有社会主义因素的观点。他在巴黎接待各国的流亡者,并且决定留在巴黎继续进行公开的斗争,利用言论自由向欧洲真实地介绍俄国,同时寻找解决许多社会问题的方法。

除了书信外,赫尔岑在 1848 — 1849 年还撰写了一些文章,1855 年以名为《来自彼岸》结集出版。在第一篇文章《告别》中他就歌颂了俄国人民强大的生命力以及俄国人民具有其他西欧国家人民所不具备的优点,并且希望革命首先在俄国开始。1849 年 7 月至 1851 年 12 月,他写了四封书信,连同他以前写的十封书信,1855 年以《来自法国和意大利的信》为书名结集出版。他在 1848 年 6 月以后的书信和文章中已经表达了自己的思想转变,他在书信中写道,"对俄国的信念把我从精神崩溃的边缘中拯救出来"②。

此后,赫尔岑关于俄国社会主义的文章不断问世。从 1849 年的《俄罗斯》到 1851 年的《俄国人民和社会主义》,从 1851 — 1852 年的《论俄国革命思想的发展》到 1853 年的《旧世界与俄国》,他在理论上不断完善他的俄国

---

① 弗·普罗科菲耶夫:《赫尔岑传》,张根成、张瑞璇译,商务印书馆 1997 年版,第 272 页。

② Письма из Франции и Италии. 1847 – 52// Герцен А. И. Полн. собр. соч. в 30 – ти томах. Т. 5. С. 10.

社会主义理论。从 1853 年创办《北极星》到 1857 年创办《钟声》，从 1861
年参加建立秘密组织"土地与自由社"的国外宣传中心的工作到他对波兰
起义和青年侨民的支持，他开始对革命付诸行动，并且逐渐从保守到激进。

五、小　　结

由于哈克斯特豪森是第一个把俄国村社制度向西方完整介绍的人，由
于当时的时代局限和文献资料的缺乏，马克思和恩格斯没有深入探究赫尔
岑的村社思想的来源。普列汉诺夫虽然不认为赫尔岑的村社思想是来源于
哈克斯特豪森，但是没有详细论述。苏联历史学家德米特里耶夫详细考察
了赫尔岑的村社思想的来源，通过赫尔岑的日记和哈克斯特豪森的叙述论
证他们二人都受到斯拉夫派的影响，最多只是哈克斯特豪森比赫尔岑领悟
得快一些，因为他在来俄国之前就在德国的易北河畔看到了斯拉夫人村社
的遗迹，也就是说比赫尔岑更早认识到俄国村社不同于西欧的特殊性。俄
罗斯学者彼卢莫夫则认为赫尔岑的俄国社会主义思想起源于 19 世纪 30 年
代，也就是赫尔岑接受西欧空想社会主义思想时期。这些观点对于我们研
究这一问题起到了重要的推动作用。

在赫尔岑的思想发展进程中，十二月党人的起义在他的思想深处种下
了革命的种子，使他确立了追随十二月党人的人生方向，以他为核心的赫尔
岑小组致力于宣传法国革命，颂扬十二月党人的精神，接受圣西门主义，赞
同立宪和共和制，反对政府的专横和暴行。在流放的七年中，他目睹到俄国
农村的现状和俄国农民的困苦生活。《哲学书简》第一封信的发表不仅使
赫尔岑等知识分子开始思考俄国的历史道路和历史命运的问题，而且使俄
国思想界出现了斯拉夫派和西方派的分化。赫尔岑最初是在西方派的阵营
中，在哲学、科学和宗教等问题上与斯拉夫派进行激烈的辩论。哈克斯特豪
森的著作出版后，俄国村社制度成为俄国不同于西欧的特征之一，引发了欧
洲思想界的广泛关注。1848 年欧洲革命的失败使他面临一场精神危机，动
摇了他坚持俄国走西方道路的主张，开始将革命的希望寄予俄国，将西欧社
会主义思想与俄国的村社制度相结合，在俄国的历史中寻找未来的道路。

通过对赫尔岑的思想进程的分析，我们可以得出结论：赫尔岑的俄国社
会主义理论起源于三个方面：一是他在 19 世纪 30 年代对西欧社会主义思
想的接受和信仰，二是他在 19 世纪 40 年代后期对斯拉夫派的村社思想的
吸收，三是哈克斯特豪森在西欧对俄国村社的介绍和 1848 年欧洲革命的失
败使他坚定了俄国应走不同于西方的特殊道路。在赫尔岑的身上，既有十
二月党人的革命精神，又有贵族知识分子的保守性，既有对西方文明的认

同，又有对俄国历史的推崇。赫尔岑曾经把西方派和斯拉夫派比作双头鹰，其实他自身的思想就犹如同双头鹰。如果说恰达耶夫使俄国思想界产生了斯拉夫派和西方派的思想分化，那么赫尔岑就是使西方派和斯拉夫派的思想结合的起点，并且通过车尔尼雪夫斯基最终在俄国产生新的社会思潮——俄国民粹主义。

责任编辑：赵圣涛
封面设计：毛　淳　周方亚
责任校对：吕　飞

图书在版编目（CIP）数据

马克思恩格斯与俄国问题研究/张静 著. —北京：人民出版社，2021.8
（国家社科基金后期资助项目）
ISBN 978－7－01－023617－9

Ⅰ.①马… Ⅱ.①张… Ⅲ.①马克思著作研究 ②恩格斯著作研究
Ⅳ.①A811

中国版本图书馆 CIP 数据核字（2021）第 149988 号

马克思恩格斯与俄国问题研究
MAKESI ENGESI YU EGUO WENTI YANJIU

张　静　著

人民出版社 出版发行
（100706　北京市东城区隆福寺街 99 号）

中煤（北京）印务有限公司印刷　新华书店经销

2021 年 8 月第 1 版　2021 年 8 月北京第 1 次印刷
开本：710 毫米×1000 毫米 1/16　印张：17.25
字数：300 千字

ISBN 978－7－01－023617－9　定价：69.00 元

邮购地址 100706　北京市东城区隆福寺街 99 号
人民东方图书销售中心　电话（010）65250042　65289539